신성한 소

채식의 불편한 진실과
육식의 재발견

신성한 소

다이애나 로저스, 롭 울프 지음
황선영 옮김

SACRED
COW

THE NAN
더난콘텐츠

이 책에
쏟아진 찬사

"로저스와 울프는 고기에 관한 시급한 질문에 대한 답을 제시했다.《신성한 소》는 소가 문제가 아니라 소를 키우는 '방법'이 문제라는 사실을 증명한다. 망가진 식량 시스템의 해답은 고기를 금지하는 것이 아니라 더 질 좋은 고기를 생산하는 것이다. 적색육이 지구와 건강에 미치는 영향이 걱정된다면 이 책은 여러분을 위한 것이다."

마크 하이먼Mark Hyman 박사
클리블랜드 기능 의학 임상센터

"인간은 적어도 260만 년 전부터 고기를 먹었고, 고기는 우리의 진화에 중요한 역할을 했다. 로저스와 울프는 이 중요한 책에서 가장 최근의 과학적 근거를 이용해 영양, 환경, 윤리의 측면에서 더 질 좋은 고기를 옹호하는 주장을 펼친다. 그들은 동물성 식품이 우리의 식단에서 맡은 역할에 관한 오해와 잘못된 사실도 바로잡는다."

크리스 크레서Chris Kresser
〈뉴욕타임스〉 베스트셀러《The Paleo Cure팔레오 치료법》과
《Unconventional Medicine대체 의학》의 저자

"음식에 관한 논쟁의 중심에는 적색육이 환경에 미치는 영향을 둘러싼 대중의 인식이 자리 잡고 있다. 로저스와 울프는 풀을 먹고 자라는 가축이 지속 가능한 농업의 미래에 얼마나 중요한지 정확하고 알기 쉽게 과학적으로 설명한다. 그들은 고기를 먹는 것이 건강에 좋지 않다는 주장을 분명하게 반박하며, 고기를 윤리적으로 먹을 수 있다는 주장을 설득력 있게 펼친다. 매일 음식을 먹는 모든 이에게 이 책을 적극 추천한다."

마크 시슨 Mark Sisson
〈뉴욕타임스〉 베스트셀러 《The Keto Reset Diet 키토 다이어트 》의 저자이자
식품 회사 '프라이멀 키친Primal Kitchen'의 창시자

《신성한 소》는 포괄적이고 관련 증거가 풍부한 논문과 같다. 두 저자는 우리가 건강도 챙기고 지구도 위하면서 식품을 섭취하는 데 필요한 모든 과학적인 데이터를 제공한다."

프레데릭 키르쉔만 Frederick Kirschenmann **박사**
아이오와주립대학교 산하에 있는 지속 가능한 농업을 위한 레오폴드 센터

"유축 농업을 포기하는 것은 인간이 저지를 수 있는 가장 큰 실수일지 모른다. 오늘날의 과학으로는 인간의 영양과 생태계의 보전에 관한 복잡한 질문에 확실하게 답하기 어렵다. 하지만 유축 농업을 비판하는 주장이 과학적인 근거가 빈약한 반면, 동물성 식품과 가축이 인간의 건강과 지속 가능한 농업에 필수적이라는 주장은 근거가 탄탄하다. 이 모든 내용은《신성한 소》에 분명하게 명시되어 있다. 잘 쓰였고 읽기도 쉬운 이 책에 담긴 가장 중요한 진실은 삶의 지속성이 죽음에 달려 있다는 것일지도 모른다. '우리는 모두 먹이사슬의 일부이자 필연적인 삶의 순환 사이클의 일부이며, 여기에는 죽음도 포함된다.'"

존 이커드 John Ikerd **박사**
미주리대학교 농업경제학 명예교수

"현재 육식주의자와 축산업자를 상대로 펼쳐지는 전쟁의 일환으로 윤리, 환경, 건강을 위하는 길이라며 실험실에서 만드는 가짜 고기와 식물성 식품을 먹는 행위의 이득을 논한다.《신성한 소》는 과학적 근거와 삶, 지구가 실제로 돌아가는 방식에 관한 깊은 이해를 바탕으로 미사일을 쏘듯이 정확하게 잘못된 사실을 전부 밝혀낸다."

조엘 샐러틴 Joel Salatin
폴리페이스 농장의 주인이자
《The Stockman Grass Farmer 목초를 먹여서 키우는 농부》의 편집자

"생물학에 바탕을 둔 농업에서 화학에 바탕을 둔 농업으로 농업의 형태가 달라지고 있다. 이런 현상은 우리의 식단에도 영향을 미쳤다. 사람들은 천연 식품 대신 고도로 가공된 식품을 많이 먹게 되었고, 결과적으

로 영양과 관련된 질병, 비만, 환경 파괴와 같은 문제가 발생했다. 로저스와 울프는 우리가 겪고 있는 문제와 그에 따른 해결책을 분명하게 이해한다. 우리는 식단을 바꾸고 토양을 재생해야 하며, 목초를 먹여서 잘 키운 가축이야말로 이런 과도기에 중요한 역할을 한다."

앨런 세이버리 Allan Savory
세이버리 연구소의 대표이자 아프리카 총체적 관리 센터의 의장

"우리가 지속 가능한 미래를 만드는 것에 관해 느끼는 혼란은 주로 생태계, 진화, 자연계에서 인간이 차지하는 자리에 관한 오해에서 비롯된다. 이런 혼란스러운 감정은 주로 우리가 자연과 점점 멀어지는 현실과 관련이 있다. 특히 우리가 먹는 식품이 생산되는 방식과 연관되어 있다. 이 책은 이 모든 것이 어떻게 맞아떨어지는지를 밝히는 한편, 서로 엮여 있는 되새김 동물, 초원, 호모 사피엔스의 진화가 과거의 유물로 남지 않고 칭송받고 되살려져야 한다는 점을 분명하게 설명한다."

마크 리치 Mark A. Ritchie **박사**
국제 지속 가능 발전 연구소의 전무 이사

"나는 고기를 일부러 안 먹은 적이 있었다. 고기를 먹지 않으면 몸이 안 아프고, 전 세계적으로 지속되고 있는 가축의 헤아릴 수 없는 고통을 끝내고, 지구가 파괴되지 않게 도울 수 있다고 생각했기 때문이다. 하지만 충치 12개를 치료하고, 치근관 치료를 두 번 받고, 다양한 불안 장애에 시달리고 나니 이런 선택이 건강을 망쳤다는 사실을 깨달았다. 고기를 더 건강하게 먹는 방법이 있다는 것을 알았더라면, 동물을 존중하면서도 지구를 위하는 방법이 있다는 것을 알았더라면 훨씬 건강하게 지낼

수 있었을 것이다. 그때 이 책이 있었더라면 얼마나 좋았을까! 로저스와 울프는 역작을 집필했다. 그들은 고기가 건강, 동물, 땅에 이로울 수 있다는 주장을 강력하게 펼친다.《신성한 소》는 우리를 우울하게 만드는 '고기 없는 월요일'과 먹어도 힘이 안 나는 고기 대체품으로 만든 햄버거에 대한 해결책이다. 우리는 동물이 생태계에서 정당한 자리를 차지할 수 있게 신경 쓰면서 동물을 윤리적인 방식으로 먹어야 한다."

크리스 마스터존 Chris Masterjohn **박사**
브루클린 컬리지에서 건강영양학을 가르친 전 조교수

우리 아이들에게 이 책을 바칩니다.

아이들이 이전 세대보다 더 이 세상을 잘 돌보기를.

'신성한 소'를 통해
자연으로
눈을 돌릴 시간

시장에서 장을 보거나 식사 준비를 할 때 가장 사려 깊은 소비자조차 바르게 먹는 방법을 선택하는 데 애를 먹는다. 특히 고기를 먹는 문제가 그렇다.

고기 섭취 문제는 윤리, 환경, 영양의 측면에서 난제임이 틀림없다. 우리는 지속 가능하고 풍부한 영양을 제공하는 식량 시스템을 바란다. 사람들은 대체로 지구에 최소한의 해를 끼치는 고귀한 신념을 따르려고 한다. 그들은 현대 식량 시스템의 충격적인 실태를 접하고, 주류에 속하는 건강 전문가와 언론을 통해서 쏟아져 나오는 상반된 이야기에 시달린다. 그러다가 고기 섭취량을 줄이거나 고기를 아예 안 먹으면서 궁지에서 벗어난다. 고기를 배제한 식습관이 장기적으로 봤을 때 환경의 지속 가능성을 높이는 유일한 방법이라고 생각하는 것이다. 이런 식습관이 건강에도 더 좋다는 것이 사람들의 일반적인 견해다.

고기가 건강과 환경에 나쁘다는 생각은 어떤 집단에서는 이미 논의가 끝난 문제다. 그들의 주장은 명료하고, 강력하며, 설득력이 있다. 고기가 암, 심장 질환, 당뇨병을 유발하며 환경에 치명적이라는 것이다. 적당히 모호하기도 한 이런 주장은 할리우드 스타, 기술계 거물, 이념

단체, 식품 회사에 의해 널리 퍼진다.

하지만 이 문제를 더 자세히 살펴보면 간단한 홍보 문구나 짤막한 메시지에는 담을 수 없는 미묘한 뉘앙스와 다양한 세부사항이 있다는 것을 알게 된다. 고기를 먹는 문제는 심리학과 골치 아픈 경제학은 말할 것도 없고 물리학, 화학, 생물학, 생태학에도 걸쳐져 있는 복잡한 이야기다.

우리가 건강과 지구를 위한 최고의 식습관에 관해 듣게 되는 낭설은 단순히 부정확한 데서 그치지 않고 인간에게 실질적인 위협이 될 우려도 있다. 한마디로, 고기가 건강과 환경에 악영향을 미친다는 편견, 그리고 육식이 도덕적으로 역겨운 관습이라는 편견은 '신성한 소(아무도 건드릴 수 없는 불가침의 영역을 뜻하는 표현 – 옮긴이)'가 되어버렸다. 콘사이즈 옥스퍼드 영어사전Concise Oxford English Dictionary에서는 이 말을 다음과 같이 정의한다.

신성한 소: (특히 부당하게) 그 어떤 비판도 허용되지 않는 생각이나 관습, 제도

'신성한 소'에 위배되지 않는 식량 시스템, 적어도 우리가 현재 섭취하는 양보다 고기를 훨씬 적게 먹는 시스템은 지속 가능하고, 윤리적이고, 건강한 것으로 여겨지고 있다. 이런 생각은 대체로 진실로 받아들여진다. 하지만 관련 근거를 살펴보면 (이 작업이 쉬운 것은 아니다.) 이런 주장은 그다지 신빙성이 없다는 점을 알 수 있다.

이 책을 쓴 우리는 누구일까?
우리는 이 책을 왜 지금 썼을까?

로저스는 국가공인 영양사이며, 사람들이 진짜 식품을 통해 건강을 회복하도록 돕는 임상 클리닉을 운영하고 있다. 그녀의 블로그 '지속 가능한 요리Sustainable Dish'는 현지에서 생산된 식품을 이용하는 건강한 요리법을 소개하는 것으로 시작했다. 하지만 이제는 식량 시스템의 문제점을 깊이 파고들만큼 성장했다. 로저스는 지난 18년 동안 채소를 재배하고 소를 목초만 먹여서 키우는 유기농 농장에서 살았다. 그녀는 울프가 집필한 《The Paleo Solution팔레오 솔루션》을 읽고 나서 2011년에 그를 만났다. 울프의 책은 당시 100만 부 가까이 팔린 베스트셀러였다.

울프는 연구 생화학자로 일하면서 인간을 위한 최적의 식단이 초가공식품이 만들어지기 전에 선조들이 선택했던 식단과 가장 비슷한 것이라는 사실을 알아냈다.

우리(로저스와 울프)는 둘 다 심각한 소화 문제를 겪었고, 모든 것에 의문을 품는 성격이며, 언제나 통념 뒤에 숨겨진 진실을 찾아내려고 노력한다. 우리는 식품을 직접 생산한 경험도 있고, 과학적인 배경도 있다. 게다가 책도 많이 읽었고, 전문가들과 인터뷰도 했으며, 농업 콘퍼런스에 놀랍도록 많이 참석하기도 했다. 우리는 만나자마자 금세 친해졌다. 둘 다 건강을 위한 최적의 식단을 찾는 것, 그리고 지속 가능성이라는 측면에서 최고의 식량 생산 방식을 찾는 일에 관심이 있었던 덕택이다. 건강 전문가의 대부분은 여러 가지 이유로 식량 생산이나 지속 가능성과 관련된 직접적인 경험이 없거나 공식적인 교육을 받지 못한 것 같다. (로저스가 대학원에서 영양학을 공부할 때 식량 조달에 관한 유일한 강의는 식료품을 가장 저렴하게 구하는 방법에만 초점을 맞췄다고 한다. 그 식품이 어디서 어떤 방식으로 생산됐는지는 아무도 신경 쓰지 않았다.) 반대로, 농업과 환경 전문가의 대부분은 주장을 펼치면서 사람에게 필요한 최적의 영양소를 고려하지 않는 경향이 있다. 모두가 각자의 소신대로 '식품의 미래'를 논하지만, 관련 지식이 풍부하거나 식량 시스템이 전체적으로 어떻게 돌아가는지 이해하는 사람은 적어 보인다. 따라서 아래에 소개하는 벤 다이어그램의 교집합은 많은 사람이 탐구한 영역은 아니다.

최적의 재생
식량 농업

이 두 주제가 과연 어디서 겹칠까? 우리는 인간이 진화하면서 채택한 식단을 최대한 비슷하게 따라하고 최대한 자연적인 농경 방식을 시행하는 것이 타당하다고 생각한다. 이 책을 통해서 우리가 어떻게 이런 결론에 이르렀는지 차근차근 보여주려고 한다.

우리는 이 책에 실린 여러 생각에 관해 수년 동안 이야기했다. (울프가 윤리, 건강, 환경의 측면에서 고기가 포함된 식량 시스템을 논하는 첫 공개 토론을 연 것은 2006년이다.) 하지만 고기를 반대하는 복잡한 주장들을 영리하게 분석하려면 해야 할 일이 너무 많았다. 솔직히 말하면 이 책을 쓰는 동안에도 그 일이 버겁게 느껴졌다.

그래서 이 책을 쓰는 것이 늦어지기는 했지만 마침 지금이 이런 논의를 전개하기에 적합한 시점이다. 식품의 세계에서 고기를 둘러싼 논쟁이 활발하게 진행되고 있기 때문이다. 사람들은 늘어나는 인구를 먹이고 지구를 지킬 수 있는 식단을 찾는 데 점점 더 큰 관심을 보이는 추세다.

우리는 둘 다 이 주제를 공부하는 데 어마어마한 시간을 투자했다. 그리고 우리가 내린 결론뿐만 아니라 이 책에 인용하는 원자료에서 도출한 결론에서도 허점을 찾아내려고 노력했다. 연구를 진행하면서 우리가 알아낸 사실은 사람들의 통념과 달리 적색육이야말로 우리가 구할 수 있는 영양이 가장 풍부한 식품 중 하나라는 것이다. 선진국에서든 개발도상국에서든 고기처럼 영양이 풍부한 동물성 식품을 얼마나 쉽게 구할 수 있느냐가 부자와 빈자를 구분하는 특징 중 하나로 자리 잡았다. 어쩌면 제대로 키운 소와 다른 초식 동물들이 기후 변화 완화를 위한 가장 유용한 도구 중 하나가 될지도 모른다.

이 책은 누구를 위한 것일까?

이 책에 채식주의를 반대하는 내용이 실리지 않았다는 점을 분명하게 밝히고 싶다. 흔히 무엇을 먹을지 결정할 때는 강한 감정이 개입되는 경우가 많다. 여러 심리 연구에 따르면 감정적인 결정을 내린 사람의 마음을 돌리기는 거의 불가능하다고 한다. 하지만 우리는 영양과 환경의 측면에서 더 질 좋은 고기를 옹호하는 주장을 완전하게 이해하면 더 섬세한 논의가 가능할 것으로 생각한다.

갈수록 양극화되는 모 아니면 도인 세상에서 우리는 이 책을 통해 고기를 둘러싼 문제에 꼭 필요한 미묘한 뉘앙스를 얻으려고 한다. 자신의 식습관이 환경에 미치는 영향을 걱정하는 도덕적인 잡식성 독자에게 이 책을 추천한다. 울프가 그랬던 것처럼 (엄격한) 채식주의자이지만 고기를 다시 먹을까 고민 중인 독자에게도 이 책을 추천한다. 소가 재생적인 식량 시스템의 일부가 될 수 있다는 점은 알고 있지만 적색육을 먹음으로써 수명이 단축될까 봐 걱정되는 독자에게도 이 책이 유용할 것이다. 마지막으로, 과학에 관심이 있는 독자에게도 이 책을 강력하게 권한다.

우리가 기존에 진행했던 연구로 굳어진 견해를 옹호하려고 이 책을 썼다고 생각하는 사람도 있을 것이다. 울프는 팔레오 식단Paleo(가공식품을 전혀 섭취하지 않으며 주로 자연식품을 먹는 구석기식 식사법 – 옮긴이) 전문가이고, 로저스는 팔레오 식단을 바탕으로 한 요리책을 두 권 썼다. 하지만 이 책을 읽다 보면 우리의 연구 결과 중 다수가 고대식 식단을 추구하는 사람들의 확고한 생각과 상충한다는 사실을 알게 될 것이다. 가장 눈에 띄는 점은 목초 사육 고기가 지속 가능성의 측면에서는 뛰어날지 몰라도 건강과 영양 측면에서는 종래의 방식으로 키운 가축의 고기와 큰 차이가 없다는 최신 연구 결과가 있다는 점이다. 엄격한 채식과 팔레오 식단을 지지하는 사람들은 우리가 하고 싶은 말 대부분을 문제삼을 것이다. 책을 쓰는 사람으로서 이런 시각에 맞서기는 녹록지 않다. 우리의 연구 결과가 이런 세계관과 깔끔하게 맞아떨어졌으면 책을 쓰기가 더 쉬웠을 것이다. 하지만 진실은 기존에 알려진 그 어느 식단과도 완벽하게 맞아떨어지지 않을지도 모른다. 이 문제는 조금 이따가 다룰 것이다.

이 책에서 배울 수 있는 내용

몇 년 전에 보스턴에 있는 PBS 방송국에서 고기에 관한 토론을 추진한 적이 있다. 고기를 반대하는 진영에는 홀푸즈Whole Foods의 CEO 존 매키John Mackey와 엄격한 채식주의를 지지하는 의사 존 맥두걸John McDougall이 앉을 계획이었다. 울프는 고기를 지지하는 진영을 위해 섭외되었다. 그는 토론의 형식과 세부적인 주제가 무엇인지 물었다. 방송국 관계자는 토론이 고기가 포함된 식단 대 채식 식단의 상대적인 건강상의 이점을 다룰 것이라고 대답했다. 울프는 그런 토론 방식은 받아들일 수 없다고 말했다. 이런 토론에서는 사람들이 자신에게 유리한 방향으로 규칙을 바꾸는 경우가 많기 때문이었다. 토론은 주로 건강 문제로 시작된다. (요즈음에는 환경과 기후 변화가 이 자리를 대신하고 있을지도 모른다.) 그러다가 채식의 다양한 문제점이 자명해지면 토론 주제는 환경으로 넘어간다. 동물 없는 식량 시스템이 존재할 수 있느냐에 관해 심각한 의문이 제기되고 나면 주제는 윤리로 넘어간다. 지구에 최소한의 해를 끼치는 원칙과 식량 생산 시스템의 기본적인 이해에 관한 이야기가 이루어지면 주제는 세상을 먹여 살리는 쪽으로 옮겨간다.

울프는 양측이 각각의 주제에 관한 의견을 제시하고 상대 진영의 '반대 심문'을 견뎌야 한다고 주장했다. 그는 상대 진영이 이 주제에서 저 주제로 건너뛸 수 있는 토론에는 참여하지 않겠다고 말했다. 당장 논의하고 있는 주제가 가려질까 봐 걱정되었기 때문이다. 방송국 관계자는 이것이 좋은 아이디어라고 생각했고 토론이 더 활발해질 것으로 기대했다. 하지만 이런 규칙이 생기고 나서 매키와 맥두걸은 알 수 없는 이유로 토론에서 빠졌다.

《신성한 소》는 울프가 PBS 방송국의 토론을 위해 제안했던 것과 똑같은 형식을 따른다. 이 책이 우리가 식량 시스템에 '더 질 좋은 고기'를 편입해야 하는 이유를 다루는 만큼 고기를 반대하는 사람들이 가장 흔히 펼치는 주장 세 가지(영양, 환경, 윤리)를 살펴봐야 하기 때문이다.

이 중요한 주제는 다음과 같이 다양한 질문을 끌어낸다.

- 고기를 조금이라도 먹어도 괜찮을까?
- 인간에게 적합한 최고의 식단이 하나만 있을까? 아니면 최적의 영양소로 구성된 최고의 조합이 여러 개 있을까?
- 고기가 지속 가능한 식량 시스템의 일부가 될 수 있을까?
- 지속 가능한 식량 시스템이 영양과 환경의 측면에서 고기나 동물성 식품 없이도 존재할 수 있을까?
- 인간의 영양과 환경의 지속 가능성을 논할 때 윤리가 얼마나 중요할까?

목초를 먹인 동물이 포함된 식량 시스템이 환경과 건강을 위한 최고의 선택이 될 수 있는 주장에는 탄탄한 근거가 뒤따른다. 소처럼 큰 목초 사육 동물을 먹는 것이 윤리적인 관점에서도 '최소한의 해'를 입히는 길이라는 주장도 마찬가지다. 우리의 목표는 진짜 식품의 세계와 지속 가능성의 세계를 통합하는 것이다. 미래를 바꾸는 법을 배우려면 자연으로 다시 눈을 돌릴 시간이다.

독자들을 위한 간단한 지침

우리는 독자 여러분이 이 책을 처음부터 끝까지 읽기를 권한다. 하지만 여러분 중에는 소고기에 관해 당장 풀고 싶은 궁금증이 있는 분도 있을 것이다. 그래서 여러분이 궁금해하는 내용으로 바로 넘어갈 수 있게 가장 자주 나오는 질문을 다음과 같이 정리했다.

차례

제1부   영양으로 보는 육식

제2부   환경으로 보는 육식

이 책에서 다루는 여러 가지 이슈에 관한 정보나 다큐멘터리 영화 〈신성한 소Sacred Cow〉에 관한 정보가 필요하다면 Sacredcow.info를 방문하길 바란다.

1 고기 없는
월요일?

오늘날에는 암에서부터 지구 온난화에 이르기까지 온갖 문제의 원인을 고기에서 찾는다. 이런 주장의 부당함을 밝히는 일은 '두더지 잡기' 게임을 하는 것과 비슷하다. 주장 한두 가지를 처리하고 나면 다른 주장 두세 가지가 튀어나온다. 그렇기는 해도 우리 두 사람이 더 질 좋은 고기가 주는 이점에 관해 수년 동안 이야기한 결과, 고기를 반대하는 사람들의 주장을 크게 세 가지 카테고리로 압축할 수 있었다. 고기가 영양, 환경, 윤리라는 세 가지 측면에서 문제가 된다는 것이다. 고기를 주제로한 어떤 대화에서든 우리가 영양 문제를 철저하게 규명하고 나면 대화가 온실가스, 토지 이용, 물, 감응력sentience(동물이 사람처럼 감각과 감정을 느끼는 능력 – 옮긴이), 의도, 최소한의 피해로 빠르게 옮겨갔다. 이런 문제를 하나씩 다루기 전에 일단 현재 상황부터 짚어보자. 기후 위기와 건강 악화, 그리고 소가 왜 부당하게 이 두 문제의 주요 원인 중 한 가지로 지목되고 있는지 알아보자.

　지구에 생명체가 살기 시작한 이래로 지금 여섯 번째 집단 멸종이 일어나고 있는 것처럼 보인다. 곤충 개체군의 수가 약 40퍼센트 감소하고 있으며, 2119년에는 지구에 그 어떤 곤충도 살지 않을 것이라는 연구 결과도 있다.[1] 다른 연구를 살펴보면 지난 100년 동안 척추동물 종의 평균 멸종 속도가 정상 속도보다 100배나 빨라진 것으로 밝혀졌다.[2] 특정 식물이 멸종되면 그 식물을 주 먹이로 삼던 동물도 멸종되고, 그 동물을 잡아먹던 더 큰 동물들도 멸종 위기에 놓인다. 물론 45억 년이라는 지구의 역사에서 집단 멸종이 일어나는 것이 이번이 처음은 아니다. 이런 일은 이미 다섯 번이나 일어났고, 지구에 사는 종의 75퍼센트가 사라졌다. 하지만 이번 멸종은 생물의 서식지 파괴에서 비롯됐다는 점에서 예전과는 성격이 다르다. 서식지가 파괴된 이유로는 집약 농업과 농약 사용이 꼽힌다.[3]

이렇게 지구가 환경 문제에 시달리는 동안 인간의 건강도 더 나빠지고 있다. 20세기에는 전반적으로 새로운 세대가 이전 세대보다 더 오래, 더 건강하게 '잘' 산다는 인식이 있었다. ('잘 산다'라는 개념이 대단히 주관적이긴 하다.) 이런 인식에는 세균설(모든 전염병의 원인을 미생물로 보는 이론 - 옮긴이)의 확립, 항생제의 개발, 공중 보건의 발달, 크게 개선된 식단 등 여러 요인이 작용했다. 하지만 이제는 현대사 최초로 인간의 수명이 짧아지고 있다.* 특히 선진국에서 이런 성향이 두드러진다. 만성 퇴행성 질병이 급격하게 늘고 있으며, 우리가 그 어느 때보다도 영양에 관해 많이 알게 됐는데도 비만인 사람과 당뇨 환자의 비율이 계속 치솟고 있다. 역사를 돌아보면 인류의 가장 큰 고민거리는 굶주리는 것이었다. 하지만 이제는 너무 적게 먹어서 죽는 사람보다 너무 많이 먹어서 죽는 사람이 훨씬 많다. (이 문제는 나중에 자세히 다루겠지만 이런 사람들은 대체로 먹

---

* 이런 추세에서 벗어나는 일도 드물게 일어난다. 나중에 다루겠지만 빅토리아 왕조 중기 사람들의 식습관을 살펴보면 인류의 건강은 그 당시에 구할 수 있었던 식품의 상대적인 질에 따라 좋아졌다가 나빠졌다가 다시 좋아졌다가 나빠지기를 반복했다.

는 양은 많아도 영양이 부족하다.) 게다가 망가진 식량 시스템과 관련된 의료비가 빈약한 경제 정책을 통해 선진국에 심각한 타격을 입힐 우려도 있다. 미국의 경우, 의료비의 7분의 1이 당뇨병과 그에 따른 합병증을 치료하는 데 쓰이고[4], 의료비에 비만으로 인한 근로 손실 비용을 더하면 무려 1,500억 달러가 넘는다.[5]

상황이 이렇다 보니 우리의 건강과 세상이 걱정되는 것은 당연하다. 하지만 지금까지 제시된 해결책은 좁은 시야에 바탕을 둔 경우가 많다. 가면 갈수록 우리는 '바르게' 먹는 방법이 한 가지만 있는 것처럼, 그래서 식품을 생산하는 방법도 한 가지뿐인 것처럼 설득당한다. 전 유엔 기후변화협약UNFCCC 사무총장 크리스티아나 피게레스Christiana Figueres는 최근에 고기를 먹는 행위가 금지되어야 한다고 주장했다.

"10~15년 후에 음식점에서 육식하는 사람들을 흡연자처럼 대하는 것은 어떨까요? 고기가 먹고 싶으면 음식점 밖에서 먹으면 됩니다."[6]

하지만 고기를 먹는 것이 정말 담배를 피우는 일만큼이나 해로울까? 세계 식량 시스템이 정말 합성 비료와 살충제에 의존하는 작물 몇 가지에 집중할 때 지속성이 가장 뛰어날까? 인류가 수백만 년 동안 의존해 온 식량원이 어쩌다가 시대의 흐름에 역행하는 불쾌한 식량으로 전락했을까?

인류와 식량의 간단한 역사

고기는 강렬하다. 빨갛고, 핏물이 배어나며, 풍미가 좋다. 인류의 역사는 줄곧 사냥, 의식, 권력, 활력, 성性, 부富와 관련이 있었다. 제6장에서 다루겠지만 동물성 식품은 영양 측면에서 인간에게 꼭 필요하다. 이렇게 고기가 영양상 이점이 있는데도 고기와 동물성 식품에 더럽고, 건강에 해롭고, 먹으면 죄가 된다는 꼬리표가 붙었다. 반면, 식물성 단백질은 순수하고 깨끗하다는 인식이 생겼다. 육류를 섭취하는 정도에 따라 식습관[육식주의, 잡식성, 채식주의, 반半 채식주의(소량의 고기, 가금류, 생선을 가끔 먹는 채식주의 - 옮긴이), 엄격한 채식주의]을 구분하는 사람이 많다. 이런 사람들끼리 서로 맹렬하게 비난하기도 한다.

이런 일이 새로운 것은 아니다. 아브라함계 종교 내에서만 보더라도 특정 음식을 금지하는 행위가 종교 문화를 정의하고 내부인과 외부인을 구별하는 데 도움이 된다. 하지만 '우리'는 현대적이고 문명화된 지적인 사람들이다. 선과 악을 뚜렷하게 정의하고 음식 때문에 다른 집단에 폭력을 행사하는 행동은 과거에나 일어나던 일이 아닐까? 그렇다면 고기가 어떻게 필수 식품에서 여러 사람이 두려워하거나 역겨워하는 음식으로 전락했을까?

브뤼셀 브리예대학Vrije Universiteit Brussel의 식품 과학자이자 미생물학자 프레데릭 르로이Frédéric Leroy는 고기에 관해, 그리고 우리가 고기를 보는 시각이 어떻게 달라졌는지 연구했다. 르로이는 고기가 어떻게 '파르마콘pharmakon'이 됐는지 조사했다. '파르마콘'은 그리스어로, 상반되는 뜻의 치료제와 독약뿐만 아니라 희생양pharmakos이라는 뜻도 있다.[7] 고기에 관한 이런 생각은 건강과 환경에 대한 사람들의 걱정이 커지면서 널리 퍼졌다. 어쩌면 인간이 식품의 생산, 특히 고기의 생산과 동떨어진 채 살아가는 데서 비롯된 생각일지도 모른다. 이 책의 제목을 '희생양'이라고 정했더라도 괜찮았을 것이다. 고기가 현대 세계에서 잘못된 모든 것의 원흉으로 여겨지고 있기 때문이다. 고기는 개인의 건강 문제, 특권, 지구의 파괴와 관련된 원인으로 지목되고 있다. 고기만큼 강력한 영향력을 행사하고 사람들의 시각이 양극화된 식품도 없다. 이 문제는 제14장에서 자세히 다루겠지만 동물을 죽이는 행위에 관한 우리의 감정이 문화 속에 깊이 자리 잡았다는 점을 이해하는 것이 중요하다. 이런 점이 식습관과 환경에 관한 정책에 영향을 미쳤다.

인간이 항상 자연과 분리된 삶을 산 것은 아니다. 적어도 현대의 서양인이 묘사하는 방식으로 자연과 떨어져 살지는 않았다. 인간은 유사 이래 시간 대부분을 사냥과 채집에 들인 만큼 예전에는 세계관이 지금과 전혀 달랐다. 최신 연구에 따르면, 적어도 260만 년 전에 동물성 식품이 호미닌hominin(인류의 조상 – 옮긴이)의 식단에서 중요한 역할을 하기 시작했다고 한다.[8] 인간은 도구를 이용해서 날고기를 자르고 두들겼다. 고기를 굽기 시작한 것은 약 50만 년 전에 불과하다. 하지만 날고기와 지방에 있는 영양소가 인간에게 큰 힘을 줬고, 결과적으로 뇌가 더 커지고 똑똑해졌으며 성대도 발달했다.[9] 고기를 먹은 덕택에 우리는 식물을 채집하고 씹는 기나긴 시간에서도 해방될 수 있었다. 칼로리를 따져보면 동물성 식품이 그 어떤 식물성 식량원보다 영양가가 훨씬 많다. 게다가 익히지도 않고 가공되지도 않은 식물을 소화하려면 에너지와 자원도 훨씬 많이 필요했기 때문에 동물성 식품이 매우 귀한 대접을 받았다. 인간은 필요한 만큼만 사냥했고 동물의 모든 부위를 사용했다. 고기는 인간에게 물질적으로, 그리고 사회적 기능의 일부로서 중요한 역할을 했다.

약 1만 년 전에 첫 농업 혁명이 일어났을 때부터 인간 사회는 점차 사냥과 채집에서 농사로 활동을 옮겨갔다. 그러면서 작물에 더 크게 의존하게 되었다. 동물이 노동력(황소가 쟁기로 밭을 갈았다)으로서 가치를 인정받았고, 곡물값이 저렴했다. 그래서 사람들은 특별히 무엇인가를 기념하거나 축하하는 자리에서 고기를 먹었고, 고기를 제물로 바치기도 했다. 고기를 먹는 행위는 상징적인 의미가 있었다. 부유한 계급만이 고기를 먹을 수 있었고, 고기의 영향력이 더 막강해졌다. 인간이 농사를 짓기 시작하면서 규모가 더 크고 인구 밀집도가 더 높은 지역에 식량을 안정적으로 공급할 수 있었다. 그렇게 소규모 정착지가 점차 커져서 도시가 되었다.

하지만 이 시기에 인간의 건강이 나빠졌다. 인간이 당장 필요한 양 이상의 식량을 생산하려고 애쓰면서 일을 더 많이 하기 시작한 것이다. 그 과정에서 계급 제도가 형성되었고, 위계질서의 맨 위에는 지주가, 아래에는 식량을 생산하려고 일하는 사람들이 자리 잡았다. 인간이 서로 더 가까이 살면서 문화가 발달했지만, 그 이면에는 전염병이 빠르게 퍼지기도 했다.

오늘날과 마찬가지로, 기술 혁신 덕택에 농사짓기가 더 쉬워졌고 식량 생산량도 늘었다. 하지만 토질이 척박해지는 위험 부담이 생겼다. 관개 시스템(약 8,000년 전)과 쟁기(약 5,000년 전)의 발달로 식품을 훨씬 많이 생산하게 된 대신 토양의 비옥도가 떨어지는 부작용이 따랐다.

식량 증산은 인구의 폭발적인 증가로 이어졌다. 놀랍도록 짧은 기간(1900년부터 2011년까지)에 세계 인구는 16억에서 70억으로 늘어났다. 1950년대와 1960년대 후반 사이에 탄생한 여러 혁신적인 기술(비료, 농약, 다수확 작물)이 식량의 급격한 증산으로 이어졌다. '녹색 혁명Green Revolution'이라고 알려진 사건이다. 식량을 생산하고 분배하는 방식에 변화가 생기면서 인간은 세계 인구를 먹여 살릴 만큼 전체적인 식량 공급량을 늘릴 수 있었다. (물론 식량 부족이 여전히 큰 문제인 지역들도 있다.)

우리는 이제 산업형 농업 시대에 살고 있다. 인간이 산업 시대에 진입하고 도시로 옮겨가면서 고기의 생산과 도축은 우리의 시야에서 점점 멀어졌다. 건강 개혁에 열성적인 사람들은 비도덕적인 행동과 전염병이 퍼지는 흐름을 막으려고 노력했다. 그들은 자극적이지 않은 식단을 지향하고 술, 설탕, 고기처럼 죄스러운 식품은 지양하라고 설파했다. 고기를 먹으면 당시 흉악하고 죄스럽다고 여겨지던 자위의 충동 같은 '불순한 생각'이 든다는 주장이었다. 반대로, 신이 내린 '에덴동산식 식단(과일, 견과류, 채소, 씨앗류)'을 선택하면 구원을 받을 수 있다고 했다.

세계화가 더 급속하게 진행되고 개발도상국이 서양 식품을 구하기가 쉬워지면서 세계 곳곳에서 서양 식단을 애용하는 사람들이 빠르게 늘고 있다. 전 세계적으로 고기와 몸에 좋은 지방처럼 전통적이고 건강한 식품이 외면당하고 있으며, 초가공된 종자 기름과 고도로 정제된 밀, 옥수수, 콩이 사람들의 관심을 독차지하고 있다.

냉장 기술 덕택에 우리는 식품을 더 오래 보관하고 더 멀리 운반할 수 있다. 특히 합성 비료의 출현이 곡물 수확량을 획기적으로 늘렸다. 하지만 나중에 살펴보겠지만 거기에는 대가가 따랐다. 이제는 마트의 진열대에서든 가정에서든 고도로 가공된 식품과 정제 식품을 점점 더 쉽게 찾아볼 수 있다. 적어도 서양에서는 공장에서 생산된 식품이 자연적이고 신선한 식품을 대체하고 말았다. 인류 역사상 처음으로 서양 사람들은 과식하는데도 영양 부족에 시달리고 있다. 반면에 개발도상국에서는 사람들이 드디어 (고기를 먹으면서) 건강한 뇌와 몸에 필요한 고품질 단백질과 철분 같은 영양소를 얻기 시작했다. 그러면서 개발도상국들이 세계 시장에서 서양 국가들과 경쟁할 수 있게 되었다.

오늘날 우리는 '후기 사육시대'라고 여겨지는 사회에 살고 있으며,

고기를 먹는 행위가 야만적이라고 생각하는 사람이 많다. 육식이 건강에 안 좋고, 지속 가능성도 없으며, 도덕적으로 비난받을 일이라고 낙인찍힌 것이다. 이런 태도는 우리가 식량 생산이나 자연과 동떨어진 상황에서 비롯된다. 하지만 공장식 농업을 지원하면서 편향된 연구 결과가 확고하게 자리를 잡게 한 정부 지침도 원인의 일부다.

정제 식품이 우리의 식량 시스템에서 중요한 역할을 하게 된 이야기는 스파이 소설만큼 흥미진진하지는 않다. 하지만 정치적인 술책이 심심치 않게 등장하고, 냉전 속에서 핵무기 때문에 인간의 존재가 위협받는 이야기도 나온다.

잠시 쉬어가면서 이 책에 자주 등장하는 용어를 정리해보자.

■ **가공식품**: 신선한 상태에서 변형된 식품. 예를 들어, 채소를 얼리거나 토마토를 통조림으로 만들면 그 식품을 가공하는 것이다. 치즈, 요구르트, 건조된 콩은 모두 가공식품이다.

■ **초가공식품**: 식용 색소, 조미료, 인공 방부제 같은 첨가물을 넣고 공장에서 만들어지는 모든 식품을 일컫는다. 마트의 인기 코너에 있는 식품은 거의 다 초가공식품이다. 심지어 '홀푸즈 마켓Whold Foods Market(미국의 대형 유기농 슈퍼마켓 체인-옮긴이)'의 인기 코너에서 판매하는 식품도 마찬가지다.

■ **초기호성 식품**: 너무 맛있어서(기호에 맞아서) 과식을 유발할 수 있는 식품. 초기호성 식품은 주로 탄수화물과 지방처럼 맛을 내는 특정한 성분을 조합해서 만든다. 하지만 뇌의 보상 회로를 활성화하는 다른 첨가물도 들어 있을지 모른다. 이런 식품의 예로는 마카로니와 치즈, 감자칩, 감자튀김 등이 있다.

- **영양이 풍부한 식품**: 식품의 영양가는 칼로리당 미량 영양소(비타민, 미네랄)가 얼마나 들어 있는지를 나타낸다. 술과 설탕은 칼로리는 높지만 미량 영양소는 적다. 그래서 열량은 높지만 영양이 풍부한 식품은 아니다. 반면, 고기와 채소는 영양이 풍부한 식품에 해당한다.

- **산업형 줄뿌림 농업**industrial row-crop agriculture: '화학' 농업 또는 '단일작물' 농업이라고도 부른다. 비행기를 타고 들판을 지나갈 때 보이는 네모나고 동그란 경작지는 대체로 옥수수, 콩, 밀을 산업적으로 줄뿌림한 것이다. 이 책의 환경 파트에서 이런 농사법이 어떻게 토양을 파괴하고 생태계를 통째로 망가뜨리는지 보여줄 것이다.

- **유기농업**: 화학 농약이나 제초제를 사용하지 않는 농업. 유기농 운동을 시작한 사람들은 처음에 '유기농업'이라는 말이 '지속 가능 농업' 또는 '재생 농업'이라는 뜻(아래에 나오는 용어 참고)으로 쓰이길 바랐다. 하지만 오늘날 이 용어는 아직도 지속 가능하지 않은 농사법을 이용하면서 단순히 '유기농'이라고 승인된 화학 약품을 쓰는 대기업들이 함부로 사용하고 있다.

- **지속 가능 농업**: 이 용어의 확실한 정의는 없지만, 우리는 이 말을 '재생 농업'과 섞어 쓰려고 한다. 지속 가능성 운동의 목표는 오랜 시간이 지나도 '지속 가능한' 식량 생산 방식을 확립하는 것이다.

- **재생 농업**: 지속 가능 농업을 넘어서려는 농부들이 최근에 가장 즐겨 쓰는 용어다. 그들은 식품을 생산하는 과정에서 토양을 실제로 재생하려고 한다. 재생 농업을 실천하는 농부 대부분은 유기농업과 지속 가능 농업으로는 노력이 충분하지 않다고 주장한다. 하지만 유기농업과 지속 가능 농업을 실천하는 식품 생산업자들도 재생 농업을 장려하는 사람들과 목적이 같다. 우리가 '지속 가능'이라는 말도 함께 쓰는 이유는 '재생'의 뜻을 정확하게 이해하지 못하는 사람이 많기 때문이다. 안타깝게도 재생 농업을 추구하는

사람들조차 그 뜻을 분명하게 모르는 경우가 많다. 우리는 둘 다 동물이 어떤 재생 식량 시스템에서든 중요한 구성 요소라고 확신한다.

- **일반 소고기**: 사육장에서 키운 소의 고기feedlot-finished나 산업형 소고기라고도 부른다. 이런 소는 삶의 첫 절반이나 3분의 2에 해당하는 기간에는 목장에서 풀을 뜯어 먹으며 지낸다. 하지만 도축되기 4~6개월 전에는 사육장으로 옮겨져서 무게를 빨리 늘릴 수 있는 식단을 먹게 된다.

- **목초 사육 소고기grass-fed beef·사육장에서도 풀 먹인 소의 고기grass-finished beef**: 이런 소는 평생 목초를 먹고 자란다. 하지만 목축업자 간에 인증 문제가 불거질 때도 있으며, 미국 농무부USDA에서 추진하는 공식 인증 제도가 없다. 그런 이유로, 일반 소고기를 생산하는 사람들이 소를 사육장으로 옮겨서 곡물을 먹였더라도 그 소의 고기가 '목초 사육 소고기'라고 우길 수 있다는 우려가 있다. 인증 제도마다 '목초 사육 소고기'의 공식적인 정의가 다르다. 이 책에서는 목초 사육 소고기란 사육장으로 옮기고 나서도 풀을 먹여서 키운 소의 고기를 뜻한다.

- **잘 관리된 소**: 환경 파트에서 이 용어를 더 자세히 살펴보겠지만 간단히 설명하자면 잘 관리된 소란 목장에서 살면서 새로운 목초지로 자주 이동한 소라는 뜻이다. 이런 관리법이 동물과 땅에 더 이로운 것으로 알려져 있으며, 이와 비슷한 관리법을 나타내는 용어는 대단히 많다. 초지 순환 방목rotational grazing, 단시간 고밀도 방목mob grazing, 구획 방목cell grazing. 집중 관리intensive management, AMPadaptive multi-paddock management 관리, 총체적 관리 기법holistic management, 총체적 계획 방목holistic planned grazing 등이 있다. 이런 용어는 저마다 뜻이 다르다. 하지만 기본적인 개념은 목장주가 소를 같은 땅에서 계속 키우지 않고 다른 목초지로 자주 옮기면서 필요에 따라 관리 방식을 조정한다는 것이다.

- **집중 사육 시설CAFO: concentrated animal feeding operation**: '공장식' 또는 '산업형' 농장이라고 불리기도 한다. 정확히 말하면, 45일 이상 1,000 '가축단위' 이상을 수용하는 시설을 뜻한다. 1,000 가축단위는 고기소 1,000마리, 젖소 700마리, 돼지 2,500마리, 구이용 영계 12만 5,000마리, 산란용 닭 8만 2,000마리에 해당한다. 미국에서 먹는 고기 대부분은 집중 사육 시설에서 생산한 것이다.

- **더 질 좋은 고기**: 우리는 이 책에서 더 질 좋은 고기를 옹호하는 주장을 펼친다. 더 질 좋은 고기란 최대한 자연적인 방식으로 키운 가축에게서 얻은 고기를 뜻한다. 잘 관리된 소의 고기나 목초지에서 키운 닭이 낳은 달걀이 여기에 해당한다.

냉전을 위한 간식

제2차 세계대전의 공포를 견뎌낸 사람들은 그 전쟁이 살아남기 위한 치열한 투쟁이었다고 기억할 것이다. 미국이 전쟁에 총력을 기울이면서 우리가 상상할 수 있는 거의 모든 물자의 수요가 급증했다. 특히 금속(탱크에 필요한 철과 총알에 필요한 황동), 타이어와 호스에 필요한 고무, 식품이 급하게 필요했다. 나폴레옹의 명언처럼 "잘 먹은 군대가 잘 싸운다." 미국 정부는 자국과 여러 우방국의 군대를 먹이고 그들에게 물자를 제공하려고 '보조금'을 주는 인센티브 프로그램을 도입했다. 프로그램의 목표는 농부들이 식량을 최대한 많이 생산하도록 장려하는 것이었다.

작전은 대성공이었다. 하지만 전쟁이 끝나자 미국 정부는 보조금 프로그램을 폐지하려고 했다. 농부들은 자신들에게 유리한 물가 통제 덕택에 수입이 쏠쏠했기 때문에 이런 결정에 반대했다. 그 당시에 없어진 보조금도 있고, 아직도 남아 있는 것도 있다.

그러고 나서 냉전이 찾아왔다. 냉전은 핵무기의 사용으로 지구상에 존재하는 거의 모든 생물이 전멸할 위험이 있었던 벼랑 끝 대결이었다. 미국과 구소련 모두 냉전에 돈을 엄청나게 쏟아부었다. 미국의 경우 대외적으로는 베트남 전쟁에 휘말린 상황이었고, 대내적으로는 식료품값뿐만 아니라 거의 모든 상품의 가격이 치솟고 있어서 국민이 고통을 느낄 정도였다.

냉전이 현대의 비만 문제와 10억 달러에 달하는 정크 푸드 산업과 무슨 관련이 있는지 의아할지도 모른다. 하지만 〈가디언Guardian〉지에 실린 흥미로운 기사에서 취재 기자 자크 페레티Jacques Peretti는 우리에게 닥친 문제가 리처드 닉슨 대통령의 냉전 정책에서 비롯되었다고 주장했다.[10] 그는 닉슨이 대내외적으로 곤경에 처했던 만큼 경제가 회생하기를(아니면 적어도 회생하는 것처럼 보이기) 바랐다고 했다. 닉슨은 대규모 지지 세력도 확보해야 했다. 식료품값을 떨어뜨리려면 미국 농부들의 도움이 필요했다. 그래서 인디애나주 출신의 학자 얼 버츠Earl Butz에게 계획을 세우게 했다.

버츠의 해결책은 무엇이었을까? 농부들이 대대적으로 곡물을 과잉 생산하도록 돈을 주는 것이었다. 보조금 덕택에 옥수수와 밀이 과잉 생산되었고 농산물 가격이 내려갔다. (세수입 할당 문제를 무시한다면 계획은 성공적이었다.) 닉슨은 원하던 대로 보수표를 확보했는데, 지지자들이 주로 농부였다. 닉슨은 유권자의 지지를 얻었고, 미국 사람들은 이제 식품을 저렴하게 살 수 있었다. 사실 식품이 너무 많이 남아서 어떻게 처리해야 할지 묘안을 내야 할 지경이었다. 페레티는 기사에 다음과 같이 적었다.

> 70년대 중반이 되자 옥수수가 남아돌았다. 버츠는 일본에 가서 모든 것을 바꿔놓을 혁신적인 과학 기술을 살펴봤다. 바로 액상과당의 대량 생산 기술이었다. 액상과당은 영국에서는 포도당 과당 시럽이라고도 불리며 과잉 생산된 옥수수로 생산한다. 대단히 달고, 찐득거리며, 값이 놀랍도록 저렴하다. 액상과당은 50년대에 발견됐지만 70년대에 들어서야 대량 생산이 가능해졌다. 이 시럽은 곧 피자, 코울슬로(마요네즈에 버무린 양배추 샐러드 – 옮긴이), 고기 등 사실상 모든 음식에 들어갔다. 액상과당을 빵이나 케이크에 뿌리면 '방금 구운' 것처럼 윤기가 났다. 이 시럽 덕택에 모든 음식이 더 달콤해졌고, 유통기한도 며칠에서 몇 년으로 늘어났다.

제4장에서 살펴보겠지만 이 무렵에 소비자들은 동물성 식품으로부터 멀어지고 있었다. 포화 지방이 건강에 나쁘다고 생각했기 때문이다. 페레티는 기사에서 이렇게 언급했다.

"식품 업계는 새로운 유형의 식품이 탄생하기를 고대하고 있었다. 대중이 건강에 더 좋다고 생각해서 열성적으로 받아들일 '저지방' 식품 말이다."

페레티는 설탕에 대한 새로운 갈망과 저지방 운동의 확산이 재앙이나 다름없어진 우리의 식습관과 관련이 있다고 주장했다. 사람들이 점점 뚱뚱해지는데도 그 이유를 아는 사람이 아무도 없었다. 식이 지방, 특히 동물성 지방은 비난의 대상이 되었다. 그 당시에 제시된 대표적인 해결책은 탄수화물과 식물성 기름을 더 많이 섭취하는 것이었다. 정부 역시 정크 푸드를 손쉽게 만들 때 쓰이는 옥수수와 다른 상품을 생산하는 농부에게 보조금을 지급하기 시작했다. 정크 푸드는 유통기한이 길고 수익을 많이 낼 수 있는 초기호성 식품이다. 따라서 냉전을 정크 푸드 산업과 연관 짓는 것이 그렇게 엉뚱한 생각은 아니다. 다른 장에서 더 자세히 살펴보겠지만 이 모든 사건과 정책은 아무도 의도하지 않은 놀라운 결과를 낳았다.

해결책은 무엇일까?

우리는 인간이 어떻게 사냥과 채집을 즐기던 선조들의 식단에서 지금의 고도로 가공된 식단에 이르렀는지 간단하게나마 살펴봤다. 제4장에서 다루겠지만, 지난 100년 동안의 연구 결과 때문에 우리는 (특히 소고기에 들어 있는) 동물 단백질과 지방이 건강에 나쁘다고 생각하게 되었다.

인간은 대단히 똑똑하지만 복잡한 세상에 대한 간단한 설명을 선호한다. 단순함에 대한 이런 욕구 때문에 연구원, 정치인, 대중은 우리가 안고 있는 문제의 주범을 '한 가지'로 몰아가고 싶어 한다. 어느 날은 지방이, 또 다른 날은 탄수화물이 퇴행성 질환을 일으킨 주범으로 지목되었다. 더 최근에는 일부 의사와 연구원이 암부터 당뇨병에 이르기까지 모든 문제를 적색육에 덮어씌웠다. 이번에는 지방과 고기가 악마 취급을 받게 된 것이다. 지방과 고기가 건강에 해롭다는 생각은 널리 퍼져나갔고 건강 정책부터 농사법에 이르기까지 다양한 분야에 영향을 미치고 있다. 앞서 지방과 탄수화물이 겪었던 것처럼 역사가 비슷하게 반복되고 있다.

적색육이 식탁 위의 주적이라는 생각은 지구 온난화와 공장식 농업의 윤리적이고 지속 가능한 면에 대한 우리의 걱정과 잘 맞아떨어진다. 적색육에 대한 이런 다면적인 공격 때문에 지방이나 콜레스테롤은 실제보다 훨씬 더 무시무시한 존재가 되어버렸다. (아이러니하게도 식품 제조업자들은 신이 났다. 우리가 동물 복지를 걱정하는 마음을 이용해서 초가공된 인공적인 식품을 팔 수 있기 때문이다. 하지만 나중에 다루겠지만 이런 식품은 건강에 안 좋고, 환경에 해로우며, 동물 복지에 도움이 되지 않는다.)

고기 섭취량을 눈에 띄게 줄이거나 고기를 아예 끊는 것이 건강 악화와 지구 온난화를 막는 해결책이라고 생각하는 사람이 많다. 2019년 1월에 잇-랜싯 위원회EAT-Lancet Commission(영양 전문가들이 모여서 지구상의 모든 사람을 위한 건강하고 지속 가능한 식량 시스템을 만들려고 노력하는 기관)는 권장 식단을 발표했다. 이 일률적인 식단이 모든 지역에 적합하지 않을 수도 있다고 쓰여 있기는 하지만, 문화적인 식품 선호도의 차이나 현지의 식량 의존도가 식단에 제대로 반영되지 않았다. 권장 식단에 따르면 하루에 소고기는 14그램(미트볼 반 개 정도) 미만, 가금류는 28그램 미만, 달걀은 4분의 1개를 먹는 것이 좋다. 하지만 곡물이나 공장에서 생산된 종자 기름은 많이 먹어도 되고, 설탕도 찻숟가락 8개 분량이나 먹어도 된다고 한다.[11]

이 지침의 목표는 세계 인구 모두의 건강을 개선하고 우리가 지속 가능성이 가장 큰 방식으로 먹도록 장려하는 것이다. 하지만 이 위원회의 제안이 틀렸다면 어떻게 될까?

개발도상국 사람들에게 고기를 먹지 말라고 권하는 대신 그들이 더질 좋은 고기를 생산할 수 있게 도우면 어떻게 될까?

고기 섭취량을 제한하거나 고기를 아예 안 먹는 것이 정답이라고 가

정해버리면 인간의 신진대사와 자연이 작용하는 방식에 관한 기본적인 사실을 무시하는 것 아닐까?

동물 단백질이 비만, 제2형 당뇨병, 암에 걸릴 확률을 높인다는 주장을 정말 과학적으로 뒷받침할 수 있을까?

식수를 사 마셔야 하는 마을에서 아몬드나무가 가득한 넓은 들판에 물을 대는 것이 현명한 일일까?

단백질의 미래를 위한 최고의 해결책이 실험실에서 식량을 재배하는 것일까?

역사상 처음으로 서양 사람들이 과식하는데도 영양 부족에 시달리고 있으며, 개발도상국에서는 사람들이 드디어 (고기를 먹으면서) 건강한 뇌와 몸에 필요한 영양소를 얻기 시작했다. 그런데도 세계 인구 전체가 영양이 풍부한 음식(고기)을 덜 먹어야 할까?

우리의 건강과 토양을 개선하려면 화학 약품을 사용해서 재배한 단일 작물만 먹고 살아야 할까?

자원이 점점 줄어드는 상황에서 화학 약품에 덜 의존하고 다시 땅의 자연적인 주기에 맞춰서 농사를 지으면 어떨까? 생물 다양성이 더 적어지는 것이 아니라 더 커지도록 노력해야 하는 것 아닐까?

'고기 없는 월요일'이 공장식 농업에 관한 우리의 걱정을 해소해줄까?

적색육을 덜 먹으면 비만, 제2형 당뇨병, 철분 결핍성 빈혈에 시달리는 사람이 줄어들까?

우리는 이 책에서 다른 사람들이 별로 다루지 않는 중요한 문제를 짚고 넘어갈 것이다. 이미 추측했겠지만, 우리가 다루려는 문제는 놀랍도록 복잡한 여러 가지 주제가 서로 얽혀 있다. 이 모든 내용을 쉽고 간단하게 압축할 수 있으면 좋겠지만 안타깝게도 그런 방법은 없다. 하지만 우리가 설명을 제대로 해낸다면 여러분은 곧 영양, 환경, 윤리의 측면에서 육식하는 문제를 반드시 살펴봐야 하는 이유를 이해할 수 있을 것이다. 그럼 이제 영양의 측면부터 살펴보자.

제1부

영양으로
보는
육식

2 인간은 동물을 먹을
운명이 아니다?

존 듀런트John Durant는 《The Paleo Manifesto 팔레오 선언문》에서 2005년에 클리블랜드 메트로파크스 동물원Cleveland Metroparks Zoo 에서 살고 있던 25살짜리 고릴라 '모콜로Mokolo'의 이야기를 들려준다. 모콜로는 비만은 아니었지만 과체중이었고 심장 질환 증세도 있었다. 그리고 머리털을 강박적으로 뜯는 등 이상 행동도 보였다. 사육사들은 동물원에서 사는 고릴라의 건강 상태를 판단할 최고의 방법은 야생에서 사는 고릴라와 비교하는 것이라고 생각했다. 모콜로가 야생 고릴라보다 활동량이 적은 것은 사실이었다. 하지만 모콜로가 담배를 피우거나 술을 마시거나 패스트푸드를 먹지는 않았다. 그런데 알고 보니 동물원에서 사는 고릴라가 경험하는 건강 문제는 현대인이 겪는 문제와 매우 비슷했다. 고릴라들도 콜레스테롤 수치가 높고, 테스토스테론 수치가 낮으며, 고혈압과 심장 질환이 있는 것이다. 동물원에서 사는 고릴라의 사망 원인 1위는 사람과 마찬가지로 심장 질환이었다.

사육사들은 가만히 있을 수는 없다는 생각에 모콜로가 사는 환경을 철저하게 조사했다. 콘크리트 바닥부터 천장 조명까지, 그리고 소음이 나는 정도부터 식단까지 모두 살펴봤다. 모콜로는 일반적인 '고릴라 음식'을 먹었다. 즉, 섬유질이 풍부한 바, 잎이 많은 채소와 같은 식물, 과일을 먹었다. 사육사들은 변화를 주기 가장 쉬운 것이 모콜로의 식단이라고 생각했다. 처음에는 비스킷에 들어 있는 섬유질의 양을 늘려봤다. 그랬더니 모콜로가 설사를 했다. 그래서 섬유질 비스킷을 식단에서 아예 빼버리고 잎이 많은 식물의 양을 늘렸다. 아프리카산 채소를 들여오기는 거의 불가능했기 때문에 동네 식료품점에서 로메인 상추를 사다가 먹였다. 그런데도 결과는 입이 떡 벌어질 만큼 놀라웠다. 몇 달 만에 모콜로의 체중이 약 32킬로그램이나 줄었고 머리털을 잡아 뜯던 행동도 나아진 것이다.

모든 동물에게는 생물학적으로 적합한 식단이 있다. 사람도 마찬가지다. 우리는 고릴라보다 영양이 더 풍부한 식단 덕택에 번성하는 것처럼 보인다. 열성적인 채식 옹호자 중에는 힘이 센 고릴라에 관해 열변을 토하는 사람도 있을 것이다. 문제는 사람이 하루에 식물을 13~23킬로그램씩이나 먹지 못한다는 점이다. 인간은 야생에서 수십만 년 동안 동물성 식품이 많이 포함된 식단을 먹으면서 살았다. 꿀, 식물 뿌리, 덩이줄기 채소, 잎이 많은 식물, 과일도 먹었다. 하지만 오늘날 인간은 '사육당하면서' 이런 식의 '지겨운' 음식과는 한참 동떨어진 고도로 가공돼서 음식 흉내를 내는 물질을 먹고 산다. 우리는 옛날보다 잠도 덜 자고 덜 움직이기도 한다. 그리고 사냥과 채집을 하던 시대와는 완전히 다른 유형의 스트레스에 시달린다.

비만과 당뇨병이 급증하는 추세를 막으려면 적색육을 먹지 말아야 한다고 생각하는 사람이 많다. 어쩌면 인간이 처음부터 고기를 먹지 말아야 했을지도 모른다는 주장도 있다.

인간의 치아가 육식 동물의 날카로운 송곳니보다는 식물만 먹고 사는 포유동물의 납작한 어금니와 더 비슷하다는 말을 들어봤을지 모른다. 우리에게는 발톱이나 날카로운 송곳니가 없다. 심지어 인간의 치아가 주로 과일을 먹는 동물(과일, 채소, 견과를 먹는 동물)과 더 비슷하다는 이야기도 찾아볼 수 있다. 그렇다면 우리는 생물학적으로 공격적인 사냥꾼이자 육식주의자가 아니라 '평화적인' 채식주의자가 될 운명일까? 수천 년 동안 우리의 '야생' 식단에 속했던 음식이 정말 현대인의 건강 문제를 일으키는 주범일까? 지금부터 자세히 알아보자.

우리는 무엇을 먹도록 만들어졌을까?

인간은 흥미롭게도 진화를 거듭하면서 해부학적인 특징을 골고루 갖게 되었다. 다른 영장류와 비교해보면 인간은 뇌의 크기가 더 크고, 대장의 길이가 더 짧고, 소장의 길이가 더 길다. 그 이유는 무엇일까?

과학자 레슬리 아이엘로Leslie Aiello와 피터 윌러Peter Wheeler는 1995년에 인류학 저널 〈커런트 앤스로폴로지Current Anthropology〉에 실린 논문에서 이 질문에 대한 해답을 제시했다. 그들의 가설은 에너지 소비율이 높은 조직과 관련이 있다. 그들은 동물의 뇌가 커지려면 연료를 뇌에 우선으로 공급하고 신진대사 측면에서 '에너지 소비율이 높은' 다른 조직에는 적게 보내야 한다고 주장했다. 인간의 경우, 선조들이 영양이 더 풍부한 식량을 더 쉽게 구하고(이론의 여지는 있지만, 문화가 복잡해지면 영양이 풍부한 식량을 더 쉽게 구할 수 있고, 그러면 문화가 더 복잡해지는 순환 고리 구조로 볼 수 있다) 도구와 요리를 통해 음식을 준비하는 방법이 발전하면서 소화기관이 달라지고 뇌가 진화했다. 우리는 진화하면서 소장이 더 커졌다. 소장은 영양이 풍부하고 소화가 잘 되는 음식을 먼저 흡수한다. 다른 영장류와 비교해보면 우리는 소화기관 중에서 식이 섬유의 발효를 담당하는 결장이 상대적으로 작다.[1]

다양한 식량원은 영양이 더 풍부한 식단을 제공하며, 그것이 우리에게 필요한 식단이다. 인간의 몸은 자연스럽게 다양한 음식물을 원한다. 그래서 매번 똑같은 음식을 먹으면 질려버린다. 밖에 나가서 식량을 구해야 했던 시절에는 이런 성향이 새로운 맛과 식감을 찾아 나서도록 동기를 부여했다. 이것이 뷔페식당이 그토록 인기가 많은 이유이기도 하다. 음식을 조금씩 전부 맛볼 수 있기 때문이다.[2]

인간의 신체적인 특징(발톱이 없고, 이가 납작함)이 우리가 찾던 증거이며 인간이 생물학적으로 식물을 먹게 되어 있다고 생각할지도 모른다. 하지만 안타깝게도 이런 생각은 인간이 도구를 만들고 불을 피울 수 있는 능력을 고려하지 않은 것이다. 우리는 사냥용 화살을 만들고, 고기의 살점을 긁어내고 두드리고 자르기 위해 돌과 조개껍데기를 뾰족하게 갈 수 있다. 동물을 죽이고 고기를 소화할 때 발톱이나 날카로운 송곳니가 필요 없는 것이다.

사실, 고기를 먹는 영장류 중에서 인간이 고기를 가장 많이 먹는다. 인간과 다른 영장류를 구분 짓는 특징은 뇌에 공급하는 영양을 동물성 식품에서 얻었다는 것이다. 물론 우리의 선조들은 곡물이나 콩과 식물도 먹었다. 전통문화를 살펴보면 인간은 기술을 이용해서 식물을 액체에 담그고, 발효시키고, 식물의 싹을 땄다. 식물의 독성을 줄이고 소화력을 높이려는 의도였다.[*] 만일 우리가 고기를 먹을 운명이 아니라는 '증거'가 고작 동물처럼 커다란 송곳니가 없는 것이라면 우리가 기술 없이는 식물 대부분을 먹지 못했으리라는 점은 어떻게 설명해야 할까?

이번에는 해부학적인 관점에서 생각해보자. 인간은 동식물을 모두 먹을 수 있는 해부학적인 특징을 갖췄다. 위에서 언급한 것처럼 우리는 일반적인 영장류보다 소장은 더 길고 결장은 더 작다. 이 말은 우리가 특정한 식물 섬유나 부피가 큰 식물 성분을 고릴라만큼 잘 소화하지 못한다는 것이다. 소장이 더 큰 덕택에 인간은 고기나 전분이 많은 요리처럼 영양이 풍부한 식품을 먹을 수 있다. 이런 식품에 들어 있는 영양소를 더 잘 흡수할 수 있기 때문이다. 다른 영장류와 달리 우리에게는 전분이 많은 음식과 유제품의 소화를 돕는 효소가 있다. 마지막으로, 치아를 살펴보면 우리는 고기를 씹을 수 있는 송곳니도 있고, 식물을 으깰 수 있는 납작한 어금니도 있다. 따라서 우리는 신체 구조상 동물성 식품과 식물을 둘 다 씹을 수 있다.[3]

우리는 동식물 모두로부터 영양소를 얻어야 한다. 〈미국 임상 영양학 저널American Journal of Clinical Nutrition〉에 실린 한 연구에서는 사냥과 채집을 하며 사는 사람 229명의 식단을 조사했다. 그 결과, 그들이 섭취하는 칼로리의 45~65퍼센트는 동물성 식품에서 왔고, 나머지는 식물성 식품에서 왔다. 영양소를 최대한 다양하게 섭취하려고 동물성 식품과 식물성 식품의 비율을 거의 50대 50으로 맞춘 것이다. 인간이 번성하려면 영양소가 제법 많이 필요하기 때문이다.[4]

인간이 동물을 먹을 '운명'이 아니었다는 주장이 타당하지 않다는

---

* 남미에서는 감자를 먹을 때 진흙이 들어간 소스를 곁들인다. 페루에서 감자를 진흙이 들어간 소스에 찍어 먹는 전통은 콜럼버스가 미 대륙을 발견하기 전에 시작된 것으로 알려져 있다. 소스에 진흙을 사용하는 이유는 야생 감자에 들어 있는 글리코알칼로이드의 독성을 억제하고 쓴맛을 중화하려는 것이다.

점이 이제는 분명해졌기를 바란다. 제1장에서 살펴봤듯이 인간은 사냥과 채집을 하면서 진화했고 농사를 짓기 시작했을 때도 잡식성 식단을 그대로 유지했다. 역사적인 기록을 살펴보면 선조들이 동물성 식품을 먹었다는 사실이 분명하게 남아 있다. 동물의 골수, 뇌, 살코기도 먹고, 달걀, 유제품, 곤충도 먹은 것이다. 전통적인 인간의 음식 문화 중에서 동물성 식품을 제외한 것은 없다. 고기를 먹었기 때문에 옛날 사람들이 현대인만큼 오래 살지 못했다고 주장할 수도 있을 것이다. 하지만 기대 수명에 관한 과거의 수치가 높은 영아 사망률과 응급 치료의 부재로 인해 왜곡되었다는 점을 이해하는 것이 중요하다. 사냥과 채집을 하며 살아남은 선조들은 대체로 오래 살았고,[5] 현대인처럼 만성 질환에 크게 시달리지도 않았다.[6] 인간이 진화한 역사를 살펴보는 일이 무의미하다고 생각하는 사람도 있을지 모른다. 하지만 현대인 중에서도 사냥과 채집을 하며 사는 사람들과 선조들 둘 다 상대적으로 건강 상태가 좋고 오래 살았다는 점은 인간의 건강에 중요한 이정표가 된다. 우리는 이 문제를 앞서 출판한 여러 책에서 자세히 다뤘다. 요점은 인간은 일반적으로 잡식성 식단(동물성 식품과 식물성 식품 둘 다)을 먹으며 번성한다는 것이다.

인간이 고기를 먹도록 진화했다는 사실을 받아들이고 이제는 다른 문제를 살펴보자. 우리는 과연 고기를 얼마나 먹어야 할까?

3 우리가 고기를
   너무 많이
   먹는 것일까?

'고기를 너무 많이 먹는다'라는 표현을 들으면 독자 여러분은 어떤 생각이 드는지 궁금하다. 아마도 저녁마다 2킬로그램짜리 티본 스테이크를 먹는 장면을 떠올리는 이들이 많을 것이다. 고기가 인간이 먹는 식단에 속하는 것이 자연스럽다고 동의하는 사람들조차 우리가 고기를 너무 많이 먹는다고 생각하는 경우가 많다. ('적당한' 고기 섭취량은 과연 누가 정할까? 경찰에 고기 섭취 전담반이라도 있는 것일까?) 게다가 우리가 이미 단백질을 너무 많이 먹고 있으며, 그런 식습관이 위험하다고 생각하는 사람도 많다.

이 문제는 설명할 부분이 많은 만큼 다음 몇 페이지에 걸쳐서 관련 주장을 살펴보려고 한다. 고기 섭취량이 '너무 많다'라는 인식이 과학에 바탕을 둔 것일까? 아니면 육식이 식탐 행위라는 인식이 '적당한' 고기 섭취량에 관한 우리의 생각에 영향을 미친 것일까? 우리는 인간에게 적합한 고기 섭취량을 과학적인 측면에서 살펴볼 것이다. 하지만 그전에 사람들이 고기를 실제로 얼마나 먹는지부터 알아보자. 정답부터 말하자면 독자 여러분이 생각하는 것보다 적은데 이것이 문제일지도 모른다.

그렇다면 우리는 고기를 얼마나 먹을까?

우선, '고기'라는 말의 정의부터 살펴보자. 사람들이 '고기'라고 말할 때는 주로 소고기를 뜻한다. 이유는 모르겠지만 우리는 동물을 해산물, 가금류, 적색육처럼 여러 가지 카테고리로 구분한다. '고기'는 안 먹고 닭고기, 생선, 달걀만 먹는다고 말하는 사람이 많다. 솔직히 말하면, 동물 단백질은 모두 고기로 취급되어야 한다고 생각한다. 이 책에서는 '동물 단백질'과 '고기'라는 말을 둘 다 사용한다. (생선이 마치 건강에 무조건 좋거나 물고기가 동물이 아닌 것처럼 생선을 '비(非)고기'로 분류하는 것은 논리적이지 않다.)

미국인이 매년 고기(즉, 동물 단백질)를 120킬로그램씩 먹는다는 말을 들어봤을지 모른다. 이 수치는 어디서 나온 것일까?

미국 농무부는 식품 섭취량에 관해 두 가지 수치를 제시한다. 하나는 '식량 가용성'을 나타내는 것이고, 다른 하나는 '손실을 제외한 식량 가용성'을 나타내는 것이다. '고기 가용성'의 경우 1인당 연간 120킬로그램이라고 나와 있다. 여기에는 생산된 모든 고기가 포함된다. 닭의 껍질, 목, 내장과 소의 지방, 내장뿐만 아니라 우리의 냉장고나 식탁에 도달하지 못하는 다른 부위까지 모두 포함된다. 따라서 우리가 눈여겨봐야 할 수치는 '손실을 제외한 식량 가용성'에 관한 것이다.

540킬로그램짜리 수송아지는 손질하고 나면 340킬로그램이 되고, 그중에서 220킬로그램은 소매용 고기(갈아놓은 소고기, 등심 등)로 쓰인다. 손실분을 고려해서 조정된 수치는 정육점과 가정 사이에서 일어나는 일도 반영한다. 고기가 상하는 바람에 팔지 못했거나 고기를 요리할 때 양이 줄어드는(물로 인한 손실) 상황을 고려한 것이다. 손실에 반영하는 또 한 가지 요소는 반려동물 산업이다. 반려동물들도 고기를 제법 많이 먹는다. 강아지와 고양이가 자신들만의 나라를 세우면 그 나라의 고기 소비량이 세계 5위일 것이라는 연구 결과도 있다.[1]

따라서 이런저런 손실을 제외하면 미국인의 1인당 연간 고기 섭취량은 120킬로그램 근처에도 가지 않는다. 2016년에 미국 사람들은 손실분을 제외하고 나면 매일 소고기를 51그램, 돼지고기를 40그램, 가금류를 74그램 먹었다. 매년 소고기를 18킬로그램, 돼지고기를 14킬로그램, 가금류를 27킬로그램 먹은 것이다.

우리가 고기를 그렇게 많이 먹는 것이 아니라면 무엇을 많이 먹는 것일까?

1970년 이후 미국인의 소고기 섭취량은 매일 1인당 77그램에서 2016년에 51그램으로 오히려 감소했다. 반면에, 가금류 섭취량은 2배 이상 증가했다.[2] 고칼로리 감미료 섭취량도 늘었고, 곡물 제품 섭취량도 30퍼센트나 늘었다. (여기서 말하는 곡물은 통보리가 아니라 밀과 옥수수로 만든 초가공식품을 말한다.) 미국인의 초가공된 종자 기름 섭취량은 무려 3배나 늘었다.

우리는 단백질이 얼마나 필요할까?

우리가 고기를 너무 많이 먹는 것이 아니라면 고기를 얼마나 먹어야 할까? 여자는 매일 단백질을 46그램, 남자는 56그램 먹어야 한다는 말을

우리는 고기를 '너무 많이' 먹지 않는다

2018년에 미국인은 매일 소고기를 56그램도 채 먹지 않았고, 전 세계적으로 1인당 소고기 소비량이 지난 50년 동안 거의 그대로 유지되었다. 개발도상국의 소고기 소비량이 늘어나기는 했지만, 선진국의 소비량이 줄어드는 바람에 상쇄되었다.

한편, 우리는 닭고기와 곡물, 공장에서 가공한 종자 기름과 설탕을 더 많이 먹는다*.

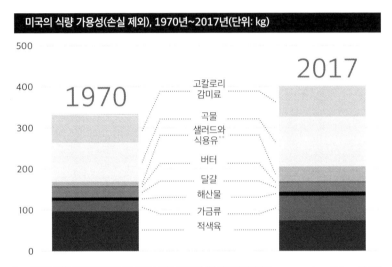

미국의 식량 가용성(손실 제외), 1970년~2017년(단위: kg)

* (1인당) 식량 가용성 데이터 시스템, 미국 농무부, 2019년 8월 26일에 업데이트. www.ers.usda.gov/data-products/food-availability-per-capita-data-system/food-availability-per-capita-data-system/.

** 샐러드와 식용유에 관한 통계는 2010년까지만 있다.

들어봤을지 모른다. 하지만 이 수치가 정확할까? 이 수치는 어디서 나온 것일까? 단백질이나 고기를 '너무 많이' 먹을 수도 있는 것일까?

'미국 식생활 지침US Dietary Guidelines'에 따르면, 단백질의 1일 섭취 권장량RDA은 체중 1킬로그램당 0.8그램이라고 한다. 하지만 이것은 최소 필요량일 뿐 이상적인 양은 아니라는 점을 꼭 이해해야 한다.[3] 그리고 식품 전체의 무게가 아니라 그중에서 단백질의 무게만 따져야 한다는 것도 기억해두자. 예를 들면, 브로콜리 100그램에는 단백질이 2.4 그램 들어 있다. 하지만 구운 소고기 100그램에는 단백질이 27.2그램이나 들어 있다.

보통 사람은 1일 섭취 권장량인 체중 1킬로그램당 0.8그램의 단백질이 정확히 얼마인지 이해하기 어렵다. (단백질이 무엇인지조차 모르는 사람도 많다.) 그래서 식생활 지침을 만든 전문가들이 실질적인 단백질의 양을 제시하기로 했다. 체중이 70킬로그램인 남자와 57킬로그램인 여자를 기준으로 삼아서 미국인이 섭취해야 할 단백질의 양을 계산해준 것이다. 그래서 인터넷에서 '단백질을 얼마나 먹어야 할까?'라고 검색해보면 남자는 매일 56그램, 여자는 46그램 먹으라고 나온다. 건강 전문가들도 대체로 똑같이 조언할 것이다.

첫 번째 문제는 미국인 중에 체중이 70킬로그램인 남자와 57킬로그램인 여자가 몇 명이나 있느냐는 것이다. 미국 질병통제예방센터CDC에 의하면 미국인의 평균 체중은 남자는 88.6킬로그램, 여자는 75.6킬로그램이라고 한다.[4] 이 수치는 위에서 살펴본 '기준' 체중과 차이가 크게 난다! 단백질을 체중 1킬로그램당 0.8그램 먹어야 한다는 계산법에 따르면, 평균적인 미국 남자는 매일 단백질을 71그램, 평균적인 미국 여자는 60그램 먹어야 한다.

그렇다면 두 번째 문제는 무엇일까? 이 수치는 질병에 걸리지 않기 위해 반드시 먹어야 하는 단백질의 '최소량'일 뿐 '이상적인' 양은 아니라는 점이다.

미국의학연구소IOM에서 발표한 '영양섭취기준Dietary Reference Intakes[5]'에 단백질의 1일 섭취 권장량에 관한 설명이 나와 있다. 연구소는 처음에 질소 평형에 관한 연구를 바탕으로 단백질 섭취량을 제안했다.

이 문제는 대단히 기술적인 만큼 설명을 꼼꼼하게 읽어주기를 바란다. 질소 평형이란 질소 섭취량과 질소 배설량의 차이를 말한다. 질소 평형은 측정하기도 어렵고 개인에 따른 편차도 크다. 따라서 질소 평형에 관한 연구를 바탕으로 적정 단백질 수치를 계산하면 수치가 너무 낮게 나오기가 쉽다. '영양섭취기준' 보고서에도 다음과 같이 쓰여 있다.

> 성인의 경우, 일반적으로 질소 평형이 0이면 단백질 필요량이 충족된 것으로 간주한다. 하지만 이런 가정이 다소 문제가 될 소지가 있으며, 단백질 필요량을 실제보다 적게 계산할 우려가 있다.[6]

질소 평형은 우리에게 포만감을 주는 단백질의 질이나 가장 좋은 단백질 공급원의 영양 밀도도 고려하지 않는다. 엄밀히 말하면 인간은 '단백질'이 필요한 것이 아니라 아미노산이 필요하다. 고기에는 아미노산이 완벽한 비율로 들어 있고 식물에 없는 미량 영양소도 들어 있다. 이 이야기는 조금 이따가 더 자세히 다룰 것이다.

현재의 지침이 도입되기 한참 전에는 단백질 권장량이 훨씬 높았다. 1912년에 발표된 한 영양학 논문에서는 질소 평형에 관한 연구가 단백질 필요량을 측정하기에 부정확하다며 그런 계산법을 문제 삼았다. 그리고 가소화digestible 단백질을 매일 최소 100그램 이상 섭취하도록 권장했다. (그러니까 단백질의 무게만 따질 것이 아니라 생체 이용이 가능한bio-available 단백질이어야 한다는 뜻이다. 이 문제는 나중에 다룰 것이다.) 단백질을 하루에 100그램 미만으로 섭취하면 오히려 부작용이 나타나는 것으로 밝혀졌다.[7]

그렇다면 '이상적'이거나 '충분한' 양의 단백질은 구체적으로 어떤 모습일까? 이 질문에 답하려면 '영양 허용 섭취 정도 범위AMDR'라는 수치를 참고하면 된다. AMDR은 '만성 질환에 걸릴 위험을 낮추면서도 필수 영양소를 충분히 얻을 수 있는 특정한 에너지원의 섭취 범위'라고 정의한다. AMDR에 따르면 단백질 권장량의 범위는 총 칼로리 섭취량의 10~35퍼센트다.[8] (1977년에 발표한 지침에는 권장량의 범위가 고작 10~14퍼센트였다.)

이 수치가 식단에는 어떤 모습으로 나타날까? 미국 농무부는 활동량이 적당한 평균적인 미국 여자는 매일 2,000칼로리, 활동량이 적당한 평균적인 미국 남자는 2,600칼로리를 섭취하도록 권장한다. 우리가 섭취하는 총 칼로리의 10~35퍼센트가 단백질이어야 한다는 점을 염두에 두면, 전문가들이 기준으로 삼은 날씬한 57킬로그램짜리 여자는 매일 단백질을 50~180그램 먹어야 하고, 기준으로 삼은 남자는 매일 단백질을 65~230그램 먹어야 한다. 범위가 넓어도 너무 넓다! 일반적으로 알려진 것처럼 여자는 매일 단백질을 46그램, 남자는 56그램 먹으면 AMDR이 제안하는 범위보다 적게 먹게 된다.

미국인은 대부분 하루에 섭취하는 칼로리 중 단백질의 비율이 16퍼센트밖에 되지 않는다. 최근 연구에 따르면 50세가 넘는 미국 성인의 경우 단백질 섭취량이 16퍼센트보다도 훨씬 적다고 한다. 그중 46퍼센트는 1일 섭취 권장량인 체중 1킬로그램당 0.8그램에도 못 미치는 양의 단백질을 섭취한다. 연구에는 이렇게 나와 있다.

"단백질을 섭취 권장량보다 적게 먹는 사람들은 다른 영양소도 섭취 권장량보다 적게 먹을 확률이 높다. 단백질을 섭취 권장량보다 적게 먹은 경우, 모든 연령대에서 여러 가지 기능 제한이 확연하게 더 많이 나타났으며, 70세 이상의 경우 악력이 현저하게 약해졌다.[9]"

단백질의 비율을 일일 총 칼로리의 20퍼센트로 적게 잡더라도 매일 2,000칼로리를 섭취하는 평균적인 미국 여자는 단백질을 100그램 먹어야 한다. 이 수치는 단백질 필요량으로 흔히 알려진 45그램의 2배가 넘는다. 따라서 여자들에게 단백질을 매일 45그램만 먹으라고 말하면 총 칼로리의 10퍼센트 이하, 즉 ADMR이 제안하는 것보다 적게 먹기를 권하는 것이다. 주로 동물성 식품을 통해 단백질을 100그램 얻으려면 하루에 세 번 끼니마다 고기를 약 110~170그램 먹어야 한다.

이 정도의 양이 너무 많다고 생각해서 반발하는 사람(특히 여성)이 많다. 하지만 단백질을 이만큼 먹어보면 컨디션이 훨씬 좋아지고 포만감 덕택에 총 칼로리 섭취량도 줄어드는 경험을 하게 된다. (이런 긍정적인 변화는 로저스가 운영하는 클리닉에서도 나타났고, 울프의 연구에서도 드러났으며, 다른 여러 연구 결과가 뒷받침한다.) 그 이유와 고기가 가진 영양상의 이점은 제5장에서 다룰 것이다.

단백질을 너무 많이 먹으면 몸에 안 좋지 않을까?

이번에는 단백질을 너무 많이 먹으면 위험하다는 생각을 살펴보자. 독자 여러분은 단백질을 과하게 섭취하면 몸이 산성화된다거나, 단백질을 최소 1일 섭취 권장량보다 더 먹을 필요는 없다는 말을 한번쯤은 들

---

* 단백질의 칼로리를 계산할 때는 4칼로리당 단백질 1그램으로 잡으면 된다. 예를 들어, 음식을 총 2,000칼로리 섭취했고 그중에서 단백질이 20퍼센트를 차지했다면 단백질을 총 400칼로리, 즉 100그램 먹은 것이다.

어봤을지도 모른다.

미국의학연구소에서 발표한 '영양섭취기준'에는 만성 질환에 걸릴 위험과 관련해서 단백질의 상한 섭취량은 나와 있지 않다. 단백질 섭취량이 많은 것이 건강에 해롭다는 증거가 없기 때문이다.

고기가 '산성'이 너무 강하다는 말도 들어봤을지 모른다. 소변 검사를 하면 어떤 음식을 먹었느냐에 따라 산도가 더 높이 나올 수도 있다. 하지만 심각한 신진대사 문제가 없는 한 소변의 산도는 건강 상태와 별 관련이 없고, 인체는 혈중 산도를 pH 7.4로 엄격하게 유지한다. 혈중 산도는 음식 섭취량과는 아무 상관이 없으며, 고기가 들어가서 '산성'이 강해진 식단도 뼈 건강에 그 어떤 영향도 미치지 않는다. 이 산성-알칼리성 가설은 여러 연구 결과로 볼 때 뒷받침될 수 없다.[10]

단백질이 신장 질환과 암을 유발한다는 걱정거리도 살펴보자. 건강한 사람이라면 체중 1킬로그램당 단백질을 매일 3그램 이상 먹어도 문제가 없는 것으로 드러났다.[11] 신장 질환을 앓고 있는 사람이 단백질 섭취량을 제한해야 하는 것은 사실이다. 하지만 단백질 섭취량이 늘어난다고 해서 신장 질환에 걸린다는 증거는 없다.[12] (그렇다면 고기 섭취량과 만성 질환은 어떤 연관성이 있을까? 이 내용은 다음 장에서 다룰 것이다.)

단백질을 너무 적게 먹으면 어떤 위험이 따를까?

우리 몸에는 단백질이 필요하다. 음식을 통해서 단백질을 충분히 섭취하지 못하면 몸이 단백질을 얻으려고 근육과 다른 조직을 분해하기 시작한다. 그러면 근육 손실이 일어나거나 근육이 약해질 수 있다. 항체를 만들려면 단백질이 필요한데, 단백질을 적게 먹으면 면역 기능이 떨어진다. 효소를 만들고 조직에 산소를 운반할 때도 단백질이 필요하다. 따라서 단백질이 부족하면 무기력증이 찾아올 수 있다. 머리카락이 빠지고, 손톱이 잘 부러지고, 수족냉증도 생긴다. 단백질이 부족하면 체중이 늘어날 때도 있다.[13] 채식주의자에게서 흔히 나타나는 비타민 B12 결핍증은 채식하는 산모가 낳은 유아에게서 관상동맥 질환이나 심각한 신경 질환을 유발할 수 있는 독립적인 위험 요소라고 밝혀졌다.[14]

그렇다면 단백질을 얼마나 먹어야 할까?

간단히 말하면, 단백질을 얼마나 먹어야 할지 결정하기가 대단히 혼란스럽고, 섭취 권장량을 살펴봐도 과학적인 근거가 부족해 보인다. 질소 평형에 관한 연구를 바탕으로 계산한 권장량은 부정확하며 AMDR은 범위가 너무 넓기 때문이다.

하루에 총 2,000칼로리 정도 섭취하고도 단백질이 부족한 느낌이라면 단백질을 100그램 먹는 것이 좋은 출발점이 된다. 하지만 매일 2,000칼로리보다 훨씬 더 먹는 사람이 많은 만큼 전체적인 음식 섭취량이 적지 않다면 단백질 섭취량을 늘려야 한다. 미국인은 자신이 대체로 하루에 1,800~2,500칼로리를 먹는다고 말한다. (이렇게 사람들이 직접 응답할 때는 먹는 양을 좀 줄여서 말하는 편이다.) 따라서 하루에 섭취하는 칼로리의 20퍼센트를 단백질로 채우려면 매일 단백질을 90~130그램 먹어야 한다. 매일 섭취하는 단백질의 비율을 30퍼센트로 늘린 사람들은 큰 효과를 본 것으로 알려져 있다.

단백질 섭취량을 늘리면 체중 감량에 도움이 된다. 단백질-지렛대 가설에 따르면 사람들은 단백질 충족량이 채워질 때까지 음식을 계속 먹는다고 한다. 초가공식품은 단백질 함유량이 적고, 탄수화물 함유량이 많으며, 칼로리가 높다. 이런 식품을 먹으면 뇌가 우리에게 단백질의 최소 필요량을 채울 때까지 그 음식을 계속 먹으라고 명령한다. 단백질은 포만감이 크기 때문에 단백질 섭취량을 늘리면 일반적으로 총 칼로리 섭취량이 줄어든다. 단백질은 포만감이 가장 많이 느껴지는 대량 영양소다.[15] 하루에 섭취하는 칼로리의 15~30퍼센트를 단백질로 채우면 식욕 억제에 도움이 많이 된다. 단백질이 렙틴(leptin: 지방 세포에서 분비되는 식욕 억제 호르몬 - 옮긴이) 민감도를 높이고, 체중 감소를 유도하며, 혈당 조절 능력이 나아지게 하기 때문이다.[16] 어느 무작위 대조군 연구 RCT, Randomized Controlled Trial(영양에 관한 표준 연구 방법)의 메타 분석에서는 총 섭취 칼로리 중 단백질의 비율이 25~32퍼센트인 고단백 식단을 단백질의 비율이 15~20퍼센트(이 정도도 1일 섭취 권장량보다 많다) 밖에 안 되는 대조군의 식단과 비교했다. 그 결과, 고단백 식단이 제2형 당뇨병 환자의 체중 감소, 당화혈색소HbA1C 수치 개선, 혈압 안정에 도움이 되는 것으로 나타났다.[17]

과학 연구를 살펴보면 저지방 다이어트와 저탄수화물 다이어트 둘다 어느 정도 효과가 있는 것으로 드러났다.[18] 하지만 체지방만 줄이고 근육량은 유지하고 싶다면 단백질 섭취량을 늘리고 총 칼로리를 지나치게 많이 섭취하지 않도록 주의하면서 근력 운동을 하면 된다. (단백질을 많이 먹으면 하루에 섭취하는 총 칼로리가 너무 많아지지 않도록 신경 쓰기가 훨씬 쉽다. 고기가 주는 포만감 덕택에 배가 훨씬 부른 느낌이 들기 때문이다.)[19] 그리고 음식을 씹는 것이 해당 칼로리의 음식을 마시는 것보다 포만감이 훨씬 크다고 알려져 있다.[20] 나중에 다루겠지만 동물 단백질이 식물 단백질보다 영양 밀도가 더 높다. 따라서 고기 소비량을 늘리면 식량이 부족하고 고품질 칼로리가 더 필요한 사람들에게 큰 도움이 된다. 아이들의 경우, 고기를 더 많이 먹으면 더 잘 자라고, 행동 발달이 촉진되고, 인지 수행 능력이 향상될 수 있다.[21]

　하루에 섭취하는 칼로리의 20퍼센트를 단백질로 채우려면 구체적으로 무엇을 얼마나 먹어야 할까? 개인별 체중과 특수한 상황에 따라 다르겠지만 동물성 식품으로 환산하면 고기, 가금류, 해산물을 매일 340~450그램 먹으면 된다. 이 양을 세 끼로 나누면 끼니당 동물 단백질을 110~170그램 먹으면 되는 것이다. 단백질은 기호에 따라 양을 조절하는 조미료가 아니다. 단백질을 평소보다 많이 먹어야 하는 상황[성장기, 임신, 스트레스, 질병 완치 후 회복기, (독자 여러분이 가장 공감할) 다이어트]이라면 체중에 따라 단백질이 더 필요하다. 우리는 나중에 동물 단백질이 식물 단백질보다 뛰어난 이유를 다룰 것이다. 동물 단백질이 식물 단백질보다 생체 이용 가능성이 더 크고, 필수 아미노산을 모두 함유하고 있으며, 영양이 더 풍부하기 때문이다.

　우리는 이 장에서 미국인이 고기를 너무 많이 먹는다고 생각하는 문제를 다뤘다. 이제는 '너무 많다'라는 개념이 과학적인 근거가 아니라 고기가 본래 식탐을 부르고 건강하지 않으리라는 '막연한 생각'에 바탕을 둔 것이라고 이해했기를 바란다. 데이터를 객관적으로 살펴보면 고기는 건강한 음식이다. 인간이 먹기에 영양이 가장 풍부한 식품일 수도 있다. 우리는 고기를 '너무 많이' 먹고 있지 않으며, 단백질의 1일 섭취 권장량조차 우리의 필요량에 못 미칠지도 모른다. 이제는 고기가 질병과 관련이 있다는 연구 결과를 살펴볼 차례다. 이런 결과를 신뢰하기 어려운 이유도 함께 다룰 것이다.

4 고기는 어떻게 만성 질환의 원인이 되었을까?

여러 연구 결과 때문에 우리는 고기가 암, 당뇨병, 심장 질환을 유발한다고 생각하게 되었다. 이런 연구는 지난 몇 년 동안 사람들의 이목을 집중시켰고, 고기를 아예 먹지 말라고 호소하는 책, 논문, 다큐멘터리가 쏟아져 나왔다. 연구 결과는 하나같이 무섭고 설득력이 있다. 하지만 우리가 이 책을 쓰는 동안 미국 〈내과학회보Annals of Internal Medicine〉에 소고기를 반대하는 현재의 연구들을 체계적으로 검토한 논문이 실렸다. 이 논문은 놀랍게도 고기 섭취에 불리한 증거의 질이 낮으며 우리가 대중에게 적색육과 가공육의 소비를 제한하도록 공식적으로 권할 수 있는 근거가 없다고 결론을 내렸다.[1] 고기가 자신들이 원하는 것만큼 나쁘지 않을지도 모른다는 생각은 식물 예찬론자들에게는 신성 모독에 가깝다. 주류 언론에서도 이 연구가 논란의 여지가 있다고 주장하는 사람이 많다. 아이러니하게도, 해당 연구진이 식품 업계를 통해 경제적인 이득을 얻는다고 지적하는 사람들 역시 식품 업계를 통해 똑같이 경제적인 이득을 얻는다. 그들은 이 연구 결과와 반대되는 내용이 담긴 책을 써서 팔고 있으며, 관찰 연구의 가치를 거의 절대적으로 믿는다. (우리가 영양 정책이 관찰 연구에 바탕을 두지 않아야 한다고 생각하는 이유는 나중에 설명할 것이다.) 그런 사람들에게는 고기를 반대하는 이념적인 편견도 있다.[2] 과연 적색육과 가공육을 비난할 만한 강력한 증거가 있을까? 지금부터 자세히 살펴보자.

다양한 변수가 있는
영양학 연구의 어려움

영양에 관해 연구를 진행하기란 어려운 일이다. 신진대사 문제로 입원한 환자를 고르지 않는 한 사람들이 특정한 식단을 따랐다는 사실을 증명하기 어렵다. 그럼 입원 환자를 연구하면 되지 않을까 하는 생각이 들겠지만 안타깝게도 단점이 많다. 비용이 많이 들고, 과정이 까다로우며, 짧은 연구 기간에 만족해야 한다. 암, 당뇨병, 심장 질환은 서서히 생기는 병이라서 발병하기까지 수년이 걸린다. 그래서 영양을 다루는 연구 대부분이 장기간에 걸쳐서 대규모 집단을 대상으로 실시된다. 이런 연구를 '관찰 역학 연구'라고 부른다. 이런 상관관계 연구는 대조군과 비교해서 특정 요인의 영향을 실험하는 것이 아니라 단순히 시간이 흐름에 따라 특정 집단의 변화를 관찰하는 것이다. 콜레스테롤 수치, 체중, 사망 원인 등 다양한 요인을 관찰할 수 있다. 이런 유형의 연구는 종적(시간상으로 앞으로 나아가는 방법)일 수도 있고 후향적(시간상으로 뒤를 돌아보는 방법)일 수도 있다. 관찰 연구는 생활방식과 특정한 질병에 걸릴 위험 사이의 연관성을 파악할 때 도움이 된다. 나중에 여러 요인이 엄격하게 통제되는 실험을 진행하기에 좋은 출발점이 되는 것이다. (뒤에 다루겠지만) 자연 실험도 여기에 해당한다. 변화가 일어나고 나서야 그 변화가 어떤 의미가 있는지 관찰할 기회가 있다는 것을 연구원들이 깨닫는 경우가 많기 때문이다.

관찰 역학 연구가 중요하다고는 해도 연구 결과를 통해 얻을 수 있는 것은 상관관계뿐이다. 예를 들어, 핫도그를 먹는 사람들이 심장마비로 사망할 확률이 더 높다는 연구 결과가 있다고 생각해보자. 그렇다고 해서 이 말이 핫도그가 심장마비를 유발한다는 뜻일까? 연구를 제대로 하려면 이 이야기에 영향을 미치는 여러 가지 요소를 알아낼 수 있게 후속 연구가 이루어져야 한다.

핫도그를 먹는 사람들이 대체로 핫도그만 먹는 것이 아니라 커다란 빵, 감자튀김, 탄산음료도 곁들인다고 생각해보자. 그리고 핫도그를 안 먹는 사람들은 감자튀김이나 탄산음료를 상대적으로 덜 먹는다고 가정해보자. 이때 핫도그 자체가 심장마비를 유발했다고 확실하게 말할 수 있을까? 아니면 핫도그와 함께 먹은 감자튀김, 탄산음료, 빵, 가공된 치즈 소스가 문제일까? 그것도 아니면 핫도그를 먹는 사람들이 핫도그를 안 먹는 사람들은 안 하는 특정한 행동을 하는 것일까? 그런 행동은 수백만 가지가 있을지도 모른다. 핫도그를 먹는 사람들은 일반 대중보다 담배를 더 자주 피우고, 밖에 덜 나가고, 신선한 과일과 채소를 멀리할지도 모른다. 아니면 초기호성 식품의 조합이 과식, 체중 증가, 염증, 이상지질혈증으로 이어지는 것일까? 이런 증상은 모두 심혈관 질환에 걸릴 위험이 커졌다는 것을 나타낸다. 핫도그 소비량과 암의 경우 어쩌면 핫도그에 함유된 질산염 때문에 인과관계가 성립될 수도 있다. 아니면 가공된 빵(탄수화물)이나 전체적인 생활방식과 같은 다른 요인들 간에 긍정적인 상관관계가 있을지도 모른다. 어쩌면 사회경제적 지위가 더 낮은 사람들이 핫도그와 같은 저렴한 음식을 더 자주 먹을 수도 있다.

그들은 독성 물질, 스트레스가 심하고 위험한 근무 환경, 안전하지 않은 동네에 노출될 확률이 더 높고, 의료 서비스나 자유 시간을 풍족하게 누리지 못할 가능성도 더 크다.

우리가 하고 싶은 말은 이 상관관계에 영향을 미칠 수 있는 다른 요인이 너무나 많다는 것이다. 이런 측면은 '교란 변수'라고 불리며 고려 대상이 되어야 한다. 이 모든 변수를 고려하기는 대단히 어렵다고 솔직하게 인정하는 역학 전문가들도 있다. 다른 전문가들은 교란 변수뿐만 아니라 연구진이 아직 고려할 생각조차 하지 못한 다른 변수들도 '통계 마사지statistical massaging'로 해결할 수 있다고 말한다. 역학 연구의 맥락에서 살펴보더라도 우리가 얻을 수 있는 최고의 결과는 상관관계다. 연구원들과 일반 대중 모두 영양학 연구가 '과학적'이려고 너무 애쓰는 나머지 얼마나 환원주의적reductionistic(복잡한 개념을 지나치게 단순화하려는 태도 - 옮긴이)이 되었는지 잊어버렸다. 두 변수 사이의 연관성을 판단할 수 있는 유일한 방법은 실험 연구를 하는 것이다. 이상적인 환경이라면 피실험자 집단 사이에 변수를 한 가지만 달리하는 것이 좋다. 그러면 교란 변수를 신경 쓰지 않아도 되기 때문이다. 이런 방법은 항생제의 효능이나 특정 물질의 유독성을 연구할 때 적합하다. 하지만 사람들의 식습관은 어마어마하게 복잡해서 이런 접근법을 쓰면 골치만 아파진다.

예를 들면, 핫도그가 심장 질환의 원인이 될 수 있는지 알아보는 실험 연구를 진행한다고 가정해보자. 그러면 특정 기간 기준이 되는 식단과 핫도그를 먹은 피실험자 집단의 심장마비 발생 건수와 똑같은 식단에서 핫도그만 제외하고 먹은 다른 집단의 심장마비 발생 건수를 비교해야 한다. 그러면서도 음주, 활동량, 스트레스, 수면 등 생활방식과 관련된 다른 모든 요인을 통제해야 한다. 아니면 한 집단은 핫도그만, 다른 집단은 감자튀김만, 또 다른 집단은 탄산음료만 먹이고, 해당 식품을 섭취했을 때 각각 심혈관 질환에 걸릴 위험이 얼마나 큰지 평가할 수도 있다. 한 가지 음식만 먹으면 사람들은 미각이 둔해지고 그 음식에 질려 버린다. 그래서 음식을 다양하게 먹을 수 있을 때와 달리 훨씬 적게 먹게 된다. 이 주제는 최적의 환경에서도 연구하기가 까다로우며, 이용할 수 있는 가치 있는 정보를 얻기가 대단히 어렵다. 이 과정을 단순화하는 놀랍도록 설득력 있는 방법은 인과관계와 상관관계를 합쳐버리고(잘못된 접근법이다) 연구 과정이 특정한 목표를 향해 나아가도록 조종하는 것이다. 안타깝게도 영양학 연구의 상당수가 이런 식으로 진행된다.

관찰 연구로는 x가 y의 원인이라고 말할 수 없으며, 두 요인 사이에 연관성이 있을지도 모른다는 점만 확인할 수 있다.

타일러 비겐Tyler Vigen의 블로그와 책《Spurious Correlations가짜 상관관계》에 보면 상관관계의 취약성을 나타내는 재미있는 예시가 많다. 우리가 정말 재미있다고 생각하는 그래프는 특정 연도에 수영장에 빠져서 익사한 사람들의 수와 배우 니컬러스 케이지가 출연한 영화의 수를 비교한 것이다. 다음에 첨부한 그래프를 보면 알겠지만 두 선이 놀랍도록 비슷한 패턴을 보인다. 이 현상은 우연일까? 아니면 니컬러스 케이지가 정말로 수영장 익사 사고를 일으키는 것일까?

존 이오아니디스John Ioannidis 박사는 스탠퍼드 의과대학원에서 의학과 건강 연구 및 정책을 가르치는 교수다. 그는 스탠퍼드 문리 대학에서 통계학도 가르치며, 영양학 연구를 날카롭게 비평하기도 한다. 이오아니디스는 논문 '왜 연구 결과의 대부분이 잘못되었는가?'에서 이렇게 설명한다.

"연구 결과는 기존의 지배적 편견을 그저 정확히 측정한 것에 불과

수영장에 빠져서 익사한 사람의 수와
니컬러스 케이지가 출연한 영화 간에 상관관계가 있다

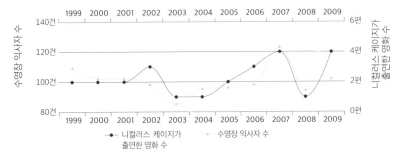

• 원자료 출처: tylervigen.com

할지도 모른다."[3]

가공육을 많이 먹는 사람들은 체중이 평균보다 많이 나가고, 담배를 피우고, 암에 걸릴 확률을 높이는 다른 활동도 하는 경우가 많다. 조너 선 숀펠트Jonathan D. Schoenfeld와 존 이오아니디스는 〈미국 임상 영양 학 저널〉에 '우리가 먹는 모든 것이 암과 관련되어 있는가? 요리책의 체 계적인 검토'라는 제목의 논문을 실었다. 그들은 어느 요리책에 실린 여 러 가지 요리법을 무작위로 골랐다. 그러고 나서 요리에 들어가는 재료 50가지가 암과 관련이 있다는 증거가 있는지 살펴봤다. 재료 50가지 중 40가지는 암을 유발할 가능성이 있다고 주장하는 연구가 한 건 이상 있 었다. 그 40가지는 송아지 고기, 소금, 후추, 밀가루, 달걀, 빵, 돼지고기, 버터, 토마토, 레몬, 오리고기, 양파, 셀러리, 당근, 파슬리, 말린 육두구 껍질, 셰리주, 올리브, 버섯, 양(소나 돼지의 위장 – 옮긴이), 우유, 치즈, 커피, 베이컨, 설탕, 랍스터, 감자, 소고기, 양고기, 겨자, 견과류, 와인, 콩, 옥수수, 시나몬, 붉은 고추, 오렌지, 차, 럼주, 건포도다. 슌펠트와 이오 아니디스는 이런 연구의 대다수를 분석한 결과 특정 식품과 암의 연관성이 대단히 약하다는 사실을 밝혀냈다.[4] 그런데도 논문의 초록(대부분이 요약본만 읽는다)에 연구 결과가 부풀려져 있어서 두 요인의 상관관계가 실제 결과보다 훨씬 강한 것처럼 보인다.

특정 식품이 독성이 있다고 증명되지 않은 이상 x라는 식품이 y라는 질병을 일으켰다고 100퍼센트 확실하게 말할 수 없다.

영양학 연구의 또 다른 어려움은 사람들이 식습관에 관해 거짓말을 하거나 잘못 말한다는 것이다. 그래서 연구 결과가 나왔더라도 그 무엇도 확실하게 판단하기가 어렵다. 영양학 연구의 대부분은 식품 섭취 빈도 조사에 의존한다. 피실험자들은 설문지에 특정한 식품이나 특정한 유형의 식품을 얼마나 자주 먹는지 적으면 된다. 문제는 사람들이 실제로 먹는 음식이 아니라 '먹어야 한다'고 생각하는 음식을 적는다는 것이다.[5] 사람들은 자신이 먹은 나쁜 음식은 잘 기억하지 못하고, 맥주를 마시거나 담배를 피우는 것과 같은 나쁜 습관은 잘 잊어버린다.

이렇게 생각해보자. 독자 여러분은 지난 석 달 동안 양파를 몇 개 먹었는지 기억하는가? 소고기는 얼마나 먹었는지 기억이 나는가? (소고기에 관한 설문조사를 보면 질문에 스테이크뿐만 아니라 미트볼이나 타코 같은 음식도 포함되어 있다.) 소고기를 어떻게 먹었는지 기억하는가? 미트볼을 먹었다면 미트볼이 파스타 위에 얹어져 있었나? 아니면 미트볼이 치즈로 뒤덮인 하얀색이었나? (혹시 탄산음료도 라지 사이즈로 같이 마셨나?) 만일 스테이크를 먹었다면 샐러드도 함께 나왔나? 아니면 맥주와 감자튀김을 곁들인 필리Philly 치즈스테이크였나? 적색육을 더 많이 먹는 사람들이 기름, 감자, 커피도 더 많이 먹고 과일과 채소는 더 적게 먹는다는 연구 결과가 있다. 연구진은 이런 결론을 내렸다.

"고기 소비량과 질이 더 낮은 식단의 관계 때문에 고기와 건강에 관한 연구가 복잡해질 우려가 있다."[6]

그렇다면 과학적인 영양학 연구 결과가 정확한지 어떻게 알 수 있을까? 아래에 이런 연구 결과를 명백한 사실로 받아들이기 전에 던져야 할 질문을 소개한다.

- 어떤 유형의 연구였나? 관찰 연구였나? 아니면 실험 연구였나?
- 이해관계의 충돌이 일어났나? 연구 비용은 누가 지원했나? 연구 결과에 이권이 있는 기업이 비용을 지원했나? 연구진이 채식주의자인가?
- 실험 대상이 어떤 식품이었나? 참가자들이 먹은 음식에 관한 정보는 어떻게 수집했나?
- 참가자는 몇 명이었나? 어떤 사람들이었나? 사람이었나? 동물이었나?
- 연구 결과가 전체 사망률을 설명할 수 있나? 연구진이 식품에 들어 있는 특정 혼합물 한 가지만 연구했나?
- 연구 결과, 질병에 걸릴 위험이 커졌다는 결론이 나오면 이 위험이 전반적으로 어떤 의미가 있나?

한 집단이 특정한 식습관과 생활방식이 있고, 우리가 그 집단에 속한 사람들의 건강 상태와 수명에 관한 정보를 알 수 있다고 가정해보자. 그들을 관찰하다가 식습관에 변화가 생긴 것을 보게 되고, 건강 상태와 수명도 달라진 것을 알았다고 생각해보자. 이런 상황이라면 영양학 연구의 복잡한 특성에도 불구하고 연구를 진행하기가 좀 더 수월할 것이다. 그러다가 그 집단의 식습관이 다시 달라지고, 식습관의 변화가 연구진이 예상한 결과(건강 악화)로 이어졌다면 무엇이 (이상적인 식단까지는 아니더라도) 더 나은 식단을 구성하는지 배울 놀라운 기회를 얻을 수 있다.

하지만 안타깝게도 이런 일은 자주 일어나지 않는다. 이 문제는 조금 이따가 살펴볼 것이다. '상관관계' 연구의 결과가 특정 식품이 질병으로 이어진다는 증거로 받아들여지는 경우가 많으며, 그렇게 미약한 연관성을 바탕으로 건강 권고가 광범위하게 이루어진다.

적당량을 먹는다?
식습관에 관한 (잘못된) 지침

최근 몇 년 사이에 미국에서는 건강 권고의 흐름이 '4가지 식품군'에서 '식품 피라미드'로, 그리고 다시 '마이플레이트MyPlate(미국 농무부에서 제시하는 영양 지침 – 옮긴이)'로 바뀌었다. 겉으로 보기에는 학계와 정부의 권고 사항이 합리적이라는 생각이 든다. 그들은 (특히 지방과 동물성 식품을) 덜 먹고 더 많이 움직이라고 조언한다. 하지만 이 방법에는 문제가 있다. 효과가 안 나타난다는 것이다. 이렇게 해서는 건강이 유지되지 않는다.

미국 정부는 50년 가까이 전 세계를 상대로 포화 지방과 식이성 콜레스테롤이 풍부한 식단을 먹으면 암부터 당뇨병이나 심장 질환에 이르기까지 온갖 질병에 걸릴 확률이 높아진다고 주장했다. 하지만 비교적 최근에 그 주장을 철회하고는 식이성 콜레스테롤과 지방의 섭취량이 위에 언급한 질병과 사실상 아무 관련이 없다고 설명했다. 이 사건은 별로 기사화되지 않았다. 하지만 미국 정부가 그동안 지방과 식이성 콜레스테롤의 위험을 알리는 데 들인 시간, 돈, 노력을 생각하면 이 사건은 역사적인 일로 기록됐어야 했다.

어느 날은 '고탄수화물' 식단이, 또 다른 날은 '저탄수화물' 식단이 주목받는다. 그러다 보니 도대체 무엇을 어떻게 먹어야 할지 혼란스럽기만 하다. 특히 다른 나라에서는 미국인보다 지방이나 탄수화물을 더 많이, 또는 더 적게 먹는데도 더 건강한 모습을 보면 혼란이 심해진다. 건강 연구가나 미국 정부는 제2장에 나온 고릴라 모콜로의 사육사들과 달리 미국인이 더 건강해지도록 돕지 못하는 실정이다. 그들의 식품 권고 지침이 실패를 거듭하는데도 문제를 해결하는 사람이 없어 보인다.

배고픔은 중요한 동인動因이며, 사람들은 대체로 자기 마음대로 먹는다. '야생'에서는 이렇게 먹어도 괜찮다. 어차피 베리류, 구운 생선, 구운 식물 뿌리 같은 것밖에 못 먹기 때문이다. 하지만 파스타를 무제한으로 먹을 수 있는 이벤트가 있고 아이스크림이나 오레오 쿠키도 원 없이 먹을 수 있는 환경에서는 이야기가 좀 달라진다. 우리는 메뉴를 보면서 이것저것 잔뜩 주문하거나 냉장고 문을 열고 만족할 때까지 음식을 먹는다. 물론 편의점, 직장 휴게실, 집에 있는 식료품 찬장에도 간식으로 먹을 만한 음식이 수십 가지에서 수백 가지씩 있다. 누군가는 '세상이 그렇게 만들어진 것을 어쩌겠는가?'라고 생각할지도 모른다. 문제는 이런 식품이 대체로 공장에서 생산된 초기호성 식품이라는 것이다. 초기호성 식품이 실제로 중독성이 있다고 주장하는 사람들도 있다. 예를 들면, 최근에 어떤 연구원들은 설탕이 코카인과 비슷하다는 충격적인 주장을 펼쳤다.[7] 식품(이나 마트의 인기 코너에 있는 식품 같은 물질)이 실제로

미국 성인의 비만율 증가 (나이: 20~74세)

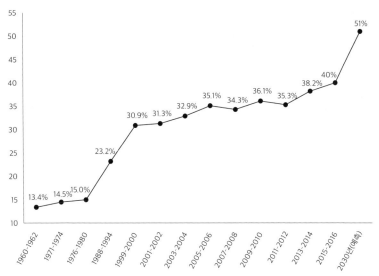

- 자료 출처: '미국 국민 건강 영양 조사(National Health and Nutrition Examination Survey, 2015~2016년)'와 〈미국 예방 의학 저널(American Journal of Preventive Medicine)〉[8]

중독성이 있다는 주장은 논란의 여지가 있다. 하지만 누구나 좋아하는 간식을 떠올리면서 '이것을 그만 먹을 수 있었으면 좋겠어!'라고 생각한 적이 있을 것이다.

여러 영양 전문가와 의학 전문가가 '적당량'을 먹고 '균형을 찾으라고' 조언한다. 좋은 의도로 하는 말이지만 이런 조언은 효과도 없을뿐더러 사람들에게 오히려 해를 입힐 수 있다. 전문가들의 형편없는 조언에 의문을 제기하는 대신 자신이 '실패자'라고 자책할지도 모르기 때문이다.

자동차가 고장 나면 우리는 정비사에게 도움을 청하고 별문제가 없는 한 일이 잘 해결된다. 만일 나쁜 식습관 때문에 과체중이 되거나 여러 가지 건강 문제가 생기면 우리는 의사나 영양사에게 도움을 청한다. 하지만 자동차 정비사와 달리 의사나 영양사는 우리에게 유익한 조언을 해주든 해주지 않든, 그 결과가 좋든 안 좋든 돈을 받는다. 국가공인 영양사, 의사, 학자들은 우리에게 "먹고 싶은 것을 아무거나 먹되 적당량을 먹어라"라고 조언한다. 하지만 이런 조언을 따랐다가는 다이어트에 실패하고, 건강이 나빠지고, 인생이 더 짧아지고 어려워질 것이다.

적당량을 먹는 것을 다이어트와 건강 개선 전략으로 삼으면 실제로 효과가 얼마나 있을까?

마침 2016년에 조지아대학교에서 사람들이 음식의 '적당량'을 어느 정도라고 생각하는지 알아보는 연구를 진행했다. 그 결과, 특정한 음식을 많이 좋아할수록 그 음식의 '적당량'을 더 높게 잡는 것으로 드러났다. 연구에 참여한 사람들은 자신이 먹는 양을 정당화하려고 '적당량'을 그것보다 높게 잡았고, 현재 섭취하는 거의 모든 음식의 양이 '적절하다고' 생각했다. 그러니까 초콜릿 칩 쿠키를 매일 1개 먹든 10개 먹든 적당량은 항상 그들이 먹는 것보다 많은 양이었다.[9] 자신의 행동을 정당화하려는 인간의 습성이 분명하게 나타나는 연구 결과였다. 알코올 중독자에게 맥주의 '적당량'이 얼마인지 묻는 사람이 있을까? 이런 이유로, 적당량을 먹어서 다이어트 효과나 건강 개선 효과를 보는 사람은 많지 않다. 이런 전략은 실패율이 어마어마하게 높고 계속 실천하기도 어렵다.

'모든 음식을 적당히 먹는' 것보다 못한 방법이 없을 지경이다. 믿기 어렵겠지만 사실이다. 연구 결과, (채식, 팔레오, 저탄수화물 식단처럼) 식품의 종류를 제한하는 식이요법이 학계가 권고하는 '식품의 질이 아닌

양 조절에 초점을 맞추는' 방법보다 꾸준히 효과가 더 좋은 것으로 나타났다.[10]

이 이야기에는 아이러니한 면이 한 가지 더 있다. 영양 관계자들은 대체로 저탄수화물-고단백 다이어트를 일시적인 유행 정도로 치부한다. 이런 식이요법의 가장 큰 문제는 특정 식품군을 아예 제외해버린다는 것이다. 그런데 같은 사람들이 심지어 어린이들에게도 채식을 정기적으로 권한다. 채식은 필수 영양소를 빼고 먹는 식단이라 저탄수화물-고단백 식단처럼 다른 식품군들을 아예 제외해버린다. 두 가지 식단이 같은 문제가 있는데도 하나는 무시하고 하나는 추천하는 것이 합리적일까? 영양 보충을 따로 해야 하는 식단을 건강한 식단이라고 할 수 있을까?

먹는 양을 조절하는 것이 중요하기는 하다. 하지만 초가공식품이 쏟아져 나오고 먹거리가 거의 무한한 세상에서 양을 조절하기란 쉽지 않다. 현대의 초기호성 식품을 적당히 먹는다는 개념 자체가 인간의 생리와 진화의 성질에 어긋나는 것은 아닐까? 저지방 채식 식단이든 고단백-저탄수화물 식단이든 그 중간에 있는 다른 식단이든 효과가 꾸준히 나타나는 여러 식이요법에는 공통점이 있다. 선택할 수 있는 음식을 어느 정도 제한한다는 것이다.

우리는 어쩌다가 이런 상황에 놓이게 됐을까? 영양사, 의사, 건강 교육 전문가처럼 올바른 정보를 제공해야 할 사람들이 "원하는 것은 아무거나 먹어라. 양만 잘 조절하면 된다"라고 말하면 여러 대기업이 큰돈을 벌기 때문이다.

우리가 피해망상에 시달린다고 생각한다면 코카콜라 이야기를 한번 살펴보자. 코카콜라는 미국스포츠의학회American College of Sports

Medicine와 함께 '운동이 곧 약이다'라는 캠페인에 수백만 달러를 투자했다. 목표는 건강보험개혁법Affordable Care Act(오바마 케어 – 옮긴이)에 PTpersonal training(운동 개인 지도 – 옮긴이)를 편입하는 것이었다. 물론 보험회사로부터 PT에 쓴 돈을 돌려받을 수 있으면 좋겠지만 여기에는 함정이 있다. 코카콜라가 원하는 '공식적인' 이야기는 우리가 무엇을 먹고 마시는지가 중요한 것이 아니라 얼마나 운동하는지가 중요하다는 것이다.[11] 하지만 연구 결과는 정반대로 나타났다. 운동을 아무리 열심히 해도 식단이 부실하면 아무 소용이 없는 것이다.[12] 정제 탄수화물을 대단히 많이 먹는 뛰어난 운동선수 중에 심혈관 질환이나 전신성 염증 문제에 시달리는 사람이 아주 많다.[13] 나쁜 음식은 언젠가 어떤 식으로든 우리 몸에 영향을 줄 것이다. 허리둘레가 늘어나거나 심장 문제로 병원을 찾게 될 것이다.

정부 정책이 실제 연구 결과와 어떻게 이렇게 멀어졌는지 알아보는 것도 의미 있는 연구라고 생각한다.

7개국에 관한 연구, 한 연구원의 파괴적인 성과

적색육이 몸에 안 좋다고 알려진 가장 큰 이유 중 하나는 포화 지방이 들어 있기 때문이라는 것이다. 포화 지방이 동맥을 막고 심장마비를 일으킨다고 생각하는 사람이 많다. 하지만 그것은 사실이 아니다. 지방을 먹는다고 해서 혈액에 지방이 더 많이 쌓이는 것은 아니다.

전문가 중에는 지방에 대한 사람들의 편견을 깨는 데 진전을 보인 사람들도 있다. 하지만 수십 년 동안 쌓인 지방과 콜레스테롤에 대한 공포는 쉽게 사라지지 않는다. 이 모든 것은 앤셀 키스Ancel Keys라는 연구원으로부터 시작됐다.

키스는 화학, 동물학, 경제학 등 여러 방면에서 교육을 받은 뛰어난 연구원이었다. 그는 미국에서, 그리고 전 세계적으로 식품 정책이 나아갈 방향을 극적으로 바꿔놓았다. 키스는 자신의 관심사에 따라 전염병학을 도구로 삼아 인간의 영양과 질병을 공부했다. 키스와 동료 연구원들은 미국인이 다른 여러 서양 국가에 사는 사람들보다 체중이 더 많이 나가고 심혈관 질환에도 더 많이 걸린다는 사실을 알아냈다. 그래서 키스는 1950년대 초에 '7개국에 관한 연구Seven Countries Study'라고 불린 연구를 이끌었다. 이 연구는 훗날 영양학 역사상 가장 영향력 있는 과학 연구 중 하나로 자리 잡는다. 연구의 기본적인 목적은 여러 국가에서 소비하는 (특히 동물성 식품에 함유된) 포화 지방의 양을 살펴보고, 포화 지방이 심혈관 질환으로 인한 사망률과 관련이 있는지 알아보는 것이었다.

키스가 수집한 자료에 따르면, 지방 섭취량의 증가와 심혈관 질환으로 인한 사망 사이에 완벽에 가까운 상관관계가 나타났다고 한다. 지방 섭취량이 가장 낮은 일본은 심장 질환 환자가 가장 적었고, 지방으로부터 얻는 칼로리의 비율이 가장 높은 캐나다와 미국은 심장 질환 환자가 가장 많았다.

키스의 연구 결과에 힘이 실린 것은 제2차 세계대전이 끝난 후였다. 유럽인의 건강에 관한 자료를 분석해보니 몇몇 국가에서 전쟁 중에도, 그리고 전쟁이 막 끝났을 때도 심혈관 질환 환자가 눈에 띄게 줄어든 것이다. 전쟁 때문에 무역의 양상이 크게 달라졌고, 우리가 떠올릴 수 있는 상품 대부분이 부족해졌다. 그래서 사람들은 기본적인 욕구를 충족하려고 직접 재배한 농산물에 의존해야 했으며, 자연스럽게 지방과 설탕뿐만 아니라 전체적인 칼로리도 덜 섭취하게 되었다. 식단에 이렇게 큰 변화가 많이 있었는데도 '식이 지방=질병'이라는 이론을 지지하는 사람들은 유럽인의 건강이 개선된 이유가 지방 섭취량이 줄어들었기 때문이라고 생각했다.

키스의 연구 결과는 흥미롭지만 별로 중요하지는 않은 자료로 의학 연구 역사에 남았을지도 모른다. 그런데 미국인의 영양 부족 문제를 해결하기 위한 정부 위원회가 출범하면서 정부와 기업을 '대량 영양소 전쟁'으로 밀어 넣었다. 미국 정부는 키스의 연구 결과를 받아들였고 모두에게 저지방 식단을 권하기 시작했다. (미국 식습관 지침에는 여전히 포화 지방을 먹지 말라는 권고 사항이 포함되어 있다.[14]) 하지만 그 당시 연구계에서는 키스의 연구를 비판하는 목소리가 컸다. 상관관계에 관한 증거는 많았지만 인과관계에 관한 증거는 빈약했기 때문이다. 키스의 연구 중 일부를 살펴보면 지방 섭취량과 콜레스테롤 수치가 심혈관 질환과 관련 있어 보이는 것은 사실이다. 하지만 (미국과 비교했을 때) 지방 섭취량이 늘었는데도 심혈관 질환에 걸리는 비율이 더 낮아지거나 지방 섭취량이 줄었는데도 심혈관 질환에 걸리는 비율이 더 높아지는 것을 보여주는 당혹스러운 자료도 섞여 있었다. 증거가 이렇게 일관성이 없었는데도 키스는 자신의 가설을 끈질기게 홍보했다. 그는 가설에 반대하는 목소리를 공개적으로 공격하는 것으로 악명을 떨치기도 했다. (대통령 선거 운동을 그렇게 했더라면 결과가 좋았을 것이다.) 우리는 키스가 설탕이나 정제 탄수화물의 섭취량과 같은 다른 요인을 고려하지 않았다고 생각한다.

심장 질환의 원인에 대한 오해로 이어진 흥미로운 연구가 또 한 가지 있다. 바로 20세기 초에 병리학자 니콜라이 아니츠코프Nikolai Anichkov가 진행한 연구다. 그는 토끼를 두 집단으로 나누고 각각 콜레스테롤이 적거나 전혀 없는 식단과 콜레스테롤이 많은 식단을 먹였다. 콜레스테롤을 많이 먹은 토끼들은 동맥이 손상되거나 막힌 비율이 높았다. 이것은 콜레스테롤을 심혈관 질환과 연관시켰다는 점에서 주목할 만한 연구 결과였다. 하지만 이 이야기는 겉으로 보이는 것보다 훨씬 더 복잡하다. (이쯤에서 고릴라 모콜로와 어느 생물에게든 '선조들의 식단'이 좋다는 이야기로 놀아가보자.) 식물을 먹는 생물도 있고, 동물을 먹는 생물도 있고, 동식물을 모두 먹는 생물도 있다. 초식 동물의 생리(소화, 신진대사)는 육식 동물이나 잡식 동물과는 매우 다르다. 따라서 동물에만 있는 식이성 콜레스테롤은 동물을 먹도록 만들어지지 않은 토끼에게 심각한 문제를 일으킨다.

콜레스테롤은 의학계를 통틀어서 논쟁이 가장 많이 벌어지는 주제 중 하나다. 한쪽 진영에서는 병에 걸리지 않으려면 무슨 수를 써서든 콜레스테롤 수치를 최대한 낮춰야 한다고 주장한다. 하지만 다른 진영에서는 콜레스테롤과 죽상 동맥경화증이나 심혈관 질환의 발병 사이에 아무런 관계도 없다고 주장한다. 이럴 때는 세부사항을 눈여겨봐야 한다. 자세한 내용은 나중에 살펴보겠지만 여기서 짚고 넘어갈 것은 토끼를 대상으로 진행한 콜레스테롤 연구가 심혈관 질환의 잠재적인 메커니즘을 밝혀냈다는 점에서 중요했다는 것이다. 하지만 이런 연구의 전후 관계가 제대로 반영되지 않은 부분도 있다. 앤셀 키스의 연구가 여러 연구원과 정치인에게 영향을 미쳤고, 그들이 콜레스테롤을 비난하는 데 이런 연구가 이용된 것이다. (공교롭게도 키스는 식이성 콜레스테롤이 심혈관 질환의 발병 요소가 아니라고 분명하게 주장했다. 하지만 고지방 식품에는 대체로 콜레스테롤도 많이 들어 있다. 그래서 식이 지방이 미움받는 과정에서 애꿎은 콜레스테롤도 같이 끌려가게 된 것이다.)

앤셀 키스는 핵심적인 정부 위원회에 영향력을 행사한 덕택에 현대 영양 정책의 형성에 큰 역할을 한 중요한 인물이 되었다. 2016년에 발표된 한 흥미로운 연구는 키스의 친한 동료인 이반 프란츠 주니어Ivan Frantz Jr. 박사가 이끈 연구를 분석한 것이었다.[15] 박사의 연구는 1968년부터 1973년까지 진행된 '미네소타 관상동맥 질환 실험Minnesota Coronary Experiment'의 일부였다. 이 연구는 규모가 가장 크고 훌륭하게 진행된 동종의 대조군 연구 중 하나였다. 요즈음에는 이런 실험을 하는 것이 불가능하다. 비용도 너무 많이 들고 윤리적인 문제도 있기 때문이다.

연구 대상은 정신병원에 입원한 9,000명 이상의 환자였다. 한 집단은 포화 지방이 풍부한 식단을 먹었고, 다른 집단은 포화 지방 대신 식물성 기름에 들어 있는 고도 불포화 지방이 풍부한 식단을 먹었다. 식물성 기름을 먹은 환자들은 콜레스테롤 수치는 낮아졌지만 흥미롭게도 사망률은 낮아지지 않았다. 오히려 그 반대 현상이 나타났다. 연구가 진행되는 동안 식물성 기름을 먹은 환자들이 포화 지방을 먹은 환자들보다 사망할 확률이 더 높았다. 포화 지방을 먹은 환자들이 콜레스테롤 수치가 더 높았는데도 말이다. 이 연구는 1989년에야 발표됐는데, 논문에는 이상하게도 두 집단 사이에 아무런 차이도 없었다는 주장이 실려 있었다.[16] 최근에 원자료를 분석한 연구원들은 이 정보가 공개되는 데 왜 그렇게 오랜 시간이 걸렸는지, 그리고 왜 데이터가 논문에 정확하게 반영되지 않았는지 의아해했다.[17]

이런 상황을 어떻게 설명해야 할까? 당국이 키스의 저지방 식단을 권장하려고 연구진이 정보를 발표하지 못하게 압박을 가했을지도 모른다. 하지만 실제로 어떤 일이 있었는지는 알 수 없다. 분명한 점은 키스가 진행한 연구의 영향을 받은, 규모도 크고 잘 통제된 연구가 포화 지방과 콜레스테롤 수치의 증가가 심혈관 질환을 유발한다는 생각에 강한 의구심을 갖게 한다는 것이다.

맥거번 위원회가 만든 저지방에 대한 환상

정부가 우리 인생에서 영향력을 얼마나 행사해야 하는지는 항상 논란이 되는 주제다. 가족끼리 술을 마시고 정치를 논하다가 이 주제가 나오면 훈훈하던 가족 모임이 범죄 현장으로 변해버릴지도 모른다. 개인의 정치적인 성향이야 어떻든 정부가 우리의 삶에 영향을 미친다는 점은 분명하다.

상원의원 조지 맥거번George McGovern이 이끈 '국민 영양 문제 특별위원회Select Committee on Nutrition and Human Needs'는 1968년에 출범했다. 위원회는 미국인의 영양 부족 문제를 해결하려고 설립되었고 괄목할 만한 성과를 올렸다. 하지만 정부 기관이 대체로 그렇듯이 위원회 헌장에 명시된 목표를 거의 달성했는데도 위원회는 해산되지 않았다. 그 대신 심장 질환을 포함해서 미국인이 앓는 여러 가지 질환의 발병률을 낮출 수 있게 권장 영양 지침을 만들라는 지시가 내려졌다. 그런데 이 임무를 맡은 것이 과학자가 아니라 변호사와 사무원들이었다. 대다수가 채식주의와 저지방 식단에 열광하는 사람들이었다.

위원회는 채식을 선호하는 하버드대학교 영양학자와 긴밀하게 협의하고 나서 1차 영양 지침을 발표했다. 지침에는 탄수화물을 더 많이 먹고 지방, 특히 포화 지방은 더 적게 먹으라는 권고가 담겨 있었다. 이런 지침은 과학계에서 환영받지 못하고 널리 비판받았다. 과학자들은 지방, 고기, 달걀을 덜 먹으면 더 건강해진다는 주장을 입증할 증거가 빈약하다고 반박했다. 그랬더니 고기와 유제품 산업의 앞잡이라는 소리가 돌아왔다.[18] 돈이 정책에 영향을 미치는 것은 분명하다. 이 말을 반박할 수 있는 사람은 아무도 없다. 하지만 정부가 특정한 식이요법을 '승자'로 고르고 보조금을 지급한다면 동등한 영향력이나 정당한 결과를 논할 수 없다.

과학계가 반발했는데도 지방 섭취량, 특히 동물 단백질 공급원에서 얻는 지방을 줄이면 더 건강해진다는 생각은 사람들에게 매력적으로 느껴졌다. 베트남 전쟁이 거의 끝나가고 있었고, 사람들이 '기득권층'을 적으로 간주하던 시절이었다. 스테이크, 달걀, 버터와 같이 미국식 식단을 구성하는 여러 기본 식품이 밀려나고, 콩과 통알곡에 초점을 맞춘 '깨인' 식단이 떠오르기 시작했다.

급성장하는 채식 운동과 의심쩍은 영양학 연구와 지침 때문에 정부의 식품 권고안은 탄수화물은 더 먹고 지방은 덜 먹는 방향으로 초점이 옮겨갔다. 과학자들이 영양 지침의 변화를 뒷받침할 자료를 수집할 수 있게 시간을 더 달라고 요청하자 맥거번 상원의원은 이렇게 대답했다.

"우리 상원의원들은 과학자처럼 증거가 다 모일 때까지 기다릴 여유가 없습니다."[19]

키스의 잘못된 연구 결과와 성과를 일찍 올리려는 맥거번 위원회의 성급함 때문에 식이 지방은 곧 기본 식품의 자리에서 내쫓기고 지방을 먹는 행위는 죄악이라고 낙인찍힐 운명이었다.

우리의 의견을 듣고 나니 우리가 현대 문명을 멀리하는 러다이트 Luddite(기술을 반대하는 사람 – 옮긴이)라고 생각할지도 모른다. 하지만 그런 것은 전혀 아니다. 현대 의학은 기적이나 마찬가지다. 오늘날 총에 맞거나 버스에 치이거나 괴상한 열대성 바이러스에 걸리면 역사상 그 어느 때보다도 살아남을 확률이 높다. 하지만 이따금씩 현대 의학계는 잘못된 정보를 제공하기도 한다. 50년 전에는 의사가 '건강한' 담배 브랜드를 환자들에게 추천했을지도 모른다.[20] 어쩌면 지방이 적게 들어 있고 적색육이 아니기만 하다면 무조건 신성시하는 오늘날의 의학계가 지금으로부터 50년 후에는 비웃음을 살지도 모른다.

이제부터는 저탄수화물 식단을 신봉하는 사람들의 심기를 불편하게 할 관점을 살펴보려고 한다. 앤셀 키스의 연구(지방은 더 적게, 탄수화물은 더 많이 먹으라는 결론)와 맥거번 위원회가 제시한 영양 지침이 자연식품에 초점을 맞췄더라면 별문제가 없었을지도 모른다. 최근에 진행된 '다이어트 피츠DIET FITS' 무작위 대조군 연구에서는 참가자들에게 각각 자연식품을 바탕으로 한 저지방 식단이나 저탄수화물 식단을 먹였다. 그리고는 참가자들의 진척을 13개월 동안 추적했다. 이 연구는 참가자들이 주어진 식단을 고수하도록 교육, 지원, 모니터링을 꾸준히 제공했으며, 개인에 따라 특별히 더 적합한 식단이 있는지 알아내려고 참가자들의 유전적인 특성도 살펴보았다. 그만큼 설계가 잘된 연구였다. 관찰 결과, 두 집단의 단백질 섭취량이 같았고 단백질의 양도 충분했다! 이 장의 나머지 페이지에서 이 이야기로 여러 번 돌아오게 될 것이다. 가공식품을 너무 많이 먹지 않으면서 단백질을 충분히 섭취하는 것이 건강하게 먹는 비결일 수도 있기 때문이다.

연구 결과는 어땠을까? 일반적으로 두 집단 모두 체중이 눈에 띄게

줄었고 더 건강해졌다. 하지만 오히려 역효과가 난 사람들도 양쪽 집단에 골고루 있었다.[21]

이 연구(와 20년 넘게 개인적으로 경험한 결과)가 제시하는 결론은 사람마다 식이요법에 따라 건강이 더 나아질 수도 있고 더 나빠질 수도 있다는 것이다. 우리는 둘 다 영양 개선을 위해 찾아오는 고객에게 저지방 식단과 저탄수화물 식단을 권하며, 언제나 가공식품이 아닌 '자연식품'을 먹으라고 조언한다. 하지만 안타까운 사실은 초가공식품으로 둘러싸인 우리의 환경과 개인차를 고려했을 때 지방을 덜 먹으라는 선한 메시지가 근시안적이었다는 것이다. 게다가, '무슨 수를 써서든 지방 섭취량을 줄여야 한다'라는 모 아니면 도식의 메시지는 초창기 정크 푸드 산업에 의해 너무 쉽게 이용당했다. 정부가 유권자들의 표를 얻고 냉전 시대에 식량 안보에 대한 걱정을 누그러뜨리려고 이런 메시지를 널리 퍼뜨리기도 했다. 결국, 의학계와 사회 전반에 '저지방 식품이기만 하다면 괜찮다'라는 인식이 퍼졌다.

보다시피 영양학 연구와 그런 연구에 바탕을 둔 영양 권고에 문제가 많다. 이제는 몇 페이지에 걸쳐서 고기와 만성 질환에 관해 알아보려고 한다. 이 부분을 읽고 나서 독자 여러분이 잘못된 정보 때문에 육식을 두려워하는 일이 없어지길 바란다.

고기가 정말 암을 유발할까?

고기와 암을 둘러싼 연구를 살펴보면 연구진의 의도가 선했더라도 연

국제암연구소의 암 유발 가능 물질 분류

1군	인체에 암을 유발함	120개 물질
2A군	인체에 암을 유발할 가능성이 큼	81개 물질
2B군	인체에 암을 유발할 가능성이 있음	299개 물질
3군	인체에 암을 유발하는 물질로 분류하지 않음	502개 물질
4군	인체에 암을 유발하지 않을 가능성이 큼	1개 물질

구 결과 때문에 상황이 모호해지거나 오히려 나빠질 수도 있다는 점이 흥미롭게 느껴진다. 고기가 암을 유발할지도 모른다는 생각은 100년 넘게 연구 대상이자 근거 없는 공론의 대상이 되었다. 사람들이 가장 많이 인용하는 자료는 세계보건기구WHO의 자료다. 세계보건기구는 산하에 있는 국제암연구소IARC, International Agency for Research on Cancer의 연구 결과에 크게 의존한다. 국제암연구소는 여러 가지 물질이나 '인자'를 암을 유발할 가능성에 따라 다음과 같이 분류한다.

위 국제암연구소의 자료를 살펴보면 고기, 특히 가공육은 1군 발암 물질에 속한다. 담배, 여러 가지 바이러스 감염, 술, 플루토늄과 같은 카테고리에 있는 것이다. 여러 뉴스 기사와 〈몸을 죽이는 자본의 밥상 What the Health〉과 같은 다큐멘터리는 고기를 먹는 행위가 담배를 피우거나 방사능에 노출되는 것만큼이나 나쁘다고 결론을 내렸다.

하지만 그렇게 성급하게 판단하지 말자. 영국암연구소Cancer Research UK의 필립스Phillips 교수는 국제암연구소의 조사 과정을 이렇게 설명한다.

"국제암연구소는 '위험 평가'가 아니라 '위해 요소 확인' 작업을 한다.

대단히 기술적인 이야기처럼 들리겠지만 국제암연구소는 특정 물질이 암을 유발하느냐 안 하느냐만 확인할 뿐 그 물질이 암을 유발하는 힘이 얼마나 강한지는 조사하지 않는다는 말이다."

필립스는 바나나 껍질을 예로 들었다. 바나나 껍질은 분명히 사고를 유발할 수 있다. 하지만 (바나나 농장에서 일하지 않는 이상) 이런 일은 그렇게 자주 일어나지 않는다. 설령 사고가 나더라도 바나나 껍질을 밟고 미끄러진다고 해서 교통사고를 당한 것처럼 크게 다치지도 않는다. 하지만 국제암연구소가 이용하는 '위해 요소 확인' 시스템에서는 바나나 껍질과 자동차가 같은 카테고리에 속한다. 둘 다 분명히 사고를 유발하기 때문이다.

그러면 고기에 관한 국제암연구소의 의견을 살펴보자.

가공육은 베이컨, 햄, 소시지, 절인 고기(염지육), 고기 통조림, 고기를 갈아서 만든 소스를 말한다. 국제암연구소에 따르면, 가공육은 1군 발암 물질, 즉 '인체에 암을 유발하는' 성질이 있다고 한다. 같은 1군 발암 물질 중에는 놀랍게도 공기, 와인, 햇빛이 드는 창가에 앉아 있는 행동도 있다. 연구진은 가공육을 매일 50그램씩 더 먹으면 대장암에 걸릴 확률이 18퍼센트 증가한다고 주장한다. (앞에서 살펴본 상대적 위험도와 절대적 위험도의 차이를 떠올려보자.) 위험도가 18퍼센트나 증가한다니 정말 무시무시하게 들린다. 하지만 그렇다고 해서 우리가 베이컨을 그만 먹어야 할까?

베이컨 한 조각의 무게는 약 8그램이다. 따라서 매일 베이컨 다섯 조각을 먹으면 대장암에 걸릴 위험이 18퍼센트 커질 것이다. 그렇다면 암에 걸릴 확률이 18퍼센트 높아진다는 말이 무슨 뜻인지 알아보자. 흡연자가 암에 걸릴 확률은 비흡연자보다 1,500~3,000퍼센트 더 높다. 위험도가 15~30배나 높아진 것이다. 설령 가공육을 먹어서 암에 걸릴 확률이 18퍼센트 증가하더라도 위험도가 2배도 안 높아진다. 미국인의 경우 대장암에 걸리는 비율이 평균 5퍼센트다. 따라서 하루도 빠짐없이 베이컨을 매일 다섯 조각이나 먹어서 암에 걸릴 확률이 18퍼센트 높아지더라도 실제 확률은 5.9퍼센트다. 만일 이 확률이 두 배로 뛰었으면 걱정할 만한 상황이었을 것이다. 하지만 실질적인 위험도는 아주 조금 높아질 뿐이며, 이 수치도 순전히 관찰 연구를 통해서 얻은 결과다. (앞에서 설명했다시피 관찰 연구는 식품 섭취 빈도 조사를 바탕으로 이루어진다. 이런 유형의 연구가 지닌 잠재적인 오류 때문에 베이컨을 많이 먹고 실제로 대장암에 걸릴 확률은 논란의 여지가 매우 많다.) 하지만 약간의 통계 마사지를 통해 5퍼센트와 5.9퍼센트의 차이가 5퍼센트와 6퍼센트의 차이로 보도되고 별다른 설명 없이 뉴스 머리기사를 장식한다. (이 경우에는 '상대적 위험도'가 18퍼센트가 아니라 20퍼센트로 부풀려진다. 이 수치가 베이컨을 매일 꼬박꼬박 다섯 조각씩 먹었을 때의 위험도라는 점을 잊지 말자.) 가공육과 담배를 같은 카테고리로 분류하는 것은 당연히 오해의 소지가 있다. 게다가 흡연은 폐암, 구강암, 인후암, 식도암, 간암, 방광암, 신장암, 자궁암, 위암, 골수암, 혈액암 등 더 다양한 종류의 암을 유발한다.

신선한 적색육은 2군 발암 물질, 즉 인체에 암을 유발할 가능성이 있는 물질로 분류되었다. 불에 구운 음식은 전부 그렇다. 하지만 신선한 적색육이 암을 유발한다는 강력한 증거는 전혀 없다. 흥미롭게도 어느 연구진이 국제암연구소가 적색육과 가공육을 암과 연관 짓는 데 이용한 연구를 분석해봤다. 그랬더니 연구의 무려 80퍼센트가 서양 국가에서 진행된 것으로 밝혀졌다. 적색육이나 가공육과 암의 관계를 다룬 연구의 15퍼센트는 아시아에서 이루어졌는데, 대부분 신선한 고기든 가공육이든 암과 아무 관련도 없다는 결과가 나왔다. 만일 적색육과 가공육이 암을 유발한다면 아시아에서도 똑같이 암을 유발하지 않을까? 연구진은 이렇게 발표했다.

"고기 섭취량이 아닌 민족적 특성, 식습관, 알코올 섭취량, 흡연, 스트레스, 운동, 건강 검진의 빈도, 환경 오염 등 다른 요인 때문에 사람들이 대장암에 걸릴 확률이 높아졌을 가능성이 있다."[22]

만일 고기가 암을 유발하는 메커니즘이 있었다면 무작위 대조군 연구에서 그런 메커니즘의 증거를 볼 수 있었을 것이다. 하지만 이 경우는 그런 경우가 아니다.

고기가 정말
심장 질환을 유발할까?

고기가 심장 질환을 유발한다는 주장 뒤에는 포화 지방이 콜레스테롤 수치를 높이고, 콜레스테롤 수치가 높으면 심장 질환에 잘 걸린다는 생각이 깔려 있다. 우리는 이 장의 앞부분에서 앤셀 키스가 식이 포화 지방을 심장 질환의 원인으로 잘못 지목한 것에 대해 살펴봤다. 어느 연구에서는 60만 명이 넘는 참가자를 대상으로 한 여러 관찰 연구와 무작위 대조군 연구를 매우 큰 규모로 메타 분석하고 체계적으로 검토했다. 연구진이 내린 결론은 다음과 같았다.

"현재의 증거는 고도 불포화 지방산을 많이 섭취하고 전체적인 포화 지방 섭취량은 줄이라는 심혈관 질환 지침을 분명하게 뒷받침하지 못한다."[23]

다시 한번 강조하자면, 식이 포화 지방과 콜레스테롤이 심장 질환과 관련 있다고 주장하는 연구는 모두 역학에 바탕을 두고 있다. 역학은 상관관계는 보여줄 수 있어도 인과관계를 밝혀내지는 못한다. 식이 콜레스테롤은 혐의를 벗었으며 이제는 미국 영양 및 식이요법학 학회AND, Academy of Nutrition and Dietetics가 규정한 '우려되는 영양소'가 아니다. 한때는 불변의 진리로 여겨졌지만, 식단-심장 가설은 여러 책과 논문을 통해 사실무근인 것으로 밝혀졌다. 식이 콜레스테롤이나 포화 지방의 섭취량과 심장 질환 사이에는 아무런 연관성도 없다.

아직도 고기가 심장 질환을 일으킨다고 생각하는가? 정말 그렇다면 볼리비아 아마존 열대우림에 사는 치마네Tsimané족은 고기를 아예 안 먹을 확률이 높을 것이다. 치마네족은 세계적으로 심장 질환 유병률이 가장 낮은 민족이다. 하지만 해산물과 사냥해서 얻은 고기가 치마네족의 식단 중 14퍼센트나 차지한다. 물론 그들이 건강한 데는 식단과 관련된 다른 여러 가지 요인과 사냥과 채집을 즐기는 생활방식도 도움이 되었을 것이다. 한편 치마네족은 체내에 기생충이 많았는데, 그것이 염증으로 이어지기도 했다. 〈랜싯Lancet〉에 실린 한 논문에 따르면, 치마네족의 동맥은 80살에도 전형적인 서양인의 50살 때 동맥과 비슷한 모습이라고 한다.[24] 만일 육식이 심혈관 질환을 일으키는 원인이라면 치마네족에게도 심혈관 문제가 나타났을 것이다. 하지만 치마네족은 심장 질환에 잘 걸리지 않았다.

고기가 정말
비만을 유발하는 것일까?

고기가 사람들을 뚱뚱하게 만드는 것일까? 아니면 뚱뚱한 사람들이 고기를 더 많이 먹는 것일까? 다시 한번 언급하자면, 관찰 연구로는 고기와 비만의 인과관계를 확인하지 못한다. 어쩌면 여러분 주변에 고기를 끊고 나서 살이 빠진 사람이 있을지도 모르겠다. 그 사람이 정말 고기를 안 먹어서 살이 빠졌을 수도 있지만, 우리가 여기서 고려해야 할 요인이 두 가지 있다,

첫 번째 요인은 사람들이 채식을 시작할 때 고기뿐만 아니라 비만을 유발하는 가공식품도 같이 끊는다는 것이다. 영양이 부족하고 과식을 부르는 초가공식품만 안 먹어도 살은 자연스럽게 빠진다. 두 번째 요인은 전체적인 칼로리 섭취량을 줄이면 살이 빠진다는 것이다. 하지만 체중 감소와 지방량 감소는 엄연히 다르다. 저탄수화물 식단과 저지방 식단은 둘 다 칼로리를 제한하기 때문에 체중 감소로 이어진다. 하지만 중요한 것은 고단백 식단을 먹으면서 탄수화물이나 지방을 줄이면 '지방량'이 더 줄어든다는 것이다. 〈미국 영양 학회지Journal of the American College of Nutrition〉에 실린 한 논평에 의하면, 사람들이 칼로리 섭취량을 그대로 유지하더라도 고단백 식단의 이점을 누릴 수 있다고 한다. 연구 결과를 토대로, 연구진은 매일 (동물성 식품을 통해서) 고품질 단백질을 체중 1킬로그램당 1.5~2그램 섭취하라고 권했다.[25]

그렇다면 단백질이 더 풍부한 식단이 어떤 식으로 도움이 되는 것일까? 여기서 말하는 고단백 식단은 단백질 1일 섭취 권장량인 체중 1킬로그램당 0.8그램의 최소 두 배를 먹는 것이다. 우선, 고단백 식단을 먹

으면 배가 더 부르다. 단백질은 식욕을 억제하는 호르몬에 영향을 미치기 때문에 포만감이 가장 많이 느껴지는 대량 영양소다. 실험실처럼 통제된 환경에서는 칼로리를 제한하는 방법이 효과가 있다. 하지만 현실에서는 사람들이 칼로리를 일일이 따지지 않고 배가 부를 때까지 먹는다. 따라서 포만감이 일찍 느껴지면 과식할 위험이 적어진다. 근육 운동을 병행하면서 단백질을 섭취하면 근육량이 늘어난다. 지방은 빠지고 근육은 늘어나는 것이다. 칼로리를 제한하는 다른 여러 가지 식이요법으로도 체중은 줄어들지만, 다이어트의 목표는 단순히 체중을 줄이는 것이 아니라 지방량을 줄이는 것이어야 한다. 고단백 식단은 '음식의 발열 효과' 덕택에 몸이 지방을 더 많이 태우도록 돕는다. (음식의 발열 효과는 음식물을 소화할 때 필요한 에너지의 양에 따라 달라진다.) 단백질은 분해하는 데 에너지가 더 많이 필요한 만큼 발열 효과가 크다. 흥미롭게도 고단백 식단을 먹으면 칼로리를 따질 필요가 없다. 고단백 식단을 먹으면서 칼로리 섭취량을 줄였거나 그대로 유지한 사람들은 예상대로 체성분이 개선되는 모습을 보였다. 살이 빠졌다는 말이다. 하지만 칼로리를 '더' 섭취한 사람들도 추가 칼로리를 단백질로 먹으면 지방량이 증가하지 않았다. 간단히 말해서, 전체적인 칼로리 섭취량은 유지하면서 단백질 섭취량을 늘리고 운동을 병행하면 살이 빠질 것이다.[26]

체중 관리는 많은 사람이 시달리는 문제다. 고단백 식단이 비만을 유발하는 대신 오히려 체중을 '조절'하는 데 도움이 될지도 모른다. 칼로리를 덜 섭취하면 살을 빼기는 쉽지만, 배가 계속 고프면 결국에는 많이 먹게 될 것이다. 식물이 칼로리가 더 낮은 것은 사실이다. 하지만 식물을 더 많이 먹는다고 해서 포만감이 더 커지지는 않는다. 동물 단백질이 식물 단백질보다 흡수율도 훨씬 더 높다. 식물성 식품만으로 몸에 필요한 단백질의 양을 채우려면 칼로리를 더 섭취해야 한다. (이 문제는 제6장에서 다시 다룰 것이다.)

채식하는 사람이 육식하는 사람보다 더 오래 살까?

어쩌면 채식주의자가 비채식주의자보다 오래 산다는 머리기사를 본 적이 있을지 모르겠다. 제7일 안식일 예수 재림교를 조사한 여러 연구 결과, 교도들이 일반 대중보다 6~9년 더 오래 산다는 사실이 밝혀졌다. '보통의' 미국인이 채식하는 미국인보다 수명이 짧을지도 모른다. 하지만 그렇다고 해서 채식주의자가 채식 식단 덕택에 더 오래 산다고 볼 수는 없다. 연구를 진행할 때 고려해야 하는 교란 변수를 기억하는가? 채식주의자는 흡연이나 음주를 자제하고 운동을 열심히 할 확률이 더 높다. 가공식품이나 설탕도 덜 먹는 경향이 있다. 따라서 고기가 질병을 유발하는 '유일한' 요인이라는 논리에는 결함이 있다.

한 연구는 건강 식품점을 찾는 사람들을 관찰한 결과, 채식주의자와 잡식주의자의 사망률에 차이가 없다고 발표했다.[27] (건강 식품점을 찾는 새로운 습관도 더 건강한 생활방식의 한 가지 요인으로 볼 수 있다.) 최근에 대단히 큰 규모로 진행된 한 연구에서는 여러 교란 변수를 고려했다. 그리고는 "채식주의자와 비채식주의자의 전 원인 사망률all-cause mortallity에 특별한 차이가 없다"라는 결론에 도달했다.[28]

그렇다면 제7일 안식일 예수 재림교 사람들은 어떨까? 여러 연구 결과, 전형적인 잡식성 미국인과 비교했을 때 이 교도들은 암이나 심장 질환에 걸릴 확률이 더 낮은 것으로 드러났다. 어떤 원인으로든 사망할 확률도 더 낮았다. 하지만 연구는 이 사람들이 음주나 흡연을 하지 않고, 공동체 의식이 강하며, 전반적으로 매우 건강하게 생활한다는 사실을 고려하지 않았다.

제7일 안식일 예수 재림교와 비슷하면서도 고기를 먹는 집단은 없을까? 아! 모르몬교가 이 종교와 생활양식이 매우 비슷하다고 알려져 있다. 모르몬교도의 장수를 다룬 세 건의 연구는 교도들이 전형적인 미국인보다 건강 상태도 훨씬 좋고 수명도 더 길다는 결과를 내놓았다.[29]

고기에 들어 있다는 이유로 비난받는 모든 성분을 통틀어서 그나마 더 자세히 살펴볼 만한 것은 최종 당화 산물AGEs, Advanced Glycation

그렇다면…?

그렇다면 포유류 라파마이신 표적 단백질mTor, 트라이메틸아민 옥사이드TMAO, N-글리코릴뉴라민산Neu5Gc과 같은 성분은 어떨까? (이런 성분들이 무엇인지 몰라도 걱정할 필요는 없다.) 어쩌면 동물성 식품에 들어 있는 성분 중에 상대적으로 덜 알려진 특정 화합물이 건강에 안 좋다는 소리를 들어봤을지 모른다.[30] 하지만 그런 주장을 다룬 여러 연구를 살펴보니 연구 대상이 대체로 사람이 아니었으며, (스테이크처럼 음식 한 가지를 전체적으로 살펴보지 않고) 개별적인 성분만 따진 것을 알 수 있었다. 사람들은 동물성 식품을 덜 먹으면 더 오래 살고 건강해진다는 증거가 압도적으로 많으리라고 예상한다. 하지만 연구 결과를 보면 그것은 사실이 아니며, TMAO가 건강에 오히려 이롭다고 주장하는 연구도 있다. (TMAO는 적색육처럼 카르니틴이 함유된 음식을 먹고 나면 혈중 농도가 높아지는 화합물이다.[31])

End Products이다. 특정한 요리법이 최종 당화 산물의 수치를 올린다는 우려가 있으며, 식이 최종 당화 산물dAGEs, Dietary Advanced Glycation End Products이 산화 스트레스를 높이고 염증을 유발한다고 알려지기도 했다.[32] 여기서 문제가 되는 것은 요리할 때 나타나는 갈색화 반응이나 마이야르 반응Maillard reaction이다. 자연스러운 반응이지만 많은 양의 음식에 이런 반응이 나타나면 건강에 안 좋다고 여겨진다. 다행히 저온 조리법, 습열 이용, 레몬이나 식초 같은 산을 이용하는 방법 모두 최종 당화 산물의 형성을 감소시킨다.

이야기가 길어질 것을 우려해서 고기가 건강에 나쁘다는 여러 가지 주장을 Sacredcow.info에서 더 자세히 파헤치려고 한다. (그러지 않으면 이 책 내내 이 이야기를 다뤄야 한다!) 식품 섭취 빈도 조사에 의존하고, 식단에서 한 가지 성분만 끄집어내고, 특정한 음식, 특히 인간이 수천 년 동안 먹은 음식을 비난하면 대단히 회의적인 시각이 당연히 뒤따라야 한다.

다시 없을 연구, 빅토리아 왕조 중기의 식단

이 장에서는 고기를 향한 비난을 정당화하는 데 쓰이는 유명한 연구 몇 건을 분석해봤다. 하지만 우리는 독자 여러분이 한 번도 들어보지 못했을 연구를 살펴보면서 이 장을 마무리하려고 한다. 〈연구 및 공중 보건 국제 저널International Journal of Research and Public Health〉에는 '빅토리아 왕조 중기 사람들이 어떻게 살고, 먹고, 죽었는가'라는 제목의 논문이 조용하게 실렸다. 이 논문에는 150년 전에 역사상 가장 훌륭한 자연 실험 중 하나에 참여했던 사람들의 이야기가 생생하게 나와 있다.

연구진은 다음과 같이 적었다.

> 이 30년 동안(1850년부터 1880년까지) 자란 세대는 모든 현대 국가를 통틀어서 가장 건강한 세대였을 것이다. (중략) 세계를 지배하던 대영제국은 오늘날 우리보다 더 건강하고, 몸이 더 탄탄하고, 힘이 더 센 노동 인구, 육군, 해군의 지원을 받았다. 그 당시 사람들은 너무나 많은 현대인을 불구로 만들고 죽이는 퇴행성 질환에 거의 걸리지 않았다. 그들이 전부 일찍 죽었다는 이야기를 흔히 접하게 되지만, 그것은 사실이 아니다. 공식 기록을 살펴보면 21세기를 사는 우리와 비슷하게 살거나 더 오래 살기도 했다.

이 시기에는 사람들이 건강에 해로운 환경에서 살았고, 도시화가 한창 진행되고 있었다. 공중 보건 운동이 아직 전개되기 전의 일이었다. 이 시대는 도시가 지저분하고 사람들이 질병에 걸릴 확률이 높았던 것으로 후세에 기억되기도 했다. 그런데도 연구진에 따르면 빅토리아 왕조 중기의 사람들은 오늘날의 우리와 견줄 수 있을 만큼 건강했다고 한다. 그 이유는 식단에 있었다. (과거에 현대인보다 건강한 사람들이 있었다는 생각은 무시되는 경우가 많은데, 방금 살펴봤다시피 그런 생각에도 일리가 있다.)

그렇다면 이렇게 건강한 시대에 사람들은 무엇을 먹었을까? 빅토리아 왕조 중기 식단의 대표적인 특징은 대체로 가공되지 않은 자연식품으로 풍성하게 구성됐다는 것이다. 당시에는 우리가 생각하는 '유기농'의 현대적인 기준을 훨씬 웃도는 방식으로 식품이 생산되었고, 식용 소는 당연히 목초를 먹고 자랐다. 양파는 생산량이 많고 가격도 저렴했으며, 일반적으로 1년 내내 구할 수 있는 식품이었다. 양배추, 뚱딴지, 물냉이, 당근, 순무도 마찬가지였다. 사람들은 겨우내 보관하기 쉬운 사과와 말린 과일도 먹었다. 여름에는 구스베리와 자두를 비롯한 제철 과일을 먹었는데, 이런 과일은 상하기가 더 쉬웠다. 사람들은 말린 콩과 식물이나 견과류도 먹었다. 식초에 절인 신선한 생선과 해산물도 쉽게 먹을 수 있었다. 고기는 전부 '방목한' 가축의 고기였고, 돼지고기가 가장 흔했다. 당시 사람들은 뼈째 요리한 고기도 먹고, 고기와 채소를 넣은 스튜도 많이 먹었다. 가축의 관절 고기와 내장육도 즐겨 먹었다. 고기를 제한적으로 먹으면 가난한 것으로 여겨졌다. 뒷마당에서 닭을 키우는 가정이 많았고, 사람들이 경질 치즈를 자주 먹었다. 게다가 이 시기에는 금주 운동이 활발하게 이루어져서 가정의 3분의 1이 알코올을 전혀 섭취하지 않기도 했다. 술을 마시는 사람들은 주로 맥주를 마셨다. 하지만 알코올 함량이 가정에서 마시는 맥주는 1~2퍼센트, 술집에서 파는 맥주도 2~3퍼센트밖에 되지 않았던 것으로 추측된다. 요즈음에는 맥주의 알코올 함량이 훨씬 높아서 평균적으로 5퍼센트 정도 된다.

오늘날의 전형적인 서양 식단은 거의 초가공식품으로 구성되어 있다. 칼로리는 높지만, 비타민이나 미네랄은 부족한 것이다. 하지만 빅토리아 왕조 중기에 사람들이 먹던 식단은 우리가 '영양 밀도가 높다'라고 부르는 식단이었다. 섭취하는 칼로리에 비타민이나 미네랄과 같은 미량 영양소의 함량이 높았다는 뜻이다.

빅토리아 왕조 중기의 사람들을 관찰한 연구는 과학에서 '자연 실험'이라고 부른다. 이따가 설명하겠지만, 실험 연구와 관찰 연구의 차이를 생각해보면 자연 실험은 엄밀히 말해서 관찰 연구의 성격을 띤다. 하지만 생물 의학 연구의 표준적인 방법인 무작위 대조군 연구RCT와 놀랍도록 비슷한 요소를 포함하고 있다.

아직은 인간의 기술로 이런 실험을 진행할 수 있게 평행 세계를 마음대로 만들어내지 못한다. 따라서 빅토리아 왕조 중기 사람들이 건강했던 것이 훌륭한 식단 덕택이었다고 분명하게 말할 수는 없다! 하지만 우리는 자연 실험을 통해서도 정보를 많이 얻을 수 있다. 빅토리아 왕조 중기 식단의 가장 큰 특징은 처음에 고기, 해산물, 과일, 채소가 '더 많이' 들어 있었다는 것이다. 1850년 이전에는 사람들이 곡물 함량이 더 높은 식단을 먹었다. 식단의 질이 높아지면서 사람들은 눈에 띄게 건강해지고 장수하게 되었다. 그러다가 1880년 이후에 사람들의 식습관이 다시 바뀌었다. 이제는 식단에 정제 식품이 많이 들어가면서 사람들이 설탕, 밀가루, 통조림 고기를 아주 많이 먹기 시작했다. 이때쯤에 채소, 과일, 신선한 고기, 해산물의 섭취량은 줄어들었고, 결국 사람들의 건강 상태가 나빠졌다.

안타깝게도 영양상의 이득을 머지않아 무력하게 만들 부정적인 변화가 벌써 나타나기 시작했다. 당시에 영국은 세계적으로 지배적인 위치에 있었고, 해상 운송 기술이 발달하던 시절이었다. 그래서 영국은 여러 식민지와 미국의 농산물을 들여오는 세계적인 시장을 형성했다. 그 덕택에 그 어느 때보다도 저렴한 가격으로 수가 점점 늘어나는 도시 사람들을 먹일 수 있었다. 1875년부터는, 특히 1885년 이후로는 저렴한 기본 식품의 수입량이 많아지면서 영국의 식량 시스템에 점점 더 큰 영향을 끼쳤다.

당시 사람들은 건강이 너무 안 좋아진 나머지 키가 줄어들었다. 그래서 심지어 보병대는 신병을 모집하면서 군에서 요구하는 최소 신장을 낮춰야 했다.

　개인과 사회의 건강 상태와 준비성을 알 수 있는 핵심 지표 중 한 가지는 평균 키다. (영유아 건강 검진에는 기본적이면서도 중요한 키에 관한 정보도 포함된다.) 빅토리아 왕조 중기에 사람들의 키가 한 세대 만에 평균 15센티미터나 줄어들었다. 인간의 키는 유전적인 요인이 크게 작용하지만, 영양이 부족할 때 성장이 저해되기가 매우 쉬운 부분이다. 회의론자들은 키와 건강이 무슨 상관이 있냐며 눈을 굴릴지도 모른다. 하지만 키는 사람들이 성장하는지 겨우 생존하는지 또는 건강이 양호한지 기저 질환이 있는지 알아볼 때 가장 신뢰할 수 있는 지표 중 하나다. 간단히 말해서, 특정 인구가 세대를 거듭하면서 평균 키가 점점 작아진다면 키가 작은 세대는 대체로 다른 세대보다 덜 건강하다고 말할 수 있다. 최근에 〈이코노미스트Economist〉에 실린 한 기사는 사람들이 고기 섭취량을 늘리면 평균 키가 커질 뿐만 아니라 삶의 질도 높아지고 수명도 길어진다고 보도했다.

　아프리카 어린이 중에는 왜소한 어린이가 많다. (나이에 비해 키가 유난히 작은 것이다.) 이유는 여러 가지가 있겠지만, 그중 한 가지는 어린이들이 비타민 A와 같은 미량 영양소를 충분히 섭취하지 못한다는 것이다. 철분 결핍 역시 놀라울 만큼 흔한 문제다. 2017년에 세네갈에서 실시한 한 건강 조사에 따르면, 어린이의 42퍼센트와 여성의 14퍼센트가 중간 정도의 빈혈 또는 심각한 빈혈에 시달리고 있다고 했다. 불충분한 영양은 신체뿐만 아니라 뇌의 발달도 저해한다.

동물성 식품은 우리에게 꼭 필요한 비타민과 미네랄을 제공하는 훌륭한 공급원이다. 개발도상국에서 진행된 여러 연구가 학생들에게 우유를 먹이면 키가 큰다는 사실을 밝혀냈다. 최근에 케냐 서부의 시골에서 진행된 한 연구에서는 연구진이 달걀을 꾸준히 먹는 아이들이 그렇지 않은 아이들보다 5퍼센트 더 빨리 자란다고 발표했다. 우유도 효과는 있었지만, 차이가 5퍼센트씩 나지는 않았다.[33]

미국에서는 거의 100년 만에 처음으로 사람들의 키와 평균 수명이 정체된 상태다. 울프는 최근에 이런 현상을 몸소 체험할 기회가 있었다. 4살짜리 막내딸이 영유아 건강 검진을 받으러 갔기 때문이다. 울프의 막내딸은 첫째 딸이 4살이었을 때와 키가 똑같았고 몸무게도 230그램밖에 차이 나지 않았다. 의사는 울프에게 막내딸의 키가 98번째 백분위수percentile에 해당한다고 알려줬다. 울프는 그 이야기를 듣고는 첫째 딸은 어디에 속하는지 물었다. 두 아이가 같은 나이에 키가 같았는데도 울프의 첫째 딸은 자신의 연령대에서 96번째 백분위수에 속해 있었다. 큰 차이는 아니었지만, 울프는 그 차이에 관해 물었다. 키가 똑같은데 해당하는 백분위수가 다르다니? 의사는 조사하고 나서 "아이들이 키가 점점 작아지고 있습니다"라고 대답했다. 울프의 딸들은 나이가 두 살 반 차이 난다. 그러니까 2년 반밖에 안 되는 시간 동안 울프의 막내딸이 백분위수에서 2퍼센트나 올라갈 수 있을 만큼 어린이의 평균 키가 줄어든 것이다.

이 일화가 아무런 의미도 없다고 생각하는 사람들도 있을지 모른다. 하지만 생명과학 학술지 〈이라이프eLife〉에 실린 최근의 한 연구 결과가 이런 주장을 뒷받침한다. 연구진은 사람들의 키를 다룬 100년 분량의 자료를 분석하고는 다른 국가 사람들이 계속해서 키가 크는 동안 미국인은 키가 더 크지 않았다는 사실을 확인했다.[34] 성장이 더딘 추세는 나빠진 건강 상태, 의료비의 상승, 그와 관련된 여러 가지 문제와 맞물려 있었다. 식단이 점점 더 산업화되면서 우리는 영양과 건강을 둘 다 놓치고 있다. 일부 전통문화의 낮은 만성 질환 유병률과 빅토리아 왕조 중기에 유달리 건강했던 사람들을 생각할 때 고기가 표준적인 미국 식단에서 비롯되는 문제를 해결하는 한 가지 방법이 될 수 있지 않을까?

5 고기는
우리 몸속에서
어떤 일을 할까?

고기가 우리를 죽이지 않으리라는 점을 알아봤으니 이제는 동물성 식품에 들어 있는 영양소를 살펴보자. 단백질은 앞에서 이미 다뤘기 때문에 이 장에서는 단백질 외의 영양소를 다루려고 한다. 우선, 고기에 전반적으로 들어 있는 영양소를 살펴볼 것이다. 이런 영양소는 식물을 통해서는 얻기 어렵다. 그리고 나서 내장육과 해산물 등 동물성 식품의 종류에 따라 어떤 영양소를 얻을 수 있는지 알아볼 것이다. 동물마다 미량 영양소가 각각 다른 조합으로 들어 있기 때문이다.

비타민 B

사람들이 알고 있는 것과 달리 식물성 식품에는 비타민 B12가 들어 있지 않다. 해조류와 같은 식품에는 비타민 B12 유사체가 아주 조금 들어 있다. 하지만 이런 유사체는 실제 비타민 B12만큼 체내에서 효과적으로 작용하지 못하며 오히려 실제 비타민 B12에 대한 욕구만 커지게 만든다.[1] 비타민 B12 결핍은 신경 손상, 정신 질환, 신경학적인 문제, 불임 등을 유발할 수 있다. 이 문제는 제6장에서 다시 살펴볼 것이다. 비타민 B12는 식물성 식품으로는 얻을 수 없는 만큼 채식주의자들은 비타민 B12 보충제를 따로 챙겨 먹어야 한다.

동물에는 티아민, 리보플래빈, 판토텐산, 비타민 B6, 니아신, 엽산 등 다른 비타민 B도 많이 들어 있다. 각각의 비타민은 에너지대사(우리가 칼로리를 이용해서 에너지를 얻는 방법)와 선천적 기형 방지뿐만 아니라 다른 여러 가지 기능에도 작용한다. 비타민 B가 풍부한 대표적인 식품에는 조개, 굴, 참치 등이 있다.

비타민 D

비타민 D는 칼슘 흡수를 돕는 만큼 뼈 건강에 꼭 필요한 영양소다. 인간의 피부는 햇빛을 받으면 비타민 D를 생성한다. 요즈음에는 사람들이 실내에서 보내는 시간이 늘어나서 비타민 D 결핍증이 매우 흔해졌다. 비타민 D에는 두 가지 형태가 있는데, D2와 D3 중에서 D3가 더 선호된다.[2] 비타민 D3가 풍부한 식품으로는 대구 간유와 지방이 많은 생선이 있다. 소의 간과 달걀에도 비타민 D가 조금 들어 있다. 곡물, 버섯, 일부 주스는 비타민 D2를 강화했지만, 비타민 D2는 D3보다 체내에서 활용하기가 더 어렵다.[3]

철분

고기에는 체내에서 흡수가 가장 잘되는 철분인 헴철이 들어 있다. 한 연구에 따르면 10대 청소년들이 철분 강화 식품을 먹었을 때 유일하게 헴철 수치만 높아졌다고 한다.[4] 철 결핍성 빈혈은 미국에서 가장 흔히 볼 수 있는 미네랄 결핍증이다. 미국인의 25퍼센트 이상, 그리고 미취학 아동의 거의 절반이 철 결핍성 빈혈을 앓고 있다. 이것이 왜 문제인지는 제6장에서 살펴볼 것이다. 철분 결핍증에 시달리는 사람이 워낙 많고 헴철이 흡수하기가 가장 쉽다는 점을 생각해보면 철분이 부족해지기 쉬운 사람들은 간과 적색육을 덜 먹을 것이 아니라 더 많이 먹어야 한다. 철분은 특히 임산부, 영유아, 어린이에게 중요하다. 조개, 굴, 간 모두 철분이 풍부하게 들어 있는 식품이다.

헴철이 몸에 안 좋을까?

헴철이 염증, 암, 당뇨병과 연관성이 있다고 주장하는 사람들이 있다. 하지만 관련 연구를 살펴보면 고기를 먹는 사람들(그러면서 자연스럽게 헴철을 섭취하는 사람들)과 질병의 관계만 밝혀졌을 뿐 콕 집어서 헴철이 문제가 되지는 않았다.

철분 과다는 일부 사람에게 심각한 문제가 될 수 있으며, HFE 유전자에 희귀 돌연변이가 발생하면 '유전성 혈색소증'이라는 병에 걸릴 우려가 있다. 이 병은 유럽 혈통인 사람 227명 중 1명꼴로 걸린다.[5] 인구 대비 낮은 비율이지만, 이 사람들은 적색육을 먹지 말아야 한다. 하지만 건강한 사람과 철분이 부족한 사람들은 적색육을 먹는 것이 철분을 얻는 가장 좋은 방법이다.

다른 미네랄

고기에는 아연, 마그네슘, 구리, 코발트, 인, 니켈, 셀레늄, 크롬 등 생체 이용 가능성이 대단히 큰 미네랄이 많이 들어 있다. 식물은 미네랄의 흡수를 막을 수 있는 만큼 고기를 먹는 것이 미네랄을 얻기 더 좋은 방법이다. 특히 아연은 동물성 식품을 안 먹는 사람들이 흔히 부족해지는 미네랄이다. 동물성 식품에 들어 있는 아연은 체내 흡수율이 대단히 높다.

동물성 지방

동물성 지방은 지난 수십 년 동안 사람들의 미움을 가장 많이 받은 식품 중 하나다. 소위 말하는 '영양 전문가'들은 동물성 지방, 특히 포화 지방을 최대한 멀리하라고 끊임없이 이야기했다. 하지만 앞 장에서 살펴봤듯이 이런 주장을 뒷받침할 만한 근거는 없다. EPA아이코사펜타에노산와 DHA도코사헥사엔산와 같은 긴 사슬 지방산은 동물성 식품, 특히 해산물에 많이 들어 있다. 해조류 보충제를 먹어도 DHA를 얻을 수 있지만, 건강 보조 식품이 아니고서는 이렇게 중요한 영양소가 들어 있는 식물성 식품은 없다.

왜 적색육을 먹어야 할까?

이 책은 소와 소고기에 초점을 맞추고 있다. 하지만 환경친화적이면서

동물성 식품에 들어 있는 영양소

1인분(170g) 기준	비타민 B12 (µg: 마이크로그램)	철분(mg)	아연(mg)	DHA(g)
소고기 등심	1.67	2.57	6.02	0
돼지 갈빗살	0.94	1.12	4.35	0.003
닭 가슴살	0.58	1.26	1.36	0.034
오리 가슴살	0.42	**4.08**	2.31	0
닭 간	**28.19**	**15.28**	**4.54**	0
연어	**5.41**	1.36	1.09	**1.895**
새우	1.89	0.36	1.86	0.119
굴	**14.88**	**7.84**	**66.81**	0.231

영양도 풍부한 다른 되새김 동물도 많다. (이 문제는 다음 장에서 자세히 살펴볼 것이다.) 닭 간, 연어, 굴은 영양이 가장 풍부한 동물성 식품에 해당하며, 고기를 안 먹는 사람들이 흔히 부족해지는 비타민 B12, 철분, 아연, DHA가 많이 들어 있다.

　소고기, 들소, 양고기, 염소 고기 등의 적색육은 특히 영양소가 풍부하다. 영양소 대부분은 가금류보다 적색육에 더 많이 들어 있다. 특히 비타민 B12, 철분, 아연이 그렇다. 가금류와 돼지고기는 소고기보다 오메가6 지방산이 더 많은 만큼 소고기에 들어 있는 지방산이 구성 면에서도 더 좋다. (일반적으로 같은 지방산이라도 오메가6보다 오메가3가 많이 들어 있는 식품이 더 좋다. - 옮긴이)

가금류

닭고기 1인분(110g)에는 적색육과 비슷하게 모든 종류의 비타민 B가 들어 있다. 티아민, 리보플래빈, 니아신, 판토텐산, 비타민 B6, 비타민 B12, 엽산, 바이오틴, 콜린은 모두 에너지대사 관장부터 신경계의 건강 유지에 이르기까지 체내에서 중요한 역할을 한다. 닭고기는 니아신을 얻기 좋은 식품이다. 닭고기를 110그램만 먹어도 니아신 1일 섭취 권장량의 97퍼센트나 충족할 수 있다. 닭고기를 먹어서 얻을 수 있는 미네랄에는 셀레늄, 아연, 구리, 마그네슘, 인, 헴철 등이 있다.

가금류에 오메가6 지방산이 대단히 많이 들어 있다는 점을 모르는 사람이 많다. 적색육이나 생선과 비교했을 때 잘 키운 가금류의 고기를 구하기가 훨씬 어렵다는 것도 문제다. 우리는 닭고기와 칠면조 고기를 먹는 것에 반대하지 않는다. 하지만 일반적으로 적색육과 생선이 영양이 더 풍부하고 오메가6 지방산이 더 적게 들어 있다. 품질이 좋은 적색육과 생선을 구하기가 더 쉽다는 장점도 있다.

생선

야생에서 잡은 물고기는 항염 효과가 매우 큰 오메가3 지방산인 DHA와 EPA를 가장 많이 함유한 식품 중 하나다. 이 두 종류의 지방은 식물에서는 찾아볼 수 없다. 하지만 체내에서 덜 활성화되는 오메가3 지방산인 알파리놀렌산ALA(체내에서 DHA와 EPA로 전환되지만, 전환율이 1퍼센트도 안 될 만큼 낮아서 효율성이 떨어진다. ─옮긴이)을 함유한 식물은 있다.

생선은 비타민 A가 많이 들어 있고 비타민 D를 함유한 몇 안 되는 식품이다. 다른 동물 단백질처럼 생선에는 다양한 종류의 비타민 B가 많이 들어 있다. 생선을 먹어서 얻을 수 있는 미네랄에는 칼륨, 아연, 셀레늄, 요오드 등이 있다.

갑각류

랍스터, 굴, 가리비, 조개, 새우, 달팽이, 게, 홍합, 오징어 등이 갑각류 식품에 속한다. 갑각류 역시 단백질뿐만 아니라 여러 종류의 비타민과 미네랄이 많이 들어 있으며, 특히 아연이 풍부하다. 다른 여러 단백질 공급원처럼 갑각류 식품에도 비타민 B, 특히 비타민 B12가 들어 있다. 갑각류는 인, 칼륨, 요오드, 셀레늄도 풍부한 식품이다.[6]

곤충 단백질

우리는 식품 시장에 곤충 단백질을 판매하는 기업이 늘어나는 현상을 흥미롭게 생각한다. 하지만 아직은 일반 대중이 곤충 단백질을 주요 식품의 하나로 받아들이고 식단에 포함할 것 같지는 않다. 지속 가능성의 측면에서도 곤충 단백질이 토양 재생에 어떤 도움이 될지 모르겠다. 이런 기업 대부분이 곤충에게 유전자 변형 곡물을 먹이는 것처럼 보이기 때문이다. 어쩌면 곤충 단백질이 우리 식량 시스템에서 하게 될 가장 큰 일은 닭과 돼지의 부가적인 사료로 쓰이는 것일지도 모른다. 우리 생각에는 서양 사람들이 곤충 단백질을 직접 섭취하지는 않을 것 같다.

내장육

내장육은 식품으로 섭취할 수 있는 동물의 내장을 말한다. 예전에는 영양이 풍부하다는 이유로 내장육이 인기가 많았다. 우리가 흔히 접할 수 있는 내장육으로는 간, 혀, 심장, 뇌, 송아지나 양의 췌장, 신장, 소나 돼지의 위장 등이 있다. 이런 내장은 대체로 비타민과 미네랄이 풍부하게 들어 있다. 내장육은 비타민 B12, 엽산, 철분 함유량이 많다. 비타민 A, D, E, K와 같은 지용성 비타민도 많이 들어 있다. 고기의 종류에 따라서 영양 성분은 조금씩 다를 수 있다.

목초 사육 소고기가 일반 소고기보다 건강에 좋을까?

이 주제는 여러 사람의 심기를 불편하게 할 것이다. 이미 온라인과 여러 학회에서 이 주제를 두고 격론이 벌어지고 있다. 인간이 먹기에 사육장에서도 풀을 먹인 소의 고기가 일반 스테이크보다 확연하게 건강하다는 주장을 뒷받침할 증거는 없다. 이 말은 영양 측면에서 봤을 때 목초 사육 소고기가 더 낫다는 주장을 지금 당장은 입증할 수 없다는 뜻이다. 우리 입에서 나온 것치고 놀라운 이야기인 줄은 안다. 하지만 우리는 둘 다 우리의 이념적인 주장을 뒷받침하는 연구만 취사선택하는 대신 구

시판 중인 목초 사육 소고기의 영양 성분

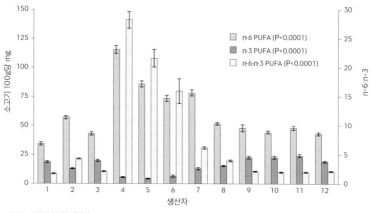

- PUFA: 고도 불포화 지방산
- 원자료 출처: <고기와 근육 생물학(Meat and Muscle Biology)>

할 수 있는 모든 자료를 분석하는 것이 중요하다고 생각한다.

미시간주립대학교에서는 역사상 규모가 가장 큰 영양학 연구를 진행한 적이 있다. 연구진은 시판 중인 목초 사육 소고기 등심 표본 750개의 영양 성분을 분석했다. 표본은 미국 10개 주에 걸쳐 소고기 생산 업체 12곳에서 구한 것이었다.[7] 표본으로 쓰인 소고기를 제공한 농장들의 규모는 다양했다. 작은 농장은 소를 25마리밖에 안 키웠고, 큰 농장은 소를 5,000마리나 키웠다.

소고기에 들어 있는 총 지방량은 소고기 100그램당 0.08그램부터 3.6그램까지 매우 다양했고, 평균은 0.7그램이었다. 일반 소고기 등심 스테이크는 비계를 전부 잘라내고 나서도 지방량이 소고기 100그램당 5.6그램이었다.[8] 연구진이 검사한 개별 지방산도 모두 농도가 천차만별이었다. 다음에 소개하는 도표에서 목초 사육 소고기와 일반 소고기에 들어 있는 지방산의 구성 차이를 볼 수 있다.

목초 사육 소고기 등심 대 일반 소고기 등심: 지방산의 구성(단위: 소고기 100g당 mg)			
지방산	목초 사육 소고기의 평균치	목초 사육 소고기의 범위	일반 소고기
총량	720	84~3,610	5,670
포화	320	29~1,790	2,345
단일 불포화	320	15~1,710	2,710
고도 불포화	80	25~224	380
오메가6	67	17~220	320
리놀렌산	47	12~168	250
아라키돈산	17	4~50	46
공액리놀레산	1.5	0.05~23	22
오메가3	14	1~48	20
알파리놀렌산	6	0.3~30	10
EPA	3.5	0.2~14	2
DPA	4	0.4~10	8
DHA	0.3	0.05~1	0
오메가6 대 오메가3의 비율	9.9	1~96	16

지방 구성의 차이에 관해서 할 수 있는 말은 많지만, 다음에 가장 자주 접하게 되는 주장 몇 가지만 추려봤다.

- 목초 사육 소고기가 기름기가 더 적다.
- 둘 다 포화 지방의 비율(총 지방량의 45퍼센트)이 비슷하다.
- 목초 사육 소고기가 오메가6 지방산과 오메가3 지방산의 비율이 일반

소고기보다 훨씬 낮다.

- 일반 소고기에 공액리놀레산CLA이 더 많이 들어 있다.

위의 대표적인 네 가지 주장 중에서 눈여겨볼 것은 목초 사육 소고기가 일반 소고기보다 기름기가 더 적다는 주장뿐이다. 총 지방량이 5그램 차이 난다는 것은 소고기 100그램당 45칼로리 차이 난다는 뜻이다. 평소에 소고기를 많이 먹고 에너지가 적게 필요한 사람은 목초 사육 소고기를 고르면 된다. 하지만 홍두깨살처럼 일반 소고기의 살코기 부위를 선택하는 방법도 있다. 홍두깨살은 지방이 소고기 100그램당 2.5그램 들어 있다.[9]

오메가6 지방산 대 오메가3 지방산의 비율이 더 낮은 것이 목초 사육 소고기가 일반 소고기보다 우월하다는 증거라고 생각하는 사람이 많다. 하지만 오메가6 지방산의 절대적인 양을 유심히 보길 바란다. 일반 소고기를 1킬로그램이나 먹어도 오메가6 지방산을 3.2그램밖에 섭취하지 않는다. 그 정도의 양은 호두 28그램을 먹었을 때 얻는 양보다 3배 이상 적으며[10], 아몬드 28그램을 먹었을 때와 비슷한 양이다.[11] 오메가3 지방산도 마찬가지다. 목초 사육 소고기 1킬로그램에는 EPA가 고작 35밀리그램, DHA가 3밀리그램 들어 있다. 같은 양의 EPA와 DHA를 얻으려면 치누크chinook 연어를 3그램만 먹으면 된다. 100그램짜리 필레fillet에는 EPA와 DHA가 각각 1그램 정도 들어 있다.[12] 목초 사육 소고기에 들어 있는 오메가3 지방산 대부분이 알파리놀렌산이라는 것도 알아두자. 알파리놀렌산은 건강에 이로운 긴 사슬 오메가3 지방산인 EPA와 DHA로 손쉽게 전환되지 못하기 때문에 별 도움이 되지 않는다.[13]

그렇기는 해도 매주 일반 소에서 얻은 적색육 690그램 대신 목초를 먹고 자란 소와 양에서 얻은 적색육 690그램을 먹으면 DHA를 포함한 오메가3 지방산의 혈청 농도가 크게 높아지는 것으로 나타났다. 오메가6 대 오메가3 혈청의 비율도 낮아졌다.[14] 그리고 DHA의 1일 섭취량도 9.5밀리그램에서 14밀리그램으로 4.5밀리그램 증가했다. 목초 사육 소고기에 DHA가 더 많이 들어 있다는 증거다.[15] 하지만 시중에서 구한 목초 사육 소고기 표본에 들어 있는 오메가3 지방산은 양이 너무 천차만별이었다. 그래서 누군가가 목초 사육 소고기를 먹고 오메가3 지방산을 얼마나 얻을 수 있는지 알 길이 없다. 게다가 기름기 많은 생선을 한 달에 세 번 이상 먹는 참가자들은 실험에서 제외되었다. DHA가 소고기보다 생선에 훨씬 많이 들어 있는데, 기름기 많은 생선을 매주 한 번이라도 먹는 사람이 목초 사육 소고기를 먹는 것이 주목할 만한 일일까? 이럴 때는 특정 식품이 한 끼가 아니라 일주일 치 식사에 미치는 영향을 살펴봐야 한다.

공액리놀레산의 함유량도 마찬가지다. 한 무작위 대조군 연구에서는 성인 참가자들이 수개월 동안 공액리놀레산을 매일 2.2~2.7그램씩 더 먹었지만, 중성 지방인 트라이글리세라이드 수치가 조금 줄어든 것 말고는 건강 지표가 눈에 띄게 개선되지 않았다.[16] 공액리놀레산을 이만큼 섭취하려면 일반 소고기든 목초 사육 소고기든 10~12킬로그램을 먹으면 된다. (여기에서는 공액리놀레산의 최대 함유량 기록에 따라서 소고기 100그램당 23밀리그램으로 계산했다.)

만일 수지만 개별적으로 따진다면 수지가 순수 지방이기 때문에 이런 차이가 제법 크게 느껴질 것이다. 하지만 소고기를 고를 때, 특히 기름기가 적은 소고기를 고를 때는 목초 사육 소고기와 일반 소고기에 별 차이가 없다. 따라서 사람들이 목초 사육 소고기에 오메가3 지방산이나 공액리놀레산이 더 많이 들어 있다고 말할 때는 상황의 맥락을 살펴봐야 한다. 3센트가 1센트보다 비싸기는 해도 여전히 약소한 금액이라는 것과 같은 원리다! 미시간주립대학교 연구진은 목초 사육 소고기의 미네랄과 산화 방지제 농도도 조사했다. 이번에도 표본에 따라서 철분, 아연, 구리, 셀레늄, 비타민 E, 베타카로틴 등 여러 화합물의 농도에 차이가 크게 났다. 평균적으로, 이런 성분 대부분이 일반 소고기보다 많이 들어 있었지만[17] 주목할 만한 차이는 아니었다. 차이는 기껏해야 철분 1밀리그램, 마그네슘 13밀리그램, 칼륨 200밀리그램, 구리 20밀리그램, 비타민 E 0.4밀리그램 정도였다.

그렇다면 이런 개념을 사람들의 전반적인 식습관에 적용해보자. 예를 들어, 오메가6 지방산이 많이 들어 있는 초가공식품을 굉장히 많이 먹는 사람이 있다고 생각해보자. 곡물로 만든 식품이 이 사람이 섭취하는 오메가6의 약 70퍼센트를 차지한다. 이 사람은 채소를 적게 먹고 지방이 많은 생선은 아예 먹지 않는다. 이것이 바로 전형적인 미국식 식단이며, 오메가6 지방산 대 오메가3 지방산의 비율이 20:1 정도 된다. 이렇게 식단이 전반적으로 부실한 상황에서는 일반 소고기 대신 목초 사육 소고기를 먹는다고 해서 건강 상태가 크게 나아지지 않는다. 이제 이 식단을 채소, 해산물, 고기가 많이 든, 영양이 풍부한 식단과 비교해보자. 이런 식단에는 가공식품이 거의 안 들어 있거나 아예 안 들어 있다. 앞에서 살펴본 식단과 달리, 이런 식단은 오메가6 지방산 대 오메가3 지방산의 비율이 3:1 정도 된다. 평소에 이렇게 먹는 사람이 오메가3 섭취량을 늘리고 싶다면 일반 소고기를 100퍼센트 목초 사육 소고기로 대체하는 대신 연어나 정어리를 한 번 더 먹는 것이 훨씬 효과적이다. 앞에서도 설명했지만, 이럴 때는 특정 식품이 한 끼가 아니라 일주일 치

식사에 미치는 영향을 살펴봐야 한다.

정리해보자면, 목초 사육 소고기와 일반 소고기에는 차이가 있다. 목초 사육 소고기가 영양 밀도가 더 높은 것 같지만, 몸에 어떤 영향을 미칠지는 자세히 알 수 없다. 목초 사육 소고기에 들어 있는 영양소나 그런 소고기가 건강에 미치는 영향을 다룬 연구 자료에 일관성이 없기 때문이다. 다시 말해서, 일부 연구에서 유기농 당근이 일반 당근보다 단백질이 두 배나 많이 들어 있다는 점을 밝혀냈다고 가정해보자. 모든 연구가 그런 것은 아니고 일부 연구만 그런 것이다. 이때 이런 연구 결과가 당근을 먹기에 가장 좋은 이유일까? 대체 누가 단백질을 얻으려고 당근을 먹을까? 사람들이 영양상 당근을 먹는 데는 단백질이 아닌 다른 이유가 있다. 환경을 생각하면 유기농 당근을 선택하는 것이 바람직하다. 그렇다고 해서 유기농 농산물을 구하지 못하는 사람들에게 유기농 당근을 안 먹을 거라면 당근을 아예 먹지 말라고 말하는 것이 옳은 행동일까?

몸에 해로운 병균이나 독성 물질은 어떨까? 미국 질병통제예방센터CDC에 따르면, 2017년에 사람들이 식중독에 걸린 원인은 연체동물(19%), 생선(17%), 닭고기(11%), 소고기(9%)의 순이었다고 한다.[18] 소고기의 경우 주로 대장균 O157:H7 때문에 문제가 생긴다. 고기가 소똥에 의해 오염되면서 대장균이 들어가는 것이다. 목초를 먹고 자란 소든 일반 소든 똥 표본에 들어 있는 대장균의 양은 비슷하다.[19] 하지만 여기에는 소매용 소고기의 생산 방식이 반영되지 않았다. 미국의 소비자 정보 잡지 〈컨슈머 리포츠Consumer Reports〉에 따르면, 대장균뿐만 아니라 다른 병균도 시중에서 파는 목초 사육 소고기보다 일반 소고기에 더 많이 들어 있다고 한다.[20] 아마도 소가 도축되는 방식과 시장까지 운반되는 과정의 차이 때문일 것이다. (고기와 지방이 여러 동물에게서 나오고, 시간당 200마리를 처리할 만큼 도축이 빠른 속도로 진행된다.) 게다가 일반 소고기에 들어 있는 박테리아는 가장 널리 쓰이는 항생 물질에 대한 내성이 더 크다.[21] 식중독 증세가 더 심각하게 나타날 수 있다는 뜻이다. 물론 이 문제는 고기를 충분히 익히기만 하면 피해 갈 수 있다. 하지만 고기를 너무 많이 익히면('웰던'으로 요리하거나 석쇠에 구우면) 맛이 떨어지거나 발암 물질이 생길 위험이 있다.

항생 물질에 대한 내성과 이런 내성이 인간의 건강에 위협을 가한다는 점은 큰 걱정거리다. 하지만 식료품점에서 판매하는 고기에 항생 물질이 남아 있을 것이라는 증거는 거의 없다. 항생 물질과 가축에 관한 진짜 문제는 인간에게 중요한 약물이 남용되고 동물을 통해서 자연으로 흘러 들어간다는 것이다. '무항생제' 라벨은 미국 농무부에서 인정해주지 않으며 의미도 불확실하다. '무항생제' 고기라고 해서 가축에 항생 물질에 내성이 있는 박테리아가 없었다는 뜻도 아니다. 병든 가축은 항생제로 치료하지만, 항생제 성분이 체내에서 전부 빠져나가고 나서 가공 처리가 시작된다. 축산업계에서 항생 물질이 쓰이는 또 다른 경우는 가축의 질병을 예방하고 성장을 촉진하기 위해서다. 하지만 2017년부터는 미국 식품의약처FDA가 의학적으로 중요한 약물을 생산 목적으로 사용하는 것을 금지했다. 그래서 축산업계 전반에 걸쳐서 이런 약물이 쓰이는 경우가 급속도로 줄어들고 있다.[22] 항생 물질이 남아 있는 것으로 밝혀진 고기는 모두 폐기된다. 2018년에는 '미국 잔류물 프로그램US Residue Program'에서 제공한 고기 표본의 0.5퍼센트 미만에 항생 물질이 감지할 수 있을 만큼 남아 있었다.[23] 다른 여러 국가의 고기 표본에는 항생 물질이 더 많이 남아 있는 것을 보여주는 연구들도 있다.[24] 하지만 국가마다 규정이 다르다. 미국에서는 미국 농무부 산하의 식품안

전검사국Food Safety and Inspection Service이 모든 수입 고기를 검사하며, 안전하지 않은 수치의 항생 물질이 남아 있는 고기를 판매하는 것은 법에 어긋난다. 우리는 약물에 내성이 있는 항생 물질이 자연으로 흘러 들어갈 위험이 있는 만큼 공장에서 생산된 고기를 피하는 것이 좋다고 생각한다. 하지만 이것이 영양과 관련된 문제는 아니다. 간단히 말해서, 우리가 일반 소고기에 남아 있는 항생 물질을 먹게 될 확률은 상당히 낮다. 하지만 관리가 더 잘된 가축이 애초에 항생제를 쓸 일도 더 적었을 것이다. 이 문제는 제2부에서 자세히 다루려고 한다.

독성 물질의 경우 여러 잔류성 유기 오염 물질POP, Persistent Organic Pollutant이 지용성이며 인간을 비롯한 동물의 지방에 저장된다.[25] 환경 오염 물질에 더 많이 노출되고 농약이 더 많이 들어간 여물을 먹은 소의 고기에 아무래도 독성 물질이 더 많을 것이다.[26] 하지만 제초제 성분인 글리포세이트가 들어간 여물을 먹은 소의 고기와 글리포세이트를 전혀 안 먹은 소의 고기는 둘 다 글리포세이트 함량이 무시할 수 있을 만큼 적었다.[27] 소의 여물에 글리포세이트가 들어 있어도 인간은커녕 소의 체성분이나 신진대사 건강에도 부정적인 영향은 없어 보인다.[28] 물론 일반 소고기에 다른 독성 물질이 더 많이 들어 있을 위험은 있지만, 연구 부족으로 그런 점을 입증할 만한 증거가 없다.

연구가 별로 이루어지지 않은 또 다른 분야는 가축이 받는 스트레스, 특히 도축되기 전에 받는 스트레스가 영양상 고기의 질에 미치는 영향이다. 우리는 적어도 70년대부터 가축이 도살되기 48시간 전에 받는 스트레스 때문에 글루코코르티코이드가 고기에 스며든다는 것을 알고 있었다. 그러면 pH 농도가 낮아져서 고기가 더 산성이 되고 덜 부드러워진다.[29] 하지만 도축에 대한 스트레스나 공장식 축산 농장의 환경에서

오는 만성적인 스트레스가 소고기의 영양 성분에 영향을 주는지는 조사되지 않았다.

우리는 목초 사육 소고기가 영양상 더 좋다고 자신 있게 말하지 못하는 사실이 원망스럽다. 그러면 이야기가 더 간단하고 깔끔할 것이기 때문이다. 유제품의 경우에는 젖소가 목초를 먹고 자랐느냐 아니냐에 따라 영양상의 차이가 크다. 달걀과 생선도 마찬가지다. 일반 닭이 낳은 달걀과 목초를 먹고 자란 닭이 낳은 달걀, 그리고 야생에서 잡은 물고기와 양식 물고기는 영양상 차이가 크다. 지금까지의 연구 자료를 바탕으로 우리는 목초 사육 소고기가 환경적으로, 그리고 윤리적으로 일반 소고기보다 우월하다고 말할 수 있다. 하지만 여러 가지 연구를 검토한 결과, 영양상의 특징(단백질, 필수 지방, 미네랄, 비타민)만 따졌을 때는 목초 사육 소고기와 일반 소고기의 차이가 거의 없는 것으로 드러났다. 우리는 목초 사육 소고기가 영양가가 더 높다고 주장할 방법을 어떻게든 찾으려고 애썼다. 하지만 누구라도 실제 데이터를 확인하기는 제법 쉽다. 우리가 탄탄한 근거도 없이 목초 사육 소고기에 유리하게 이야기를 몰아갔다면 독자 여러분과의 신뢰가 깨져서 여러분이 우리의 다른 주장도 믿지 못했을 것이다.

이런 태도가 굉장히 인기가 없다는 것은 알고 있다. 하지만 앞에서 살펴본 당근 이야기를 떠올려보자. 도덕적인 임상의는 환자에게 유기농 채소를 먹지 못할 거라면 채소를 아예 먹지 말라고 절대로 말하지 않을 것이다. 우리는 고기도 마찬가지라고 생각한다. 목초 사육 소고기를 구하지 못하는 사람들은 일반 소고기라도 먹어야 한다. 적색육은 일반적으로 인간에게 중요하고 영양이 풍부한 식품이기 때문이다. 이 주제는 아래에서, 그리고 제15장에서 더 자세히 알아볼 것이다. 간단히 말해서, 우리는 목초 사육 소고기만 먹을 수 있는 사람들에게 박수를 보낸다. 하지만 저소득층에게 목초 사육 소고기를 못 산다면 고기 대신 영양이 덜 풍부한 대체품을 먹으라고 요구하는 것은 비윤리적이라고 생각한다. 그런 대체품도 그 나름대로 환경에 악영향을 끼친다. 우리는 부모이자 영양 전문가로서 여러분이 자신과 가족에게 최고의 영양을 공급하고 싶다면 일반 소고기라도 선택하라고 조언하고 싶다. 모두가 현지 농부에게서 목초 사육 소고기를 사는 특권을 누릴 수는 없다.

여러분이 이 책을 덮어버리기 전에 우리가 목초 사육 소고기를 사는 것에 반대하거나 이 주제에 관해 과학계 의견이 일치한다는 말은 아니라고 강조하고 싶다. 결론을 정확하게 내리려면 관련 연구가 훨씬 많아져야 한다. 연구를 추가로 진행하면 소가 사육장에서 먹는 사료의 종류가 중요한 열쇠라는 것을 알게 될지도 모른다. 아니면 폴리페놀과 같은 다른 성분이 중요한 역할을 한다는 사실이 밝혀질지도 모른다. 곧 정보를 더 많이 얻게 되기를 바란다. 목초 사육 소고기를 선택하는 데는 다른 여러 가지 좋은 이유가 많다. 이 주제는 환경과 윤리 파트에서 설명할 것이다. 하지만 (지금까지 발표된 상호 심사 연구 자료를 토대로) 순전히 영양의 측면에서 보자면 굳이 목초 사육 소고기를 선택할 필요는 없다.

잠깐만⋯ 질이 좋은 고기는 비싸지 않을까?

사람들이 곡물과 가공식품으로 가득한 식단을 먹다가 동물 단백질이 많은 식단으로 갈아타면 식비가 전보다 많이 들어서 깜짝 놀란다. 신선한 채소와 동물 단백질이 많이 든 식단은 전형적인 서양 식단보다 분명히 비싸다. 목초 사육 소고기가 일반 소고기보다 비싼 것도 맞다.

하지만 목초 사육 소고기와 인기 많은 고기 대체품의 가격을 비교해보면 이야기가 달라진다. 2019년 5월에 유기농 목초 사육 소고기와 초가공된 고기 대체품 '비욘드 버거Beyond Burger'의 가격을 비교해보니 비욘드 버거가 450그램당 가격이 두 배 가까이 더 비쌌다. 유기농 목초 사육 소고기의 평균 가격과 고도로 가공된 식물 단백질 제품의 평균 가격을 비교하면 목초 사육 소고기가 여전히 덜 비싸고 영양도 더 풍부하다. 두부로 만든 칠면조맛 고기 대체품이 목초 사육 소고기보다 비싸지만 그런 대체품이 비싸다고 불평하는 사람은 많지 않다! 유기농 목초 사육 소고기는 28그램당 가격을 비교했을 때 사람들이 흔히 먹는 감자칩, 적포도주, 유명한 브랜드의 쿠키, 유명한 커피 음료, 비싼 도넛, 신선한 딸기보다 저렴하다. 단백질의 그램 수나 미량 영양소의 함량을 기준으로 가격을 비교하면 목초 사육 소고기의 상대적인 가성비는 더 좋아진다. 다행히 진짜 식품을 덜 비싸게 먹는 방법도 있다. 간 고기와 내장육 위주로 먹으면 된다. 이런 고기는 살코기보다도 영양이 더 풍부하다. 만일 고기의 공급과 조리에 관한 정보를 더 얻고 싶다면 Sacredcow. info를 방문하길 바란다.

게다가 목초 사육 소고기를 사는 사람이 많아지기 시작하면 가격이 내려가리라고 예상한다. 유기농 농산물은 과거에는 지금보다 값이 훨씬 비쌌다. 요새 가격이 내려간 것은 소비자의 수요가 증가했기 때문이다. 2017년에 유기농 식품의 매출액은 거의 500억 달러에 이르렀다. 식품에 고품질 단백질과 미량 영양소가 얼마나 들어 있는지 따져보면 어떤 식품이 좋은지 자명해진다.

하지만 우리가 유기농 식품에 돈을 쓰는 것이 아니다. 그 어느 때보다도 초기호성 식품과 초가공식품에 돈을 많이 쓰고 있다. 곡물, 공장에서 가공된 종자 기름, 감미료 섭취량이 점점 늘어나고 있다. 우리는 대체로 식비를 음식점에 가장 많이 쓴다. 외식할 때의 문제는 집에서 먹을 때보다 양은 훨씬 더 먹고 덜 건강한 음식을 선택하게 된다는 것이다. 미국인의 경우 2017년에 식비의 53퍼센트를 외식에 쓴 것으로 나타났다.[30]

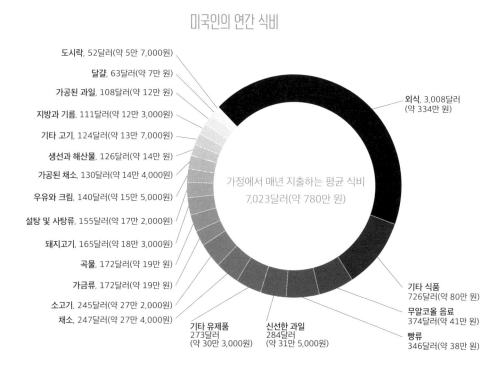

미국인의 연간 식비

도시락, 52달러(약 5만 7,000원)
달걀, 63달러(약 7만 원)
가공된 과일, 108달러(약 12만 원)
지방과 기름, 111달러(약 12만 3,000원)
기타 고기, 124달러(약 13만 7,000원)
생선과 해산물, 126달러(약 14만 원)
가공된 채소, 130달러(약 14만 4,000원)
우유와 크림, 140달러(약 15만 5,000원)
설탕 및 사탕류, 155달러(약 17만 2,000원)
돼지고기, 165달러(약 18만 3,000원)
곡물, 172달러(약 19만 원)
가금류, 172달러(약 19만 원)
소고기, 245달러(약 27만 2,000원)
채소, 247달러(약 27만 4,000원)

기타 유제품
273달러
(약 30만 3,000원)

신선한 과일
284달러
(약 31만 5,000원)

가정에서 매년 지출하는 평균 식비
7,023달러(약 780만 원)

외식, 3,008달러
(약 334만 원)

기타 식품
726달러(약 80만 원)

무알코올 음료
374달러(약 41만 원)

빵류
346달러(약 38만 원)

- 출처: 뉴스 웹사이트 '비즈니스 인사이더(Business Insider)[32]'와 미국 노동통계국)(BLS)

외식에 쓰고 남은 식비는 거의 다 '기타 식품'에 쓰인다. 기타 식품은 미리 만들어둔 식사, 조미료, 감자 칩처럼 가공된 간식 등을 말한다. 두 번째로 인기가 많은 카테고리는 음료다. 여기에는 탄산음료, 과일 주스, 커피, 차가 포함된다. 그다음으로 식비가 많이 들어가는 카테고리는 빵, 도넛, 케이크, 쿠키와 같은 빵류다. 우리가 사는 식품 대부분은 요리할 필요도 없는 것들이며, 이런 카테고리에 들어가는 식비는 매년 증가하고 있다. 그 어느 때보다도 요리하기를 싫어하는 사람이 많고, 미국의 10퍼센트만이 요리하기를 즐긴다고 답했다.[31]

현대의 초기호성 식품은 뇌의 자연적인 식욕 조절 시스템을 우회해서 과식을 유발한다. 이런 식품은 코카인이나 마취제처럼 중독성 있는 물질과 상당히 비슷하다. 중독성이 그렇게 강한 물질은 당국이 전부 엄격하게 통제하거나 금지하거나 세금을 많이 부과해야 한다고 주장하는 사람들도 있을 것이다. 하지만 역사를 살펴보면 알 수 있듯이 중독성 있는 물질을 금지한다고 해서 사람들이 덜 섭취하게 되는 것도 아니다. 정크 푸드 산업의 경제적인 측면을 철저하게 파헤치는 일은 이 책에서 다룰 주제는 아니다. 하지만 우리는 정부가 정크 푸드를 저렴하게 만드는 일에 관여하지 않아야 한다고 생각한다. 그리고 사회적인 합의를 거쳐서 탄산음료와 같은 정크 푸드에 세금을 매기기로 한다면 정크 푸드의 주원료를 생산하는 사람들에게 계속 보조금을 줘서는 안 될 것이다.

정부가 정크 푸드 산업에 보조금을 주는 프로그램이 선한 의도로 시작되었다고 해도 소비자에게는 전혀 도움이 되지 않는다. 계산을 한번 해보자. 인터넷에 검색해보면 아마존에서 호스티스 트윙키스Hostess Twinkies가 10개 들어 있는 박스 하나를 4.67달러에 판다. 미국에 있는 슈퍼마켓에서도 대체로 비슷한 가격에 팔 것이다. 그러면 맛있는 트윙키 하나당 47센트 정도밖에 안 된다는 말이다. 유기농 사과는 가장 저렴한 제철에 사도 450그램당 2.99달러나 한다. 사과 한 개의 무게가 150그램 정도 한다고 가정할 때 유기농 사과가 하나에 1달러인 셈이다. 우리가 하고많은 식품 중에 유기농 사과의 가격을 알아본 이유는 무엇일까? 유기농 농산물과 목초 사육 고기가 대체로 정부의 보조금을 '전혀' 받지 못해서 상품에 쓰여 있는 가격이 실제 시장의 수요와 공급을 반영한다는 점을 보여주고 싶었기 때문이다.

트윙키는 개당 가격만 따지면 상당히 저렴해 보인다. 하지만 우리가 트윙키를 먹어서 얻을 수 있는 에너지의 측면에서도 가성비가 좋은지 알아보자. 트윙키의 칼로리는 개당 160칼로리이며, 주로 정제 밀가루, 설탕, 식물성 기름으로 만들어진다. (이런 원료는 정부의 보조금 덕택에 가격이 굉장히 저렴하다.) 한편 사과는 95칼로리 정도 되며, 여러 종류의 설탕이 들어 있다. 하지만 사과는 섬유질, 산화 방지제, 비타민, 미네랄도 풍부한 식품이다. 그렇다면 이번에는 트윙키와 사과의 달러당 칼로리를 살펴보자.

사과: 달러당 95칼로리
트윙키: 달러당 347칼로리

오늘날 사람들은 특권을 자주 논하는 것치고는 가장 저렴한 식품이 건강에 가장 나쁘다는 사실을 충분히 공론화하지 않는 것 같다. 이런 상황은 식비를 많이 지출하기 어려운 사람들이 사는 곳(저소득층이 많은 동네, 유색 인종 지역사회, 시골 지역)에 불균형적인 영향을 미친다[33]. 사회 변두리에 사는 사람들은 건강에 안 좋은 식품을 먹어야 돈을 덜 내고 더 많은 칼로리를 섭취할 수 있는 것이다. 하지만 우리에게 필요한 영양을 따질 때 칼로리 섭취량만 고려해서는 안 된다. 적절한 영양소를 섭취하는 것도 고려해야 하는데, 소외 계층이든 아니든 우리가 먹을 수 있는 가장 영양가 높은 식품이 바로 고기다. 고기가 건강에 나쁘다고 부당하게 손가락질당하고 있지만 말이다.

바로 이 대목에서 "고기를 덜 먹거나 더 질 좋은 고기를 먹어라"라는 메시지가 일반 대중의 건강에 문제가 될 수 있다. "유기농 채소를 먹거나 채소를 아예 먹지 말아라"라고 말하거나 "채소를 덜 먹거나 더 질 좋은 채소를 먹어라"라고 말하는 사람은 보기 어렵다. 목초 사육 소고기를 구하지 못하거나 그 가격을 감당하지 못하는 사람이 많다. 하지만 단백질을 더 먹으면, 특히 소고기와 같은 동물 공급원을 통해서 단백질을 더 먹으면 건강에 이로운 점이 많다. 게다가, 목초 사육 소고기를 먹든 일반 소고기를 먹든 건강해지는 효과는 비슷하다. 따라서 우리는 사람들이 감당할 수 있는 선에서 가장 질 좋은 고기를 구매해야 한다고 생각한다. 사육장에서 키운 소의 고기로 만든 햄버거가 칼로리나 영양 밀도 면에서 정크 푸드보다는 낫다. (다음 장에서 보면 알겠지만 콩과 밥보다도 낫다.) 비만인 사람과 당뇨병 환자가 점점 늘어나는 문제를 해결하려면 "고기를 덜 먹어라"라는 메시지는 도움이 안 될 것이다.

6 그래도 식물을 먹는 것이 낫다면?

이 정도면 고기가 건강에 이롭다는 사실을 분명하게 밝혔다고 생각한다. 하지만 고기가 건강에 좋더라도 다른 이유로 먹고 싶지 않은 사람들도 있을지 모른다. 질이 더 좋은 고기에 관해서 환경과 윤리 측면에서도 조금 이따가 살펴볼 것이다. 하지만 우선 동물성 식품이 아예 안 들어 있는 식단이 이상적이지 않은 이유를 알아보자.

일단 '고기가 없는' 식단의 다양한 형태부터 살펴보자. 채식주의자에도 종류가 많은데 동물성 식품의 섭취량에 따라 영양상 차이가 크다. 페스코 폴로pesco-pollo 채식주의자는 적색육은 멀리하고 식물, 닭고기, 생선은 먹는다. 페스코pesco 채식주의자는 채소와 생선은 먹지만 닭고기나 소고기는 먹지 않는다. 락토 오보lacto-ovo 채식주의자는 채소, 유제품, 달걀을 먹는다. 엄격한 채식주의자인 비건vegan은 동물성 식품은 아예 먹지 않는다. 이런 식단에 포함되거나 제외되는 식품의 종류는 매우 다양하다. 유제품과 달걀을 먹는 채식주의자는 동물성 식품도 섭취하기 때문에 식물성 식품만 먹는 채식주의자와는 다르다. 달걀과 유제품에 들어 있는 고품질 단백질과 지방을 먹으면 포만감을 느끼고 건강을 유지하기가 훨씬 쉽다. 그것이 바로 보통의 채식주의자가 엄격한 채식을 고집하는 비건보다 영양 결핍과 같은 건강 문제에 덜 시달리는 이유다. 우리는 이 장에서 '채식'은 달걀과 유제품은 먹지만 고기, 가금류, 생선은 먹지 않는 식단으로 규정하고, '비건'은 동물성 식품을 전혀 안 먹는 식단으로 규정하려고 한다.

동물성 식품을 전혀 넣지 않으면서도 영양 균형이 잘 맞는 식단을 짜야 한다고 생각해보자. 그러려면 저혈당 채소와 물에 담근 콩과 식물에서 얻을 수 있는 단백질에 초점을 맞춰야 한다. 고기나 고도로 가공된 식품은 식단에 넣지 못한다. 약간의 노력과 여러 가지 건강 보조 식품의 도움으로 이런 식단이 어떤 사람에게는 영양가 있는 식단이 될 수 있을 것이다. 하지만 이런 식으로 먹었을 때 여러 세대를 거친 어머니와 아이들에게 어떤 영향이 있는지 알아볼 수 있는 데이터가 없다. 나중에 살펴보겠지만 우리는 식물성 식품만 먹는 식단이 모두를 위한 최고의 선택이라고 생각하지 않는다. 이런 식단은 어떤 사람들에게는 오히려 해가 될 우려가 있다.

단백질이 전부
똑같은 것은 아니다

우리는 앞에서 당국에서 발표하는 단백질의 1일 섭취 권장량이 우리가 이상적이라고 생각하는 것보다 적은 경우가 많다고 설명했다. 단백질은 동물보다 식물에서 얻기가 훨씬 더 어렵다. 따라서 채식주의자는 고기와 닭고기를 먹는 사람들보다 단백질이 부족해지기가 더 쉽다.

단백질은 아미노산AA으로 구성되어 있으며, 체내에서 활용되는 아미노산에는 20가지가 있다. 그중 9가지는 필수 아미노산이라 반드시 식품을 통해서 섭취해야 한다. (그렇다고 해서 '비필수' 아미노산이 우리에게 필요 없다는 말은 아니다. 그저 체내에서 다른 영양소의 기본 요소로 만들 수 있는 아미노산이라는 뜻이다. 따라서 비필수 아미노산은 반드시 식품을 통해서 섭취할 필요는 없다. 하지만 다른 영양소를 비필수 아미노산으로 전환하는 과정이 쉽지 않기 때문에 비필수 아미노산도 식품을 통해 얻는 것이 가장 바람직하다.) 동물성 식품은 우리에게 필요한 모든 아미노산을 함유하고 있다. 하지만 식물은 아미노산이 한 가지 이상 부족한데, 특히 인간에게 가장 중요한 아미노산 중 하나인 류신이 없는 경우가 많다. 따라서 식품 포장 겉면에 단백질이 몇 그램 들어 있는지 쓰여 있는 것만 봐서는 얼마나 좋은 식품인지 판단하기가 어렵다. 식품에 들어 있는 아미노산의 종류가 무엇인지, 그리고 그 단백질이 소화하기에 얼마나 좋은지 꼼꼼히 따져봐야 한다.

동물성 식품에 들어 있는 단백질은 식물에 들어 있는 단백질과 질이 매우 다르다. 연구원과 건강 전문가들이 단백질의 질을 측정하는 방법에는 두 가지가 있다. 하나는 단백질 소화율 교정 아미노산 점수 PDCAAS, Protein Digestibility-Corrected Amino Acid Score다. PDCAAS는 1989년에 국제연합 식량농업기구FAO of the UN와 세계보건기구WHO에 의해 도입되었다. PDCAAS는 단백질의 영양 충족 정도를 측정하기 가장 좋은 방법으로 널리 인정받고 있다. 다음에 소개하는 도표는 〈스포츠 과학과 의학 저널Journal of Sports Science & Medicine〉의 자료를 바탕으로 만들었다. 도표를 보면 PDCAAS 기준으로 소고기, 카세인, 달걀, 우유, 콩, 유청 단백질이 영양가가 가장 높은 식품이다.[1]

하지만 PDCAAS는 트립신 저해 인자, 렉틴, 타닌과 같은 항영양 인자antinutritional factor들은 고려하지 않는다. 항영양 인자는 단백질의

단백질의 종류에 따른 PDCAAS 점수

단백질의 종류	단백질 소화율 교정 아미노산 점수(PDCAAS)
카세인	1.00
달걀	1.00
우유	1.00
콩 단백질	1.00
유청 단백질	1.00
소고기	0.92
검은콩	0.75
땅콩	0.52
밀 글루텐	0.25

가수분해와 콩과 같은 식물 단백질의 아미노산 흡수를 방해할 수 있다. (이 이야기는 조금 이따가 자세히 다룰 것이다.[2]) 단백질의 질을 따질 때는 식물 단백질의 소화율도 고려해야 하는데, 나이와 소화기관의 상태에 따라서 소화율이 달라진다.[3] 동물 단백질(달걀, 우유, 고기, 생선, 가금류)은 생체 이용 가능성이 가장 큰 단백질 공급원으로 널리 인정받는다.[4] 고기에서 얻는 단백질은 제한 아미노산(체내에서 단백질의 합성을 제한하는 아미노산 - 옮긴이)도 없다. 하지만 콩은 단백질 메싸이오닌이 적게 들어 있고 '완전한' 단백질로 간주하지 않는다.

콩과 소고기를 비교해보자. 다음에 소개하는 도표는 미국 농무부의 영양 데이터베이스 자료를 토대로 만들었다. 도표를 보면 알겠지만 조리된 강낭콩 110그램은 같은 양의 등심 스테이크보다 단백질만 훨씬 적게 들어 있는 것이 아니라 비타민과 미네랄 함유량도 훨씬 낮다. 소고기가 콩보다 칼로리당 영양 밀도가 훨씬 높은 것이다.

물론 강낭콩과 등심 스테이크는 예시일 뿐이다. 하지만 전반적으로 동물성 식품이 식물보다 칼로리당 얻을 수 있는 단백질의 양이 더 많다.

단백질 함유량으로 본 소고기 대 콩

동물성 식품은 가장 완전한 단백질 공급원이다. 우리가 최적의 건강 상태를 유지하는 데 필요한 아미노산을 모두 함유하고 있기 때문이다. 스테이크 110그램(181cal)에 들어 있는 단백질의 양을 다른 식품으로 얻으려면 강낭콩 340그램과 쌀 한 컵 분량의 밥을 먹어야 한다. 그러면 총 칼로리는 638칼로리, 탄수화물은 122그램을 먹는 꼴이다.

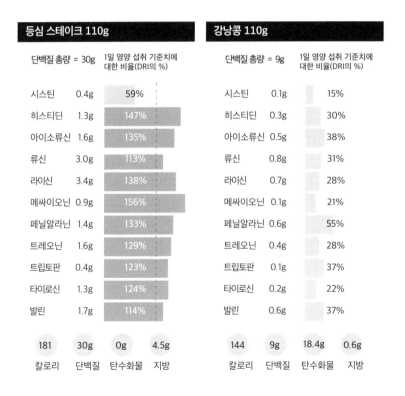

등심 스테이크 110g			
단백질 총량 = 30g		1일 영양 섭취 기준치에 대한 비율(DRI의 %)	
시스틴	0.4g	59%	
히스티딘	1.3g	147%	
아이소류신	1.6g	135%	
류신	3.0g	113%	
라이신	3.4g	138%	
메싸이오닌	0.9g	156%	
페닐알라닌	1.4g	133%	
트레오닌	1.6g	129%	
트립토판	0.4g	123%	
타이로신	1.3g	124%	
발린	1.7g	114%	
181	30g	0g	4.5g
칼로리	단백질	탄수화물	지방

강낭콩 110g			
단백질 총량 = 9g		1일 영양 섭취 기준치에 대한 비율(DRI의 %)	
시스틴	0.1g	15%	
히스티딘	0.3g	30%	
아이소류신	0.5g	38%	
류신	0.8g	31%	
라이신	0.7g	28%	
메싸이오닌	0.1g	21%	
페닐알라닌	0.6g	55%	
트레오닌	0.4g	28%	
트립토판	0.1g	37%	
타이로신	0.2g	22%	
발린	0.6g	37%	
144	9g	18.4g	0.6g
칼로리	단백질	탄수화물	지방

비타민 함유량으로 본 소고기 대 콩

스테이크는 콩보다 영양 밀도가 더 높다. 스테이크에는 특히 비타민 B가 많이 들어 있다. 스테이크 110그램을 먹으면 비타민 B12 1일 영양 섭취 기준(DRI, Dietary Reference Intakes)의 95퍼센트나 충족할 수 있다. 비타민 B12 결핍증은 전 세계적으로 가장 흔히 볼 수 있는 영양 결핍증이다.

등심 스테이크 110g			강낭콩 110g		
	1일 영양 섭취 기준치에 대한 비율(DRI의 %)			1일 영양 섭취 기준치에 대한 비율(DRI의 %)	
비타민 B1 (티아민)	0.1mg	8%	비타민 B1 (티아민)	0.2mg	16%
비타민 B2 (리보플래빈)	0.3mg	30%	**비타민 B2 (리보플래빈)**	0.1mg	6%
비타민 B3 (니아신)	9.0mg	64%	비타민 B3 (니아신)	0.7mg	5%
비타민 B5 (판토텐산)	0.5mg	10%	비타민 B5 (판토텐산)	0.2mg	5%
비타민 B6 (피리독신)	0.9mg	68%	비타민 B6 (피리독신)	0.1mg	10%
비타민 B12 (코발라민)	2.3μg	95%	비타민 B12 (코발라민)	0.0μg	0%
엽산	5.7μg	1%	엽산	147.4μg	37%
비타민 A	15.9 IU	1%	비타민 A	0.0 IU	0%
비타민 C	0.0g	0%	비타민 C	1.4mg	2%
비타민 D	1.1 IU	0%	비타민 D	1.1 IU	0%
비타민 E	0.3mg	2%	비타민 E	0.0mg	0%
비타민 K	2.2μg	2%	비타민 K	2.5μg	11%

181	30g	0g	4.5g	144	9g	18.4g	0.6g
칼로리	단백질	탄수화물	지방	칼로리	단백질	탄수화물	지방

미네랄 함유량으로 본 소고기 대 콩

스테이크 110그램은 아연과 셀레늄이 영양 섭취 기준의 절반 이상 들어 있고 인도 많이 함유하고 있다. 전체적으로 봤을 때 소고기가 콩보다 1회 제공량을 통해 얻을 수 있는 영양이 더 풍부하다.

등심 스테이크 110g

	1일 영양 섭취 기준치에 대한 비율(DRI의 %)	
칼슘	18.1mg	2%
구리	0.1mg	7%
철분	3.3mg	18%
마그네슘	17.0mg	5%
망간	0.0mg	0%
인	306.2mg	44%
칼륨	435.4mg	9%
셀레늄	30.8μg	56%
나트륨	76.0mg	3%
아연	5.1mg	64%

181	30g	0g	4.5g
칼로리	단백질	탄수화물	지방

강낭콩 110g

	1일 영양 섭취 기준치에 대한 비율(DRI의 %)	
칼슘	39.7mg	4%
구리	0.2mg	27%
철분	2.5mg	14%
마그네슘	47.6mg	15%
망간	0.5mg	27%
인	156.5mg	22%
칼륨	459.3mg	10%
셀레늄	1.2μg	2%
나트륨	1.1mg	0%
아연	1.1mg	14%

144	9g	18.4g	0.6g
칼로리	단백질	탄수화물	지방

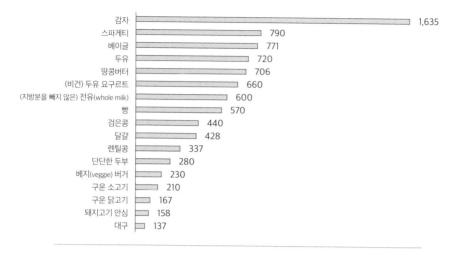

단백질 30g을 얻는 데 필요한 칼로리

식품	칼로리
감자	1,635
스파게티	790
베이글	771
두유	720
땅콩버터	706
(비건) 두유 요구르트	660
(지방분을 빼지 않은) 전유(whole milk)	600
빵	570
검은콩	440
달걀	428
렌틸콩	337
단단한 두부	280
베지(veggie) 버거	230
구운 소고기	210
구운 닭고기	167
돼지고기 안심	158
대구	137

예를 들면, 단백질 30그램을 얻으려면 생선을 137칼로리 먹거나 스테이크를 181칼로리 먹거나 콩과 밥을 640칼로리 먹어야 한다. (콩과 밥으로 먹으면 탄수화물을 122그램이나 먹게 된다.) 그렇다고 해서 콩과 밥을 절대로 먹지 말라는 말은 아니다. 하지만 전체적인 칼로리 섭취량을 줄이고 탄수화물을 덜 먹으려고 한다면 식물 단백질이 해결책은 아니라는 뜻이다.

다시 한번 언급하지만 2,000칼로리짜리 식단에서 20퍼센트를 단백질로 채우려면 단백질을 100그램 먹어야 한다.

그렇다면 대중을 위한 당국의 영양 권고안에 식물 단백질과 동물 단백질의 차이가 어떻게 반영되어 있는지 살펴보자. '마이플레이트'는 미국인이 단백질을 얻을 수 있는 방법을 단순하게 보여주려고 '미국 식생활 지침'에 담긴 내용을 간단한 말로 바꿔서 제시한다. '마이플레이트'는 대중을 교육하는 도구로 만들어지기도 했다. 미국 농무부는 미국인의 편의를 위해 여러 단백질 식품을 '단백질의 양이 비슷한 음식'으로 분류했다. 하지만 안타깝게도 누군가가 이 조언에 따라 식물에서 단백질을 얻으려고 한다면 체내에 단백질이 부족해질 것이다. 다음 도표에 '단백질의 양이 비슷한 음식'이 동식물 단백질 공급원에 따라 분류되어 있다.

보다시피 고기와 해산물이 식물 단백질 공급원보다 단백질을 얻기에 훨씬 더 효율적인 방법이다. 콩으로 만든 식품이 동물 단백질에 가장 가깝지만, 콩에는 문제가 있다. 이 문제는 조금 이따가 살펴볼 것이다. 사람들은 대체로 전체적인 칼로리 섭취량은 늘리지 않으면서도 포만감을 느끼고 싶어 한다. 그럴 때 단백질의 양을 늘리는 것이 좋은 방법이다. 동물 단백질 공급원은 생체 이용이 가능한 단백질과 다른 미량 영양소가 많이 들어 있다는 점에서 가장 바람직한 단백질 공급원이다.

갈수록 '깨끗한' 대체 지방, 대체 우유, 식물 단백질에 관한 사람들의 관심이 높아지고 있다. 하지만 이런 대체 식품이 실제 식품보다 영양가가 떨어진다는 사실을 알아두는 것이 중요하다. 아몬드 우유의 경우 실제 우유와 똑같은 색이지만 영양 성분의 차이가 크다. 식물성 버거와 실험실에서 만든 배양육은 식품 포장 겉면에 쓰인 영양 성분만 보면 실제 식품과 비슷해 보일 것이다. 하지만 앞서 살펴봤듯이 식물 단백질은 구성하고 있는 아미노산의 종류와 소화하기 좋은 정도가 동물 단백질과 다르다. 게다가 식품에 합성 비타민과 미네랄을 강화한다고 해서 우리가 자연적인 단백질 공급원으로부터 영양소를 흡수하는 방식과 같은 방식으로 이런 첨가물을 흡수하게 되지는 않는다. 이런 식품은 '더 건강하고' 고기보다 나은 식품으로 널리 알려져 있다. 하지만 사실은 초가공 식품이며 실제 식품보다 건강에 훨씬 더 안 좋다.

동물과 식물 단백질 공급원에 따른 칼로리

동물 단백질 공급원		
조리된 소고기 28g	단백질 8.3g	53cal
조리된 햄 28g	단백질 5.9g	41cal
조리된 닭고기 28g	단백질 8.8g	49cal
칠면조 고기 샌드위치 1개	단백질 4.9g	31cal
조리된 생선이나 갑각류 28g	단백질 6.5g	30cal
달걀 1개	단백질 6.3g	78cal

식물 단백질 공급원		
아몬드 14g	단백질 6g	164cal
호박씨 14g	단백질 8.5g	163cal
땅콩버터 한 테이블스푼	단백질 3.6g	96cal
조리된 검은콩 4분의 1컵	단백질 3.5g	60cal
조리된 병아리콩 4분의 1컵	단백질 3.6g	67cal
베이크드 빈즈나 삶아서 튀긴 콩 4분의 1컵	단백질 3g	60cal
두부 4분의 1컵(약 57g)	단백질 6.8g	68cal
조리된 템페 28g	단백질 5.6g	55cal
구운 콩 4분의 1컵	단백질 10g	104cal
후무스 두 테이블스푼	단백질 2.2g	53cal

- 베이크드 빈즈(baked beans): 콩을 토마토소스에 넣어서 삶은 요리
- 템페(tempeh): 콩을 발효시켜서 먹는 인도네시아 음식
- 후무스(hummus): 병아리콩을 으깨서 만든 음식

만일 식물성 식품 위주로 짠 식단을 먹으면서도 현재의 건강 상태, 체중, 신진대사에 만족한다면 좋은 일이다. 하지만 그런 식단에 만족하지 못한다면 동물 단백질을 식단에 포함하는 방법을 생각해보길 바란다. 그러면 전체적인 칼로리 섭취량도 줄이고, 포만감도 커지고, 부족할 확률이 높은 중요한 영양소도 보충할 수 있다.*

식물의 이점, 그리고 식물의 한계

고기가 그렇게 대단하다면 뭐 하러 식물을 먹어야 할까? 믿기 어려울지 몰라도 동물성 식품만 먹으면서도 건강하게 지내는 사람이 점점 많아지고 있다. (의학 박사 숀 베이커Shawn Baker의 연구를 참고하기 바란다. 그의 책과 블로그에는 고기 위주로 짠 식단을 먹으면서 굉장히 건강하게 사는 사람들의 이야기가 실려 있다.) 이런 사례가 심각한 음식 과민증이 있는 사람에게는 좋은 소식처럼 들리며, 고기 위주의 식단을 치료 도구의 하나로 고려해볼 수는 있을 것이다. 하지만 사람들은 대체로 식물성 식품을 먹길 좋아하고 거기서 얻는 이득도 있다. 제17장에서 보게 되겠지만 우리는 모두가 고기만 먹는 식단을 선택하길 바라는 것이 아니다! 과일과 채소는 맛도 좋고 칼로리도 낮은 편이다. 비타민, 미네랄, 산화 방지제, 지방, 단백질과 같이 유용한 영양소도 들어 있다. 하지만 식물은 소화하기가 제

---

* 우리는 블로그에 올린 긴 포스트(www.sacredcow.info/blog/are-all-proteins-created-equal)에서 식물성 식품에 들어 있는 아미노산과 동물성 식품에 들어 있는 아미노산을 자세하게 살펴봤다.

법 어려우며 식물에는 영양소의 흡수를 막는 방어 기제도 있다. 식물을 조리하고 발효시켜서 소화를 돕는 방법도 있지만, 식물만 먹어서는 우리에게 필요한 영양을 전부 공급받지는 못한다.

인간에게 필요한 미량 영양소 대부분이 동물성 식품에 가장 많이 들어 있는 것은 사실이다. 하지만 식물에서 찾기 가장 쉬운 비타민이나 미네랄도 있다. 비타민 중에는 엽산, 비타민 C와 E, 베타인이 그렇고, 미네랄 중에는 마그네슘, 칼륨, 셀레늄, 망간이 그렇다. 이런 미네랄은 대체로 동물성 식품보다 식물성 식품에 더 많이 들어 있다.

이론상으로는 상추와 같은 식품이 영양 밀도가 높아 보인다는 점을 알아두자. '칼로리당' 함유한 비타민과 미네랄의 양이 많기 때문이다. 하지만 한 번에 먹는 상추의 양과 칼로리를 따져보면 이야기가 달라진다. 상추 한 컵 분량은 8칼로리밖에 되지 않는다. 따라서 굴과 같은 식품을 조금 먹을 때 얻을 수 있는 영양소의 양을 상추로 얻으려면 상추를 엄청나게 많이 먹어야 한다.

견과류와 씨앗류는 훌륭한 미네랄 공급원으로 손색이 없다. 마그네슘, 망간, 구리, 셀레늄, 아연이 풍부하기 때문이다. 하지만 이런 미네랄을 얻으려고 견과류에만 의존하면 문제가 생긴다. 견과류는 대체로 오메가6 지방산이 많이 들어 있다. 문제는 오메가6 지방산이 다양한 식단에 이미 과하게 들어 있고, 항염 효과가 있는 오메가3 지방산과 흡수 경쟁을 펼친다는 점이다. 건강을 위해서 오메가6 지방산이 필요하기는 하지만, 사람들은 대체로 이 지방산을 이미 너무 많이 먹고 있다. 따라서 오메가6 지방산을 추가로 공급하는 것은 좋은 생각이 아니다.[5] 조금 이따가 살펴보겠지만 견과류에는 항영양소도 들어 있다.

식물이 칼슘을 함유하는 것은 사실이다. 하지만 식품으로 섭취한 칼슘의 체내 이용 가능성은 천차만별이다. 칼슘이 많이 들어 있는 것으로 여겨지는 콩마저도 체내 이용 가능성은 30~40퍼센트밖에 되지 않는 다. 우유의 대안으로 흔히 쓰이는 두유는 칼슘을 강화해서 체내 이용 가 능성을 75퍼센트로 높인 경우다. 식물성 식품이 칼슘을 함유하는 경우 는 많지만, 체내에서 흡수되는 칼슘의 양은 적은 편이다.[6] 식물에는 비 헴철도 들어 있는데, 역시 동물 단백질이 풍부한 식품을 통해 얻는 철분 만큼 흡수가 잘되지 않는다. 식물에는 비헴철이 붙어 있을 단백질이 없 기 때문이다. 식물을 먹어서 얻는 철분은 흡수율이 5~12퍼센트밖에 되 지 않을 만큼 낮다.[7]

식물에는 베타카로틴이라는 색소와 피토케미컬(플라보노이드와 같은 화학 물질 – 옮긴이)이 들어 있다. 이런 성분은 건강에 이로운 산화 방지제 역할을 한다.[8] 페퍼민트와 같은 허브, 정향과 같은 향신료, 에스프레소 커피, 적포도주, 다크 초콜릿은 산화 방지제가 많이 들어 있어서 주목받 는 식품이다.[9] 건강 식품점에 가면 고농도의 산화 방지제가 들어 있는 건강 보조 식품을 많이 볼 수 있는데, 고농도로 섭취하는 것은 위험할 우려가 있다.[10] 이런 비타민은 대체로 중국에 있는 화학 공장에서 만들 어지며 영양 결핍을 방지하려고 가공식품에 뿌려진다. 하지만 가공식품 은 자연식품처럼 산화 방지제와 비타민이 다양하게 들어 있지 않다.[11]

항영양소, 식물의 화학적 방어기제

모든 생물은 죽임을 당하거나 잡아먹히지 않도록 스스로를 방어할 방법이 필요하다. 그래야 유전자를 퍼뜨려서 다음 세대가 태어날 수 있다. 동물과 달리 식물은 적이 나타나도 도망가지 못하기 때문에 자신을 잡아먹는 벌레나 동물로부터 스스로를 보호할 다른 방법이 필요하다. 그래서 식물은 번식을 위해서 여러 가지 방어 기제를 만들었다. 독성이 강해서 인간이 전혀 먹지 못하는 식물도 있지만, 어떤 식물은 우리를 매개체로 삼아서 씨를 퍼뜨리려고 한다. 인간의 창자를 통과하면서 화학적 방어 기제를 내보내는 것이다. (옥수숫대에 붙어 있는 옥수수를 먹어본 사람은 알겠지만, 옥수수 알은 놀랍게도 모양이 거의 흐트러지지 않은 채 체내에서 빠져나온다.)

식물의 이런 화학적인 방어 기제를 항영양소라고 부르며, 항영양소는 뿌리, 잎, 씨앗에 들어 있다. 항영양소 중에는 쓴맛이 나서 동물이 그 식물을 다시 먹지 않게 유도하는 것도 있다.

항영양소는 곡물과 콩과 식물에 다량 함유되어 있지만 다른 식물에도 들어 있을 수 있다. 아래에 대표적인 항영양소 몇 가지를 소개한다.

- 사포닌
- 피트산(피트산염)
- 글루텐
- 타닌
- 수산염
- 렉틴
- 폴리페놀
- 플라보노이드
- 트립신 저해 인자
- 이소플라본
- 솔라닌
- 차코닌12

항영양소의 가장 큰 문제 중 한 가지는 이름 그대로 영양소 흡수에 '방해'가 된다는 것이다. 항영양소는 비타민이나 미네랄과 결합해서 영양소의 흡수를 막을 수 있다. 체내에서 영양소가 제대로 흡수되지 못하면 영양 결핍에 시달릴 우려가 있다. 콩과 식물의 경우에는 항영양소가 단백질의 흡수를 막는다. 따라서 식단에 다른 단백질 공급원이 포함되어 있지 않으면 체내에 단백질이 부족해질 수 있다. 항영양소 중에는 중요한 소화 효소의 기능을 방해하는 효소 억제제도 있다. 이런 항영양소 때문에 위장 장애가 발생하기도 한다. 어떤 항영양소는 독성이 너무 강해서 체내에 독소가 쌓이면 세포와 조직의 기능에 지장이 생길 수도 있다.

예를 들어, 피틴산의 경우 아연, 철분, 칼슘의 흡수율을 현저히 떨어뜨린다는 사실이 입증되었다. 우리가 미네랄을 얻으려고 일부러 아연, 철분, 칼슘이 든 식품을 먹는 것인데 말이다! 피틴산은 체내에서 이런 중요한 미네랄을 뽑아내려고 소화 중에 음식을 분해하는 효소를 방해한다. 피틴산 중에는 곡물, 견과류, 씨앗을 먹을 때 제거할 수 있는 것도 있다. 먹기 전에 물에 담갔다가 볶으면 된다. 하지만 볶고 나서 피틴산이 얼마나 남는지, 그리고 이런 요리법이 영양소의 흡수에 어떤 영향을 미치는지는 불확실하다.[13]

고기를 먹지 않고서 철분 결핍증을 피해가기는 어렵다. 식물에 많이 들어 있는 수산염, 타닌, 피틴산이 철분 흡수를 막기 때문이다. 예를 들면, 시금치가 철분이 풍부하다고 생각하는 사람이 많다. 하지만 시금치에 들어 있는 철분의 2퍼센트만이 체내에 흡수된다. 철분이 비헴철의 형태로 들어 있어서 그렇고, 시금치에 수산염이 많이 들어 있어서 그렇기도 하다. 다시 한번 언급하지만, 수산염은 철분 흡수를 막는 항영양소다.[14] 수산염은 칼슘의 체내 이용 가능성을 떨어뜨리기도 한다. 시금치는 칼슘이 많이 들어 있는데도 수산염 때문에 칼슘의 체내 이용 가능성이 무려 5퍼센트로 줄어든다.

그렇다고 해서 항영양소가 전부 나쁜 것은 아니다. 예를 들면, 플라보노이드는 항영양소로 간주하지만 산화 방지 기능 덕택에 건강에 이로운 점도 많다. 항영양소가 비타민과 미네랄의 흡수를 방해할 때도 있고 특정한 사람들을 아프게 할지도 모른다. 하지만 다행히 대부분은 항영양소가 들어 있는 식품도 어느 정도 감당할 수 있을 것이다. 특히 음식을 제대로 준비했다면 말이다.

이견이 분분한 콩의 문제

콩은 필수 아미노산 9가지가 모두 들어 있는 몇 안 되는 식물성 식품 중하나다. 그래서 고기의 훌륭한 대안이라고 홍보되는 경우가 많다. 하지만 콩이 소화 장애, 생식 문제, 인지력 감퇴와 연관이 있다는 연구 결과가 놀랍도록 많다.

콩 섭취량에 관한 연구가 활발하게 이루어지고 논란도 그토록 많은 것은 콩에 항영양소, 특히 이소플라본이 많이 들어 있기 때문이다. 이런 식물 화합물은 에스트로겐과 유사하며, 콩과 식물의 자연적인 방어 기제로 작용한다. 식물을 먹는 가축의 생식 주기를 방해하는 것이다.[15] 연구에 따르면, 이소플라본은 인간의 생식 능력, 호르몬 균형, 갑상샘 기능에 지장을 줄 수 있다고 한다.[16] 이런 화합물이 체내에서 작용하는 방식은 복잡하며, 이 책에서 콩을 다룬 수많은 연구를 자세히 들여다볼 수도 없다. 콩을 주제로 한 연구는 수천 가지나 된다. 하지만 우리가 콩에 관해 알아둬야 할 중요한 사항이 두 가지 있다.

전통적으로 콩 제품을 많이 먹는 문화에서는 콩을 발효시키거나 항영양소의 함유량을 줄일 수 있는 방식으로 콩을 요리한다. 독성을 최대한 낮추는 것이다. 하지만 서양 국가에서는 대체로 콩기름, 분리 대두단백(고도로 가공된 고단백 파우더), 콩 레시틴(콩기름과 인지질의 화합물)의 형태로 콩을 섭취한다. 게다가 앞에서 살펴봤듯이 콩기름에는 오메가6 지방산이 많이 들어 있어서 콩기름을 먹으면 필수 지방산의 비율이 더 불균형해진다.

콩 제품을 이렇게 고도로 가공된 형태로 먹으면 건강에 문제가 생길 수 있다. 콩 알레르기가 있는 사람들은 콩 레시틴이 알레르기를 유발할 우려가 있다. 콩 레시틴은 콩 제품에 공통으로 숨겨져 있는 유화제다.[17] 콩 레시틴은 인지 기능을 손상하고 뇌의 화학 작용에 영향을 미칠 수도 있다.[18]

콩이 얼마나 안전한지 의문을 제기하는 연구가 많은 만큼 고기가 더 현명한 선택이라고 생각한다. 똑같은 칼로리를 섭취했을 때 고기가 콩보다 영양도 훨씬 더 풍부하다. 우리는 사람들이 콩을 제한적으로 먹거나 아예 먹지 않는 것이 좋다고 생각한다. 특히 흔히 볼 수 있는 가공식품이나 포장 식품의 형태로 많이 먹지 않도록 주의해야 한다.

식물이 소화가 더 잘되게 하는 방법

식물을 물에 담그고, 싹을 따고, 조리하고, 발효시키고, 씹는 것만으로도 소화가 더 쉬워지고 독소도 어느 정도 줄일 수 있다. 예를 들면, 카사바cassava와 유카yucca는 여러 아프리카 국가에서 주요 탄수화물 공급원으로 사랑받는다. 제대로 가공하지 않은 카사바는 청산가리 함유량이 많아서 독성이 매우 강하다. 하지만 카사바를 발효시키고, 말리고, 물에 담그고, 요리하면 고밀도 탄수화물을 얻기 대단히 좋은 식품이 된다.[19]

식물은 소화하기 어려울 수도 있고 항영양소가 들어 있을 때도 있다. 그래도 몸이 감당할 수 있는 만큼 식물을 골고루 먹는 것이 좋다고 생각한다. 식물을 생으로 먹으면 열에 민감한 특정 효소, 산화 방지제, 수용성 비타민을 보존할 수 있다. 대신에 식물을 조리하고, 발효시키고, 싹을 띄우면 소화하기가 더 쉬워진다. 식물을 분해하고 항영양소를 비활성화하는 데 도움이 되기 때문이다.

동물성 식품을 끊으면 어떻게 될까?

한동안은 또 다른 연예인이 채식주의자가 되었다는 소식을 거의 매주 들을 수 있었다. 하지만 우리는 식물만 먹으면서도 건강을 유지할 수 있는 사람은 적다는 사실을 이해하는 것이 중요하다고 생각한다. 채식은 관련 지식을 조사하고 필요한 영양 보충제를 살 시간, 지식, 수단이 있는 특권층이 도전하기가 훨씬 쉽다. 따라서 부유한 유명인이 하기에는 괜찮을지 몰라도 영유아, 입맛이 까다로운 청소년, 투병 중인 사람, 영양에 관한 지식이 부족한 사람이 하기에는 적합하지 않다. 비건이 '쿨'해 보인다는 이유로 비건 식단을 따르는 청소년이 점점 늘어나고 있다.

대단히 걱정스러운 일이다. 고기를 더는 안 먹겠다고 선언하는 자녀를 둔 부모는 아이들의 선택을 지지해야 할 의무감을 느낀다. 하지만 비건 식단을 따르는 올바른 방법을 알지 못할지도 모른다.

부모들은 대체로 자녀가 동물성 식품을 멀리할 때 자녀의 영양 극대화에 필요한 단백질과 주요 미량 영양소의 중요성을 잘 모른다. 고기를 밀어내고 나면 입맛이 까다로운 어린이와 청소년들은 베이글, 파스타, 정백분으로 만든 흰빵, 쌀을 주로 먹게 된다. 이런 상황에서 금방 나타나는 문제는 가공된 탄수화물을 너무 많이 먹어서 장내 생태계가 달라지고 호르몬과 신진대사의 교란이 일어난다는 것이다. 10대 소녀의 경우 생리가 끊기고, 탈모가 생기고, 여드름이 심해질 수 있다. 기력이 바닥나고 면역 체계가 무너질 위험도 있다. 그러면 계속해서 극심한 피로감을 느끼고 맨날 몸이 아픈 느낌이 든다. (로저스는 10대 청소년들과 자주 일한다. 그녀는 부실한 비건 식단을 따르다가 몸이 망가진 청소년들의 건강을 개선하는 데 힘쓴다.)

제2부에서 고기의 환경적인 측면에 대해 살펴보겠지만, 최근에 미국 농업에서 동물을 제외하는 것의 영양적·환경적 영향을 다룬 연구가 발표됐다는 점을 언급하고 싶다. 연구 결과, 고기를 안 먹으면 온실가스 배출량이 (고작) 2.6퍼센트 감소한다고 한다. 고기를 빼버리면 미국의 식량 시스템이 미국인에게 필요한 영양을 충족시키지 못하게 된다. 식물만 남은 미국의 식량 시스템에서는 식량을 23퍼센트 더 생산할 수 있지만, 국민의 영양 상태는 나빠진다. 칼슘, 비타민 K와 D, 콜린, 필수 지방산이 부족해지는 것이다. 총 칼로리 섭취량도 12퍼센트나 증가한다고 한다.[20] 우리의 식량 시스템은 칼로리(인간용 '사료')를 생산하는 데는 문제가 없다. 우리에게 필요한 것은 바로 영양소다.

잘 짠 비건 식단이 가공식품으로 가득한 식단보다 영양가가 높을 수 있다는 주장도 있다. 하지만 비건 식단이든 서양 식단이든 인간이 전통적으로 먹던 식단을 흉내 내지는 못한다. 전통문화를 살펴보면, 식물만 100퍼센트 먹은 사회는 하나도 없다. 역사상 연구 대상이 된 모든 사회에서 동물성 식품이 달걀, 유제품, 고기의 형태로 식단에 포함되었다.

한편, 식물을 거의 안 먹거나 매우 적게 먹으면서 번성한 전통문화도 있다. 어쩌면 여러분은 식물 기반 식단을 먹으면서도 오랫동안 건강한 사람을 알지도 모른다. 이미 알겠지만, 유전학은 우리의 외모, 질병에 걸릴 위험, 기대 수명에 큰 영향을 미친다. 유전자는 우리가 특정한 음식에 어떻게 반응할지도 결정할 수 있다. 예를 들면, 식물성 식품은 비타민 A의 비활성 형태인 베타카로틴을 함유한다. 하지만 인구의 절반 가까이가 베타카로틴이 비타민 A로 전환되는 비율을 70퍼센트나 떨어뜨리는 유전자를 보유하고 있다.[21] 누군가가 비건 식단에 어떻게 반응할지 결정하는 다른 요인은 장의 기능, 건강 상태, 나이 등이다. 건강한 성인이 먹기에 괜찮은 식단이라고 해서 아기, 성장기 어린이, 어르신들에게도 좋은 식단인 것은 아니다.

어쩌면 채식을 시작하고 나서 몸이 정말 건강해졌다고 주장하는 (신입) 채식주의자를 만나게 될지도 모른다. 그들은 "머리가 이렇게 맑았던 적이 없어!", "살이 9킬로그램이나 빠졌어!", "이제는 안 아프더라고"라고 말할 것이다. 이런 상태가 한동안은 이어질 수도 있다. 채식을 시작하면 사람들이 고기뿐만 아니라 설탕이나 가공식품처럼 문제가 되는 음식도 안 먹기 때문에 건강해질 수밖에 없다. 안타깝게도 몸이 건강해진 느낌은 동물성 식품을 끊은 것과 아무런 상관도 없다. 사실, 비건 식단은 단식과 비슷한 면이 있다. 단식은 일시적으로 하면 건강에 도움이 될 수 있다. 사람들은 단식하면 적어도 처음에는 몸 상태가 나아지고 건강 지표도 실제로 개선된다.[22] 비건 식단이 엄격한 채식 식단이다 보니 비건들은 음식 과민증을 많이 일으키는 유제품과 달걀도 안 먹는다. 따라서 비건 식단을 따르면 몸 상태가 나아지고, 소화 문제도 줄어들고, 살도 빠지는 사람이 많다.

그렇다면 이 문제의 과학적 측면은 어떨까? 고기를 안 먹는 것의 이로움을 다룬 여러 연구가 실험군에 영향을 미치는 다른 변수들도 조정하는 경향이 있다. 연구진은 실험 참가자들에게 고기를 멀리하는 것뿐만 아니라 가공식품도 먹지 말고, 운동도 시작하고, 다른 건강한 습관도 들이길 요구한다. 제4장에서 살펴봤듯이 더 건강해지려고 생활방식에 이렇게 다양한 변화를 주면 어떻게 건강했는지 그 원인을 정확히 밝혀내기가 어렵다. 다른 모든 요인이 그대로일 때 동물성 식품만 끊는다고 해서 더 건강해진다는 증거는 없다.

채식주의자 중에는 식단을 처음에 채식으로 바꾸고 나서 몸 상태가 훨씬 좋아졌다고 느끼는 사람이 많다. 하지만 그 이유는 그들이 생각하는 것은 아니다. 고기를 안 먹어서 더 건강해진 것이 아니라는 뜻이다. 만일 새롭게 채식주의자가 된 사람이 정크 푸드를 덜 먹고 식물성 식품을 더 많이 먹으면 영양 밀도의 측면에서 봤을 때 기존과는 전혀 다른 식단을 먹는 것이다. 따라서 자연식품으로 구성된 식단을 따르는 것만으로도 예전보다 비타민, 미네랄, 산화 방지제를 더 많이 섭취하게 된다. 문제는 동물성 식품을 안 먹는 것이 영양 결핍으로 이어질 수 있는 위험한 행동이라는 것이다.

채식에 따른 영양 결핍증

고기를 안 먹는 사람들은 식이 단백질과 다른 핵심 영양소가 부족해지기 쉽다. 그러면 신체 건강과 정신 건강이 나빠질 우려가 있다. 동물성 식품을 식단에서 빼버린 사람들은 건강을 유지하려면 반드시 대안을 찾아야 한다. 이제부터 고기를 안 먹을 때 걸리기 쉬운 대표적인 영양 결핍증 몇 가지를 살펴보자.

비타민 B12 결핍증

채식주의자들이 잘 걸리는 가장 걱정스러운 영양 결핍증 중 한 가지는 비타민 B12 결핍증이다. 엄격한 채식을 고수하는 성인 비건의 60퍼센트가 비타민 B12 결핍증을 앓고 있으며[23], 일반 채식주의자의 40퍼센트 역시 체내에 비타민 B12가 부족하다.[24] 비타민 B12 결핍증은 우울증, 정신병, 인지 장애를 초래할 수 있다.[25] 어린이의 경우, 비타민 B12가 부족해지면 인지 능력의 발달 지연, 더 낮은 학업 성취도, 신경 손상, 성장 장애처럼 되돌릴 수 없는 증상이 나타날 우려가 있다. 증상의 심각성과 장기적인 영향 때문에 미국 영양 및 식이요법학 학회는 모든 채식주의자에게 비타민 B12를 보충하라고 권한다. 비타민 B12가 강화된 식품을 먹거나 건강 보조 식품의 형태로 섭취하라는 것이다. 해조류와 같은 식물성 식품에는 비타민 B12 유사체가 들어 있지만, 이것은 비타민 B12의 실제 형태가 아니다.[26] 유사체는 실제 비타민 B12에 대한 욕구만 커지게 한다. 콩 제품에는 대체로 비타민 B12가 들어 있지 않다. 콩으로 만든 아시아의 전통 음식인 템페는 비타민 B12를 함유하기는 하지만 100그램당 0.7~8.0마이크로그램(μg)만 들어 있다. 따라서 성인의 비타민 B12 일일 섭취 권장량인 2.4마이크로그램을 얻으려면 템페를 매일 300그램씩 먹어야 한다. 엄청난 양을 먹어야 하는 것이다!

철분 결핍증

철분 결핍증은 전 세계적으로 가장 흔히 볼 수 있는 영양 결핍증이다. 세계 인구의 약 25퍼센트가, 그리고 미취학 아동의 거의 절반이 체내에 철분이 부족하다. 철분 결핍증은 심각한 만성 질환, 만성 심부전증, 암, 염증성 장 질환IBD을 유발할 수 있다.[27] 어린이의 경우, 철분이 부족하면 심각한 발달 지연과 행동 장애가 나타날 우려가 있다. 채식주의자들은 철분 결핍증에 흔히 걸리는데, 철분 부족은 제2형 당뇨병의 위험 인자다.[28] 적색육에 들어 있는 헴철은 체내에서 흡수가 가장 잘 되는 종류의 철분이다. 식물성 철분보다 흡수율이 2~3배나 높다. 철분 흡수는 현재의 체내 철분 비축량에 따라 달라지기도 한다. 뉴질랜드에서는 적색육의 소비량이 감소하면서 철분 결핍증으로 병원에 입원한 환자가 지난 10년 동안 2배나 늘었다.[29] 뉴질랜드의 경우 채식주의자가 30퍼센트 가까이 늘었고, 고기를 먹는 사람들도 소고기나 양고기보다 닭고기와 돼지고기를 2배 이상 먹는다. 그러다 보니 소고기와 양고기의 소비량이 크게 줄어들었다. 철분 결핍증의 초기 증상으로는 피로감, 가벼운 어지럼증, 숨참 등이 있다. 고기가 안 든 식품의 포장 겉면에 철분이 많다고 쓰여 있더라도 식물성 철분의 1.4~7퍼센트만이 체내에서 흡수될 수 있다. 참고로, 적색육의 경우에는 철분 흡수율이 20퍼센트나 된다.[30]

칼슘 부족

비건은 보통 사람들보다 뼈 교체율이 높은 것으로 알려져 있다. 뼈 건강에 중요한 칼슘과 비타민 D가 부족하기 때문이다.[31] 식물성 식품에 들어 있는 칼슘은 유제품이나 정어리 같은 식품에 들어 있는 칼슘만큼 체내 이용 가능성이 크지 않다.[32] 시금치나 케일 같은 녹색 채소는 칼슘의 흡수를 막는 화합물을 함유하고 있다. 한 연구에 따르면, 우유 한 잔으로 얻을 수 있는 칼슘의 양을 시금치로 얻으려면 조리된 시금치를 5~6컵이나 먹어야 한다고 한다.[33] 체내에 칼슘과 비타민 D의 비축량(비건 식단에 부족한 영양소)이 적으면 뼈 건강을 심각하게 걱정해야 한다.[34] 비건은 동물성 식품을 섭취하는 사람들보다 뼈가 부러지는 비율이 30퍼센트 더 높다.[35] 고기를 안 먹는 사람들이 부족해지지 않게 주의해야 하는 영양소에는 글리신, 셀레늄, 메싸이오닌, 타우린, 크레아틴, 콜린, 요오드도 있다.[36] 요오드 결핍증은 뇌 손상과 되돌릴 수 없는 지적 장애로 이어질 위험이 있다.[37]

뇌 기능상의 문제

우울증과 고기가 없는 식단 사이의 불편한 연관성을 밝혀낸 연구가 여러 건 있다. 고기가 없는 여러 가지 식단에는 공통으로 부족한 영양소가 많은데, 그런 영양소가 우울증과 불안에 직접 영향을 미치는 것으로 드러났다. 예를 들면, 아연은 식물에서 찾아보기가 어렵다. 그러다 보니 비건들이 아연이 부족한 경우가 많다. 어느 연구에서는 연구진이 참가자들에게 12주 동안 아연 보충제를 먹였더니 그들의 기분이 나아진 모습을 관찰할 수 있었다.[38] 정신병원 환자들은 보통 사람보다 체내에 EPA와 DHA가 부족한 경우가 많다. 그래서 의사들이 어유魚油 보충제를 처방하고 나면 환자들의 정신 건강이 나아진다.[39] 미국인은 이미 뇌 건강에 영향을 미칠 수 있는 주요 영양소 결핍에 시달리고 있다. 이런 영양소는 동물성 식품에서 가장 쉽게 얻을 수 있다. 따라서 그동안 동물성 식품을 안 먹었는데 우울증이나 다른 정신 건강 문제 때문에 고민이라면 이런 영양소 몇 가지를 실제 식품의 형태로 섭취하고 도움이 되는지 살펴보자.

크레아틴은 우리의 근육에서 자연적으로 찾을 수 있는 물질이다. 크레아틴은 채식주의 식단에 많이 포함되지 않으며 건강한 뇌 발달에 영향을 미칠 수도 있다. 한 연구에 따르면, 채식주의자들이 크레아틴 보충제를 먹었더니 인지 수행 능력이 현저히 향상되었다고 한다. 하지만 고기를 먹은 참가자들에게서는 그런 현상이 나타나지 않았다. 채식주의자들은 크레아틴 수치가 이미 낮았기 때문에 개선의 여지가 있었던 것

부족한 영양소에 따른 뇌 기능

미국인 대부분이 공통으로 부족한 영양소 중 다수가 정신 건강에 영향을 미칠 수 있다. 이런 영양소는 대체로 동물성 식품에 많이 들어 있다. 아래의 도표는 미국에서 흔히 나타나는 영양 결핍증과 그 결과로 영향을 받을 수 있는 뇌 기능을 소개한다.[40]

영양소	미국 내 결핍률	주요 뇌 기능
아연	10%	세로토닌 합성
비타민 B6	10%	신경 전달 물질 합성
비타민 D3	10%	칼슘 조절
철분	10~20%	신경 전달 물질 합성
비타민 B12	25%	미엘린 합성
마그네슘	25%	글루타민산염 억제
오메가3 지방산	80%	신경 신호

이다. 이 연구 결과를 살펴보면 크레아틴 결핍이 유동적 지능과 작동 기억을 최대 1 표준편차만큼, 즉 IQ 15포인트만큼 떨어뜨리는 것으로 밝혀졌다.

> 지능이 상대적으로 높은 사람들이 채식에 매력을 느끼지만, 채식주의자가 되면 유동적 지능과 작동 기억이 줄어들 가능성이 있다. (중략) 하지만 사람들이 채식주의자가 되고 나서 인지 능력이 떨어졌다는 점을 인식하지 못할 수도 있다. 결정적 지능이 아닌 유동적 지능만 영향을 받기 때문이다. (다시 말해서, 채식주의자가 되더라도 배운 내용을 잊어버리지는 않으며, 문제 해결 능력만 떨어진다. 따라서 당사자가 채식이 인지 능력에 미치는 영향을 느끼지 못할 수도 있다.)

떨어진 인지 능력은 다행히 크레아틴 보충제를 먹으면 회복되었다.[41] 이 연구는 성인을 대상으로 이루어졌으며, 어린이의 크레아틴 섭취량과 뇌 발달을 다룬 장기적인 연구는 한 건도 없다. 따라서 크레아틴 결핍이 어린이에게 미치는 영향은 아무도 모른다.

EPA와 DHA는 뇌의 건강 유지에 꼭 필요한 오메가3 지방산이다. 이런 지방산은 비건 식단으로는 충분히 섭취할 수 없다. 알파리놀렌산 ALA이라는 오메가3 지방산이 들어 있는 식물도 있다. 하지만 알파리놀렌산은 일반적으로 체내에서 활성 형태로 전환되는 비율이 매우 낮다. 알파리놀렌산을 EPA로 효과적으로 전환할 수 있는 사람들도 있지만, 이런 능력은 함께 섭취하는 다른 영양소, 특히 아연, 철분, 피리독신에 따라 달라진다. 문제는 동물성 식품이 아예 제외된 식단에서 이런 영양소를 충분히 얻기가 매우 어렵다는 것이다.

환경이나 윤리적인 문제로 고기를 먹지 않으려는 사람이 많다. 그러다 보니 건강이 나빠졌을 때 어떤 사람들은 자신이 먹는 음식이 문제라는 사실을 깨닫지 못하는 경향이 있다. 오히려 식단을 엄격하게 따르지 않아서 건강에 문제가 생겼다고 생각할지도 모른다. 사람에 따라서 영양 보충제를 제대로 챙겨 먹어도 영양이 충분하지 않을 수도 있다.

리어 키스Lierre Keith는 자신의 저서 《채식의 배신The Vegetarian Myth》에서 고기를 안 먹었다가 얼마나 고생했느지 설명했다. 그녀는 16살에 공장에서 생산하는 동물성 식품의 처참한 현실을 알게 되었다. 그때부터 엄격한 채식 식단을 따르는 비건이 되었다. 키스는 채식에 관해 조사도 하고 단백질을 적절하게 조합해서 식단을 짜기도 했다. 비타민 B12 보충제도 챙겨 먹고, 과일과 채소도 많이 먹었다. 그녀의 식단에 포함된 단백질은 대부분 콩 제품에 들어 있었다. 키스는 이런 식단을 20년 동안 먹었다. 그녀는 생리가 끊겼고 우울증에도 시달렸다. 퇴행성 추간판 질환에 걸려서 모르핀을 맞아야 할 정도의 통증이 느껴졌는데도 키스는 자신의 건강 문제와 식단이 관련이 있으리라고 생각하지 못했다고 털어놓았다. 통증이 견딜 수 없을 만큼 심해지고 체력도 고갈되자 그녀는 기공氣功 전문가를 찾아갔다. 그 전문가가 '치료할 수 없는 자를 치료했다'라는 이야기를 들었기 때문이다. 기공 전문가는 키스의 상태를 재빨리 진단하고는 동정 어린 말투로 그녀에게 고기를 먹어야 한다고 말했다. 그래서 키스는 마트에 가서 참치 통조림과 플라스틱 포크를 샀다. (접시를 '오염'시키고 싶지 않아서 참치를 통조림째로 먹었다.) 그녀는 참치를 먹은 경험에 관해 이렇게 적었다.

"'세상에! 살아 있다는 것이 바로 이런 기분이구나' 하는 생각이 들었다. 나는 식탁에 머리를 대고는 펑펑 울었다."

식물만 먹거나 식물을 주로 먹는 사람 중에 극심한 피로, 가벼운 어지럼증, 여드름, 피부 발진, 심한 감정 기복, 브레인 포그brain fog, 소화 장애, 혈당 조절 문제나 다른 신체적인 증상이 나타나는 사람이 있다면 고기를 안 먹어서 이런 문제가 생겼을 가능성을 진지하게 고민해봐야 한다. 인간은 잡식성 동물이며, 비건의 경우 영양 보충제를 같이 먹어줘야 한다. 보충제를 챙겨 먹어도 영양이 충분하지 않을 때도 있다. 따라서 우리는 성인이 비건이 되기로 하는 것은 본인의 선택이지만, 어린이에게 고기가 없는 식단을 강요했다가는 심각한 문제가 생길 수 있다고 생각한다.*

고기가 없는 식단이 모든 연령층에 안전할까?

이 책에서 다루는 질문이 전부 그렇듯이 우리가 이번에 다룰 질문도 논란이 많은 주제다. 어쩌면 이 질문이 다루기 가장 까다로운 것 중 하나일지도 모른다. 고기를 식단에서 빼버려야 한다는 사회적인 분위기와 맞물려서 어린이들이 비건으로 성장하도록 돕는 기관이 점점 늘어나고 있다. 앞에서 살펴본 여러 연구 결과를 생각하면, 우리가 이런 추세에 강하게 반대한다는 점이 놀랍지 않을 것이다. 사람들이 윤리적인 이유로 고기를 먹지 않으려는 심정은 이해하지만, 비건 식단으로 건강을 유

---

* 우리는 제17장에서 최적의 식단을 위한 식품 조합표를 소개한다. 하지만 고기가 풍부한 식단, 잡식성 식단, 비건 식단을 비교하고 영양 밀도에 관해 더 자세히 알고 싶다면 www.sacredcow.info/blog/what-if-we-all-went-plant-based를 방문하기 바란다.

지하기는 대단히 어렵다.

아기가 건강하게 태어나려면 산모가 임신 중에 건강해야 한다. 그래 야만 태아가 제대로 발달할 수 있다. 임신 중에 영양을 충분히 섭취하는 것이 얼마나 중요한지 모르는 사람은 없다. 자라나는 태아에게 가장 중요한 영양소 중에는 단백질, 칼슘, 비타민 B12, 비타민 D가 있다. 이런 영양소는 동물성 식품에서 찾을 수 있다. 그런데도 여러 기관에서 임신 중에 산모가 채식하는 문제를 대수롭지 않게 생각한다. 부족한 영양소 는 다른 공급원을 통해 섭취하면 된다는 식이다. 하지만 앞에서 살펴봤 듯이 고기, 달걀, 유제품을 먹지 않고서 이런 영양소를 얻기란 가능하기 는 해도 쉬운 일은 아니다.

영유아의 뇌가 발달하려면 DHA 지방산이 필요하다는 사실은 널리 알려져 있다. 하지만 DHA는 영양 보충제를 챙겨 먹지 않는 비건의 식 단에서는 찾아볼 수 없다. 한 연구에 따르면 비건 산모의 모유에는 동물 성 식품을 먹는 산모의 모유보다 DHA가 69퍼센트나 적게 들어 있다 고 한다.[42] 다른 연구에서도 채식주의자 임산부가 낳은 아기는 고기를 먹는 임산부가 낳은 아기보다 혈중 DHA 농도가 더 낮은 것으로 나타 났다.[43]

산모가 임신 중에 건강했고 영양을 충분히 섭취했다는 것을 알려주 는 지표 한 가지는 태어난 아기의 남녀 성비다. 평균적으로 여아 100명 당 남아 105명이 태어난다. 임신 중 영양실조와 불충분한 칼로리 섭취 는 신생아의 성비가 낮아지는 원인 중 하나로 밝혀졌다.[44] 2000년에 진 행된 한 연구에서는 임산부 6,000명 이상을 조사한 결과, 채식한 임산 부들이 낳은 아기들의 성비가 잡식한 임산부들이 낳은 아기들의 성비 보다 훨씬 낮은 것으로 드러났다. 채식 식단을 따른 산모는 잡식 식단을 따른 산모보다 남자아이를 낳을 확률이 23퍼센트 더 낮았다.[45] 이런 연구 결과를 보면 임신 중에 채식하는 것이 영양을 충분히 얻기 어려운 방법이 아닐까? 채식하는 산모들의 낮은 출산율도 식습관에 의한 신체적인 스트레스 때문일 수 있으며, 이런 스트레스가 태아의 생존 능력을 위협할지도 모른다. 그런데도 앞에서 소개한 미국 영양 및 식이요법학 학회가 2016년에 발표한 영양 권고안에는 이런 연구나 남아 태아의 자연 유산 위험성에 관한 언급이 전혀 없다.

성인 채식주의자를 대상으로 한 연구는 많지만 고기가 없는 식단이 어린이에게 어떤 영향을 미치는지 조사한 연구는 훨씬 적다.[46] 미국의 경우 5세 미만의 어린이 50만 명이 비건일 것으로 추정된다. 정크 푸드로 가득한 전형적인 서양 식단도 건강에 나쁘다고 생각하는 사람이 많다. 하지만 정크 푸드가 들어간 식단과 중요한 영양소를 충분히 섭취하기 어려운 식단은 차이가 크다. 우리는 어린이에게 영양이 풍부한 식품을 제한하는 데 합리적인 근거가 없다고 생각한다. 이렇게 생각하는 것은 우리만이 아니다. 미국과 영국의 영양 기관에서는 비건 식단이 모든 연령대에 안전하다고 주장하지만, 독일과 스위스의 경우 임산부, 수유 중인 산모, 영유아, 어린이, 청소년에게 비건 식단을 추천하지 않는다. 벨기에 왕립 의학회Belgian Royal Academy of Medicine는 2019년 5월에 아기에게 비건 식단을 먹이는 행위를 불법으로 규정하라는 안案을 내놓았다. 위원회는 비건 식단이 태아, 어린이, 청소년뿐만 아니라 임산부와 수유 중인 산모에게도 적합하지 않다고 발표했다. 이런 사람들이 채식할 경우 영양 보충제를 챙겨 먹고 특별 건강 검진도 받아야 하며, 이런 사람들에게 비건 식단을 먹이는 행위는 '생명 윤리상 중요한 문제를 제기한다'라고 명시했다. 위원회는 비건 식단을 고수하면 단백질, 비타민 B12, 비타민 D, 칼슘, 철분, 아연, 요오드, DHA 등의 영양소가, 특히 비타민 B12가 심각하게 부족해질 수 있다고 언급했다.[47]

특정 식단을 '불법'으로 규정하는 것이 미국인이 선호할 만한 행동은 아닐지도 모른다. 하지만 우리는 비건 부모들이 채식이 아이에게 심각한 위험을 안길 수 있다는 점을 인지하게 해야 한다고 생각한다. 그들이 영양 교육을 받고, 아이들에게 영양 보충제를 먹이고, 아이들과 함께 의사와 영양 전문가를 의무적으로 자주 찾아가게 해야 한다. 그래야 아이에게서 영양실조나 성장 장애의 징후가 나타나지 않는지 모니터할 수 있다.

이런 제안이 너무 극단적으로 들릴지도 모르겠다. 하지만 동물성 식품을 먹이지 않고서 아이를 건강하게 키우는 데 필요한 지식이나 자원이 없는 부모가 아이에게 끼칠 수 있는 실질적인 위험을 생각해보자. 예를 몇 가지 들자면, 2007년에 애틀랜타주에 살던 한 비건 부부가 무기징역을 선고받은 일이 있었다. 생후 6주짜리 아들에게 두유와 사과 주스만 먹였다가 아이가 영양실조로 사망한 것이다.[48] 두유와 사과 주스는 당연히 갓난아기가 먹기에 너무나 부실한 식단이다. 부모라면 두유와 주스가 우유나 분유만큼 영양이 풍부하지 않다는 사실을 반드시 알아야 한다. 하지만 이 부부의 경우 채식하겠다는 자신들의 선택이 아기의 영양 공급에 관한 결정에도 영향을 미친 것이 분명했다. 이와 비슷한 사례는 또 있었다. 2017년에 벨기에 법원은 생후 7개월 된 아기에게 채소로 만든 우유를 먹였다가 사망하게 한 과실치사죄로 아기의 부모에게 유죄 판결을 내렸다.[49] 2016년 7월에는 한 이탈리아 아기가 제대로 된 영양 보충 없이 비건 식단을 먹고 크다가 심각한 영양실조로 병원에 입원했다. 생후 14개월짜리 남자아이였는데도 체중이 보통의 3개월짜

리 남자아이보다 조금 더 나갈 뿐이었고, 결국 아기는 부모와 따로 살게 되었다.[50]

여러 학술지에도 비건 산모의 모유를 먹은 아기들이 영양 결핍에 시달리는 사례 연구가 많이 실려 있다. 예를 들면, 2009년에 덴마크에서 발표된 학술지에는 비건 산모의 모유를 먹고 자란 두 아기가 심각한 비타민 B12 결핍증에 시달렸다고 나와 있다.[51] 같은 해에 발표된 프랑스 논문에서도 비타민 B12, 비타민 K, 비타민 D가 모두 심각하게 부족한 영아의 사례를 소개했다. 연구진은 이렇게 설명했다.

"이 사례는 산모가 임신 중에 엄격한 채식 식단을 따르고 나서 아기가 태어난 후에 모유만 먹이면 신생아에게 치료를 받아야 할 정도의 심각한 영양 부족이 나타날 수 있다는 사실을 보여준다."[52]

2014년에는 〈칠레 소아과학 저널Chilean Journal of Pediatrics〉에 오랫동안 채식한 산모가 낳은 1살짜리 딸에 관한 사례 보고가 실렸다. 아기는 심각한 비타민 B12 결핍증을 앓았고, 결국 신경 장애와 혈액학적 장애가 찾아왔다.[53]

지금까지 살펴본 사례들은 대단히 걱정스럽다. 하지만 이런 사례는 위에 소개한 것 말고도 더 있다. 육식을 비판하는 사람들은 사례 연구에 나오는 아기들이 화를 입은 것이 비건 식단 때문이 아니라 영양 보충이 제대로 이루어지지 않은 제한적인 식단 때문이었다고 주장할 것이다. 하지만 우리는 그것이 바로 문제의 핵심이라고 생각한다. 몸이 대체로 건강한 아이들이 고기, 유제품, 달걀이 포함된 균형 잡힌 식단을 먹으면 중요한 영양소를 보충제의 형태로 챙겨 먹을 필요가 없다. 이런 사례 연구 때문에 한 소아청소년과 의사는 비타민 B12 결핍과 관련된 성장 장애와 특정한 신경학적 징후를 보이는 모든 어린이는 부모가 비건 식단

을 먹이는지 확인하길 권했다.[54]

아이들에게 고기를 먹이지 않는 것이 좋다는 주장을 뒷받침할 마땅한 근거는 없어 보인다. 지금까지 어린이를 대상으로 고기를 먹이는 것의 효과와 고기를 제한하는 것의 효과를 비교한 대조군 연구는 한 건밖에 없다. 2014년에 진행된 이 연구에서는 케냐에 사는 어린이 채식주의자를 세 집단으로 나누고 1) 고기를 추가한 채식 식단, 2) 우유를 추가한 채식 식단, 3) 채식에 칼로리만 추가한 채식 식단을 먹였다. 그러고 나서 아무것도 추가하지 않은 채식 식단을 먹은 대조군과 비교했다. 결과는 대단히 흥미로웠다. 2년이 지나고 아이들의 성장, 지적 능력, 행동, 학업 성취도를 평가해보니 고기를 먹은 집단이 훨씬 우월한 성과를 보였다. 우유를 먹은 집단은 유동적 지능을 측정하는 레이븐 누진 행렬 검사RPM, Raven's Progressive Matrices에서 가장 낮은 점수를 받았다. 심지어 추가 칼로리를 섭취하지 않은 대조군보다도 점수가 더 낮게 나왔다. 고기를 먹은 집단은 연구가 진행되는 기간에 신체 능력, 리더십, 신체 발달 면에서 다른 집단보다 훨씬 뛰어난 모습을 보였다. 반대로, 우유를 먹은 집단은 고기를 먹은 집단보다 모든 면에서 뒤떨어졌다. 연구진은 이런 결과가 우유가 철분 흡수에 미치는 영향과 관련이 있을 것으로 생각했다. 고기를 먹은 집단의 훌륭한 성과는 고품질 단백질, 비타민 B12, 아연, 철분의 섭취 덕택이라는 의견도 제시했다. 이런 영양소는 모두 어린이의 신체 발달에 긍정적인 영향을 끼친다.[55] 이 연구는 한계가 있었지만, 고기가 어린이에게 미치는 영향을 다룬 '유일한' 대조군 연구다. 이 연구 결과를 살펴보면 우유가 고기를 대체할 수는 없다.

프랑스에서는 비건 식단을 어린이에게 먹이는 것이 안전한지 조사한 연구가 있다. 연구진은 관찰 결과를 다음과 같이 적었다.

비건 식단이 (중략) 성장하는 어린이에게 이로운 점이 있는지 의문이 제기된다. 비건 식단으로는 칼로리와 단백질을 충분히 섭취하기 어렵고, 필수 아미노산의 질도 문제다. 또한, 필수 지방산과 다양한 종류의 비타민을 공급받기도 어려우며, (요오드, 철분, 아연 등의) 미량 영양소가 제대로 흡수되지 못하기도 한다. 비건 식품에 비타민 B12가 부족한 만큼 임산부, 수유 중인 산모, 연령대와 상관없이 모든 어린이는 비타민 B12를 대체할 식품을 찾는 것이 큰 과제로 남아 있다. 소아청소년과 의사들은 식이요법 지원책과 혈액 분석 결과를 이용해서 비건 식단을 먹는 어린이를 특별히 관리할 의무가 있다. 환자가 이런 생활방식을 선택한 것과 관련된 도덕적·윤리적 가치를 존중하면서 말이다.[56]

미국 영양 및 식이요법학 학회는 부족한 영양소가 신체에 미치는 영향과 영양 결핍이 채식하는 어린이의 성장과 발달에 미치는 영향을 입증하는 증거가 적어 보이게 하려는 것 같다. 고기를 안 먹는 것이 어린이에게 좋다고 학회가 어떻게 확실하게 말할 수 있는지 의문을 제기하는 것이 합리적이다.

고기는 건강에 좋으며, 동물성 식품이 빠진 식단은 위험하다

이제는 적색육을 비난하는 여러 연구가 탄탄한 증거로 뒷받침되지 못한다는 사실을 확인했기를 바란다. 우리가 직면한 건강 문제의 진짜 주범은 현대의 초기호성 식품과 초가공식품이다. 동물성 식품은 건강에 좋은 잡식성 식단에서 중요한 역할을 한다. 따라서 동물성 식품을 아예 안 먹으면 건강에 심각한 문제가 생길 수 있다. 동물성 식품 없이 우리가 번성하는 데 필요한 단백질과 다른 영양소를 섭취하기는 대단히 어렵다. 특히 칼로리를 과하게 섭취하지 않고 영양 보조 식품을 잔뜩 먹지 않으면서 건강하기는 더 어렵다. 동물성 식품이 포함된 식단이 인간에게 최적의 식단이라는 것을 보여주는 연구는 압도적으로 많다.

요약하자면, 우리는 고기가 부당하게 미움받는 이유 몇 가지를 영양의 측면에서 살펴봤다. 고기를 비난하는 연구는 관찰 연구와 식품 섭취 빈도 조사에 바탕을 두고 있다. 문제는 이런 방법이 선입견으로 가득하고 결함이 있는 방법론이라는 것이다. 관찰 연구는 상관관계만 보여줄 수 있을 뿐 인과관계를 입증하지는 못한다. 교란 변수(흡연이나 음주와 같이 생활방식과 관련된 여러 가지 요소)를 고려한 연구를 살펴보면 고기를 먹는 사람과 먹지 않는 사람의 사망률에 아무런 차이도 없다. 우리는 앞에서 단백질의 중요성을 강조했는데, 식단에 단백질 식품이 있어야 칼로리를 덜 먹으면서도 포만감을 느낄 수 있다. 콩과 밥 같은 식물 단백질 공급원보다 동물 단백질 공급원에 미량 영양소가 더 많이 들어 있다. 인간이 잡식성 동물이라는 설득력 있는 증거가 제법 많다는 사실도 다시 언급하려고 한다. 우리는 동물성 식품을 매우 오랫동안 먹어왔고, 동물 단백질과 지방에는 우리가 번성하는 데 필요한 여러 중요한 구성 요소가 들어 있다. 따라서 고기를 식단에서 빼버리면, 특히 임산부와 어린이가 고기를 안 먹으면 영양 결핍에 걸릴 위험이 크다. 영양 결핍은 경우에 따라 그대로 내버려 두면 영구적인 뇌 손상으로까지 이어질 수 있다.

독자 중에서는 이렇게 생각하는 사람도 있을지 모른다. '영양의 측면에서는 고기가 건강에 나쁘지 않다고 치자. 그렇더라도 소를 키워서 식량으로 먹는 것은 환경 의식이 부족하고 윤리적으로도 문제 있는 행동 아닐까?' 우리는 사육장에서도 목초를 먹인 소의 고기가 일반 소고기보다 영양이 더 풍부하다고 생각하지는 않는다. 하지만 관리가 잘 된 소의 고기를 선택하는 것이 좋은 이유는 분명히 있다. 제2부에서는 소고기를 환경의 측면에서 나쁘게 보는 시선이 왜 부당한지 설명한다. 그러고 나서 고기를 우리의 식량 시스템에서 없애버리는 것이 득보다 실이 많은 윤리적인 이유를 알아본다. 마지막으로, 건강을 증진하면서 지속 가능하고 윤리적인 식단을 먹기 위해 할 수 있는 구체적인 행동도 제시한다.

제2부

환경으로 보는 육식

7 　　가축이 지구에서
　　　　맡은 역할을
뭘까?

비록 뼈아픈 현실일지 몰라도 인간의 본성은 장기적인 해결책을 찾는 데 적합하지 않다. 인류학자이자 사학자 재레드 다이아몬드Jared Diamond는 자신의 저서 《문명의 붕괴Collapse》에서 다음과 같이 적었다.

높은 댐 아래에 폭이 좁은 계곡이 있다고 생각해보자. 댐이 무너지면 홍수가 나서 상당히 먼 거리의 강 하류에 사는 사람들까지 익사할 수 있다. 여론조사 요원이 강 하류에 사는 주민들에게 댐이 무너질까 봐 평소에 얼마나 걱정하는지 물었다. 그랬더니 주민들은 일반적으로 댐에서 멀리 살수록 덜 걱정했고, 댐에 가까이 살수록 많이 걱정했다. 놀랍지 않은 결과였다. 그런데 놀랍게도 댐에서 단 몇 킬로미터 떨어진 곳에 사는 주민들, 즉 댐이 무너질까 봐 가장 많이 걱정할 것 같은 사람들은 댐에 가까이 살수록 두려움이 오히려 0으로 떨어졌다! 그러니까 댐 바로 밑에 사는 주민들, 즉 댐이 무너지면 익사할 것이 확실시되는 사람들은 막상 걱정하지 않는다는 말이다. 그 이유는 심리적 부인에 있다. 매일 댐을 올려다보면서도 마음이 불편하지 않을 유일한 방법은 댐이 무너질 수 있다는 가능성을 부인하는 것뿐이다.

혹자는 오늘날 위의 상황과 비슷한 심리적 부인이 환경이라는 주제를 둘러싸고 있다고 주장할 수 있을 것이다. 환경 문제가 '다른 날을 위한 문제'라는 이유로 환경에 신경 쓰지 않는 사람들도 있다. 반대로, 환경을 크게 걱정하는 사람들도 있는데, 그들이 제시하는 해결책은 의도는 좋지만 현실과 많이 동떨어져 있다. 비용(경제적, 사회적)과 효과('세상을 구하려는' 해결책 덕택에 상황이 나아질까 아니면 더 나빠질까?) 면에서 현실성이 없는 것이다. 우리는 앞에서 이미 의도는 좋았지만 결과는 좋지 않았던 역사적인 사례 몇 가지를 언급했다. ('건강한' 식단이 무엇인지를 둘러싼 잘못된 결정이 사람들의 건강을 오히려 해치고 말았다. 게다가 그런 결정 때문에 인간과 지구의 건강에 가장 해로울지도 모르는 요소들이 우리의 식량 생산 시스템에 빠르게 편입되고 확고하게 자리 잡았다.) 우리는 소가 기후 변화의 주범이라는 주장도 마찬가지라고 생각한다. 환경 보호는 우리 모두의 몫이지만 가축 없는 세상이 특별히 지금보다 나을 것이 없는 이유를 지금부터 살펴보자.

복잡한 지구를 유지하기 위해
동물이 우리 환경에서 하는 역할

지구에서의 삶은 복잡하다. 직관에 반하는 말일 수도 있겠지만, 시스템 중에는 복잡해야 잘 돌아가고 번성하는 것도 있다. 특히 경제, 생태계처럼 에너지와 자원을 움직이는 시스템이 그렇다. 물리학에서는 이런 특성을 '복원력resiliency'이라고 부르는데, 유명 작가 나심 탈레브Nassim Taleb는 '안티프래질antifragile'이라는 용어를 따로 만들었다.

어떤 용어를 사용하든 경제, 생태계, 생물 같은 것과 내연 기관, 컴퓨터 같은 것의 차이를 이해하는 것이 중요하다. 처음 언급한 것들은 스트레스와 도전이 어느 정도(너무 많아서도 안 되고 너무 적어서도 안 된다) 있을 때 더 강해지고 건강해진다. 반면에, 두 번째로 언급한 것들은 스트레스를 받으면 오작동을 일으키거나 부서져버린다. 이런 차이가 별로 중요해 보이지 않을지도 모른다. 하지만 이런 특성의 차이에 대한 무지는 의도가 좋더라도 파괴적인 결과를 부르는 행동으로 이어질 수 있다.

예를 들면, 초원의 경우 스트레스가 너무 적거나 너무 많으면 훼손될 우려가 있다. 초원에 사는 다양한 동식물도 마찬가지다. 이 말이 정확히 무슨 뜻일까? 초원은 방목을 제대로 하지 못하면 손상될 수 있다. 그러면 농부들이 그 땅에서 방목하지 못하도록 환경 운동가들이 정치적인 해결책을 동원할지 모른다. 방목에 따른 압박이 없어지면 초원은 한동안 평화로울지도 모른다. 하지만 장기적으로는 초원의 생태계가 그곳의 동식물과 함께 발전했기 때문에 점점 망가질 것이다. 이럴 때 올바른 해결책은 모 아니면 도가 아닐지도 모른다. 자연이 어떻게 돌아가는지 살펴보고 이런 과정을 피해 가는 대신 지원할 방법을 떠올려보자.

세상을 새로 만들기 위한 초원 실험

어쩌면 환경이 지닌 복잡한 특성의 힘과 중요성을 보여주는 최고의 방법 한 가지는 처음부터 세상을 새로 만드는 것일지도 모른다. 그러면서 다양성이 지구의 상대적인 건강과 활력에 어떤 영향을 미치는지 살펴보면 된다.

가까운 미래가 배경인 공상과학 소설이 있다고 상상해보자. 어느 날 천문학자들이 최신 기술이 가득한 관측소에서 중대한 발견을 한다. 지구와 크기가 같은 행성이 우리 태양계와 곧 충돌한다는 것이다. 처음에는 대혼란이 벌어진다. 지구 종말이 닥쳤을지도 모른다는 생각에 사람들이 피임하지 않아서 9개월이 지나자 출생률이 치솟는다. 그런데 한 천문학자와 수학자가 데이터를 신중하게 살펴보고는 놀라운 예측을 발표한다. 새로운 세상이 내태양계로 들어와서 태양을 사이에 두고 지구와 정확히 반대편에 정착할 것이라는 예측이다. 이 행성은 세 번째 라그랑주 점Lagrangian point이라고 불리는 지점에서 영구적으로 태양 주위를 돌 것이라고 한다. 그러자 대혼란이 또 한 번 일어나고 출생률이 다시 치솟는다. 우리가 아는 세상도 안 끝나고, 새 행성이 지구와 거의 비슷하다고 밝혀졌기 때문이다. 이 새로운 세상에는 산, 대양, 호수, 강이 있다. 날씨도 바뀌고, 이곳에도 토네이도와 허리케인이 있다. 게다가 지각의 광물이나 대기의 기체도 지구와 같은 비율로 섞여 있다. 새 행성에 없는 유일한 것은 바로 생물이다. 행성에 생명체라고는 찾아볼 수가 없다.

그렇게 새로운 세상을 만들 놀라운 기회가 찾아왔다. 어떤 사람들은 광물 자원을 캐러 갈 사람들을 보내서 광물을 지구로 갖고 오게 해야 한다고 주장한다. 다른 사람들은 우주 비행에 에너지가 얼마나 많이 드는지를 고려한다. 그래서 좀 더 심사숙고해서 우리가 새 행성을 지구처럼 만들어야 한다고 주장한다. 이 주장은 열광적인 반응을 불러일으킨다. 하지만 새 행성을 어떻게 지구화할지를 두고 토론이 시작되면서 계획 세우기는 금세 중단된다. 대체 어디서 시작해야 할까? 나무부터 심어야 할까? 아니면 수련을 심어야 할까? 통찰력이 있는 사람들은 식물 중에서 가장 평범한 풀을 고른다. 이런 제안에 대한 사람들의 반응은 양극화된다. 격렬하게 항의하는 사람도 있고, 열렬하게 환호하는 사람도 있다. 어떤 사람들은 대기업이 행성 전체를 골프장으로 만들려는 수작이라고 비난한다. 하지만 다른 사람들은 이 계획이 현명하다고 생각한다. 지구의 경우 지표면의 40퍼센트가 초원이기 때문이다. 따뜻한 계절에 잘 자라는 난방형 목초는 주로 C_4 식물이다. 그래서 C_3 식물인 북방형 목초보다 훨씬 빨리 자란다. 최근의 지질학적 역사를 살펴보면 C_4 식물의 진화 덕택에 생물이 부족했던 대륙의 내륙에 풀이 무성하게 자랐다는 것을 알 수 있다. 풀은 수분을 덜 방출하면서도 빨리 자랄 수 있어서 더운 날씨에도 계속 자란다.

그렇다면 선택은 풀이다! 12제곱킬로미터(km^2)짜리 테스트 지역이 정해지고 나면 무인 우주선이 초봄을 맞이한 새로운 세상의 해당 지역 위를 날아다니면서 낮은 고도에서 씨를 뿌린다. 보슬비가 내리고 아침에는 선선하고 낮에는 따뜻한 날씨가 이어지면서 풀이 자라고 자리 잡기에 완벽한 환경이 조성된다.

하지만 안타깝게도 테스트 지역의 위성 사진은 암울해 보인다. 기운 찬 풀씨가 싹은 났지만 금세 죽어버린 것이다. 대체 무엇이 문제였을까? 처음에 계획을 평가할 때 어마어마한 양의 동물 똥을 우주로 내보내자고 강력하게 주장한 사람들이 있었는데, 당시에 그들의 의견은 비웃음만 사고 무시당했다. 하지만 이제 와서 보니 그들의 말에 일리가 있었던 모양이다. 우리는 초원의 윗부분, 즉 땅 위에 보이는 부분은 잘 알지만, 땅 밑에서는 무슨 일이 벌어지는지 잘 모른다. 그 아래에서는 뿌리, 미생물, 균류가 복잡하게 얽혀서 태양의 에너지를 축적하고 토양의 미네랄을 얻으려고 서로 협력한다. 이런 작업은 다양한 미생물의 놀라운 공생을 통해 이루어지며, 미생물은 근본적으로 식물에 의해 양분을 공급받는다. 간단히 말해서, 동물의 똥이 없으면 미생물도 없다.

새 행성에 풀을 심기 위한 두 번째 시도가 이루어진다. 이번에는 풀씨뿐만 아니라 미생물과 소똥도 함께 보낸다.

그랬더니 상황이 더 낫게 전개된다. 하지만 몇 달 뒤에 전체적인 시스템이 다시 무너져내린다. 토양 생물 중에는 대기 중의 질소를 고정(fix)할 수 있는 것도 있지만, 시간이 흐르자 풀이 아예 사라져버렸다. 게다가 식물이 자랄 수 있는 유일한 지역은 저지대였다. 비가 조금만 내려도 양분이 비탈 아래로 흘러내려서 비탈이 척박해지고 침식되기 쉬웠다. 풀은 이상하게도 2세대가 발아하고 나자 씨가 마치 '도움'이 필요한 것처럼 성장이 저해되었다.

더 많은 전문가끼리 상의한 끝에 소처럼 풀을 뜯어 먹고 사는 동물을 보내자는 제안이 나왔다. 소똥이 건강한 초원 생태계에 필수적인 구성 요소라는 사실이 입증되었기 때문이다. 어마어마한 양의 똥을 내태양계 너머로 날려 보내는 대신 똥을 '생산하는' 소를 보내면 소가 사실상 무한한 양의 똥을 공급할 수 있지 않을까? 소는 돌아다니면서 땅을 뒤엎지만 똥오줌을 통해서 양분과 풀씨를 고지대로 올려보내기도 한다. 소의 영향으로 새로운 뿌리의 성장이 촉진되고 토양의 생명 활동이 증가하기도 한다.

이번 세 번째 시도는 성공 가능성이 진짜 커 보인다. 풀이 무성하게 자라기도 하거니와 테스트 지역을 넘어설 만큼 넓게 퍼져 나간다. 소들은 안전 울타리를 뚫고 나가서 자신들이 할 일을 한다. 초원에 오줌도 누고 똥도 싸는 것이다. 그리고 풀을 뜯어 먹는다. 여기저기 돌아다니고 번식도 한다. 초원은 과학자들이 꿈꾸던 것 이상으로 넓게 확산된다. 하지만 과학자들을 충격에 빠뜨리는 경악할 만한 일이 생긴다. 소의 개체수가 너무 빠른 속도로 늘어나서 초원이 넓어지는 속도가 따라가지 못하는 것이다.

몇 년이 걸리기는 하지만 소가 결국에는 초원을 망가뜨리고 먹을 것이 없어지면서 개체수가 곤두박질친다. 새 행성은 또다시 생명이 살지 않는 척박한 땅이 되고 만다. 하지만 새로운 세상을 만들 가능성을 쉽게 포기할 수는 없다. 세 번째 시도의 결과를 보니 소의 개체수를 통제할 수 있는 수단이 필요한 것 같다.

그렇게 네 번째 시도가 이루어진다. 이번에는 미생물, 소똥, 풀씨, 소와 함께 소를 잡아먹을 늑대도 보낸다. 처음에는 세 번째 시도와 똑같은 상황이 펼쳐진다. 그러다가 초원이 넓어지고 소의 개체수가 증가하기 시작할 때 늑대를 풀어놓는다. 일은 계획대로 잘 풀리는 모양새다. 동적 평형dynamic equilibrium이 이루어진 것이다. 소의 활동과 소의 개체수를 통제하는 늑대 덕택에 초원이 서서히 행성을 뒤덮는다.

하지만 좋은 시간이 오래가지는 못할 것이다. 선견지명이 있는 몇몇 과학자들은 새 행성의 시스템이 너무 취약해서 재앙이 한 번만 닥쳐도 완전히 무너질 수 있다고 지적한다. 만일 박테리아 하나가 변이를 일으켜서 늑대를 공격하면 어떻게 될까? 아니면 곰팡이가 초원을 장악해버리면 어떻게 될까? 무시무시한 바이러스가 소 떼를 몰살시킬 우려도 있다. 이 세 종 중에서 한 종만 없어져도 전체적인 시스템도 함께 사라질 것이다. 새로운 행성은 유행병이 한 번만 잘못 퍼져도 또다시 화성처럼 생명 없는 행성이 될 위기에 처했다.

그럼 해결책은 무엇일까? 최대한 빨리 식물, 동물, 박테리아, 균류를 종류별로 다양하게 투입하는 것이다. 그러면 생물의 다양성이 증가하고 행성의 생태계가 안정을 찾을 수 있다. 습하고 더운 지역에는 열대우림에서 사는 동식물을 보내고, 사막 같은 지역에는 가뭄에 강한 생물을 보내면 된다. 극지방에 펭귄, 북극곰, 이끼, 물개를 보내는 것도 잊어서는 안 된다. 대양에는 해조류, 해초, 여러 가지 동물을 보내보자. 생명의 기본적인 불꽃이 자리 잡고 나면 최대한 다양한 식물, 동물, 박테리아, 균류를 투입하는 데 최선을 다하는 것이 좋다.

토양의 복잡성은
회복력을 보장한다

메리엄 웹스터 대학생 사전Merriam-Webster Collegiate Dictionary에 따르면 '생태계'는 '생물과 그 주변 환경이 하나의 생태적 단위로 기능하는 복잡한 체계'를 뜻한다고 한다. 여기서 키워드는 '복잡한'이다. 방금 살펴본 '초원' 실험을 생각해보면 생태계가 다양하고 복잡할수록 건강하고 회복력이 좋아진다. 이런 원리는 어디서나 마찬가지다.

소, 그리고 풀을 먹는
다른 동물이 땅에 도움이 되는 방법

사막과 극지방은 생물의 다양성이 상대적으로 부족해서 취약 지역으로 간주한다. 비탈에 자리 잡은 생명체는 동물들이 똥을 통해 비옥한 계곡에서부터 양분을 갖고 올라와야 살아남을 수 있다. 동물과 동물의 똥은 식물이 자라는 데 도움이 되고 토양이 미끄러지지 않게 잘 잡아준다. 물이 비탈 아래로 흘러가는 속도를 줄이고, 지표수가 지하수로 스며들게 돕기도 한다. 따라서 동물과 동물의 똥이 없어지면 산사태가 일어날 위험이 훨씬 커진다.

그렇다면 북아메리카는 어떻게 비옥한 곡창 지대가 그렇게 많아졌을까? 농부들이 수천 년 동안 밀이나 토마토를 키워서 그런 것이 아니다. 들소와 다른 되새김 동물 수백만 마리가 풀을 뜯고 토양을 비옥하게 만들었기 때문이다. 그런 행동이 태양열에서 시작해서 초원의 생태계를 구성하는 전 과정의 원동력이 되었다. 되새김 동물이 풀을 뜯지 않으면 풀은 그냥 자라다가 산화하고 결국에는 죽는다. (산화 과정은 느리게 진행되고 비생산적이다. 햇빛 때문에 유기물이 재떨이에 남아 있는 재처럼 천천히 변해버린다.) 되새김 동물은 포식자에게 쫓겨서든 농부가 전기 울타리가 있는 새로운 지역으로 이끌어서든 이동해야 할 때가 있다. 그럴 때는 동물들이 식물의 윗부분만 먹어서 뿌리가 그대로 남아 있고 과방목의 위험도 사라진다. 초원에서 쉽게 볼 수 있는 다년생초(해마다 다시 자라나는 풀)는 뿌리가 더 깊게 자리 잡으며 휴면 중인 종자 은행(휴면하면서 다시 솟아나서 성장하기에 좋은 조건을 기다리는 식물의 씨앗들)의 일부인 경우가 많다. 되새김 동물의 똥은 토양에 이로운 양분과 미생물을 공급한다. 그 덕택에 땅 밑의 생물 다양성이 증가하고 토양 단면의 회복력이 훨씬 더 좋아진다. 동물의 똥오줌은 토양의 수분 함량과 공생 시스템에서 토양의 '핵심'을 구성하는 박테리아와 균류의 미생물 다양성microbial diversity도 높인다. 간단히 말해서, 되새김 동물이 있어야 초원이 건강한 상태를 유지할 수 있다.

탄소 격리carbon sequestration 과정은 풀, 콩과 식물, 잎이 넓은 초본이 광합성을 할 때 시작된다. 이런 식물의 잎은 대기 중의 이산화탄소를 산소로 전환한다. 식물은 뿌리를 통해 탄소를 땅 밑으로 보내서 미생물에게 공급하기도 한다. 이때의 탄소는 사실상 당이며 삼출물exudate이라고 불린다. 토양의 다양한 미생물은 식물에서 당을 받고 식물에 미네랄과 같은 양분을 제공한다. 식물은 미네랄이 있어야 '근권(토양에서 식물의 뿌리가 영향을 미치는 토양의 범위 – 옮긴이)'이라고 알려진 뿌리 시스템을 통해서 성장할 수 있다. 이 뿌리 시스템과 연결된 균류 네트워크는 미생물이 토양 속을 돌아다닐 수 있게 길을 만들어준다. 미네랄을 분해하는 산酸도 만들어내는데, 그 덕택에 식물이 미네랄을 이용할 수 있게 된다. (식물이 미네랄을 이용할 수 있으려면 미네랄이 식물에 생물학적인 이용 가능성이 있어야 한다.) 땅속에 탄소가 많아지면 토양의 구조가 달라진다. 그러면 마치 스펀지처럼 열린 공간이 더 생긴다. 따라서 건강한 토양은 덜 단단하다. 잘 부서지고, 탄탄하고, 경작되고, 지나치게 많이 방목한 땅보다 빗물을 훨씬 더 많이 흡수할 수도 있다.

초원의 건강 상태를 책임지는 요인의 90퍼센트는 땅 밑에 있다. 방목이 계속해서 이루어지면 땅이 쉴 틈이 없다. 그러면 뿌리 생물량이 고갈되고, 풀이 없는 맨땅이 많아지며, 토양의 유기 탄소 저장량이 줄어든다. 지속적인 방목은 토양의 침식과 압축을 불러일으키고 토양의 수분 보유 능력을 떨어뜨리기도 한다. 방목을 지나치게 하거나 가축을 너무 많이 집어넣거나 경작을 제대로 하지 못하면 토양이 그대로 노출된다. 문제는 노출된 땅이 온실가스를 방출한다는 것이다. 땅을 잘못 관리하면 유기 퇴적물이 수로로 들어가기도 한다. 멕시코만에 있는 데드 존 dead zone(물속에 산소가 부족해서 생물이 살 수 없는 지역 – 옮긴이)과 같은 지역이나 북아메리카에서 활동하는 꽃가루 매개자의 수가 줄어드는 현상은 토양이 침식되면 어떤 일이 일어날 수 있는지 보여준다.

앞의 '초원' 실험에서 살펴봤듯이 동물들은 언덕 위로 양분을 운반할 수 있다. 동물이 없다면 경운기와 화학 약품이 있어야만 가능한 일이다. 야생에서는 되새김 동물들이 초원에서 풀을 뜯다가 포식자를 피해서 언덕을 올라간다. 바로 그때 (똥의 형태로) 발효된 양분을 갖고 올라가는 것이다. 그리고 나서 비가 내리면 양분이 비탈 아래로 씻겨 내려간다. 이것이 바로 계곡에 있는 토양이 비옥한 이유다. 따라서 되새김 동물을 아예 없애버리면 비탈이 필요한 양분을 얻지 못해서 토양 악화가 일어날 것이다. 그러면 산사태가 더 자주 일어나고, 계곡이 예전처럼 비옥하지 않을 것이다.

풀을 뜯는 동물을 활용하는 창의적인 방법 중에 아직 완전하게 탐구되지 않은 방법이 많다. 그중에는 산지 축산silvopasture, 즉 풀을 뜯는 동물, 나무, 초원을 서로에게 이로운 방식으로 결합하는 방법도 있다. 나무는 풀을 뜯는 동물에게 그늘을 제공하고, 초원은 동물이 먹을 풀을 제공한다. 그러면 동물이 식물을 위한 거름을 제공한다. 이런 시스템에서는 열대 지방에는 코코넛 나무, 미국에는 사과 과수원을 통해서 소를 편입하면 된다. 농부들은 무경운 농법pasture cropping을 이용할 수도 있다. 이 방법을 이용하려면 농부들은 밭에 피복 작물(토양을 보호하고 비옥하게 만들려고 재배하는 작물)을 심어야 한다. 그래야 잡초를 관리하고 합성 질소의 필요성을 줄일 수 있다. 무경운 시스템에서 농부들은 제초제를 이용해서 피복 작물을 없애버리는 대신 되새김 동물이 피복 작물을 뜯어 먹게 할 수 있다. 그리고 나서 그 자리에 환금 작물cash crop(벼나 밀 등의 주식 작물을 제외하고 팔아서 돈을 벌려고 재배하는 작물 – 옮긴이)을 심으면 된다. 환금 작물의 재배 시기가 지나면 농부들은 수확하고 남은 채소와 곡물을 동물들이 뜯어 먹게 할 수도 있다. 실제로 옥수수나 밀을 재배하는 농부 중에는 추수가 끝나고 나서 소가 밭에서 작물 잔류물 crop residue을 뜯어 먹게 두는 사람이 많다. (토지 이용을 다룬 여러 연구에서 이런 내용은 자세히 안 나온다. 하지만 곧 흔히 보게 될 농사법이다.) 이런 혼합식 농업 모델은 토양의 비옥도도 높이고 단위 면적당 수확량도 늘릴 흥미로운 기회를 제공한다. 과수원에서 풀을 베는 대신 소를 풀어서 풀을 관리하면 사과와 소고기를 둘 다 얻을 수 있어서 좋다. 만일 풀을 뜯는 동물이 땅 위아래에서 생물의 다양성을 늘릴 수 있다면 관리가 잘된 소가 농약을 잔뜩 뿌리고 경작한 드넓은 콩밭보다 땅에 분명히 더 이로울 것이다.

우리가 잘못해서 '초원' 실험을 재현하고 있는 것일까?

현대의 농사법 때문에 우리의 식량 시스템은 '초원' 실험의 초창기 모습에 위험할 만큼 가까워졌다. 의도는 좋았지만 안타깝게도 판단이 잘못됐던 것이다. 단 하나의 작물을 위해서 그 땅에 살고 있던 다른 모든 생명체를 전멸시키는 것은 올바른 방법이 아니다. 그 땅에 살던 새, 개구리, 토끼 등을 없애버리면 동물의 똥도 없어져서 토양에 화학 비료를 많이 줘야 한다. 화학 농약과 살균제도 많이 필요하다. 그래야만 이 작물을 공격하려는 것을 죽일 수 있다. 하지만 이 과정에서 우리는 곤충과 새를 더 많이 죽이고 토양을 망가뜨리게 된다. 피해는 거기서 끝나지 않는다. 이런 독성 물질이 강으로 흘러 들어가서 물고기뿐만 아니라 물고기를 잡아먹고 사는 동물들도 죽고 만다. 산업적인 단일 작물 재배는 많은 사람이 저렴하게 칼로리를 섭취하도록 일시적으로 도울 수 있다. 하지만 자연에는 너무나도 끔찍한 일이다. 식량은 원래 생물학적인 과정을 거쳐서 재배되는데, 우리는 이것을 화학적인 과정으로 바꿔버렸다. 이런 시스템은 우리가 원하는 것보다 훨씬 더 위태롭고, 산업형 농업과 관련된 과정 때문에 표토가 날아가는 문제가 생긴다.

경운기로 밭을 갈고 인과 같은 핵심 양분과 합성 질소를 투입하면 식량 생산량을 늘릴 수 있다. 하지만 거기에는 대가가 따른다. 표토와 그 안에 사는 크기는 작지만 대단히 중요한 생명체들을 잃고 만다.

표토에 생명체가 얼마나 남아 있는지를 두고 격론이 펼쳐지고 있다. 2014년에 경제학자이자 UN 식량농업기구FAO에서 기후와 천연자원을 담당하는 사무차장인 마리아 헬레나 세메도Maria Helena Semedo는 우리가 이 속도로 농사를 계속 지으면 60년 뒤에는 표토가 완전히 망가져서 식량을 생산하기에 부적합해질 것으로 예측했다. 정신이 번쩍 들게 하는 예측이다.

'60년'이라는 숫자는 설득력 있는 통계처럼 보이지만, 이 주제를 조사한 과학 연구를 찾아봤더니 아무것도 나오지 않았다. 우리가 소를 옹호하는 주장을 관철하려고 암울한 예측을 이용하고 싶은 마음이 들 수도 있었겠지만, 알고 보니 이 숫자는 한 학회에서 그냥 즉석에서 나온 것 같았다. 그런데도 '60년'이라는 숫자가 오늘날의 시대정신에 워낙 확고하게 자리 잡은 나머지 이 수치의 출처를 묻는 것조차 의식 없는 행동으로 여겨진다. 그래도 우리는 정보 출처를 물었고, 이 수치를 뒷받침할 근거가 부족한 것이 아니라 근거가 아예 없다는 사실을 알게 되었다.

60년이라는 수치 자체는 잘못된 통계일지 몰라도 그 뒤에 숨은 메시지도 틀린 것은 아니다. 전 세계적으로 토양의 건강을 합리적으로 분석한 결과를 살펴보면 정신이 번쩍 들 수밖에 없다. 여러 지역이 '나쁨'으로 분류되었고, 몇몇 지역이 '보통' 판정을 받았으며, '양호' 판정을 받은 지역은 손에 꼽힐 정도다. 토양이 기력이 없는 상태는 분명히 문제가 된다. 기력을 강화하려면 합성 비료, 농약, 제초제 등을 사용하고 토양의 수분 보유량, 양분 함량 등을 최소화해야 하기 때문이다. 인류가 살아 있는 한 식량 시스템이 계속 돌아가야 하는데, 이 시스템에 중요한 다른 여러 가지 요소도 최소화해야 한다. 따라서 재생 농업이 지속 가능한 미래를 위해서 대단히 중요하다. 재생 농업에는 동물을 제대로 활용하는 방법도 포함된다. 위에서 나온 '60년'이라는 숫자는 미심쩍을지 몰라도 현 시스템에서 토양이 점점 망가지는 것은 사실이며, 이것은 확실하게 해결해야 할 중요한 문제다. 지금의 농사법을 계속 이용하고 식물을 더 많이 재배하는 것은 해결책이 아니다. (우리는 단일 작물을 워낙 좋아해서 식물이라고 해봤자 산업적인 식량 시스템의 영향으로 줄뿌림 식물만 줄기차게 심는다.)

서론에서 언급했듯이 이 주제는 대단히 복잡하며 분석하는 데 상당한 시간이 걸린다. 유명 인사들이 자신의 영향력을 동원해서 중요한 문제에 이목을 집중시키는 행동은 칭찬할 만하다. 하지만 그 에너지를 문제를 악화시키는 쪽이 아니라 개선하는 방법에 쏟는 것이 중요하다.

최근에 리어나도 디캐프리오Leonardo DiCaprio가 출연한 다큐멘터리 〈홍수가 나기 전Before the Flood〉은 환경이 완전히 파괴되지 않으려면 우리가 여러 가지 변화를 주는 것이 얼마나 중요한지 보여준다. 이런 행동 자체는 훌륭하고, 다큐멘터리가 던지는 메시지도 강렬하다. 하지만 안타깝게도 디캐프리오는 기후학 교수 기든 에셸Gidon Eshel 옆에서서 '타이태닉' 급의 실수를 저지른다. 환경을 위해서 우리에게 소고기는 덜 먹고 닭고기는 더 먹으라고 권하는 것이다.

얼핏 생각하면 훌륭한 아이디어 같다. 닭은 작고 소는 크기 때문이다. 식습관을 이렇게 바꾸면 더 좋지 않을까? 하지만 안타깝게도 에셀은 이 주제에 관해서 아는 것이 거의 없다. 상황을 한번 자세히 살펴보자.

닭 같은 동물은 사람들이 충분히 인정해주지는 않지만 자연적인 식량 시스템에서 중요한 역할을 한다. 일반적으로 풀을 뜯는 동물의 수가 많으면 똥도 어마어마하게 많아진다. 동물의 똥은 여러 곤충, 벌레, 다른 보기 흉한 생명체를 위한 인큐베이터 역할을 한다. 닭과 같은 조류가 생태계에서 맡은 역할은 '청소'다. 닭은 되새김 동물의 똥 근처에 있는 곤충, 유충, 벌레를 먹는다. 닭을 키워본 사람은 닭이 질소 순환에 꾸준히 도움이 된다는 사실을 알 것이다. 달걀 포장이나 광고에 '식물만 먹은 닭'이 낳은 달걀이라고 쓰여 있을 때도 있지만, 닭은 풀을 뜯는 동물이 아니다. 닭은 기회주의적인 잡식 동물이며 풀을 뜯는 동물보다는 작은 공룡에 더 가깝다. 닭은 거의 아무거나 먹을 수 있고 실제로 닥치는 대로 먹는다. 풀도 조금 먹기는 하지만 벌레, 곤충, 작은 설치류, 볏과 식물이나 곡물처럼 씨방이 있는 계절성 식물도 먹어야 한다. 닭은 위가 하나라서 소와 같은 되새김 동물과는 소화 방식이 전혀 다르다. 소는 소화 체계가 복잡하고 식물의 주성분인 셀룰로스cellulose를 분해하는 능력이 있다. 그렇게 (사람과 여러 동물이) 먹지 못하는 식물 성분을 식량으로 전환하는 것이다.

그렇다면 이것이 다 무슨 뜻일까? 현대의 산업적인 식량 시스템에서 소는 주로 풀을 먹는다. 소가 곡물을 많이 먹는다는 생각이 널리 퍼져 있지만 사실무근이다. 인간이 먹을 수 있는 곡물을 소가 대신 먹는다고 생각하는 사람들도 있는데, 그것도 사실이 아니다. 나중에 이 문제를 자세히 다루겠지만 여기에서도 간단하게 짚고 넘어가자. 소는 거의 풀을 먹으며, 소가 먹는 곡물은 에탄올을 만들고 남은 찌꺼기나 추수를 마친 들판에 남아 있는 지푸라기 같은 것들이다. 반면에, 닭은 거의 곡물과 콩깻묵(콩에서 기름을 짜고 남은 찌꺼기 - 옮긴이)만 먹는다. 현대의 식량 시스템이 인간이 먹을 식량을 풍족하게 공급하다 보니 이런 작은 차이를 간과하기 쉽다. 하지만 얼마 전까지만 해도 닭고기는 가끔 먹을 수 있는 귀한 음식이었다. '모든 냄비에 닭고기를'이라는 구호는 1928년에 대통령 후보였던 허버트 후버Herbert Hoover가 한 말로 잘못 알려져 있다. 후버의 선거 운동을 지지하는 사람들이 만든 말이지만, 이 구호에 담긴 약속은 유혹적이었다. 식량 시스템이 강화되기 전에는 오늘날과 달리 닭을 대량으로 키울 수 있을 만큼 곡물을 추가로 생산하지 못했다. 당시에 동물성 식품의 상당 부분은 풀을 뜯는 동물에서 나왔는데, 그 이유는 이 책의 페이지가 넘어가면서 점점 명확해지길 바란다. 오늘날 닭고기 섭취는 장기적으로 봤을 때 지속 가능성이 없는 현대의 산업적인 농사법과 긴밀하게 얽혀 있다.

앞에서 언급한 디캐프리오의 다큐멘터리는 프로젝트에 수백만 달러가 투입되었고 내셔널 지오그래픽이 후원했다. 그런데도 관계자 중 그 누구도 "닭고기를 더 먹고, 소고기를 덜 먹어라"라는 권고가 환경적인 측면에서 이치에 맞는지 확인하지 않은 모양이다. 어쩌면 이런 질문을 던진 사람이 있었지만, 결정권자들이 불편한 진실을 내동댕이쳤을지도 모른다.

식량을 재배하려면
에너지가 필요하다

앞에서 살펴본 '초원' 실험의 문제는 생물 다양성이 부족한 것이었다. 그래도 이론상으로는 그런 세상이 계속 이어질 수 있다. 과연 얼마나 오랫동안 이어질 수 있을까? 초원의 생태계는 풀을 바탕으로 구성되며, 풀은 광합성(과 동물의 똥)에 의존해서 자란다. 행성에 다른 재앙이 닥치지 않는다면 이런 식의 시스템은 50억 년 정도 이어질 수 있다. 그때가 되면 태양이 수소 핵융합 대신 헬륨 핵융합을 일으키고 적색 거성이 돼서 새 행성을 집어삼킬 것이다. 50억 년이라는 시간은 지구상에 생명이 지금까지 존재한 것보다 더 긴 시간이며, 이 시스템은 사실상 '대가 없이' 돌아간다. 햇빛이 비치는 한 이 이야기는 계속될 것이다. 우리는 광합성을 통해 에너지를 포획하는 이런 과정을 극대화하면서도 생물의 다양성을 보호(하거나 확대)할 방법을 찾아야 한다. 생명이 다양할수록 삶이 이어질 확률이 높다. 특히 생명이 거의 영원하다고 할 수 있을 만큼 아주 오랫동안 존재할 에너지 공급원(태양)과 엮여 있다면 더욱 그렇다.

8 실험실 배양육은
지속 가능한
식량일까?

우리는 앞장에서 동물이 환경에서 하는 역할을 이해하는 데 필요한 틀을 제시하려고 했다. 그리고 지속 가능성을 둘러싼 여러 가지 이념을 비판적으로 평가하는 방법도 살펴봤다. 이제부터는 다음의 사항에 주의를 기울이면서 특정 권고가 바람직한지, 아니면 특정 식량 시스템을 비판하는 것이 정당한지 평가해보자.

1) 기후 변화가 걱정된다면(우리 모두 걱정해야 할 문제다) 순 온실가스 수치를 낮춰야 한다. 가능하다면 이 과정을 되돌릴 방법도 제시하는 것이 좋다.

2) 식량을 얻는 데 필요한 에너지는 최대한 화석 연료가 아닌 태양에서 얻어야 한다. 이때 이용하는 방법은 생태계의 복잡성과 회복력에 도움이 되어야 한다. 구체적인 방법은 지역에 따라 달라질 수밖에 없다. 몽골의 스텝 지대steppe(건조한 날씨에 불모지로 변하는 온대 초원 지대 ─ 옮긴이)에 적합한 방법과 아마존 열대우림의 내부에 적합한 방법은 다를 가능성이 크다. 하지만 에너지의 인풋과 아웃풋을 따져보고 특정 방법이 적당한지 신중하게 평가해야 한다.

3) 영양 지침과 식량 생산 방법은 표토의 양이 제한적이라는 점을 염두에 두고 정해야 한다. 표토가 거의 다 없어지면 인류도 멸망할 것이라는 예측에는 이견이 별로 없다.

4) 생물 다양성을 고려할 때 문화적 다양성도 가치 있게 여기는 것이 마땅하다. 현재의 산업적인 단일 작물 재배 시스템은 전통적인 식량 시스템을 사실상 짓밟았다. 전통 식단은 소비 단계뿐만 아니라 생산 단계에서도 다양성이 더 적고 영양도 더 부족한 식단으로 대체되었다. 엄격한 채식주의를 옹호하는 부유한 백인 활동가 몇 명이 지구상의 다른 모든 식량 시스템을 금지하다시피 하는 세계적인 식량 계획을 추진하는 것이 합리적일까?

2번 내용은 대단히 중요하다. 현대 사회의 동력은 화석 연료이며, 식량을 생산할 때도 주로 화석 연료가 쓰인다. 언젠가 태양열이나 원자력을 이용해서 에너지를 더 많이 생산하는 기술이 개발될지도 모른다. 그러면 지금의 산업적인 식량 시스템이 이산화탄소를 거의 배출하지 않으면서도 계속 이어질 수 있을 것이다. 하지만 그런 날이 오더라도 3번에서 언급하는 문제는 해결되지 않는다. 표토가 사라지고 있는 문제는 우리에게 당장 닥친 현실이다.

다양성은 사회에서든 생태계에서든 이상적이고 중요한 개념이다. 우리는 다양성이 생태계에 없어서는 안 될 매우 귀중한 요소라는 것을 알고 있다. 그런데도 동물을 키워서 먹는 행동을 중단하고 경작이 가능한 땅에 매번 같은 작물 세 가지만 빽빽하게 심는 것이 인류를 위한 최선책이라고 누가 말할 수 있을까? 이런 추세는 이미 60년 동안 이어졌다. 그동안 밀, 쌀, 옥수수는 사람들의 식단에서 중심적인 역할을 하게 되었다. 현대의 농사법 덕택에 세계 인구는 급격하게 증가했다. 이제는 지구상의 거의 모든 곳에서 사람을 찾을 수 있을 정도다. 하지만 그 과정에서 우리는 큰 실수를 저질렀다. 다양한 생물이 모여 사는 생태계를 '초원' 실험에 나오는 세상과 훨씬 더 비슷하게 바꿔버린 것이다.

이런 행동은 미래에 지구의 장기적인 지속 가능성이나 회복력을 위하는 일이 아니다. 오늘날의 식량 시스템에서는 사람들이 칼로리 대부분을 곡물 작물 몇 가지로만 얻을 수 있다. 이런 시스템은 지구의 순 생물 다양성을 감소시킨다. 합성 비료, 농약, 제초제가 널리 쓰이고 농부들이 밭을 많이 경작하면서 이런 접근법은 식물, 동물, 곤충, 미생물에 치명적인 영향을 끼쳤다. 토양을 경작하면 땅을 붙들고 있는 '접착제'가 제 기능을 못 하고 탄소가 대기로 배출된다. 앞에서 언급한 것처럼 현재의 시스템은 지금 당장은 대단히 생산적이다. 하지만 표토가 점점 사라지고 있어서 미래에는 최고의 시나리오에서도 작물 수확량이 불안정해질 것이다. (부분적으로는 이런 사실 때문에 수경 재배가 인기가 좋다. 하지만 수경 재배는 토양을 재생하는 데 별로 도움이 되지 않는다. 그 이유는 나중에 다루려고 한다.) 정확히 예측하기는 어렵지만, 표토가 점점 줄어들면 작물 수확량도 줄어들 것이다. 그러면 합성 비료와 같은 물질을 더 많이 쓸 수밖에 없고, 그 영향으로 표토가 더 빨리 줄어들고 악순환이 반복될 것이다.

현대의 식량 생산 방식은 에너지를 대단히 많이 사용한다. 이 에너지는 거의 다 화석 연료를 태워서 얻는다. 하버-보슈법Haber-Bosch을 이용하면 대기 중의 질소(콩과 식물 말고 다른 식물들은 거의 이용하지 못한다)를 암모니아로 전환할 수 있다. 그렇게 합성한 암모니아는 작물을 위한 탄탄한 질소 공급원으로 활용될 수 있다. 하지만 20세기에 녹색 혁명 Green Revolution(품종 개량을 통한 식량의 증산 – 옮긴이)이 낳은 이런 기적은 토양의 상태를 악화시키는 것처럼 보인다. 합성 비료는 수천 년 동안 확립된 햇빛, 식물, 동물, 토양의 미생물이 얽힌 복잡한 자연적인 과정을 우회해버린다.

과학계에서든 언론에서든 특정한 종種을 없애버려야 한다고 주장하는 사람은 찾기 어렵다. (전체적으로 봤을 때 호모 사피엔스를 제거하는 것이 좋은 아이디어라고 생각하는 사람들은 있지만 말이다.) 따라서 생물의 다양성을 촉진하는 활동이 바람직하다는 생각에는 모두 동의하는 셈이다. 게다가 온실가스 배출량이 정말 걱정된다면 합성 비료와 같은 물질이 최소한으로 필요할 식량 생산 방법을 찾아야 한다. 이런 상황에서 대체 누가 줄뿌림 농업 위주의 식량 시스템을 세계적인 식량 안보의 해결책으로 제안할 수 있을까? 현 시스템은 지속 가능성이 없는 자원의 투입에 의존하는데도 말이다.

실험실 배양육이나 수경 재배한 고기는 어떨까?

이상적인 낙관론자들은 실험실 배양육이나 수경 재배한 고기와 같은 새로운 아이디어를 세계 식량 수요의 해결책으로 제시했다. 이런 고기는 지속 가능하고, 자연적이고 생물학적인 농사법보다 더 윤리적이라고 홍보된다. 하지만 두 과정 모두 토양의 건강 회복에 도움이 되거나 공짜 에너지 공급원인 태양을 활용하지 못한다. 특히 실험실 배양육은 기술에 열광하는 실리콘밸리 사람들이 좋아하는 아이디어다. 그래서 벤처 자금 수억 달러가 이런 프로젝트로 흘러 들어갔다.

윤리적인 문제는 다음 파트에서 다루려고 남겨놓겠다. 고기가 지속 가능한 식품이라는 주장은 여러 가지 측면에서 매력적이다. 어떤 가축을 키우든 고기를 얻으려면 에너지를 상당히 많이 투입해야 한다. 지난 장에서 살펴봤듯이 초원에서 키우는 되새김 동물은 태양이 그 에너지를 제공한다. 햇빛에서 시작되는 자연적인 과정은 탄소 격리, 토양의 수분 보유, 생태계 유지, 표토 생성 등의 긍정적인 연쇄 반응을 일으킨다. 반면에, 실험실 배양육의 경우에는 실험실을 만들어야 한다. (이런 프로젝트에는 에너지를 대규모로 투입해야 한다. 이 말은 온실가스가 많이 배출될 것이라는 뜻이다.)

처음부터 실험실을 만드는 대신 특정 공간을 용도에 맞게 변경하는 방법도 있다. 이 방법이 더 이상적이다. 햇빛이 잘 드는 산업용 공간에 필요한 시설을 갖추면 실험실 배양육을 만들 수 있다. 동물의 근육 세포(주로 소의 태아)를 증식 배지(기본 배양액 – 옮긴이)에 담가서 무균 상태로 보관한다. 이때 온도가 너무 높지도 않고 너무 낮지도 않게 잘 관리해야 한다. 그러면 세포가 점점 자라서 결국 '고기'가 된다.

2015년에 〈미국의 배양육 생산을 위한 시험관 바이오매스 배양의 생애 주기 예측 분석〉이라는 논문이 발표되었다. 논문을 쓴 연구진은 실험실에서 배양육을 생산하는 데 필요한 토지의 이용 현황과 다른 여러 가지 자원을 조사했다.[1] 지금부터 배양육을 생산하는 방법을 알아보자.

우선, 콩과 옥수수를 키워서 가공한다. 배양육을 만들 때 필요한 펩타이드와 전분을 생산하기 위해서다. 비타민과 미네랄도 있어야 하는데, 따로 추출하고, 격리하고, 가공해야 한다. (옥수수에서 얻은) 글루코스를 아미노산과 기본 배양액으로 전환하고 나면 이 원재료를 동물에서 추출한 세포와 함께 특별 시설로 운송한다. 현재 배양육 생산에 요구되는 성장 인자, 즉 동물 혈청은 이 연구에서 다루지 않았다. (현재 배양육 업계에서는 콩 가수 분해물을 이용한 무혈청 배양액SFM, Serum-Free Media을 개발 중이다. 연구진은 자신들이 살펴본 배양육이 무혈청 배양액에서 생산되었을 것으로 추측했지만, 우리가 이 책을 쓰고 있는 시점에서는 해당 기술이 아직 통용되기 전이다. 게다가 콩을 생산할 때 재생 농법이 아닌 추출적extractive 농법을 사용한다는 점을 생각해보면, 실험실 배양육이 환경의 지속 가능성 측면에서 봤을 때 좋은 선택인지 의구심이 든다.)

그다음에는 커다란 생물 반응기bioreactor를 '배양액'으로 채우면 된다. (연구진은 배양액이 콩일 것으로 추정했지만 다른 작물이었을지도 모른다.) 그러면 암모니아가 가득 차기 때문에 곧 분출되어야 한다. 동물이 '기증한' 세포들은 첫 72시간 동안 증식한다. 거기에 글루코스, 산소, 글루타민의 혼합물을 첨가하면 세포가 더 증식하게 된다. 흥미롭게도 비건들은 이 혼합물이 소의 태아 혈청으로 만들어졌다는 사실을 불편하게 여긴다. 그래서 비건들은 실험실 배양육을 비건 인증된 식품으로 취급하지 않는다고 한다.

콩 가수 분해물 농축액이 첨가되면 혼합물에서 알라닌, 암모니아, 젖산염이 생긴다. 혼합물은 그 후에 동물 조직의 구조를 모방한 '지지체scaffold'에서 자란다. 실내 온도를 조절하고, 조명을 켜고, 생물 반응기를 돌리려면 에너지가 있어야 한다. 생물 반응기는 배양 조직을 섞고, 공기가 통하게 하고, 배양 조직의 온도를 조절한다. 배양 조직은 오염에 매우 취약하다. 그래서 1회분을 처리할 때마다 탈이온수와 수산화나트륨으로 탱크를 헹구고 살균해야 한다. 이런 과정을 거쳐서 바이오매스 555킬로그램을 얻으려면 물이 무려 7만 4,600리터나 필요하다.

결과적으로, 배양육 생산 과정은 현재 이용되는 그 어떤 가축 생산

모델보다도 훨씬 많은 에너지가 필요하다. 이 논문에서 연구진이 밝혀낸 것은 실험실 배양육 생산을 위한 인풋에 필요한 땅의 양이 기존의 연구에서 예측했던 것보다 20배나 많았다는 점이다. 게다가, 실험실 배양육은 돼지고기나 가금류보다 지구 온난화 지수GWP, Global Warming Potential도 훨씬 더 높다. 연구진은 실험실 배양육이 소고기보다는 지구 온난화 지수가 낮다고 주장한다. 하지만 소가 배출하는 온실가스는 자연적인 순환 사이클의 일부인 만큼 화서 연료를 태웠을 때 나오는 온실가스와 비교하는 것은 부당하다. (이 문제는 제9장에서 자세히 다루려고 한다.)

게다가 실험실 배양육 생산을 위해 재배하는 줄뿌림 작물은 다른 방식으로 기르지 않는 이상 표토를 파괴한다. 아이러니하게도, 실험실 배양육에 필요한 곡물을 생산하려면 되새김 동물이 있어야 한다. 그러면 굳이 고기 대체품을 만드는 의미가 없어진다!

수경 재배에 관해서도 짧게 짚고 넘어가려고 한다. 수경 재배는 토양 없이 액체, 모래, 자갈에서 식물을 키우는 과정을 말한다. 자연적으로 식물을 키우기 어려운 지역에서는 수경 재배를 다양하게 활용할 수 있을 것이다. (예를 들면, 아이슬란드에서는 수경 재배를 통해서 신선한 채소를 생산한다. 이 과정에는 주로 재생 가능한 지열 에너지가 쓰인다.) 수경 재배는 마리화나 생산과 상추 재배에 대단히 효과적이다. 상추는 영양상으로 보면 그저 바삭거리는 물에 불과하다. 수경 재배로는 옥수수, 콩, 쌀이나 다른 식량을 다량으로 재배할 수 없다.

실험실 배양육이나 수경 재배한 채소를 대상으로 생애 주기 분석을 진행하면 이런 시스템을 통해서 다량의 식량을 생산하기 위해서는 일반적으로 어마어마한 양의 에너지가 필요하다는 사실이 분명해진다.

다시 한번 언급하지만, 현재로서는 이때 쓰이는 에너지 대부분이 화석 연료에서 나온다. 따라서 실험실 배양육과 수경 재배가 세상을 먹여 살리기 좋은 방법이라고 주장하는 사람들은 지루하지만 간단한 산수조차 제대로 안 한 셈이다.

그렇다면 실험실 배양육이 왜 이렇게 큰 관심을 끄는 것일까? 똑똑한 실리콘밸리 사람 중에 이런 계산을 해본 사람이 있지 않을까?

실험실 배양육의 실질적인 이득은 고도의 기술이 필요한 식량이라는 것이다. 세라 마틴Sarah Martin은 뉴펀들랜드 메모리얼 대학교 정치학과의 조교수다. 그녀는 오타와대학교에서 열린 '단백질의 미래' 콘퍼런스에서 실험실 배양육을 생산하려면 세포계, 세포 배양액, 지지체와 구조물, 생물 반응기가 필요한데, 모두 특허를 낼 수 있는 재료들이라고 언급했다. 그러니까 실험실 배양육을 지지하는 사람들이 대중이 배양육을 고기 대체품으로 받아들이도록 설득할 수 있다면 이 기술과 관계된 지적 재산권으로 떼돈을 벌게 되는 것이다. 동물을 이용한 농업에는 수익을 크게 창출할 만한 부분이 없다. 하지만 식량을 다른 새로운 것으로 만드는 데는 큰돈을 벌 수 있는 여지가 있다. 만일 전체적인 공급망을 통제하고 다른 사람들이 만들지 못하는 것을 만들 수 있다면 이런 상품을 팔아서 엄청난 이윤을 챙기게 될 것이다. 그러기 위해서는 이 상품(이 경우에는 실험실 배양육)이 환경에도 더 좋고 동물에도 해를 덜 끼친다고 대중을 설득해야 한다. 실험실 배양육이 대중화되면 같은 동네에 사는 농부에게서 더는 고기를 직접 살 필요가 없어질 것이다. 전부 다 실험실에서 만들면 될 테니까 말이다. 고기 생산을 둘러싼 이야기의 이런 측면은 여러 작물과 관련해서 일어난 일과 크게 다르지 않다. 농부들은 당국이 권장하는 씨앗을 억지로 떠맡아야 하고, 자신들이 개발한 씨앗을 종자 은행에 등록할 기회를 잃게 된다. 농부들이 독립적으로 농사를 지을 수 있었던 시절도 있었지만, 이제는 농노제가 떠오를 정도로 구속받고 있다.

실험실 배양육 덕택에 표토가 생성되고 생물 다양성이 증가하게 될까? 합성 화학 물질을 이용해서 생산한 단일 작물로 고기를 만드는 것이 정말 지구뿐만 아니라 서식지가 필요한 모든 동물에도 해를 덜 끼치는 방법일까? 현 세대의 목표는 무엇일까? 일부 다국적 기업이 소유한 지적 재산권을 지지하는 것일까? 아니면 태양열(광합성)에 더 의존하고 화석 연료에 덜 의존하는, 회복력 있는 식량 시스템을 만들려고 노력하는 것일까? 만일 목표가 회복력 있는 생태계를 만드는 것이라면 우리가 구체적으로 어떻게 해야 할까?

9 소의 방귀가 정말로 지구를 병들게 하는 걸까?

소의 방귀가 지구를 병들게 한다는 말을 수도 없이 들어봤을 것이다. (굳이 사소한 부분을 따지는 것일지도 모르겠지만 소가 실제로 메탄가스를 뀌는 것은 아니다. 소는 대체로 소화 과정에서 트림을 통해 메탄을 배출한다.) 우리는 주류 언론을 통해 가축이 그 어떤 교통수단보다도 온실가스의 배출량을 늘리고 기후 변화를 악화시킨다는 말을 자주 접한다. 하지만 이 말은 오해의 소지가 있으며 정확한 사실이 아니다. 이 장에서는 그 이유가 무엇인지 살펴보려고 한다.

농업과 관련된 대표적인 온실가스에는 다음과 같이 세 가지가 있다.

- 이산화탄소: 주로 밭을 경작하고, 나무를 자르고, 화석 연료를 태울 때 배출된다.
- 메탄: 주로 벼농사를 짓거나 소가 트림할 때 나온다.
- 아산화질소: 비료의 사용이 주원인이다.

이런 온실가스는 각각 지구 온난화 지수GWP로 측정할 수 있다. 지구 온난화 지수는 온실가스가 대기 중에 열을 얼마나 가두는지 계산한 값이다. 특정 가스가 잡아두는 열의 양을 비슷한 질량의 이산화탄소가 가두는 열의 양과 비교하는 것이다. 따라서 기준이 되는 이산화탄소는 GWP가 1이다. 메탄은 GWP가 28~36이고, 이산화질소는 GWP가 265~298이다. 하지만 미국 환경보호국EPA에 따르면 이런 온실가스는 대기 중에 남아 있는 기간이 저마다 다르다고 한다. 이산화탄소는 수천 년 동안 활성화된다. 하지만 메탄은 수명이 약 10년으로 상대적으로 짧은 편이고, 이산화질소의 수명은 약 100년이다. 어쩌면 탄소 포집 capture 과정에도 메탄이 포함되어 있다는 사실을 짚고 넘어가야 할지도 모르겠다. 메탄(CH_4)은 탄소 원자 한 개와 수소 원자 네 개로 구성되어 있다. 메탄은 제대로 관리된, 풀 뜯는 동물들의 탄소 격리 잠재력과 직접적인 관련이 있다. 이 주제는 이 장에서 더 자세히 살펴볼 것이다. 우리는 둘 다 탄소 발자국의 총량에 관해 이야기하면서 혼란스러워하는 사람들의 반발을 많이 샀다. 안타깝게도 사람들의 반응은 주로 이런 식이었다.

"소가 탄소를 격리할 수 있다는 것은 알겠습니다. 하지만 메탄을 많이 배출하잖아요! 그게 진짜 문제죠! 이런 잘못된 정보를 뿌리라고 누가 돈을 주던가요?!"

우리는 지금부터 소가 메탄을 많이 배출한다는 주장이 과장됐다는 사실을 보여주려고 한다. 잘 관리된 소가 기후 변화에 대한 해결책의 일부라는 것도 보여주고 싶다. 소는 탄소 배출량을 마이너스로 떨어뜨릴 수 있는 능력이 있기 때문이다.

메탄 배출량은
어디에서 오는 것일까?

메탄 배출량은 유기 물질이 무산소성 분해를 거치는 과정에서 비롯된다. (음식물 쓰레기를 퇴비로 쓰는 것과 같은 원리다.) 식량 생산의 맥락에서는 되새김 동물이 먹이를 소화하는 과정에서 메탄이 배출된다. (곧 살펴보겠지만) 사실 메탄을 배출하는 생물은 많은데, 유독 풀을 뜯는 동물만 악당 취급을 받는다. 생물학적인 과정에서 비롯된 '그 어떤' 메탄 배출량이든 걱정하는 것은 상황을 매우 좁은 시각에서 보는 꼴이다. 그 이유는 무엇일까? 생물학적인 과정에서 생성되는 메탄은 자연적인 시스템의 일부이기 때문이다. 이런 메탄은 시스템에 '순 인풋'을 제공하지 않으며 살아 있는 생물이 배출한 것이라는 점도 잊지 말자! 그럼 이제부터 더 자세히 알아보자.

다음의 도표(영국 스마일링 트리 농장Smiling Tree Farm의 크리스틴 페이지 Christine Page에게서 영감을 받았다)에서 볼 수 있듯이 소가 배출하는 메탄이 자연적인 탄소 순환 사이클의 일부라는 점을 이해하는 것이 중요하다. 하지만 화석 연료는 그렇지 않다. 화석 연료는 땅속에 수백만 년 동안 가둬져 있었던 '고대ancient' 탄소에서 비롯된다. 따라서 화석 연료를 추출하면 대기 중에 새로운 탄소가 투입된다. 앞에서 살펴봤듯이 탄소는 수명이 수천 년이나 된다. 소의 경우에는 이미 (풀과 섬유질이 들어 있는 다른 물질의 형태로) 존재했던 탄소를 소화 과정에서 발생하는 메탄으로 전환하는 것뿐이다. 소가 트림을 하면 메탄이 대기 중에 배출되고 약 10년 뒤에 다시 물과 이산화탄소 분자로 분해된다. 이산화탄소와 물은 각각 비와 광합성의 형태로 풀이 자라는 데 도움이 되고, 사이클은 계속된다.

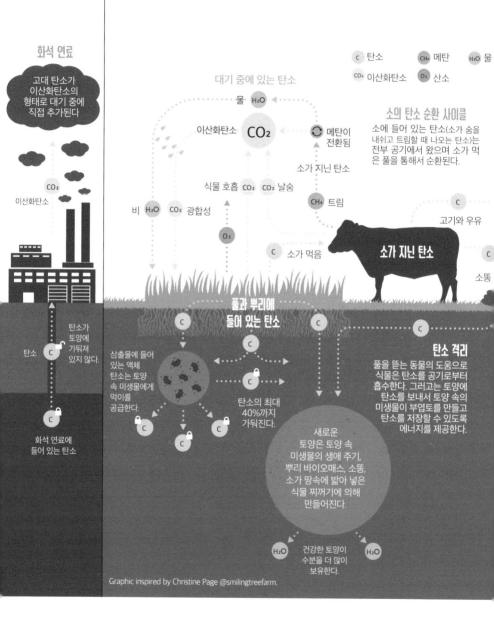

소의 탄소 순환 대 화석 연료

화석 연료

고대 탄소가 이산화탄소의 형태로 대기 중에 직접 추가된다

CO₂
이산화탄소

대기 중에 있는 탄소

C 탄소   CH₄ 메탄   H₂O 물
CO₂ 이산화탄소   O₂ 산소

물 H₂O

이산화탄소 CO₂   메탄이 전환됨

소의 탄소 순환 사이클

소에 들어 있는 탄소(소가 숨을 내쉬고 트림할 때 나오는 탄소)는 전부 공기에서 왔으며 소가 먹은 풀을 통해서 순환된다.

소가 지닌 탄소

식물 호흡 CO₂   CO₂ 날숨

비 H₂O   CO₂ 광합성   CH₄ 트림

O₂

C 소가 먹음

소가 지닌 탄소

C 고기와 우유

C 소똥

탄소가 토양에 가둬져 있지 않다.

탄소 C

화석 연료에 들어 있는 탄소

풀과 뿌리에 들어 있는 탄소

C

삼출물에 들어 있는 액체 탄소는 토양 속 미생물에게 먹이를 공급한다.

C

탄소의 최대 40%까지 가둬진다.

C

C

탄소 격리

풀을 뜯는 동물의 도움으로 식물은 탄소를 공기로부터 흡수한다. 그러고는 토양으로 탄소를 보내서 토양 속의 미생물이 부엽토를 만들고 탄소를 저장할 수 있도록 에너지를 제공한다.

새로운 토양은 토양 속 미생물의 생애 주기, 뿌리 바이오매스, 소똥, 소가 땅속에 밟아 넣은 식물 찌꺼기에 의해 만들어진다.

H₂O   건강한 토양이 수분을 더 많이 보유한다.   H₂O

Graphic inspired by Christine Page @smilingtreefarm.

산업적인 동물 생산 과정에서 메탄이 실제로 많이 배출된다. 거름을 모아둔 웅덩이lagoon를 사용하기 때문이다. 하지만 이것은 소가 아니라 주로 돼지고기, 달걀, 유제품 업계에서 벌어지는 일이다. 소고기 사육장에서는 일반적으로 거름 웅덩이를 사용하지 않는다. 그리고 소가 트림할 때 메탄을 배출하는 것은 사실이지만, 이것은 소의 소화 과정에서 자연스럽게 생긴 부산물일 뿐이다. 메탄이 분해되고 생성되는 이런 과정 중 일부는 소가 없었더라도 일어났을 것이다. 나중에 살펴보겠지만 소는 영양소를 업그레이드하는 능력이 있다. 소는 인간에게 영양가가 거의 없는 풀과 다른 식물을 고품질 단백질로 전환하며 토양의 질도 향상한다.

공장식 농장에서 나오는 응축된 동물의 배설물과 자연적인 시스템을 채택하는 농장의 목초지에서 볼 수 있는 잘 흐트러지는 소의 똥오줌과 발굽은 환경에 미치는 영향이 확연하게 다르다. 동물에게 항생제나 약물을 많이 쓰지 않는 잘 관리된 시스템에서는 커다란 쇠똥구리들이 모여 산다. 이런 쇠똥구리들은 동물 배설물의 분해를 도우며, 최근의 연구에 따르면 배설물에 들어 있는 메탄 배출량을 감소시키는 데도 도움이 된다고 한다.[2] 그런 일이 어떻게 가능할까? 메탄은 산소가 적은 환경에서 생성된다. 쇠똥구리가 동물의 배설물을 통과하면서 산소가 순환될 수 있는 길을 만들어서 메탄의 생성을 막아주는 것이다.

1800년대 중반 이전에는 북아메리카에 들소가 3,000만~6,000만 마리, 엘크가 1,000만 마리 이상, 흰꼬리사슴이 3,000만~4,000만 마리, 뮬mule 사슴이 1,000만~1,300만 마리, 가지뿔영양과 카리부가 3,500만~1억 마리 있었던 것으로 추정된다.[3] 그런데도 오늘날의 '충격적인' 초식 동물의 숫자를 인용할 때 아무도 이 이야기는 하지 않는 것 같다.

〈축산학회지Journal of Animal Science〉에 실린 한 논문에 따르면, 개척 전의 미국에서는 농장에서 키우는 되새김 동물과 야생에서 자라는 되새김 동물이 내뿜는 메탄의 양이 오늘날의 82퍼센트 정도였다고 한다.[4]

2003년에 UN 식량농업기구FAO와 국제원자력기구IAEA는 '되새김 동물의 트림, 대기 중의 메탄에서 차지하는 비중 적음'이라는 제목의 보고서를 발표했다. 보고서에서 연구진은 소가 메탄을 많이 배출한다며 온실가스 배출의 주범으로 몰리는 것은 부당하다는 결론을 내렸다.

> 1999년 이후 대기 중에 있는 메탄의 농도는 안정세를 보였다. 그동안 전 세계적으로 되새김 동물의 수는 점점 더 빠른 속도로 늘어났다. 1999년 전에는 전 세계적으로 되새김 동물의 수가 매년 915만 마리씩 늘어났지만, 1999년 이후에는 매년 1,696만 마리씩 늘어났다. 1999년 전에는 대기 중에 있는 메탄의 농도와 전 세계의 되새김 동물의 수가 높은 상관관계를 보였다. 하지만 1999년 이후로는 그런 높은 상관관계가 사라졌다. 대기와 되새김 동물의 수 사이의 상관관계가 달라진 것은 되새김 동물이 온실가스와 관련해서 하는 역할이 사람들이 종래에 생각했던 것보다 덜 중요할 수도 있다는 것을 의미한다. 전 세계 메탄 배출량과 관련해서 더 큰 역할을 하는 다른 공급원과 흡수원이 있는 것이다.[5]

최근에 미국 항공우주국NASA에서 발표한 연구에 의하면, 메탄을 가장 많이 배출하는 것은 화석 연료, 화재, 습지대나 벼농사라고 한다. 메탄 1테라그램(Tg: 10^{12}g)은 코끼리 20만 마리(약 110만 톤)와 무게가 비슷하다. 대기 중에 있는 메탄의 양은 매년 약 25테라그램씩 늘어나고 있다. 연구진은 최근에 대기 중에 메탄이 증가하는 정확한 이유를 찾아낼 수 있었다.

"연구팀에 따르면, 매년 증가분 중 약 17테라그램은 화석 연료에서 나오고, 12테라그램은 습지대나 벼농사에서 나온다고 한다. 화재에서 비롯된 메탄 배출량은 매년 약 4테라그램씩 감소하는 추세다. 따라서 이 세 가지 수치를 종합하면 메탄의 양이 매년 25테라그램씩 늘어나는 셈이다. 이는 위에서 언급한 것과 같은 양이다."[6]

이 문제를 좀 더 자세히 들여다보면 습지대에서 쌀을 생산할 때 발생하는 메탄의 비중이 놀랍도록 크다는 것을 알 수 있다. 인간이 배출한 메탄의 6~29퍼센트이자[7] 전 세계적으로 인간이 개입한 전체적인 배출량의 2.5퍼센트를 차지하는 것이다.[8] (이 정도면 '고기 없는 월요일' 대신에 '쌀 없는 금요일' 캠페인을 하자고 요구해야 하는 것 아닐까?)

소가 메탄을 많이 배출한다고 비난하고 싶은 사람들은 자연 세계에서 추가로 투입되는 메탄의 양에 관해서도 설명해야 할 것이다. 발트해에 사는 소규모 갑각류 개체군은 젖소 2만 마리에 맞먹는 메탄을 배출하는 것으로 추정된다. 이 주제를 피상적으로 이해한 사람들이 접하게 되는 현실은 가혹할 수 있다. 스톡홀름대학교와 카디프대학교의 연구진은 이렇게 적었다.

"크기는 작아도 개체수는 대단히 많은 이런 동물들이 바다의 온실가스 배출량을 통제하는 데 중요한 역할을 할지도 모른다. 하지만 이런 동물들의 역할은 지금까지 무시되었다."

연구팀의 성과를 다룬 한 논문에는 다음과 같은 내용이 담겨 있었다.

연구팀은 결과를 도출하려고 발트해의 대양 침전물에서 얻은 지렁이와 조개의 미량 가스, 동위원소, 분자를 분석했다. 각각 갯지렁이류와 쌍각류 조개라고 알려진 것들이었다. 연구팀은 이런 생물들이 바닷속 메탄과 아산화질소의 생성에 직간접적으로 미치는 영향을 분석했다. 그 결과, 조개와 지렁이가 들어 있는 퇴적물이 생물이 아예 없는 퇴적물과 비교했을 때 메탄을 8배나 더 생성한다는 사실이 밝혀졌다.[9]

그 결과, 연구진은 갑각류 생산을 장려할 때 주의할 것을 촉구했다. 하지만 갑각류는 바다로 흘러 들어가는, 질소가 많이 들어 있는 산업용수와 농업용수의 영향을 완화하는 데 중요한 역할을 한다. 애초에 이런 오염이 발생하지 않도록 여러 가지 전략을 적용해야 하겠지만, 생명이 없는 '완전히 텅 빈' 해저가 생명이 풍부하고 번성하는 생태계보다 정말 더 나은 선택사항일까? 생명이 풍부한 생태계는 오염의 영향을 완화할 뿐만 아니라 다양한 생명체가 번성할 수 있는 환경을 조성하기도 한다. 사람들에게 영양이 풍부한 식량을 제공한다는 점은 말할 필요도 없고 말이다.

우리는 이런 내용이 되새김 동물에 대한 사람들의 반응과 놀라울 만큼 비슷하다고 생각한다. 엘크가 메탄을 많이 배출한다는 이유로 스웨덴의 녹색당은 시민들이 대기를 생각해서 "엘크를 최대한 많이 쏴 죽이고 소의 개체수를 줄이기를" 권한다.[10] 메탄 생성에 대한 근시안적인 생각 때문에 지구상에 생명체가 더 많아지기를 바라는 시각의 유용성에 의구심이 제기되고 있다. 이 주제를 둘러싼 사람들의 오해와 두려움이 너무 큰 나머지 믿을 만한 사람들조차도 지구에 생명이 더 적어야 한다고 주장하는 실정이다. 그러면 지구상에 있는 다른 생명체들을 보호하고 생물학적으로 생성되는 메탄의 위험성을 감소시킬 수 있다는 것이다. (하지만 메탄은 지구상에 생명이 존재하기 시작한 초창기부터 자연적으로 생성되었다.) 이런 문제는 목초지와 풀을 뜯는 동물의 자연적인 상태를 보는 사람들의 시각에 영향을 미치며 해저의 핵심적인 생명체와 관련된 것이기도 하다.

그렇다면 소가 메탄을 많이 배출한다는 과장된 주장은 어디서 나온 것일까? '고기 없는 월요일' 캠페인을 추진하는 사람들이 왜 가축 생산이 운송 부문 전체보다 온실가스를 더 많이 배출한다고 주장하는 것일까? 이런 엉뚱한 주장은 UN 식량농업기구가 2006년에 발표한 분석 보고서 〈가축의 긴 그림자Livestock's Long Shadow〉에서 비롯되었다. 보고서에는 가축이 총 온실가스 배출량의 18퍼센트를 차지하며, 그 수치는 운송 부문의 온실가스 배출량보다 많다고 나와 있다.

나중에 연구진이 부당한 평가였다는 사실을 인정하고 수치를 줄였는데도 이 수치는 수정되지 않은 채 언론에 끊임없이 나오고 있다. 캘리포니아주립대학교 데이비스 캠퍼스UC Davis의 동물 과학자 프랭크 미틀로너Frank Mitloehner는 이 연구의 자료 수집 방식을 분석하고 나서 중대한 방법론적인 오류를 발견했다. 연구진이 소의 경우에만 해당 산업에 대한 전 생애 주기 분석을 시행한 것이다. 연구진은 사료 생산, 사료 운반, 소고기 처리, 상점으로의 소고기 운반 등 동물이 무엇을 먹었는지부터 고기가 소비자의 식탁에 오르기까지의 전 과정을 살펴봤다. 소가 트림하는 것 말고도 많은 일이 벌어지고 있었던 것이다.

하지만 운송 부문의 경우에는 똑같이 전 생애 주기 분석이 이루어지지 않았다. 연구진이 휘발유가 연소할 때 나오는 직접적인 온실가스 배출량만 계산한 것이다. 운송 부문에서 온실가스가 배출되는 요인에는 여러 가지가 있다. 자동차나 비행기의 생산 과정, 금속 추출 과정, 공장을 운영하는 데 필요한 에너지를 소비하는 과정, 기름을 운반하고 정제

직접적인 배출량 대 전 생애 주기 배출량

온실가스 배출량을 비교할 때 중요한 것은 같은 카테고리끼리 비교하는 것이다. A에서처럼 전 생애 주기 배출량을 고려하는 것이 아니라 B처럼 직접적인 배출량만을 놓고 보면 오류가 생긴다. 특히 가축의 전 생애 주기 배출량이 교통수단의 직접적인 배출량과 비교되는 경우가 너무나 많다. 이렇게 비교하는 것은 정확한 방법이 아니다. (가축과 관련된 온실가스 수치는 이산화탄소 배출량으로 환산한 수치다.)

A

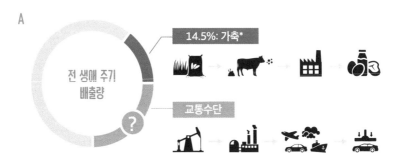

B

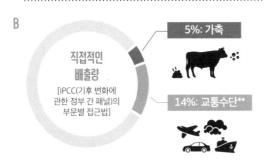

* P. J. Gerber et al., Tackling Climate Change Through Livestock—A Global Assessment of Emissions and Mitigation Opportunities(Rome: Food and Agriculture Organization of the United Nations, 2003), www.fao.org/3/a-i3437e.pdf.

** Rajendra K. Pachauri et al., Climate Change 2014: Synthesis Report (Geneva: Intergovernmental Panel on Climate Change, 2015), www.ipcc.ch/site/assets/uploads/2018/05/SYR_AR5_FINAL_full_wcover.pdf.

하는 과정에서 전부 온실가스가 배출된다. 그러니까 연구진은 가축에 대해서는 전 생애 주기 분석을 시행했지만, 운송 부문에 대해서는 똑같은 분석을 시행하지 않은 것이다. 따라서 대중은 유축 농업이 운송 업계보다 온실가스 배출량이 많다고 생각하게 되었다.

전 세계적으로 운송 업계의 전체적인 영향을 다룬 전 생애 주기 평가는 없다. UN 식량농업기구는 2013년에 발표한 보고서에서 전 세계적으로 일어나는 인간 활동(화석 연료 포함)을 종합하면 매년 온실가스 배출량이 6.9기가톤(GT: 10억 톤)에 달한다고 계산했다. 총 온실가스 배출량의 약 14.5퍼센트에 해당하는 수치다. 한편, 가축에게서 나오는 직접적인 배출량은 2.3기가톤이었으며, 이것은 전 세계적으로 배출된 온실가스의 약 5퍼센트에 해당하는 수치다.

미국의 경우 온실가스 수치가 전 세계 수치보다 낮을지도 모른다. 미국 환경보호국EPA에 따르면, 미국에 있는 가축을 전부 합쳐도 온실가스 배출량의 3.9퍼센트밖에 차지하지 않는다고 한다. 가축 중에서 고기소는 총 온실가스 배출량의 2퍼센트밖에 차지하지 않는다. (최근의 한 연구에서는 미국 소가 생활하면서, 그리고 소의 먹이를 생산하는 과정에서 발생하는 온실가스가 총 온실가스 배출량의 3.3퍼센트에 해당한다고 주장했다.[11] 미국 환경보호국이 발표한 것보다 조금 높은 수치다.) 고려해야 할 변수가 많아서 실제 퍼센티지를 계산하기가 쉽지 않다. 하지만 어떤 경우에도 소의 온실가스 배출량은 식물성 식품 옹호론자들이 주장하는 18~51퍼센트보다 훨씬 적다.[12] 미국의 경우, 온실가스 배출량이 가장 많은 카테고리는 에너지와 교통수단이다. 하지만 이 수치는 산업적으로 배출되는 온실가스만 따졌을 뿐 잠재적인 격리나 소가 땅에 불러오는 생태학적인 순 이득은 전혀 고려하지 않았다.

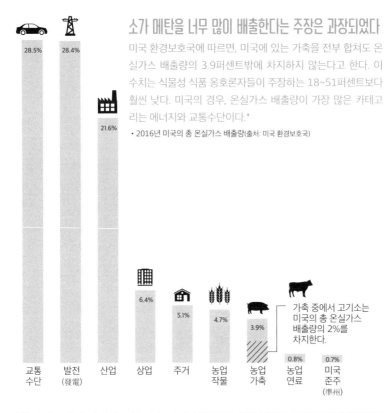

소가 메탄을 너무 많이 배출한다는 주장은 과장되었다

미국 환경보호국에 따르면, 미국에 있는 가축을 전부 합쳐도 온실가스 배출량의 3.9퍼센트밖에 차지하지 않는다고 한다. 이 수치는 식물성 식품 옹호론자들이 주장하는 18~51퍼센트보다 훨씬 낮다. 미국의 경우, 온실가스 배출량이 가장 많은 카테고리는 에너지와 교통수단이다.*

• 2016년 미국의 총 온실가스 배출량(출처: 미국 환경보호국)

28.5% | 28.4% | 21.6% | 6.4% | 5.1% | 4.7% | 3.9% | 0.8% | 0.7%

가축 중에서 고기소는 미국의 총 온실가스 배출량의 2%를 차지한다.

교통수단 | 발전(發電) | 산업 | 상업 | 주거 | 농업작물 | 농업가축 | 농업연료 | 미국준주(準州)

* "Agriculture Sector Emissions," Greenhouse Gas Emissions, United States Environmental Protection Agency, accessed December 31, 2019, www.epa.gov/ghgemissions/sources-greenhouse-gas-emissions#agriculture..

그렇다면 미국의 경우 가축이 총 온실가스 배출량에서 차지하는 퍼센티지가 다른 국가들보다 낮은 이유는 무엇일까? 이유는 여러 가지다. 우선, 미국은 다른 여러 국가보다 농사법이 더 발달했다. 미국 소가 다른 국가의 소보다 고기와 우유를 훨씬 더 효율적으로 생산하기도 한다. 미국에서는 젖소 한 마리가 우유를 매년 9톤씩 생산할 수 있다. 이와 같은 양의 우유를 얻으려면 멕시코에서는 젖소 5마리가, 인도에서는 20마리가 필요할 것이다.[13] 개발도상국은 동물이 자동차보다 많고 에너지도 상대적으로 적게 생산한다. 교통수단이 더 적고 산업이 덜 발달해서 동물이 배출하는 온실가스의 퍼센티지가 더 높을 수밖에 없다.

사실 우리가 이 책을 쓰는 동안 이야기는 더 복잡해졌다. 새로 발표된 한 연구 결과, 비료 공장이 해당 산업에서 기존에 보고했던 수치보다 실제로는 메탄을 100배나 더 배출한다는 사실이 밝혀졌다.[14] 이런 사항을 온실가스 배출량 데이터에 반영하면 합성 농약을 이용하는 산업적인 단일 작물 농업은 미래로 나아가는 이 시점에서 더는 용납될 수 없다는 사실이 분명해진다. 단일 작물 농업 덕택에 수확량은 증가했지만, 그 대가로 토양 훼손, 생태계 파괴, 상당한 양의 온실가스 배출 등의 문제가 생겼다.

이런 내용은 대단히 기술적이고, 직관에 반할 때도 있으며, 격론의 대상이 되기도 한다. 어쩌면 더 보편적인 메시지는 탄소를 대기에서 추출해서 어딘가에 저장하는 똑똑한 방법을 개발하고 확장해야 한다는 것일지도 모른다.

소가 탄소 격리에
어떻게 도움이 될 수 있을까?

탄소를 포집하려고 비싼 기계를 만드는 방법도 있다. 하지만 그런 기계를 만들고 작동시키려면 에너지가 터무니없이 많이 필요할 것이다. 이런 방법은 '지속 가능한 실험실 배양육'의 잘못된 약속과 다르지 않다.

어쩌면 혁신적인 기술 덕택에 대기 중의 탄소를 다량으로 추출하고 저장할 때 에너지가 덜 필요한 방법이 개발될지도 모른다. (탄소를 격리하려고 화석 연료를 너무 많이 태워야 한다면 온실가스가 오히려 더 많이 배출될 우려가 있다.) 하지만 이 문제를 더 명쾌하게 해결할 방법이 있다면 어떨까? 여러 가지 문제를 한꺼번에 적절하게 해결할 수 있다면 어떨까? 우리는 소가 이런 문제를 부분적으로 해결할 수 있다는 점을 설명하려고 한다.

기후 변화에 관한 이야기가 나올 때마다 건강한 토양이 탄소를 저장할 능력이 있다는 사실이 간과되곤 한다. 건강한 토양은 식물과 동물 간의 역동적인 상호작용의 일부이며 탄소를 대단히 많이 저장할 수 있다. 그런데도 기후 변화에 관한 현 시각은 동물, 특히 소가 온실가스를 많이 배출한다고 비난하는 데 초점이 맞춰져 있다. 사람들은 가축의 총체적인 관리holistic management가 토양을 건강하게 유지하고 건강에 좋은 식량을 생산하는 시스템에 중요하다는 사실을 인지해야 한다.

〈토양과 수자원 보호 저널Journal of Soil and Water Conservation〉에 실린 한 연구에 따르면, 농경지 대부분이 토양 속 유기 탄소의 30~70퍼센트를 잃어버렸다고 한다. 이런 현상은 식량 생산의 감소로 이어지고 있다.[15] 농업과 관련된 온실가스는 대체로 소의 트림이 아니라 작물 생산을 위한 밭의 경작에서 비롯된다. 이런 부분을 개선하려면 무경운 농법을 선택하면 된다. 한 연구에서는 농업이 로키산맥의 대초원 지대인 '그레이트 플레인스Great Plains'에 미친 영향을 살펴봤다. 그 결과, 사람들이 1930년대에 야초지를 무리하게 경작하는 바람에 탄소 배출량이 어마어마했다는 사실이 밝혀졌다. 연구진은 농부의 25퍼센트가 무경운 농법을 도입하면 온실가스 배출량이 25퍼센트 줄어들 것으로 예측했다. 만일 모든 농부가 이런 농사법을 도입하면 온실가스 배출량이 무려 80퍼센트나 줄어들 것이라고 내다봤다.[16] 거기에 풀 뜯는 동물까지 동원한다면? 그러면 온실가스와의 전쟁에 진전이 있을 것이다!

지구는 탄소 약 3,170기가톤을 저장한다. 그중 약 2,700기가톤(80%)이 토양에 저장되어 있다. 지구상의 동식물을 전부 합쳐도 탄소 저장량은 560기가톤밖에 되지 않는다. 토양은 탄소를 나무보다 4배 더, 대기보다 3배 더 저장할 수 있다.[17]

기후 변화를 되돌리려면 탄소 약 700기가톤을 제거해야 한다고 추측한 전문가들도 있다.[18] 하지만 나무를 아무리 많이 심어도 그 정도의 양을 제거하기는 불가능하다. 게다가 대양은 탄소가 더 많아지면서 더 산성화되고 있다. 우리에게 가장 좋은 기회는 토양에 탄소를 격리하는 것이다. 그러면 생물의 다양성에도 이롭고 영양이 풍부한 식품도 얻을 수 있다. 중요한 점 또 한 가지는 토양에 있는 탄소가 양분의 순환을 주도하는 역할을 한다는 것이다.

잘 관리된 소의 영향과 탄소 순환carbon cycle을 조사한 흥미로운 새 연구들도 있다. 최근의 한 연구에서는 미시간주립대학교의 연구진이 서로 다른 두 고기소 사육 시스템의 토양 속 탄소를 4년에 걸쳐 추적했다. 종래의 사육장 시스템과 AMP 관리라고 알려진 새로운 방식을 비교한 것이다. (AMP 관리 방식에서는 식물이 회복하고 토양을 보호할 수 있도록 소가 목초지를 자주 이동하다가 나중에 사육장에 가서도 풀을 먹는다.) 소를 사육장에서 키우는 시스템의 총 온실가스 배출량(소의 트림을 통해 배출)이 적기는 했지만, AMP 시스템은 순 온실가스 배출량이 아예 '마이너스'가 되었다. 시스템의 마지막 단계에서 배출된 온실가스의 양이 땅에 격리된 탄소의 양에 의해 완전히 상쇄되고도 남은 것이다. 격리된 탄소의 양이 적은 것도 아니었다. 탄소는 토양에 매년 1만 제곱미터당 무려 3.59톤

이나 격리되었다.[19]

이번에는 미시간주립대학교 연구진이 막 완성한 또 다른 연구를 소개하려고 한다. (안타깝게도 이 책을 쓰는 동안 연구 결과가 아직 공식적으로 발표되지 않았다.) 연구진은 조지아주에 있는 농장인 '화이트 오크 패스처스White Oak Pastures'에 살면서 100퍼센트 목초만 먹는 소의 전체적인 생애 주기를 조사했다. 그 결과, 총 온실가스 순 배출량이 신선한 고기 1킬로그램당 이산화탄소 −3.5킬로그램에 해당한다는 사실을 밝혀냈다.[20] 이 발견은 상당한 의미가 있다. −3.5킬로그램이라는 수치가 일반 소고기, 돼지고기, 닭고기뿐만 아니라 비욘드 버거와 콩 제품을 만드는 기업들이 주장하는 것보다도 낮기 때문이다.

이런 일이 어떻게 가능한지 살펴보려면 다음의 도표를 참고하자. '화이트 오크 패스처스'는 재생 농업을 추구하는 농장이다.

이 농장은 올바른 농사법을 이용하면 순 탄소 배출량을 줄이고 탄소를 격리할 수 있다는 것을 보여준다. 건강한 토양이 바로 그 열쇠다.

여러 남미 국가에서 가축이 풀을 뜯는 땅의 탄소 격리 상황을 살펴본 메타 분석도 있었다. 연구진은 목초지가 탄소를 격리할 뿐만 아니라 격리된 탄소의 양이 도시의 이산화탄소 배출량을 완전히 또는 부분적으로 상쇄할 수 있다는 사실을 밝혀냈다. 연구진은 이런 결론을 내렸다.

"미래에 온실가스 인벤토리 보고서의 평가를 개선하려면 탄소를 격리하고 저장하는 목초지의 잠재력에 대해 다시 생각해봐야 한다."[21]

다시 말해, 상황을 좁은 시각으로 보고 풀을 뜯는 소가 메탄을 배출한다는 이유로 비난하는 것은 옳지 않다. 그 대신 전체적인 그림을 살피고 소가 탄소를 격리하는 데 도움이 된다는 사실을 깨달아야 한다.

이 책을 쓰는 동안 소가 순 탄소 배출량을 마이너스로 돌려놓을 수

소는 기후에 도움이 될 수 있다

트림과
방귀
+29

총 온실가스

농장에서의
다른 활동
+1

소똥
+5

도축과 운송
+0.2

-4

-3.5
순 배출량

식물에 격리된
탄소

-35

토양에 격리된 탄소

**'화이트 오크 패이스처스'
소고기는 탄소를 격리한다.***

화이트 오크 패이스처스에서 생산된
소고기 450g당 배출된 온실가스 분석:
이산화탄소의 양으로 환산

* J. E. Rowntree et al., "Ecosystem Impacts and Productive Capacity of a Multispecies Pastured Livestock System,"
Frontiers in Sustainable Food Systems (in review, 2020).

목초 사육 소고기 대 다른 단백질

독립적인 생애 주기 분석 결과, 비욘드 버거나 임파서블 버거를 한 개 먹을 때마다 화이트 오크 패이스처스의 목초 사육 소고기로 만든 버거도 하나씩 먹어야 여러분의 온실가스 배출량을 상쇄할 수 있다는 사실이 밝혀졌다.*

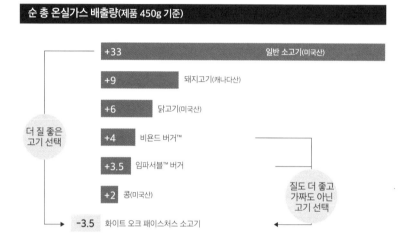

순 총 온실가스 배출량(제품 450g 기준)

+33 일반 소고기(미국산)
+9 돼지고기(캐나다산)
+6 닭고기(미국산)
더 질 좋은 고기 선택
+4 비욘드 버거™
+3.5 임파서블™ 버거
질도 더 좋고 가짜도 아닌 고기 선택
+2 콩(미국산)
-3.5 화이트 오크 패이스처스 소고기

* J. E. Rowntree et al., "Ecosystem Impacts and Productive Capacity of a Multispecies Pastured Livestock System," Frontiers in Sustainable Food Systems (in review, 2020).

있다는 점에 주목한 논문들이 더 출판되었다. 세이버리 연구소를 비롯한 여러 기관에서도 풀을 뜯는 동물이 생태계에 미치는 다른 긍정적인 영향을 기록하기 시작했다. 풀을 뜯어 먹는 동물은 토양의 정수율을 높여주고 식물의 다양성을 증가시킨다. 이런 동물 덕택에 목초지에 풀이 없는 부분이 줄어들고, 꽃가루 매개자, 새, 다른 야생 동물이 돌아오기도 한다. 산업적인 단일 작물 재배 시스템에서는 이런 긍정적인 현상이 나타나지 않는다.

어쩌면 우리의 메시지가 아직도 설득력이 부족하다고 생각할지도 모르겠다. 이런 생각이 드는 독자도 있을 것이다.

'하지만 메탄이 이렇게 많이 배출되는 상황을 막으려면 우리의 식량 시스템에서 동물을 전부 없애버려야 하는 것 아닐까?'

제6장에서 언급한 한 연구에서는 미국의 식량 시스템에서 가축을 전부 없애버리면 영양과 환경의 측면에서 어떤 결과가 나타날지 살펴봤다. 연구진은 이 시나리오에서 온실가스 배출량이 고작 2.6퍼센트밖에 감소하지 않으리라고 예측했다. 그만큼의 온실가스를 줄인 대가로 사람들이 영양소를 얻기가 훨씬 더 어려워질 것이라는 점도 언급했다. 동물성 식품이 식물성 식품보다 영양이 더 풍부한 만큼 예전과 똑같은 양의 영양소를 얻으려면 음식을 훨씬 더 많이 먹어야 한다. 그러면 전체적인 칼로리 섭취량이 증가할 것이고, 곡물 섭취량은 무려 10배나 증가할 것이다. 칼슘, 비타민 A와 B12, EPA, DHA, 아라키돈산과 같은 영양소도 부족해질 것이다.

간단히 말해서, 영양 결핍과 관련된 질병에 걸리는 사람이 많아질 수밖에 없다. 연구진은 이런 결론을 내렸다.

"동물이 열량 밀도가 높고energy-dense 미량 영양소가 적은 작물(예: 곡물)을 미량 영양소가 풍부한 식품(고기, 우유, 달걀)으로 전환하게 둔다면 식량 생산 시스템이 사람들에게 필요한 양의 미량 영양소를 공급하는 능력이 향상될 것이다."[22]

따라서 일반 소고기도 영양의 측면에서 보면 우리의 식량 시스템에 도움이 된다. 만일 소고기 생산 방식을 개선하고 소를 사육장에서도 목초를 먹이면서 잘 관리하면 온실가스 배출량이 대폭 감소할 것이다. 그러면 결국 환경에도 도움이 된다.

고기를 없애버리면 득보다 실이 더 많을 것이다

한 연구에 따르면, 미국에서 동물성 식품이 완전히 사라진다고 해도 온실가스 배출량은 고작 2.6퍼센트 감소할 것이라고 한다. 그 대신 전체적인 칼로리 섭취량과 탄수화물 섭취량이 증가하고, 칼슘, 비타민 B12, 비타민 A, EPA, DHA, 아라키돈산 등의 영양소가 부족해질 것이다.*

2.6%
온실가스 배출량 고작 2.6% 감소

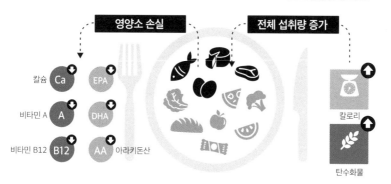

* Robin R. White and Mary Beth Hall, "Nutritional and Greenhouse Gas Impacts of Removing Animals from US Agriculture," PNAS 114, no. 48 (November 28, 2017), www.pnas.org/content/114/48/E10301.

온실가스 배출량을 확실하게 감축하고 싶다면 해결책은 우리의 식량 시스템에서 동물을 전부 없애버리는 것이 아니다. 그저 가축을 더 나은 방식으로 관리하면 된다.[23] 소 자체가 문제가 아니라 소를 관리하는 방식이 문제다.

10 소가 사료를
     너무 많이 먹는
     것은 아닐까?

우리의 식량 시스템에서 동물을 빼버리는 것이 지속 가능한 미래를 위한 유일한 방법이라고 주장하는 사람들은 의도는 좋다. 하지만 잘못된 영양 지침을 발표했던 맥거번 위원회만큼이나 심각한 실수를 저지르는 것이다. 그렇다면 소를 둘러싼 사람들의 걱정거리 몇 가지를 살펴보자.

- 소는 고기 생산량에 비해서 먹이를 너무 많이 먹는다.
- 소는 땅을 너무 많이 차지한다.
- 소는 물을 너무 많이 마신다.

우리는 다음의 세 장에서 이런 주장을 하나하나 자세히 다룰 것이다. 독자 여러분이 생각하는 것보다 상황이 더 복잡할지도 모른다는 사실을 보여주고 싶다. 그리고 나서 소를 키우면서 잘 관리하는 것이 단일 작물을 재배하는 것보다 분명 땅에 더 이로울 수 있는 이유를 알아보려고 한다.

소를 굉장히 많이 먹여야
소고기를 조금이나마 얻는 것 아닐까?

소가 기후 변화의 주범이라는 주장이 펼쳐지고 나면 그다음에 등장하는 것은 자원의 할당에 관한 주장이다. 고기를 얻으려면 동물에게 어떤 먹이를 얼마만큼 줘야 할까?

이런 주장을 들어본 적이 있을지도 모르겠다.

"우리의 식량 공급은 제한적이다. 따라서 사람이 먹을 수 있는 식량을 동물에게 주는 것은 비효율적이며 비윤리적이다. 그 식량을 사람들에게 대신 할당해야 한다. 고기는 지속 가능성이 없는 사치 식품이다."

소고기 450그램을 생산하려면 먹이 5~9킬로그램이 필요하다는 통계가 여기저기서 기계적으로 반복되기도 한다.

기억하는지 모르겠지만 우리는 앞에서 특정 과정의 상대적인 지속 가능성을 분석할 때 핵심 요인이 순 에너지 인풋 대비 얻을 수 있는 순 에너지의 양이라는 점을 언급했다. 하지만 가축의 사료가 고기로 전환되는 비율(투입되는 에너지 대 생산되는 에너지)을 계산하는 방법에는 여러 가지가 있다. 결국 '사료'라는 단어를 어떻게 정의하느냐에 따라 모든 것이 달라진다.¹

닭과 돼지처럼 산업적으로 생산되는 단위單胃 동물은 주로 곡물을 먹고 자란다. 이때 곡물은 사람을 위한 식량을 생산할 수 있는 땅에서 생산된다. (이것은 디캐프리오의 〈홍수가 나기 전〉에 나오는 또 한 가지 실수다. 인풋과 아웃풋을 따졌을 때 닭고기는 결코 소고기보다 나은 선택이 아니다.) 소는 되새김 동물이라서 곡물이 100퍼센트인 식단('농축 사료'라고 불리기도 한다)을 감당하지 못한다. 너무 짧은 기간에 곡물을 너무 많이 먹으면 소

가축은 우리가 먹지 못하는 식량을 단백질로 전환한다

단백질 대체품을 생산하는 기업들은 오늘날 가축의 사료로 쓰이는 작물을 사람에게 먹이는 것이 더 효율적이라고 주장한다. 하지만 전 세계적으로 가축의 사료 중 86퍼센트가 사람이 소화하지 못하는 물질로 구성되어 있다. 그중 거의 절반이 풀이다.

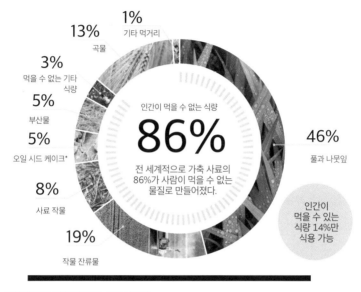

인간이 먹을 수 없는 식량

86%

전 세계적으로 가축 사료의 86%가 사람이 먹을 수 없는 물질로 만들어졌다.

1%
기타 먹거리

13%
곡물

3%
먹을 수 없는 기타 식량

5%
부산물

5%
오일 시드 케이크*

8%
사료 작물

19%
작물 잔류물

46%
풀과 나뭇잎

인간이 먹을 수 있는 식량 14%만 식용 가능

* 바이오디젤을 처리할 때 생기는 부산물-옮긴이

에게 오히려 치명적일 수 있다. 되새김 동물은 건강하게 지내려면 곡물이 덜 들어간 사료가 필요하다. 따라서 소, 양, 염소의 식단은 대체로 목초, 건초, 옥수숫대, 다른 '작물 잔류물'로 구성되어 있다. 전분이 없고 섬유질이 많은 이런 식물은 처리하는 방법이 세 가지 있다. 동물 사료로 사용해도 되고, 퇴비화 과정의 기반(수증기, 메탄, 이산화탄소 등의 온실가스를 배출)으로 쓰일 수도 있다. 이런 식물이 느린 산화 과정을 거치는 방법도 있는데, 이런 현상이 나타나면 생태계가 망가졌다는 징후다.

닭고기와 돼지고기의 사료를 만드는 과정에는 에너지가 대단히 많이 든다. 사료는 거의 순전히 곡물과 콩 같은 콩과 식물인데, 사람이 먹을 수 있는 음식을 동물 사료로 쓰는 것이다. 하지만 소의 경우는 상황이 다르다. 되새김 동물의 사료를 살펴보면, 전 세계적으로 소의 식단에서 곡물이 차지하는 비중은 10~13퍼센트밖에 되지 않는다. 풀과 나뭇잎이 전 세계적으로 되새김 동물의 먹이 중 57.4퍼센트를 차지한다. 나머지는 옥수숫대처럼 사람이 먹지 못하는 '작물 잔류물'이다.

우리는 사육장에서 키운 소의 고기를 특별히 옹호하지는 않지만, 일반 소고기가 부당하게 비난을 받고 있으며 사람들이 생각하는 것만큼 사육 시스템이 잔인하지 않다는 말을 꼭 하고 싶다. 그러면 고기소의 삶이 어떤지 한번 들여다보자. 많은 사람이 생각하는 것과 달리 소는 평생 사육장에서 곡물을 먹으면서 지내지 않는다. 사육장에서 키우는 소도 대체로 목초지에서 생의 첫 절반이나 3분의 2를 풀과 다른 먹이를 먹으면서 지낸다. 어떤 소는 추수가 끝난 옥수수밭처럼 작물이 남은 농경지에서 옥수숫대와 다른 작물 잔류물을 먹고 그것을 소고기로 변환한다. 소는 농경지를 치우면서 똥을 누고 땅을 비옥하게 만들어주기도 한다. 과도한 방목은 여러 농장에서 분명히 문제가 되고 있다. 하지만 우리는 이것이 시스템을 고칠 좋은 기회라고 생각한다. '식물 = 좋은 것', '고기 = 나쁜 것'이라는 패러다임에 대항해서 우리는 이런 질문을 던지고 싶다. 소의 과도한 방목이 합성 농약을 사용하는 산업적인 단일 작물 재배 시스템보다 나쁠까?

이 이야기에는 지역적인 차이도 큰 역할을 한다. 겨울이 혹독하거나 농경지가 적은 지역에서는 소가 더 건강해지도록 영양 보충을 해주는 것이 좋다. 소가 질 좋은 풀을 먹지 못하는 짧은 기간 동안 농장 가까이에서 생산된 먹이를 추가로 제공하면 지속 가능한 시스템 일부가 될 수 있다. 전 세계적으로 농부들은 이런 과정을 오랫동안 이용했다. 예를 들면, 스코틀랜드의 시스템은 수백 년, 어쩌면 수천 년의 역사를 자랑하는지도 모른다. 사료 작물(김의털과 같은 북방형 목초)을 비축해두면 추가적인 사룻값을 크게 아낄 수 있다. 어떤 지역에서는 이런 사료 작물이 늦여름과 가을까지 소에게 뜯기지 않고 자라기도 한다. 그러면 소가 늦가을이나 초겨울에 뜯어 먹을 수 있다. 소는 눈이 조금 쌓여도 그 밑에 있는 풀을 먹는다. 김의털과 같은 북방형 목초는 푸르름을 더 오랫동안 유지하며 추운 계절에도 소에게 필요한 만큼의 양분을 잘 보존한다. 이런 시스템에서 농부들은 화석 연료를 사용하지 않아도 되고 사료를 준비하거나 구매하는 데 드는 비용을 줄일 수 있다.

목초 사육 소가 아닌 이상 고기소는 도축되기 4~6개월 전에 사육장에서 지낸다. 소는 대체로 생후 18개월 정도 됐을 때 도축된다. 이런 시스템의 인풋과 아웃풋을 완전하게 이해할 수 있도록 소가 사육장에서 무엇을 먹는지 살펴보자. 소가 사육장으로 이동하고 나면 식품 산업의 부산물이 소의 식단 대부분을 구성한다. 소는 증류주 공장에서 남은 곡물과 다른 작물 잔류물[예를 들면, 옥수숫대, 옥수수 글루텐, 콩깍지, 면실박(목화씨의 남은 찌꺼기 – 옮긴이), 아몬드 겉껍질, 사탕무박]을 먹게 된다. 사람이 먹을 수 없는 이런 부산물은 소에게 영양을 제공한다. 소가 먹지 않았으면 그대로 버려졌을 것들이다.

동물에게 필요한 사료의 양을 사료 요구율FCR, Feed Conversion Ratio이라고 부른다. 최근에 진행된 한 생애 주기 분석에서는 뼈 없는 소고기 450그램을 생산하는 데 필요한 곡물의 양을 1.2킬로그램이라고 계산했다. 돼지는 먹이가 1.6킬로그램, 닭고기는 900그램, 연어와 같은 양식

물고기는 대체로 590그램이 필요하다는 주장이었다.[2]

곡물은 일반 소가 평생 먹는 식단의 10퍼센트밖에 차지하지 않는다.[3] 이 말은 고기소가 먹는 사료의 90퍼센트는 사람이 어차피 먹지 못하는 것이라는 뜻이다. 이 점에 대해 곰곰이 생각해보자. 소는 풀과 영양소가 적은 다른 식량을 먹고 인간을 위해 그것을 영양이 풍부한 식품으로 전환한다. 되새김 동물은 이런 일을 대단히 잘 해낸다. 영양소의 질을 업그레이드하는 것이다! 한 연구에서는 이런 결론이 나왔다.

"소는 먹을 수 있는 사료로부터 단백질을 0.6킬로그램만 얻어도 우유와 고기의 형태로 단백질을 1킬로그램 생산해낸다. 따라서 소는 세계의 식량 안보에 직접 이바지한다."[4]

우리에게 소는
식량 그 이상이다

세계 인구가 100억을 향해 치솟는 상황에서 식량 생산과 관련된 어려운 질문을 던지는 것은 합리적이다. 하지만 되새김 동물이 식량 말고도 우리에게 제공하는 것이 많다는 사실도 기억해야 한다. 동물의 생체중(가축의 도살 전 체중 – 옮긴이)의 42퍼센트만이 소매용 살코기와 간 고기다. 하지만 그렇다고 해서 나머지 부분이 버려지는 것은 아니다. 동물의 부위 중 무려 44퍼센트가 미국에서는 먹지 않는 다른 제품으로 변신한다. 동물 가죽은 무두질한 가죽이 되고, 뼈, 지방, 창자는 비누, 비료, 의약품, 반려동물 사료 등의 다른 제품으로 가공된다. 우리의 식량 시스템에서 동물을 없애버리면 화석 연료를 태워서 만든 고기 대체품만 많아

소의 부위별 쓰임새

뇌
안티에이징 크림,
의약품

소뼈
숯, 비료,
유리, 정제
설탕

소털
공기 여과기,
붓과 솔,
펠트, 단열재,
회반죽, 직물

피부
착제, 양초와 과자류,
조미료, 축구공, 젤라틴,
가죽, 의약품, 석고 보드

혈액
접착제, 케이크
믹스, 염료와 잉크,
달걀 모조품,
실험실 연구 자료,
의약품, 미네랄

시방
부동액, 바이오디젤,
양초, 시멘트,
분필, 껌, 화장품,
크레용, 크림과
로션, 데오도란트,
세제, 폭발물, 섬유
유연제, 비료,
불꽃놀이, 단열재,
리놀륨(건물 바닥재),
성냥, 의약품, 오일과
윤활유, 페인트, 향수,
플라스틱, 고무,
면도용 크림, 직물,
방수제

생체중의 42%가
소매용 고기이다

말굽과 소뿔
접착제, 컨디셔너,
합판, 반려동물
사료, 사진용 필름,
식물용 비료,
플라스틱, 합판,
샴푸, 벽지

장기
수출 시장, 호르몬,
효소, 비타민과
다른 의약품 원료,
악기의 줄, 테니스
라켓의 줄

우유
접착제, 화장품,
의약품, 플라스틱

소똥
비료, 질소, 인

• 원자료 출처: 미국 농무부의 'Where's the (Not) Meat? Byproducts from Beef and Pork Production'

질 것이다. 미국에서는 내장육을 잘 먹지 않는다. 하지만 다른 여러 국가에서는 동물의 간, 심장, 혀, 꼬리, 신장에 대한 수요가 많다. 이런 부위는 소의 생체중의 12퍼센트에 해당한다. 특히 아시아에서는 경제 상황과 전통상 내장육에 대한 수요가 꾸준히 많으며, 살코기는 맛이 너무 밋밋하다고 생각하는 사람이 많다. 전통적인 멕시코 요리인 풋자제

putzaze(소나 돼지의 위장과 간에 토마토를 곁들임), 렝구아lengua(혀), 메누도 노르테뇨menudo norteño(소나 돼지의 위장으로 만든 수프)는 여전히 높은 평가를 받는다.[5]

이런 '부산물'은 다른 산업에서도 이용한다. 따라서 사료 요구율을 계산할 때 소의 뼈, 가죽, 수출용 내장까지 포함해서 소가 사료를 고기로 효율적으로 전환하지 못한다고 주장하는 것은 옳지 않다.

소를 사육장에서 키우는 시스템에는 오물 관리 문제를 비롯한 여러 가지 문제점이 있다. 하지만 이런 시스템이 비난받는 점 중 여러 가지가 잘못됐다는 것을 짚고 넘어가야 한다. 복잡한 식량 시스템에서 에너지의 인풋과 아웃풋을 생각하면 관리가 잘된 목초 사육 소의 고기를 선택하는 것이 이상적이다. 목초 사육 소고기를 생산하는 과정은 생태계의 재앙을 초래하지 않으며 대가가 따르지도 않는다.

하지만 다른 여러 가지 식품과 비교하면 사육장에서 옥수수를 먹은 소의 고기도 썩 나쁘지 않은 선택이다. 비욘드 버거는 지원금을 두둑하게 받는 유명한 식물성 고기 대체품이다. 하지만 비욘드 버거가 목초 사육 소고기보다 건강에 더 좋을까? 이 제품이 환경을 위해서도 정말 더 좋을까? 비욘드 버거의 주성분은 분리 완두 단백PPI, Pea Protein Isolate과 카놀라유다. 단일 경작된 콩과 카놀라 밭에 화학 물질을 뿌리는 것이 어차피 경작할 수 없는 땅에 소를 키우는 것보다 덜 해롭다고 생각하는가? 비욘드 버거가 생물 다양성과 토양의 건강에 도움이 된다고 생각하는가? 이 제품을 생산하는 사람들은 유기농 재료조차 사용하지 않는다. 영양 측면에서 따져봐도 실제 소고기로 만든 버거와 비교할 수 없을 만큼 영양가가 낮다.

만일 가축에게 곡물과 같은 농산물을 먹이는 것이 비윤리적이라면 곡물로 알코올을 만드는 기업들은 왜 막으려는 사람이 없을까? 증류주 공장, 맥주 공장, 포도주 양조장 앞에서 시위하는 사람들은 왜 없는 것일까?

동물 복지의 관점에서 전형적인 집중 사육 시설CAFO에 사는 닭과 돼지의 생활 환경을 생각해보자. 이런 곳에 사는 동물들은 비좁은 공간에서 인공조명에 의존하며 100퍼센트 실내에서만 지낸다. 반면에, 소는 기의 방목하면서 키운다. 그래서 소는 햇빛을 받으며 몸에 자연스러운 식단을 먹으면서 지낸다. 설령 사육장으로 가더라도 여전히 바깥에서 지내며 상대적으로 자유롭게 돌아다닐 수 있다. 따라서 인간에게 필요한 단백질 대부분을 다른 육상 동물이 아닌 소와 같은 커다란 되새김 동물에게서 얻는 편이 낫다. 앞의 영양 파트에서 살펴봤듯이 되새김 동물의 고기는 닭고기나 돼지고기보다 영양가도 훨씬 더 풍부하다. 이 모든 사항을 고려했을 때 할리우드 스타, 정치인, 정치 활동 위원회가 되새김 동물·초원 시스템 대신 돼지고기나 닭고기를 생산하는 것이 더 좋다고 생각한다는 점이 놀랍다. 소는 우리가 먹지 못하는 영양소를 먹을 수 있는 영양소로 업그레이드upcycling(업사이클링)하기도 한다. 좀 이따가 살펴보겠지만 소가 이런 활동을 주로 하는 곳은 어차피 작물을 재배하기에 적합하지 않은 땅이다.

돼지고기와 가금류의 고기는 최근까지 제법 다양한 방법으로 생산되었다. 역사를 살펴보면 인간은 닭과 돼지에게 '오물'을 먹였다. 동물에게 먹일 곡물을 따로 재배하기 시작한 것은 불과 50년 전의 일이다.

뒷마당에서 닭을 키워본 사람은 알겠지만 닭은 채소뿐만 아니라 부엌에서 남긴 음식도 잘 먹는다. 닭고기를 먹는 것은 비교적 최근까지 쉽게 누릴 수 없는 사치로 여겨졌다. 전 세계적으로 가금류 고기의 소비량은 418퍼센트가 넘게 증가한 데 비해서 소고기 소비량은 고작 3퍼센트 증가했다. 그 이유는 무엇일까? 닭고기는 값싼 기름에 의존하는 현 시스템상 생산하기가 저렴하다. 그런데 에너지 가격이 오르면 닭고기 가격, 그리고 실험실 배양육과 같은 가짜 고기의 가격이 어떻게 달라질까? 한편, 풀을 뜯는 동물은 광합성에 의존하기 때문에 햇빛만 있으면 된다.

역사를 돌아보면 우리는 돼지를 자유롭게 풀어서 키우거나 우리가 정착지에 모여 살게 되면서 돼지를 곁에 더 가까이 두고 키웠다. 돼지가 인간과 식량을 두고 경쟁하지는 않았다. (뉴잉글랜드 앞바다에는 돼지들이 평소에 자유롭게 살 수 있는 '돼지 섬'이 여러 개 있었다. 사람들은 돼지고기가 필요해지면 그 섬에 가서 돼지를 사냥했다.[6]) 돼지는 자유롭게 돌아다녔지만 인간에게 길든 가축으로서 삼림 지대에서 번성했다. 땅에 떨어진 견과를 먹고, 땅을 파헤쳐서 버섯, 덩이줄기 채소, 쥐나 토끼 같은 작은 동물을 노리기도 했다. 돼지는 번식을 활발하게 하고, 무게가 빨리 늘며, 맛있는 고기와 지방을 제공한다. 그래서 여러 문화에서 중요한 영양 공급원으로 자리 잡았다. 아이러니하게도 모든 '블루존Blue Zone(건강과 장수로 유명한 지역)'에서 사람들이 공통으로 먹는 몇 안 되는 음식 중 한 가지가 돼지고기다. 인구 밀집도가 더 높은 지역에서는 돼지가 인간과 더 가까이 살면서 우리가 생산해내는 '오물'을 처리했다. 독자 여러분의 비위를 상하게 해서 미안하지만, 돼지는 사람의 똥을 먹을 수 있다. 한국과 중국에서는 4인 가족이 매일 인분 2킬로그램과 쓰레기 230그램으로 아기 돼지 네 마리를 먹여 살릴 수 있을 것이다.[7] 돼지는 더러운 동물로 잘못 알려져 있지만, 중세 시대에 파리에서 위생에 중요한 역할을 했다. 15세기 아일랜드에서는 주로 남은 음식을 먹이면서 돼지를 키우다가 날씨가 추워지면 영양이 풍부한 고기와 겨울에 꼭 필요한 지방을 얻으려고 돼지를 처리하는 일이 흔했다. 돼지가 아일랜드인의 적금 역할을 했다. 소는 업사이클링에 능하고, 돼지는 재활용에 능하다.

돼지에게 남은 음식을 먹이는 것은 윈-윈 전략 같다. 하지만 정부 규정 때문에 이런 방법을 선택하지 못하는 지역이 많다. 미국 농무부는 미국에서 음식의 30~40퍼센트가 버려진다고 예측한다. 그런데도 인간을 위한 식량을 생산하는 데 써야 할 땅을 돼지에게 줄 엄청난 양의 곡물을 키우는 데 쓰는 것이다. 미국의 경우 주마다 관련 법이 다르며, 남은 음식을 돼지에게 먹이는 농부들도 있다. 하지만 일반적으로 장비와 허가증의 교부 조건 때문에 농부들이 외부 기업으로부터 사료용 곡물을 사는 것을 더 간편하게 여긴다. 현재 기름값이 싸고, 곡물 생산에 보조금이 지급되고, 이윤이 적게 남고, 관련 규정까지 있어서 돼지에게 남은 음식을 먹이기가 어렵다. (일부 지역에서는 아예 불가능하기도 하다.) 오늘날 우리가 돼지에게 먹이는 대표적인 사료는 곡물이다.[8]

UN 식량농업기구FAO에 의하면 생산되는 모든 음식의 3분의 1, 즉 13억 톤이 분실되거나 버려진다고 한다.[9] 가장 많이 남는 음식은 뿌리채소, 덩이줄기채소, 과일, 채소다. 이런 음식 중에는 동물이 먹기에 적합하지 않은 것도 있다. 하지만 돼지가 수천 년 동안 사람들이 남긴 음식을 먹고 살아남았다는 점을 생각하면 우리가 지금의 시스템보다는 더 나은 시스템을 만들 수 있다고 생각한다. 먹고 남은 빵, 유제품, 소매 농산물, 케이터링 음식은 돼지에게 쉽게 먹일 수 있다. 그러면 사람이 먹을 작물을 경작하기에 적합한 귀한 땅도 더 생기게 된다. 한국과 일본을 비롯한 여러 아시아 국가에서는 벌써 농부들이 돼지에게 남은 음식물을 먹이도록 권장하고 있다. 남은 음식물로 키운 돼지의 고기는 마트에서 '친환경 돼지고기'로 더 비싸게 팔린다. 돼지에게 남은 음식을 먹이면 농부들도 비용이 덜 들어서 좋다. 사료용 곡물을 따로 사지 않아도 되기 때문이다. (돼지를 키우는 데 들어가는 비용의 60~75퍼센트가 사룟값이다.) 돼지에게 남은 음식을 먹이면 곡물이 멀리서 농장까지 오지 않아도 돼서 탄소 발자국(개인, 기업, 국가 등이 활동이나 상품의 생산 및 소비를 통해 직접 또는 간접적으로 발생시키는 이산화탄소의 총량-옮긴이)도 줄어든다. 게다가 사람이 먹을 작물을 재배할 수 있는 농경지도 늘어난다.

축산 부산물(동물의 내장, 뼈, 혈액 등 가축의 도축 과정에서 나오는 주요 식용 부위 외의 부차적인 부위-옮긴이)을 농장 가축에게 먹이는 문제를 둘러싸고 논란이 이는 것은 부분적으로는 광우병이 퍼지는 데 대한 걱정 때문이다. 소와 다른 되새김 동물들은 닭이나 돼지처럼 잡식성이 아니며 돼지처럼 사람이 남긴 음식물을 다양하게 먹으면서 살 수 없다. 돼지나 닭에게 제대로 처리된 남은 음식물을 먹이는 것이 안전하지 않다는 증거는 없다.[10]

11   소가 땅을
      너무 많이
      차지하는 것은
      아닐까?

가축이 농경지의 3분의 2를 차지한다는 말을 들어봤을지도 모른다. '고기 없는 월요일' 캠페인은 한술 더 떠서 가축이 '지구에 있는 농경지의 75퍼센트'나 차지한다고 주장한다. 이런 말을 듣고 나면 이렇게 땅을 많이 차지하는 비효율적인 동물을 식량 시스템에서 빼버리면 콩, 호박, 상추를 심을 자리가 더 많아진다고 생각할지도 모른다. 어쩌면 땅 4,000제곱미터(㎡)당 토마토 22톤, 감자 24톤, 당근 14톤을 생산할 수 있고, 소고기는 113킬로그램밖에 생산하지 못한다는 통계도 본 적이 있을지 모른다. 이런 수치만 살펴보면 가축을 기르는 것은 땅을 낭비하는 꼴이다. 작물을 재배하면 훨씬 더 생산적일 수 있는데 뭐 하러 가축을 기르겠는가?

하지만 이 주장에는 두 가지 문제점이 있다. 첫 번째 문제점은 사과를 똑같은 사과와 비교하고 있지 않다는 것이다. 그러니까 영양가가 같은 식품끼리 비교하고 있지 않다는 말이다. 앞서 영양 파트에서 살펴봤듯이 동물 단백질의 칼로리는 탄수화물에서 얻는 칼로리보다 인간에게 훨씬 더 가치 있다. 소고기 160칼로리(등심 99g)만 먹어서 얻을 수 있는 단백질의 양을 콩과 밥으로 얻으려면 600칼로리(검은콩 두 컵과 현

미 반 컵)나 먹어야 한다. 게다가 소고기에는 비타민 B12와 헴철도 들어
있다는 점을 잊지 말자. 따라서 같은 면적의 땅에 키울 수 있는 식량을
비교할 때 총 칼로리가 같은지를 따질 것이 아니라 영양소의 양이 같은
지를 따져야 한다. 앞에서도 언급했지만 다시 한번 강조하자면, 우리의
식량 시스템의 문제는 칼로리가 부족한 것이 아니다. 영양소가 부족한
것이다.

두 번째 문제점은 어쩌면 이 장에서 가장 중요한 점일지도 모른다.
바로 전 세계적으로 농지 대부분에서 토마토, 감자, 당근(이나 다른 작물
들)을 '재배할 수 없다는' 것이다. 지구상에는 딱딱하고, 건조하고, 바위
가 많고, 언덕이 많은 지역이 대단히 많다. 작물을 들판 가득 키우려면
비옥한 토양, 충분한 강우량이나 관개 시설, 상대적으로 편평한 땅이 필
요하다. 그리고 밭을 갈고, 작물을 수확하고, 바로 먹지 않을 작물을 처
리할 수 있는 시설도 있어야 한다. 잘 관리된 소와 다른 되새김 동물들
은 우리가 어차피 작물을 키우지 못하는 땅에서 번성할 수 있고 땅에도
도움이 된다. 지구상에는 작물을 재배하기에 적합한 땅보다 풀을 뜯기
에 적합한 땅이 훨씬 많다. 소(와 다른 되새김 동물 대부분)가 작물을 재배
할 수 있었을 공간을 두고 인간과 경쟁하는 것이 아니다. 소는 제대로
관리하기만 한다면 생태학적으로 중요한 역할을 할 수 있으며 인간이
이용하지 못하는 식량(사료)을 인간이 먹을 수 있는 음식으로 전환한다.

UN 식량농업기구FAO는 지구상에 있는 농지의 약 3분의 1이 작물
을 재배하기에 적합한 것으로 추정한다(경작용 땅과 영구 작물). 잠재적으
로 경작이 가능한 땅 중에서 3분의 1(1,500만km²)은 현재 사용 중이다.[1]
이렇게 들으면 작물을 심을 수 있는 땅이 아직 많이 남아 있는 것 같은
생각이 든다. 하지만 남아 있는 잠재적인 농경지 중에서 거의 절반은 숲

속에 있고(한때 농경지였으나 거의 야생으로 돌아간 지역. 아이러니하게도 녹색 혁명과 집약적 농법 때문에 필요한 땅의 총량이 감소한 결과다), 12퍼센트는 보호 구역으로 지정되어 있으며, 3퍼센트는 도시가 이미 차지하고 있다.[2]

너무나 많은 사람이 열대우림을 목초지나 콩을 생산하기 위한 땅으로 개간하는 것을 개탄한다. (나중에 살펴보겠지만, 이런 의견이 정당한 부분도 있다.) 하지만 미국에서는 목초지가 경작용 땅으로 전환되는 것이 더 큰 문제다. 이 과정에서 여러 생물의 서식지가 파괴되고 탄소가 배출되기 때문이다. 아이오와주에서는 무경운 농법을 이용하거나 경작용 땅을 목초지로 전환하는 농부들에게 땅 1에이커당 몇 달러씩 지급한다. 만일 미국 의회가 온실가스 배출량을 엄격하게 제한하는 법을 통과시키면 농부들은 탄소를 저장하도록 훨씬 많은 돈을 받게 될 것이다.[3] 사기업들도 친환경 농사에 뛰어들었다. 탄소 배출량이 많은 기업을 찾아서 탄소 친화적 농업을 도입하는 농부들에게 보조금을 두둑하게 지급하는 프로그램에 투자하도록 설득하는 것이다.[4]

전 세계적으로 농경지의 60퍼센트 이상이 목초지다.[5] 목초지 대부분은 작물을 재배하기에 적합하지 않으며 일부 유형의 목축에만 적합하다. 키우려는 동물이 소, 낙타, 들소, 염소 중 그 어느 것이든 말이다. 전 세계적으로 풀을 뜯는 가축을 키우는 것이 사람들의 몇 안 되는 생계 수단 중 하나인 곳이 많다. 과방목은 문제가 되지만, 중요한 것은 풀을 뜯는 동물의 수가 아니라 동물의 관리 방법이다. 이 문제는 나중에 자세히 다루려고 한다. 다시 한번 강조하지만, 문제는 소가 아니라 소를 관리하는 방식이다.

모든 땅이 작물 재배에 적합한 것은 아니다

소를 없애버린다고 해서 작물 생산에 쓸 수 있는 땅이 더 생기는 것은 아니다. 전 세계적으로 농경지의 60퍼센트 이상이 경작 농업을 시도하기에는 바위가 너무 많거나 가파르거나 건조한 목초지와 방목장이다. 하지만 이런 땅도 소를 키우고 단백질이 업그레이드되는 과정을 돕기에는 충분하다.*

60%

- 대륙 빙하와 극지 사막
- 툰드라
- 타이가

- 온대 활엽수림
- 온대 스텝 지대
- 아열대우림

- 지중해 초목
- 계절풍림
- 건조성 사막

- 건생 관목지
- 건조한 스텝 지대
- 반건조성 사막

- 풀이 많은 대초원
- 나무가 많은 대초원
- 아열대 건조림

- 열대우림
- 고산 툰드라
- 산림 지대

* "Livestock on Grazing Lands" in *Livestock & the Environment: Meeting the Challenge*(FAO), accessed December 31, 2019, www.fao.org/3/x5304e/x5304e03.htm.

그래도 아직 어딘가에 좋은 농경지가 남아 있지 않을까? 모든 농경지의 질이 똑같은 것은 아니며, 농경지에 아무 작물이나 심을 수 있는 것도 아니다. 예를 들면, 북아프리카의 드넓은 평원에는 올리브나무만 심을 수 있다. 이 땅은 한 가지 종류의 작물만 자랄 수 있는데도 '작물에 적합한' 땅에 포함된다. 미국 식량농업기구에 따르면 지구상의 지표면

중 약 36퍼센트가 경작에 적합한 것으로 여겨진다.[6] 하지만 그중 3퍼센트만이 질 좋은 농경지로 꼽힌다.[7] 농경지의 유용성을 따질 때는 여러 가지 요소를 고려해야 한다. 그중 한 가지가 해당 지역이 강우나 관개 시설에 의존하는 작물을 재배하기에 적합한지 살펴보는 것이다. 물은 중요한 제한 요인이다. 특정 지역에 물이 한정되어 있으면 물이 많이 필요한 작물을 심는 것이 이치에 맞지 않을 것이다. 설령 땅이 좋고, 편평하고, 비어 있더라도 말이다.

콩고민주공화국에서는 땅의 거의 절반이 카사바 나무를 재배하기에만 적당하다. 밀 생산을 감당할 수 있는 땅은 3퍼센트도 채 되지 않는다.[8] 하지만 카사바에 대한 수요가 충분히 있을까? 그 나라에 남는 카사바를 수출하는 데 필요한 기반 시설이 있을까? 남는 카사바를 보관할 수는 있을까? 영양가가 낮은 카사바(전분은 많이 들어 있지만, 단백질이나 미량 영양소는 적게 들어 있다)가 정말로 사람들이 많이 먹어야 하는 작물일까? 카사바를 제대로 처리하고 저장하는 기반 시설도 문제다. 앞으로 카사바에 대한 수요가 급증할 일이 있을까? 특정한 땅에서 그다지 많은 사람이 원하지 않는(많이 먹어서도 안 되는) 상품만 재배할 수 있다면 그 땅을 농경지로만 쓰는 것이 땅을 제대로 활용하는 방법일까?

인도와 같은 여러 개발도상국에는 남는 작물을 운반하고 저장할 수 있는 기반 시설이 없다. 날씨와 관련된 자연재해도 자주 일어나서 작물이 썩을 위험도 있다. 날씨를 점점 더 예측하기 어려워지면서 농사짓기도 더 까다로워졌다. 미국의 북동 지역에는 여름에 비가 꾸준히 내려서 채소를 생산하기에 안성맞춤이었다. 하지만 이제는 가문 날이 많아졌고[9] 폭우도 더 자주 내린다. 총 강우량은 몇 년 전과 비슷할지 몰라도 비의 질이 떨어졌다. 그래서 농부들은 농사짓는 방식을 바꿔야만 했다.

작물이 한창 자랄 시기에 더는 상대적으로 예측 가능한 비가 꾸준히 내리지 않기 때문에 이 지역의 농부 대부분은 예전보다 관개 시설에 훨씬 더 많이 의존해야 한다.

우리가 개발할 수 있는 땅은 전 세계적으로 1,800제곱킬로미터 정도 남아 있다. 이 땅의 대부분은 브라질, 콩고민주공화국, 수단, 앙골라, 아르헨티나, 콜롬비아, 볼리비아 등 7개국에 집중되어 있다.[10] 남아시아와 북아프리카에는 사실상 남아 있는 농경지가 없다. 개발도상국에서 토양을 고갈시키는 단일 작물 재배가 늘어나면서 이런 지역에 가해지는 경제적인 압박 때문에 토양을 건강하게 하는 재생 농법이 빛을 보지 못할 것이다. 이 말은 우리가 밭을 대규모로 경작할수록 토양이 더 많이 파괴된다는 뜻이다. 토양의 질이 떨어지면 농사를 지을 수 있는 땅의 양도 줄어든다. 화학 비료를 이용해서 수확량을 일시적으로 유지할 수는 있지만, 토양의 건강은 회복되지 않을 것이다.

우리가 앞에서 암시했던 것처럼 토양을 은행 계좌라고 생각하면 이해하기가 쉽다. 한해살이 작물(옥수수, 콩, 밀 등 채소 대부분)은 '돈', 즉 양분이 많이 필요하다. 은행 계좌에 돈을 더 넣지 않고 계속 '찾기만' 할 수는 없듯이 작물도 계속 수확하기만 할 수는 없다. 산업적인 경작 시스템에서는 토양에 '예금'을 해야 한다. 채굴한 광물과 화학 물질이나 자연적인 인풋이 있어야 한다. 광물(유한 자원)에 의존하는 것의 문제는 쓸수록 더 많이 필요해진다는 것이다. 지구상에 있는 자원은 무한하지 않다. 우리에게는 인공적으로 늘린 수확량을 계속 유지할 수 있을 만큼 농경지, 석유, 인이 무한대로 있는 것이 아니다. 이 말은 자원이 점점 희소해지면서 농사를 짓는 데 드는 비용이 결국에는 커질 것이라는 뜻이다. 게다가 농사에 기본적으로 필요한 질소, 인, 칼륨만 투입한다고 될 일이 아니다. 건강한 토양에 필요한 다른 양분과 생명에도 신경을 써줘야 한다.

여러 전통문화가 부유한 선진국에서 대중화된 영양 지침과 식량 생산 지침을 도입한다면 전통 식량을 전혀 생산하지 못할 것이다. 그 대신 수천 킬로미터 떨어진 곳에서 생산되는 줄뿌림 작물에 완전히 의존하게 될 것이다. 앞에서 살펴봤듯이 줄뿌림 작물은 오래 못 갈 확률이 높다.

소, 들소, 염소, 양과 같은 되새김 동물은 우리가 먹지 못하는 풀을 우리가 먹을 수 있는 단백질, 지방산, 비타민, 미네랄로 전환한다. 되새김 동물은 우리가 어차피 작물 재배에 이용할 수 없는 땅에서 이런 식으로 영양소를 업그레이드하면서 식량 안보에 이바지한다.[11]

우리는 농경지를
어떻게 이용하고 있을까?

인간의 영역이 무질서하게 뻗어 나가면서 작물을 재배하는 데 쓰여야 할 귀중한 공간이 사라지고 있다. 점점 확장되는 교외 지역, 전부 똑같이 생긴 집, 쇼핑센터, 커피숍 체인점을 생각해보자. 교외는 한때 질 좋은 농지였던 곳에 마을을 만든 것이다.

대도시가 인구와 자원을 집중시켜서 효율이 높아진다는 점에서 생태계에 도움이 된다고 주장할 수도 있을 것이다.[12] 하지만 도시를 설계하는 사람들은 도시의 상징인 스카이라인을 바꿀 생각이 별로 없으며 대체로 정치인들이 원하는 방향으로 일을 추진하게 된다. 정치인들은

'가격이 적당한 집'이 많아져야 한다고 주장하지만, 그런 집이 자신들이 사는 지역과 너무 가깝지 않기를 바란다. 인터넷이 발달하고 재택근무가 활성화되면서 어차피 복잡한 도시에서 살고 싶은 사람들의 욕구가 줄어들었다. 게다가 이제는 일하려고 사무실에 직접 앉아 있어야 할 필요도 별로 없어졌다.

미국의 경우에는 자동차라는 기적 같은 물건이 등장한 시기가 기름값이 저렴해지고, 고속도로가 확장되고, 교통수단과 자유에 접근하기가 쉬워진 상황과 잘 맞아떨어졌다. 그러면서 사람들이 처음으로 이곳저곳으로 진출하게 되었다. 자신이 일하는 지역에서 더는 살 필요가 없어지면서 근처에 있는 도시나 교외로 이사를 간 것이다. 물론 모든 일에는 장단점이 있다. 많은 사람이 예전보다 일터와 멀리 떨어져서 살면서 출퇴근 시간이 늘어났다. 샌프란시스코의 베이 에어리어Bay Area 사람들은 매일 차 안에서 3시간 이상을 보내야 한다.

오늘날에는 인터넷 덕택에 내륙지역에 땅을 몇천 평 사려는 사람이 많다. 하지만 전원생활을 하려면 돈이 많아야 한다. '농지'의 가격이 하늘을 찌르고 있는데, 우리를 먹여 살릴 수 있는 자원으로서 인기가 좋은 것이 아니라 집을 새로 지을 공간으로서 인기가 좋은 것이다. 미국에서는 작은 부지에 화려하게 짓는 대저택McMansion이 많아지고 있다. 이 땅은 한때 농사를 소규모나 중간 규모로 짓던 농부들이 일했던 땅이다. 저택이 늘어나면서 농사를 지을 수 있는 땅이 사라지거나 농업이 거대독점 기업 쪽으로 쏠리는 현상이 발생했다. (2008년에 있었던 주택 담보 대출 위기처럼) 부실한 정부 지원 대출 정책이 부추긴 부동산 시장의 호황 때문이든 캘리포니아, 뉴욕, 뉴저지와 같은 주에서 사람들이 대거 도시를 떠난 일 때문이든 결과적으로 세상에서 가장 이용하기 쉬운 농경지 일부가 사라지고 말았다.[13] 양배추와 브로콜리는 심기 좋지만, 땅을 개발자에게 파는 것과 비교해보면 돈이 되는 작물은 아니다. 이런 현상은 잘 사는 사람들에게는 좋은 일이고 교통 체증을 완화하는 데도 도움이 될지 모른다. 하지만 농경지가 한 번 뒤덮이고 나면 인류가 멸망하고 나서 한참 지나서나 농지가 다시 빛을 보게 될 것이다.

지속 가능성, 기후 변화, 세계 인구를 먹여 살리는 문제는 대단히 중요하다. 그런데도 우리 농경지가 어디로 '가는지', 그리고 농경지가 실제로 어떤 용도로 쓰이고 있는지에 관한 문제는 무시되는 경우가 많다. 축산업처럼 정치적인 격론을 부르는 주제가 스포트라이트를 차지하는 것이다.

바이오 연료의 생산도 식량을 재배할 수 있는 땅을 두고 인간과 직접 경쟁하는 분야다. 신문의 제1면을 자주 장식하지는 않지만, 미국에서는 옥수수밭의 37.5퍼센트가 연료용 에탄올의 생산에 쓰이고 있다.[14] 이것은 정치적인 성향과 관계없이 사람들이 전부 모여서 상의해야 할 문제다. 연구 결과가 확정적이지는 않지만, 에탄올 생산을 통해서 얻을 수 있는 순 에너지의 양은 마이너스에서 약간의 플러스 사이다. 어쩌면 이런 이유로 에탄올 생산을 위해서 옥수수를 키우는 농부들이 에탄올이 아니라 디젤유나 휘발유를 넣는 트랙터를 모는 것인지도 모른다. 식량을 재배할 수 있는 땅에서 에탄올을 생산하는 것은 환경친화적인 척하는 쓸데없는 짓이며, 에탄올이 제공하는 에너지보다 에탄올을 생산하는 데 드는 에너지가 더 많다(이것은 우리가 특정한 농사법의 타당성을 평가할 때 적용하는 기준 중 한 가지다)는 점을 잊지 말자. 게다가 에탄올 생산은 순전히 정부의 보조금에 의존한다는 문제도 있다. 정부가 세금을 걷어서 농부들이 식량이 아닌 에탄올을 생산하도록 보조금을 지급하는 것이다. 에탄올은 생산 과정에 투입되는 에너지의 양이 결과적으로 생산되는 에너지의 양보다 많다. 그럴 바에는 사람들에게 땅에 구멍을 파고 그 구멍을 다시 채우도록 돈을 주는 편이 나을지도 모른다. 그러면 최소한 운동도 되고 햇볕도 쬘 수 있을 것이다.

공간이 점점 줄어드는 것도 문제지만, 앞에서 살펴본 것처럼 현대의 산업적인 농사법도 문제다. 이런 농사법은 우리가 그나마 가진 농경지를 망치고 있다. 전 세계적으로 농지의 약 3분의 1이 질이 떨어졌고[15], 그중 절반 이상은 너무 심하게 파괴돼서 농부들이 쉽게 재생할 방법이 없을 지경이다. 집약적이고 기계화된 화학적 농업 때문에 토양 침식, 토양 압축, 양분 손실이 발생해서 토양의 질이 떨어지게 된다.[16]

건조한 지역에서는 문제가 더 심각하다. 땅의 약 70퍼센트가 질이 떨어지는 것이다.[17] 과방목이 이런 현상의 원인 중 하나이지만, 이것은 동물을 키우는 것 자체의 문제가 아니라 동물 관리의 문제다. 우리는 풀을 뜯는 동물을 많이 키우는 것이 파괴된 농경지를 회복시키는 길이라고 생각한다.

어떻게 해야 땅을
회복시킬 수 있을까?

'녹비green manure(생잎이나 생풀로 만든 거름 - 옮긴이)'를 이용해서 토양의 질을 개선하는 방법은 여러 가지 있다. 식물을 심고 나서 거름의 형태로 땅속에 다시 넣어주면 땅이 비옥해지고 식물의 뿌리 덮개 역할을 하게 된다. 클로버와 같은 피복 작물은 토양 속 생태계에 양분을 제공하며 땅이 환금 작물 재배에 쓰이지 않는 시기에 토양이 비바람에 침식당하지 않게 막아준다. 피복 작물 덕택에 미생물의 활동이 활발해져서 작물에 필요한 다른 주요 미네랄을 더 쉽게 얻을 수 있고 익충에게 서식지가 생기기도 한다. 농부들은 풀이 없는 맨땅이 생기지 않도록 피복 작물을 일반 작물의 줄과 줄 사이에 심기도 한다. 피복 작물 위에서 가축을 방목할 수도 있다.

하지만 농부들이 피복 작물을 심기로 선택할 때는 주로 땅 일부가 일시적으로 놀고 있을 때다. 씨앗을 사는 비용도 생각해봐야 한다. 경제적인 관점에서 봤을 때 이 방법을 모든 지역의 농부들이 사용하기에는 실현 가능성이 작을지도 모른다.

'비거닉veganic' 농업을 주창하는 사람들이 제안하는 또 다른 해결책은 해조류 비료를 사용하는 것이다. 하지만 해조류가 생산되는 과정을 분석해보면 생각보다 재료와 에너지가 많이 필요하다는 사실을 알게 될 것이다. 해조류가 계속 살아 있으려면 질소와 인이 다량으로 필요한데, 이런 물질을 어디선가는 구해야 한다. 이런 해조류 시스템은 규모가 쉽게 커지지 않으며, 해조류를 농장 밖에서 들여오면 폐쇄 루프 시스템closed-loop system과는 거리가 멀어진다는 점도 고려해야 한다. 그러면 농장에 있는 동물을 이용해서 자체적으로 비료를 만들었을 때와 달리 농부 대부분에게 경제적인 문제가 생긴다. 게다가 해조류를 농장까지 어떻게 운반할 것인가?

농부들은 탄소를 더 많이 포집하기 위해서 토양에 퇴비를 뿌릴 수도 있다. 무경운 농업 역시 사람들의 관심을 많이 받는 해결책 중 하나이다. 땅을 깊이 가는 대신 씨앗이나 묘목을 이용해서 홈을 얕고 가늘게 파는 것이다. 그러면 토양을 훼손하지 않고 탄소를 배출할 수 있다. 무경운 농업은 농부들이 토양에 써야 하는 질소의 양을 현저히 줄여주고 토양의 침식도 덜 일어나게 해준다. 하지만 그 대신 제초제를 더 많이 써야 하는 경우가 많다. 우리는 '무경운'이라는 말을 내세우는 생산자들에 대해 조사가 이루어져야 한다고 생각한다. 그들이 땅에 사용하는 화학 물질이나 농지 외의 곳에 투입하는 물질이 토양 속 생태계에 미치는 영향이 파괴적일 수 있기 때문이다.

어떤 기술을 이용하든 농부들이 환경을 위해서 할 수 있는 최고의 일은 토양 속 생태계를 개선하는 것이다. 그래야만 식물이 미네랄을 활용할 수 있다. 위에서 언급한 여러 가지 해결책보다 더 좋고, 더 빠르고, 더 재생적인 방법은 동물을 이용하는 것이다. 동물은 영양이 풍부한 '녹비'를 뿌린 밭에서 풀을 뜯으면서 인간이 먹기에 건강한 고기나 우유를 생산할 수 있다. 되새김 동물을 다리가 4개인 빨리 움직이는 퇴비통이라고 생각하면 된다. 폴리페이스 농장의 조엘 샐러틴은 로저스와의 인터뷰에서 퇴비 더미와 비교하면 동물이 퇴비를 뿌리는 속도가 플라이휠 같다고 말했다. 동물은 특히 건조한 환경에서 유기물을 더 빨리 분해한다. 많은 양의 물이 없어도 되고, 퇴비를 모으거나 재분배할 필요도 없다. 동물의 똥, 오줌, 침에는 박테리아가 들어 있는데, 이런 박테리아는 토양 속 생물 군계에 속하게 된다. 그러면 식물이 활용할 수 있는 양분의 양이 늘어난다.

자연에서는 동물의 장내 세균과 토양 속 미생물이 모두 하나의 사이클에 속해 있다. 두 가지가 개별적인 시스템이 아니다. 게다가 되새김 동물이 피복 작물을 먹게 하고 나중에는 작물 잔류물을 먹게 하면 제초제를 쓸 필요가 없어진다. 되새김 동물의 똥은 비료가 되며 토양 속 생태를 활성화하는 데 도움이 된다. 화학 비료의 주요 구성 요소인 질소,

인, 칼륨을 따로 투입해야 할 필요도 줄여준다. 관리가 잘된 시스템에서는 기름이나 비싼 인건비를 써서 되새김 동물에게서 얻은 비료를 합성하거나 뿌릴 필요가 없다.

UN 식량농업기구에 의하면 농경지의 약 60~70퍼센트가 목초지로 이용하기에 매우 적합하다고 한다.[18] 땅이 소를 몇 마리나 수용할 수 있을지 결정하기란 쉽지 않다. 땅마다 특징이 다르기 때문이다. 버몬트주에서 효과가 있는 방식과 네바다주나 멕시코 남부니 중국 북부에서 효과가 있는 방식은 전혀 다를지도 모른다. 로저스가 사는 매사추세츠주에서는 일반적으로 보통 땅 1에이커(4,000㎡)당 소를 230~360킬로그램 기르길 권장한다. 이 말은 540킬로그램짜리 소 한 마리를 키우는 데 목초지가 약 8,000제곱미터 필요하다는 뜻이다. 매사추세츠는 환경이 워낙 습하다 보니 소의 물 발자국이 대단히 적은 편이다. 이 지역에서는 평균적으로 뼈 없는 소고기 450그램당 물이 약 113리터만 있으면 된다. (이 이야기는 다음 장에서 더 자세히 다룰 것이다.) 뉴잉글랜드New England(매사추세츠를 비롯한 미국 동북부 연안 지역 - 옮긴이)가 정말 잘하는 일이 있다면 목초지를 관리하는 것이다!

우리는 제16장에서 구체적인 수치를 살펴보면서 사람들의 생각과 달리 미국에는 모든 고기소를 목초만 먹여서 키울 수 있을 만큼 땅이 충분하다는 사실을 보여줄 것이다. 토양의 건강이 개선되면 토양의 수분 보유 능력도 향상된다. 목초지에 있는 풀의 양이 많아지고 질이 좋아지는 효과도 있다. 집약 방목intensive grazing과 같은 우수한 관리 기술을 이용하면 땅의 '수용력'이 커진다. 그러면 똑같은 양의 땅에 소를 더 많이 키울 수 있다.

잘 관리된 소란 구체적으로 무엇을 뜻할까? 제7장에서 살펴본 '초원'

실험을 떠올려보자. 목초지에는 다양한 종류의 풀, 잡초, 들꽃 등의 여러 가지 식물이 자란다. 만일 동물이 매일 같은 땅에서 지내면 가장 좋아하는 식물을 골라서 그 식물이 완전히 없어질 때까지 먹을 것이다. 그러면 땅속에 있는 식물의 뿌리까지 죽고 만다. 이런 관리 유형은 대체로 '연속 방목continuous grazing'이라고 불린다. 이 시스템에서는 동물들이 좋아하는 식물을 지나치게 많이 먹게 되고, 그러다 보면 그 식물 종이 점점 사라질 것이다. 동물들이 원하지 않는 식물이 땅을 장악하면 소가 그런 식물은 잘 먹지 않을 것이다. 과방목이 이루어지면 풀이 없는 맨땅이 늘어나고 땅 위아래에서 생물 다양성이 줄어들기도 한다. 토양의 압축과 침식도 더 많이 일어나고, 땅속의 탄소 저장량이 감소하기도 한다.

소의 건강을 생각하더라도 이것은 바람직한 시스템이 아니다. 소똥에 기생충이 들어 있으면 다른 소들이 그것을 먹고 소화해서 기생충이 소의 체내에 침입할 확률이 높기 때문이다. 야생에서는 초식 동물들이 포식자를 피해서 끊임없이 이동한다. 그 뒤를 새떼가 따라다니면서 기생충을 골라준다. 포식자가 있으면 초식 동물의 개체수가 통제 범위를 넘어서지 않으며 과방목을 걱정할 필요도 없다. 물론 그렇다고 해서 배고픈 늑대 한 무리를 농장에 대기시킬 필요는 없다. 전기 울타리를 두르는 것만으로도 충분하다. (리어나도 디캐프리오가 언젠가 지속 가능한 농장을 운영하게 된다면 바로 여기에 닭을 투입하면 된다!) 땅 1에이커(4,000㎡)당 수용할 수 있는 동물의 수와 로테이션의 빈도는 몇 가지 요인에 따라 정해진다. 지역에 따라 소를 이용해서 생태계를 개선하는 방법은 다양하다. 지피 식물(지표를 낮게 덮는 식물의 총칭 - 옮긴이)의 수를 늘리고, 사료를 늘리고, 물의 순환 사이클을 바로잡는 방법 등이 있다.

집약적인 소 관리법에는 다양한 유형이 있다. 그중에서 짧은 기간에 동물을 좁은 목초지에 풀어뒀다가 자주 이동시키는 방법이 일반적인 '연속 방목'보다 소고기를 훨씬 많이 생산할 수 있다. 버지니아주에 있는 폴리페이스 농장의 조엘 샐러틴은 이것을 '단시간 고밀도 방목'이라고 부른다. 그는 소 한 마리를 키우고 그 소가 고기로 쓰일 송아지를 낳는 데 목초지가 8,000제곱미터가 필요하다고 계산했다. 세이버리 연구소에서 제시한 또 다른 틀은 '총체적인 관리'다. 이 관리법은 땅, 동물, 강수량, 농장의 재정적인 목표 등 다양한 요인을 고려하며, 이 과정에서 소가 중요한 도구가 될 수 있다. 우리가 알아둬야 할 점은 모든 목초 사육 동물이 토양이나 동물의 건강 측면에서 관리가 잘되고 있지는 않다는 것이다. 무엇보다도 동물을 자주 이동시키는 것이 관건이다.

이 주제를 둘러싼 흥미로운 점은 사람들이 이분법적으로 생각한다는 것이다. 마치 식물과 동물 중 하나만 고를 수 있고 둘을 같이 먹을 수는 없는 것처럼 말이다. 윤리 파트에서 이런 잘못된 이분법이 생겨난 이유에 관해서 더 자세히 알아볼 것이다. 하지만 동물이 포함된 농업을 반대하는 사람들은 녹색 혁명 이전에 농장이 돌아가던 방식을 무시하는 꼴이라고 지적하고 싶다. 현실은 같은 땅에서 되새김 동물도 키우고 작물도 재배할 수 있다는 것이다. 가축이 피복 작물이나 작물 잔류물을 먹을 수 있게 밭에서 로테이션을 시키거나 농경지를 다용도 시스템의 일부로 활용하면 된다. 이런 예 중에는 '무경운 농업pasture cropping'과 '동물을 죽이지 않는 농업no-kill cropping'이라고 불리는 것도 있다. 미국 중서부 지역의 옥수수 지대에서는 여러 소고기 생산자가 소에게 옥수숫대 잔류물을 먹이며, 로키산맥의 대초원 지대인 '그레이트 플레인스' 남부에서는 가을밀(가을에 씨를 뿌리고 이듬해 초여름에 거두는 밀 - 옮긴이) 재배가 송아지 사육과 함께 이루어진다. 이런 시스템을 이용하면 작

그렇다면 사람들이 소를 키우려고 불태우고 있는 아마존 열대우림은 어떨까? 이 주제를 자세하게 다룬 로런 매닝Lauren Manning의 블로그 포스트를 우리 블로그에서 소개하고 있다. 간단히 말해서, 우리는 목초지를 마련하려는 이유만으로 열대우림을 불태우는 행동은 당연히 용납할 수 없다고 생각한다. 하지만 실제로 일어나고 있는 일은 그것이 아니다. 현재 미국은 더는 브라질로부터 소고기를 수입하지 않는다. 따라서 미국인이 아마존 열대우림을 불태우는 일에 항의하는 의미로 소고기를 먹지 않는 것은 아무런 의미도 없다. 이것은 소에 관한 문제가 아니라 정책에 관한 문제다. 더 자세히 알고 싶다면 www.sacredcow.info/blog/the-amazon-fires-are-a-policy-issue-not-a-livestock-issue-heres-why를 참고하길 바란다.

물 수확량이 늘어나고 제초제와 비료를 사용할 필요가 거의 없어진다. 단순화된 '땅 발자국'에 관한 통계만 봐서는 그 땅의 적합성, 다양한 활용도, 사용 품질(예: 이 시스템 덕택에 토양이 튼튼해지고 있는가, 아니면 토양이 훼손되고 있는가?)은 전혀 알 수 없다.

이제 지구를 구하려면 지구상의 모든 사람이 고기를 덜 먹어야 한다는 명령조의 조언은 그만두자. 그 대신 곡물을 먹는 동물의 섭취량을 현저히 줄이거나 없애고 풀을 뜯는 동물의 섭취량을 늘리는 것은 어떨까? 풀을 뜯는 동물들을 잘 관리해서 토양의 건강을 개선하고 더 질 좋은 식량을 더 많이 생산할 수 있도록 땅의 수용력을 높이는 것은 어떨까? 영양의 측면에서 직관에 반하는 일이라고 생각할 수도 있겠지만, 되새김 동물에게서 얻는 적색육이 가금류의 고기, 곡물, 콩과 식물보다 영양이 풍부하다. 땅의 활용도 면에서 보면 휴경 기간을 갖는 것보다 그 땅에서 소가 풀을 뜯게 하는 편이 낫다. 게다가 목초지에서 잘 자라는 동물이 소만 있는 것이 아니다. 어떤 지역에서는 기후, 그곳에서 자라는 식물, 지형에 따라서 염소, 들소, 낙타를 키우는 것이 더 합리적일 수도 있다. 벌과 같은 야생 동물도 다양한 유형의 건강한 목초지가 있어야 번성할 수 있다. 우리는 전 세계적으로 '지속 가능성과 건강'을 표방하는 영양 지침이 고기를 혐오하는 방향으로 나아가는 것이 위험하다고 생각한다. 특히 그런 시침을 정한 사람들은 고기처럼 영양이 풍부한 식품을 밀어낼 수 있는 특권이 있기 때문이다. (이런 특권이 없는 사람이 더 많은 실정이다.) 그들은 진정으로 지속 가능한 식량 시스템에서 풀을 뜯는 동물이 제공할 수 있는 여러 가지 혜택에 대한 이해도 매우 부족해 보인다.

12 소가 물을
너무 많이
마시는 것은
아닐까?

'고기 없는 월요일' 캠페인이 추진되는 바람에 뉴욕시에 있는 모든 학교에 동물이 우리의 건강과 환경에 나쁜 영향을 준다고 주장하는 선전 포스터가 붙을 것이다. 포스터에는 110그램짜리 햄버거를 생산하는 데 욕조 10개를 가득 채운 만큼의 물이 필요하다는 그림이 그려져 있다. 학생들에게 보여주기 좋게 단순화된 그림이지만 잘못된 내용을 담고 있다.

소가 사용하는 물의 양을 어떻게 계산했는지 살펴보면 문제를 발견할 수 있다. 소의 물 발자국에 해당하는 물 대부분이 목초지에 내린 비인데, 비를 계산에 넣은 것이다. 동물이 거기 있었든 없었든 비는 똑같이 내렸을 텐데 말이다.

소가 마셔야 하는 물의 양은 고기를 반대하는 사람들이 주장하는 양의 극히 일부에 불과하다. 이제부터 그 이유를 알아보자.

물의 사용량을 다룬 연구를 살펴볼 때는 연구진이 측정한 물이 어떤 물인지 정확하게 알아야 한다. 전문가들이 측정하는 물의 종류에는 그린 워터green water, 블루 워터blue water, 그레이 워터gray water도 포함된다.

그린 워터는 토양에 저장되거나 표토나 식물 위에 남아 있는 강수를 말한다. 이 물은 결국에는 증발하거나 작물이 사용한다. 블루 워터는 신선한 지표수와 지하수를 말한다. 호수, 강, 대수층(지하수가 있는 지층 – 옮긴이)에 있는 물이 바로 블루 워터다. 그레이 워터(정화해서 재활용할 수 있는 생활 하수. 목욕, 세탁, 설거지 후에 배출되는 오수 – 옮긴이)는 그린 워터나 블루 워터와는 전혀 다른 물이다. 물 발자국 네트워크Water Footprint Network는 그레이 워터에 관해서 이렇게 밝혔다.

> 특정 상품의 그레이 워터 발자국은 상품 생산을 위한 전체적인 공급망을 거치면서 담수가 얼마나 오염되는지를 나타내는 지표다. 그레이 워터는 자연 배경 농도와 기존의 주변 수질 기준을 바탕으로 오염 물질을 흡수하는 데 필요한 담수의 양으로 정의된다. 그레이 워터의 양을 계산할 때는 오염 물질을 희석하는 데 필요한 물의 양을 따져야 한다. 이때 수질은 기존에 합의된 수질 기준 이상이어야 한다.[1]

따라서 측정하는 물이 어떤 종류인지에 따라 소가 물을 별로 안 쓰는 가축이 될 수도 있고, 물을 축내는 가축이 될 수도 있다. 일반적으로 소를 생산할 때 쓰이는 것으로 계산되는 물의 총량 중 약 92퍼센트는 그린 워터다.[2] 이 말은 소고기 생산과 관련된 것으로 알려진 물의 92퍼센트가 소가 없었더라도 자연적으로 내렸을 비라는 뜻이다. 목초 사육 소고기의 경우 그린 워터의 비율이 97~98퍼센트나 된다. 하지만 '일반 소고기'가 목초 사육 소고기보다 물을 덜 사용한다고 주장하는 연구들도 있다. 어떻게 된 일일까? 그린 워터 계산법을 이용하면 사육장에서 키운 소가 목초를 먹고 자란 소보다 나중에 저울로 잴 때 무게가 더 많이

소는 물을 많이 쓰지 않는다

아래의 물방울은 거의 다 '그린 워터', 즉 자연적으로 내리는 비다. '블루 워터'는 지표면이나 지하수 공급원을 통해 얻은 물을 나타낸다. 소고기 450그램을 생산하려면 블루 워터가 1,000리터만 있으면 된다. 아보카도, 호두, 설탕 450그램을 생산하는 데 필요한 블루 워터보다 적은 양이다. 그레이 워터는 오염 물질을 희석하는 데 필요한 물의 양을 뜻한다.

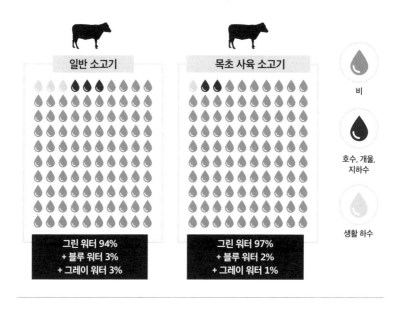

나가고 더 짧게 살기 때문이다. 그래서 소고기를 더 많이 생산하는 데 사료가 덜 들어간다. 하지만 문제는 사육장에서 쓰는 사료에 물을 대야 한다는 것이다. 여기에서 말하는 물은 블루 워터를 뜻한다. 중요한 것은 그린 워터가 아니라 블루 워터다.[3] 목초를 먹고 자라는 동물이 사용하는 물은 거의 다 동물이 그 들판에 있었든 없었든, 풀을 먹었든 안 먹었든 어차피 내렸을 비다. 보다시피 연구진이 물의 사용량을 계산할 때 어떤 종류의 물을 기준으로 삼았는지 이해하는 것이 중요하다!

최근에 한 생애 주기 분석 결과, 소고기 450그램을 생산하는 데 필요한 물의 양은 1,000리터밖에 되지 않는 것으로 밝혀졌다.[4] 목초 사육 소고기에 필요한 물의 양이 소고기 450그램당 50~100리터라는 추측도 있다.[5] 추정치에 차이가 나는 것은 어떤 환경에 있는 소를 기준으로 삼았는지가 다르기 때문이다. 습도, 온도, 동물이 산 기간과 같은 요인이 소의 물 사용량과 관련된 실제 상황에 큰 영향을 미친다.[6]

게다가 잘 관리된 소와 다른 되새김 동물들 덕택에 토양의 수분 보유 능력이 향상돼서 그린 워터의 이득이 늘어나기도 한다. 흥미롭게도, 잘 관리된 목초지에는 토양 속 탄소가 더 많아서 이런 일이 가능해진다. 비가 토양 속 탄소와 미네랄과 결합해서 토양에 더 오래 머물기 때문에 풀이 더 많이 자랄 수 있다.

물 발자국만 보고서는 물 공급원이 심각한 위기에 처해 있는지 아닌지도 알 수 없다. 동물의 사료는 수위가 점점 낮아지는 미국 오갈라라 Ogallala(네브래스카주에 있는 도시 – 옮긴이)와 같은 지역에서 재배될까? 아니면 계속해서 물이 다시 채워지는 지역에서 재배될까? 물 발자국만 봐서는 그런 정보를 알 수가 없다.[7] 동물이 먹는 사료 중 몇 퍼센트가 따로 물을 댄 사료이고, 몇 퍼센트가 어차피 버려질 폐기물이었던 작물 잔류물일까?

물에 관한 논쟁에 포함되지 않는 요소는 또 있다. 잘 관리된 풀 뜯는 동물이 토양 속 생태를 개선해서 땅의 전반적인 건강에 도움을 준다는 점이다. 단단하고 압축된 땅에는 비가 와도 빗물이 토양에 흡수되는 대신 그냥 흘러내린다. 표토가 보호받지 못하고 노출되어 있으면 비가 왔을 때 다량의 표토가 근처에 있는 강으로 쓸려 내려갈 수도 있다. 하지만 잘 관리된 목초 사육 시스템에서는 토양이 스펀지처럼 빗물을 흡수하고 식물 뿌리가 물을 빨아들인다. 이런 특성은 애초에 비가 별로 안 내리는 건조한 환경에서 특히 중요하다. 이런 이득은 좁은 시각으로 봐서는 계산에 포함하지 못한다. 전체적인 시스템을 볼 줄 알아야 한다.

소가 이용하는 물의 약 30퍼센트는 소의 오줌과 거름의 형태로 생태계로 직접 돌아간다. 그 과정에서 초원에 이로운 양분과 미생물이 추가된다. '초원' 실험을 떠올려보면 풀이 특히 건조한 지역에서 산화되지 않고 생물학적으로 분해되려면 무엇인가가 풀을 먹어야 한다. 땅이 딱딱하면 땅 밑에서 미생물이 충분히 활동할 때만 빗물이 토양의 상위층을 침투할 수 있다. 다행히도 소와 다른 되새김 동물들은 식물을 생물학적으로 분해하고, 토양의 수분 보유 능력을 향상하고, 탄소를 격리해서 초원의 건강에 도움이 될 수 있다. 소똥은 동물이 잘 관리되지 않아서 고도로 응축되었을 때만 거름으로 쓰지 못하고 쓰레기가 된다.

어쩌면 이 이야기의 가장 당혹스러운 측면은 과방목(관리가 제대로 안 된 동물)이나 과소 방목(풀 뜯는 동물을 아예 제거)이 목초지를 파괴한다는 것이다. 둘 중 어느 방법이든 목초지에 풀이 없는 맨땅이 더 많아지게 하고 토양을 압축시킬 수 있다. 표토가 건강하고 정상적인 방목장에 머물지 않고 빗물에 의해서 호수, 강, 개울로 쓸려 내려갈 수도 있다.

이것은 우리의 개인적인 의견이 아니며 생태학계에서 논란의 여지가 거의 없는 사실이다. 절충안은 제대로 관리된 동물을 투입하고, 생태계와 함께 진화한 포식자와 사냥감의 상호 작용을 모방해서 생물학적으로 '최적의 환경'을 조성하는 것이다. 식량 생산 방식과 초원의 건강을 둘 다 개선하는 것이 목표다.

고기는 물 사용량이나 메탄 배출량과 같은 문제로 정기적으로 철저한 조사를 받아야 하는 몇 안 되는 식품 중 하나라는 사실이 흥미롭다.

소의 물 사용량을 따질 때 목초 사육 소고기가 영양 면에서 쌀, 아보카도, 호두, 설탕보다 훨씬 뛰어나다는 사실을 기억해야 한다. 쌀 450 그램을 생산하려면 물이 1,500리터나 필요하다. 아보카도, 호두, 설탕도 그만큼의 물이 있어야 생산할 수 있다. 전 세계적으로 작물용 지하수의 30퍼센트가 쌀에 쓰이며, 그다음이 밀(12%), 목화(11%), 콩(3%) 순이다.[8]

식량이 '어디서' 생산되는지도 매우 중요한 문제다. 이미 물 부족에 시달리고 있는 매우 건조한 지역에서는 작물을 계속 생산하는 것이 옳은지 다시 생각해봐야 한다. 이런 지역이야말로 총체적인 관리 방법을 도입하기에 적합하다.

아몬드를 예로 들어보자. 맛과 영양을 생각하면 아몬드를 싫어하기가 쉽지 않다. 하지만 아몬드는 미국에서 물을 가장 많이 잡아먹는 작물 중 하나다. 일반적인 고기와 비교했을 때 견과류는 생산에 필요한 블루 워터의 양이나 생산 과정에서 배출되는 그레이 워터의 양이 훨씬 많다.[9] 만일 물이 풍부한 지역에서 물이 많이 필요한 작물을 재배한다면 크게 문제가 되지 않았을 것이다. 하지만 캘리포니아의 센트럴 밸리Central Valley는 몹시 건조한 기후로 악명 높은 곳이다. 아이러니하게도, 지역 주민들은 마실 물을 찾기가 어려운데 농부들은 여전히 물이 엄청나게 필요한 아몬드를 재배한다. (센트럴 밸리에는 처음부터 마실 물이 그렇게 많지 않았다. 그나마 있는 물에도 산업적인 농업의 여파로 온갖 화학 물질이 축적되고 있다. 이 문제에 관해서 더 자세히 알고 싶다면 영화 〈물과 힘Water and Power: A California Heist〉을 보길 권한다.) 캘리포니아에서는 농업이 물의 80퍼센트나 사용하면서도 주 세입의 2퍼센트만 차지한다. 캘리포니아에서 생산되는 아몬드의 3분의 2가 수출된다는 점을 생각하면 캘리포니아의 마시는 물이 부분적으로나마 견과류의 형태로 수출되는 것이다. 캘리포니아는 기본적으로 기후가 건조하지만 연중 다양한 시기에 비가 제법 많이 내릴 때가 있다. 20세기 정부 관료들도 이 사실을 알고 있었다. 그래서 캘리포니아에 댐을 건설하고 물 프로젝트를 추진했으며, 그 덕택에 캘리포니아가 오늘날만큼 성장할 수 있었다. 캘리포니아에 전기 공급과 (무제한은 아니더라도) 비교적 안정적인 물 공급이 가능해진 것이다. 신문에 보면 캘리포니아의 수력 발전 시설을 확장해야 할 때가 온 것 같다는 기사가 가끔 나기도 한다. 하지만 이동하는 물고기 떼에 피해가 갈 것이라는 우려와 환경에 미치는 전반적인 영향 때문에 이런 해결책이 실현될 가능성은 작다. 한편, 아몬드, 쌀, 다른 식물성 식품도 우리 식단에서 해야 하는 역할이 있다. 하지만 식물성 식품과 고기를 공평하고 논리적으로 비교하려면 에너지의 인풋과 아웃풋, 그리고 영양상의 이점을 완전하게 고려해야 한다. 지구상에 있는 담수 자원의 70퍼센트는 작물에 물을 대는 데 쓰인다.[10] 그런데도 지속 가능성을 논할 때 이런 부분은 무시되는 경우가 많다.[11]

지구 표면의 70퍼센트는 물로 덮여 있다. 하지만 사람이 마시고 농사를 잘 짓는 데 쓸 수 있는 물은 빠른 속도로 줄어들고 있다. 미국 항공 우주국NASA 제트추진연구소Jet Propulsion Laboratory의 물 분야 선임 과학자 제이 파미글리에티Jay Famiglietti는 전 세계적으로 이미 20억 명이 재생이 불가능한 물 공급원에 의존하고 있다고 밝혔다. 전 세계적으로 대수층의 절반 이상이 '지속 가능한 임계치'를 넘어서서 고갈되고 있다는 것이다.

지하수에 관한 아이러니는 지하수가 전 세계적으로 물 공급에 대단히 중요한 역할을 하는데도 관리가 충분히 되지 않는다는 것이다. 사람들은 눈에 더 잘 보이는 강이나 저수지와 같은 지표수 공급원에 신경을 더 많이 쓴다. 전 세계적으로 여러 지역에서 지하수가 제대로 모니터링되거나 관리되지 않는다. 개발도상국에는 지하수 관리 시스템이 아예 없는 경우도 많다.[12]

점점 더 깊은 곳에서부터 물을 끌어 올리다 보니 물을 얻는 데 필요한 에너지도 점점 많아지고 비용도 더 많이 든다. 우리는 현재 물을 지속 불가능한 속도로 뽑아 올리고 있다. 물이 자연적으로 다시 채워지는 속도보다 빠른 속도로 물을 끌어 올리는 것이다. 전 세계적으로 농업에 물의 거의 80퍼센트가 쓰이며, 그중 절반 이상이 지하수다. 우리가 지하수를 계속 끌어다가 쓰는 바람에 세계 곳곳에 있는 주요 강(콜로라도강, 인더스강, 황허강)이 더는 대양으로 흘러 들어가지 않는다.

산업적인 줄뿌림 작물 재배 시스템에서는 토양이 압축되고, 토양과 화학 물질이 흘러내리고, 표토가 사라지는 현상이 꾸준히 나타난다. 그 결과 강물이 오염되고, 지하수가 복원되지 않으며, 지표수도 줄어들게 된다. 이런 과정은 잘 알려져 있으며 전문가들의 커다란 걱정거리다. 자연은 물을 저장하고 순환시키고 싶어 한다. 하지만 인간이 이 시스템을 망가뜨리고 말았다. 물을 저장하기 가장 좋은 장소는 흙 알갱이 사이사이에 있는 작은 구멍이다. 그런데 토양이 망가지고 압축되면 이런 구멍이 없어진다. 작물을 경작하기 더 쉽도록 토관을 설치하고 배수할 때도 토양 압축 현상이 나타난다. 자연적인 생태계는 지형이 다채롭고 연못이나 물웅덩이에 물이 저장된다. 하지만 우리는 농사를 짓기 쉽도록 땅을 편평하게 만들어서 거기에서 동물을 종래의 방식으로 키우거나 작물을 재배한다. 지구상의 모든 생명을 위해서 자연의 작은 물 순환 시스템이 꼭 필요하다. 하지만 인간이 산업적인 방식으로 농사를 짓기 쉽도록 이런저런 일을 벌이는 과정에서 그런 시스템을 파괴하는 시스템을 만들고 확장해버렸다.

물이 더러우면 마시기도 어렵고 그 물로 식량을 재배하기도 어렵다. 미국 환경보호국은 농업을 미국에서 수질 오염을 일으키는 원인 1위로 지목했다. 산업적인 농업에서는 합성 화학 물질과 영양소가 강물과 개울로 흘러 들어간다. 이런 문제는 담수가 있는 환경에서 사는 동식물과 곤충의 생태계뿐만 아니라 수천 킬로미터 떨어진 곳에도 영향을 줄 때가 있다. 영양이 풍부해진 물 때문에 연안 해역에 대규모 '데드 존'이 생기기 때문이다. 특정 수중 생물들이 빠른 속도로 자라면서 더 빨리 자라려고 연안 해역에 녹아 있던 산소를 사실상 전부 소모하는 것이다.

옥수수는 생산할 때 그 어떤 작물보다도 제초제와 살충제가 많이 필요하다. 빗물이 흘러넘치는 일도 가장 잦고, 수질 오염도 가장 많이 유발한다. 가축을 가둬놓고 키우는 것도 수질 오염의 원인이 된다. 병원균, 항생 물질, 호르몬, 화학 물질, 중금속이 물에 흘러 들어간다. 미국에서 생산하는 항생제의 80퍼센트는 가축과 가금류에 쓰인다.[13] 가축 대다수(90%)는 아픈 데가 없는데도 항생제를 맞는다. 항생제가 미미하게나마 성장률을 높여주고 질병을 예방한다는 생각 때문이다.[14] 이런 항생제는 최대 75퍼센트까지 동물을 통과해서 그 상태 그대로 자연으로 흘러든다.[15] 항생제에 대한 인간의 내성은 의학계의 커다란 걱정거리다. 이 문제는 부분적으로는 가축을 키우면서 항생제를 널리 사용하기 때문에 일어난다. 하지만 가축에게 스트레스가 적은 건강한 환경을 제공하면 선제적으로 항생제를 쓸 필요가 없다. 따라서 항생제 내성 문제가 발생하는 빈도를 크게 줄일 수 있다.

고기를 먹든 안 먹든 그 어느 때보다도 많은 사람이 자신이 먹기로 선택한 음식이 환경에 미치는 영향을 걱정한다. 이런 현상은 대단히 바람직하며, 음식의 선택은 중요한 문제다. 하지만 우리가 선택하는 식단의 상대적인 이점에 관해서 핵심적인 질문 몇 가지를 던져볼 필요가 있다. 여러분이 먹는 아몬드 머핀, 두부로 만든 칠면조맛 샌드위치, (초가공된 분리 완두 단백과 카놀라로 만든) '깨끗한' 비욘드 버거를 생산하는 데 물이 얼마나 많이 필요했을까? 사람들이 극도로 단순화한 잘못된 주장은 '식물성' 식품이 고기가 들어간 식품보다 본질적으로 지속 가능성이 더 크다는 것이다. 표면상으로는 이런 주장이 설득력이 있어 보일지 몰라도 진실은 생각보다 훨씬 복잡하다. 우리의 주장은 목초지에서 키우고 총체적으로 관리된 소가 지속 가능성이 더 크다는 것이다. 이런 소는 영양 밀도가 높은 단백질을 제공하며, 토양의 수분 보유 능력을 향상하고, 생물 다양성을 증가시키고, 탄소를 격리하고, 지속 가능성을 장기적으로 유지할 수 있다.

제2부에서 살펴본 내용을 요약하면, 우리는 소를 둘러싼 잘못된 인식을 바로잡으려고 다음과 같은 주장을 펼쳤다.

소는 온실가스를 너무 많이 배출한다. 잘 관리된 소는 순 탄소 배출량을 마이너스로 만들어줄 수 있다. 하지만 탄소를 조금 배출하더라도 소가 영양과 환경에 도움이 된다는 점을 고려하면 전 세계적으로 온실가스를 2퍼센트 배출하는 것은 큰 문제가 아니다. (소는 생물 다양성을 증가시키고,

토양의 수분 보유 능력을 향상하며, 인간이 먹지 못하는 영양소를 분해해서 영양이 풍부한 단백질과 지방 공급원으로 전환한다.) 특히 쌀처럼 영양은 상대적으로 부족하고 온실가스는 더 많이 배출하는 식량과 비교해보면 소를 키우는 것이 훨씬 더 이득이다.

소는 고기 생산량에 비해서 사료를 너무 많이 먹는다. 다른 동물과 비교했을 때 소는 '곡물'이 덜 필요한 동물이다. 우리가 어차피 경작할 수 없는 땅에서 거의 평생 풀을 뜯으면서 살기 때문이다. 소가 먹는 사료 대부분은 인간이 먹는 식량과 겹치지 않는다. 게다가 소는 풀과 다른 작물 잔류물을 단백질로 전환해서 영양소를 업그레이드해주기도 한다.

소는 땅을 너무 많이 차지한다. 모든 땅이 작물을 재배하기에 적합한 것은 아니다. 소는 우리가 어차피 경작하지 못하는 땅에서 풀을 뜯는다. 그러면서 풀을 영양이 풍부한 고기로 업그레이드해준다. 되새김 동물은 작물 재배 시스템이나 과수원에도 편입할 수 있다. 그러면 토양이 더 비옥해지고 제초제를 쓰거나 땅을 갈 필요가 없어진다. 질소, 인, 칼륨으로 만든 비료도 쓰지 않아도 된다. 따라서 땅에서 가축도 기르고 작물도 재배하는 일석이조의 효과를 거둘 수 있다. 소가 '덜 나빠질' 방법이 있고 '이득이 늘어나는' 방식으로 생산될 수 있다는 것을 이해하고 나면 소가 땅을 그렇게 많이 차지한다는 점이 단점이 아니라 장점으로 다가온다.

소는 물을 너무 많이 마신다. 사람들이 소가 물을 너무 많이 마신다고 비난할 때 이용하는 방법론에는 문제가 있다. 소가 마시는 물에 빗물도 포함하기 때문이다. 하지만 블루 워터(지하수)를 기준으로 살펴보면 종래의 시스템에서도 소는 아몬드, 쌀, 아보카도, 호두, 설탕 같은 작물과 물을 비슷하게 사용하거나 덜 사용한다. 소가 잘 관리되는 시스템에서는 풀을 뜯는 동물들이 토양의 수분 보유 능력을 향상한다. 토양이 수분을 잘 붙들어 두면 빗물이 흘러넘쳐서 토사를 강으로 내려보내는 것을 방지할 수 있다.

잘 관리된 되새김 동물이 미래의 열쇠다. 토양 대부분을 파괴해버린 망가진 농업 시스템의 해결책에 되새김 동물이 반드시 포함되어야 한다. 소를 둘러싼 환경적인 문제를 이해하려면 소가 우리의 식량 시스템에 제공하는 영양상의 이득(앞장 참고)을 완전히 이해하는 것이 중요하다. 다음 장에서는 더 질 좋은 고기를 둘러싼 윤리적인 쟁점들을 살펴볼 것이다. 윤리적인 문제를 이해하려면 환경에 관한 쟁점들을 먼저 이해할 필요가 있다고 생각해서 순서를 이렇게 정했다.

우리가 되새김 동물이 올바른 방식으로 풀을 뜯어야 하는 이유를 설득력 있게 설명했기를 바란다. 영양이 풍부한 식품을 얻으면서도 기후 변화를 완화하고, 생물 다양성을 늘리고, 토양의 수분 보유 능력을 향상하고, 탄소를 격리하려면 되새김 동물이 꼭 필요하다. 하지만 우리가 먹기 위해서 동물이 죽어야 하는 상황은 어떻게 받아들여야 할까? 되새김 동물이 풀을 뜯으면서 평화롭게 살다가 나이가 들어서 자연사하게 내버려 둘 수는 없을까? 꼭 도살해서 식량으로 먹어야 할까? 제3부에서 이런 질문을 비롯한 여러 궁금증을 자세히 다루려고 한다.

제3부

윤리로 보는 육식

13 먹기 위해
동물을 죽여도
괜찮은 걸까?

우리가 제1부와 2부에서 다룬 내용은 비교적 '객관적인' 정보다. 예를 들어 최적의 영양 섭취의 경우 그것을 제법 구체적으로 정의할 수 있다. 영양 밀도나 상대적으로 포만감을 많이 주는 음식과 같은 개념에 의존할 수 있고, 다양한 영양 지침을 비교하고 대조해볼 수도 있다.

반면에, 윤리적인 문제는 객관적으로 논하기가 더 어렵다.

예를 들면, 풀을 뜯는 동물, 과일, 채소, 뿌리채소, 덩이줄기 채소로 구성된 식단을 먹는 것이 영양도 더 풍부하고(건강에 더 이롭고) 더 윤리적이라고 주장할 수 있을 것이다. 환경의 측면에서 봤을 때 지속 가능성이 더 크기 때문이다. 만일 제대로 관리된 식량 시스템(재생적인 식량 생산 방식에 의존하는 시스템)이 지속 가능성도 있고 건강에도 이로울 뿐만 아니라 동물의 죽음과 고통도 감소시킨다면 더할 나위 없이 좋은 일 아닐까? 이것이야말로 '최소한의 해'를 끼치는 방법이 아닐까?

이런 논쟁을 지켜보기 어려운 사람들도 있을지 모른다. 누군가는 중요한 것이 전체적인 숫자가 아니라 의도라고 이의를 제기할지도 모른다. 가축이 도살될 것을 알면서도 어떻게 키울 수 있을까? 우리가 살자고 다른 동물을 의도적으로 죽이는 행위를 어떻게 정당화할 수 있을까?

이렇게 까다로운 문제를 다룰 때는 고착 상태에 빠지기가 쉽다. 하지만 우리는 윤리적인 이유로 고기를 안 먹는 사람들과 더 질 좋은 고기를 먹어야 한다고 주장하는 사람들이 공감대를 형성할 수 있는 부분이 있다고 생각한다. 자신이 먹기로 선택한 음식을 통해서 최소한의 해를 끼치려는 마음은 매우 고귀하다. 우리는 종교적이거나 개인적인 이유로 고기를 안 먹는 사람들의 선택을 존중한다. 만일 고기의 맛이 싫거나 육식한다는 개념 자체가 불편하다면 그것은 개인의 선택이다. 우리는 둘 다 고기를 먹지 않는 절친한 친구들이 있다. 그 친구들은 고기를 안 먹는 것이 환경이나 건강에 특별히 도움이 되지 않는다는 점을 알고 있다. 그런가 하면 고기를 안 먹는 것이 도덕적으로 더 우월한 행동이라고 생각하는 사람들도 있다. 그런 사람들은 모두가 식물성 식품으로만 구성된 식단을 먹길 바란다. 어쩌면 '폴리페이스 농장'의 창립자 조엘 샐러틴이 이 주제에 관해서 한 말이 우리의 메시지를 잘 요약했는지도 모른다.

"만일 비건들이 제가 제 가족에게 먹이고 싶은 식량을 재배하게 내버려 두신다면 그분들이 그분들의 가족에게 먹이고 싶으신 식량까지 충분히 재배하도록 하겠습니다."

윤리와 도덕의 측면에서 생각해보면 이 발언은 대단히 흥미롭다. 샐러틴이나 그와 의견이 비슷한 사람들은 대체로 남을 자신들이 지향하는 생활방식으로 '개종'시키는 데는 관심이 없다. 하지만 이런 너그러운 감정은 일방적인 경우가 많다. 비건을 지지하는 언론, 학계, 소셜 플랫폼이 내세우는 목표는 고기의 소비와 생산을 불법화하거나 사람들이 고기를 구하지 못하게 하는 것이다. 비건 기업인 '임파서블 버거'의 CEO 팻 브라운Pat Brown은 이렇게 말했다.

"우리의 최우선적인 목표는 식량 시스템에서 동물이 이용되는 경우를 사실상 없애버리는 것입니다."[1]

제3부에서는 위와 같은 의견을 정당화할 때 사람들이 이용하는 논리를 반박하려고 한다. 모든 종류의 고기가 '나쁘다는' 주장이 나올 때마다 중앙에서 통제하지 않는, 지역의 재생적인 식량 시스템은 토론에서 제외된다. 이런 시스템이 동물에게는 더 나은 삶의 질을, 사람에게는 지속 가능성이 더 큰 식량을 제공하는데도 말이다. 세계화의 관점에서 보면, 이 문제는 윤리적인 난제이기도 하다. 세계 식량 시스템에서 동물을 전부 없애버리려는 사람들이 개발도상국의 식량 시스템을 무너뜨릴 식량 정책을 지지하고 있기 때문이다. 대체로 백인이고, 부유하고, 서양에 사는 비건 중심적인 엘리트가 지구상의 모든 사람(과 다른 생물)을 위해 도덕적인 행동이 무엇인지 결정하는 것이 윤리적일까?

우리는 고기를 안 먹는 사람들도 가축이 쾌적하게 살다가 인도적인 죽음을 맞을 수 있게 노력해야 한다고 생각한다. 일부 축산업자와 도축업자들이 가축을 대하는 방식을 보면 동물들의 복지를 걱정하지 않을 수 없다. 다른 한편으로는, 합성 화학 물질을 이용하는 산업적인 줄뿌림 작물 중심의 모델에서 고기를 식단에서 빼버리고 식물만 먹는 것이 정말로 가장 윤리적인 선택인지 의심해봐야 한다. 동물을 먹는 것에 관한 윤리를 주제로 진정으로 수준 높은 토론을 하고 싶다면 식량 생산 방식에 대한 심층적인 이해가 있어야 한다. 환경 파트에서 살펴봤듯이 진정으로 재생적인 식량 시스템을 마련하려면 어떤 식으로든 동물을 포함해야 한다. 우리는 영양 파트에서 동물이 인간이 번성하는 데 꼭 필요한 영양소를 제공한다는 사실을 알아봤다. 우리는 이제 동물을 먹는 것이 논리적으로 봤을 때 이런 추론의 연장선에 있으며, 잘 키운 가축을 먹는 것이 가장 윤리적인 식단이라고 주장하려고 한다.

시작에 앞서
심호흡을 해보자

감정은 잠깐 접어두고 동물이 재생적인 농업 시스템의 필수적인 요소라는 사실을 생각해보자. 죽음이 피할 수 없는 자연의 진실이며, 고기가 인간이 먹기에 영양이 풍부한 식품이라는 점도 기억해보자.

감정에 호소하는 방법은 제법 설득력이 있으며 논리적인 주장보다 우리의 의사 결정에 더 큰 영향을 미칠 수 있다는 사실은 널리 알려져 있다. 고기를 반대하는 사람들은 끔찍한 사진과 언어로 사람들에게서 죄책감, 두려움, 불안, 연민, 분노, 슬픔, 역겨움을 끌어내려고 한다. 이런 전략은 대체로 효과가 좋다. 하지만 현실이 직관에 반할 때도 있다. 모든 가축이 동물에게 고통을 주려는 사람들의 손에 길러지는 것은 아니다. 모든 도축장이 동물을 학대하고 고문하는 것도 아니다. 마찬가지로, 모든 죽음이 '나쁜' 것도 아니다.

어쩌면 지속 가능성을 둘러싼 가장 긴급한 문제는 서양인 대부분이 자연과 멀어졌다는 것일지도 모른다. 이 문제는 우리가 식량 시스템에서 동물이 맡은 잠재적인 역할이나 기후 변화를 해결할 적절한 조치를 논하든 논하지 않든 매우 긴급한 사안이다. 우리는 인간이 자연의 일부라고 인식하지 않고 자연을 그저 방문하는 장소로 여긴다. 이런 이유로, 많은 사람이 죽음이 필연적이고 피할 수 없으며 새로운 생명을 위해 중요하다는 생각을 이해하지 못한다. 어떤 죽음이든 잘못됐다고 생각하는 사람이 많다. 우리는 이런 의견에 공감하고 사람들이 이렇게 생각하는 이유를 이해한다. 죽음은 무서운 것인데 군이 필요하지 않다면 뭐 하러 다른 동물을 죽음으로 몰아야 할까?

죽음은 언제부터
두려움이었나

인류사를 돌아보면 우리는 비교적 최근까지 죽음을 정기적으로 접했다. 예전에는 사람들이 집에서 죽어가는 가족을 직접 돌봤다. 하지만 이제는 요양원이나 병원에서 그 일을 대신 맡아준다. 오늘날 우리는 인간의 죽음을 주로 공포 영화나 비디오 게임에 나오는 장면으로 경험한다. 만일 사랑하는 사람이 고통스러워하면서 죽어가는 모습을 본 적이 있다면 죽는 과정이 얼마나 끔찍할 수 있는지 잘 알 것이다. 의사와 간호사들은 죽어가는 환자를 계속 살려두고 싶어 하는 가족을 많이 만나게 된다. 막상 환자 본인은 그냥 떠나고 싶더라도 말이다. 이런 광경은 눈 뜨고 지켜보기 정말 고통스럽다.

사람들은 자신의 죽음도 몹시 두려워한다. 그래서 장수에 관한 책, 젊음을 유지하게 해주는 세럼, 우리가 영원한 삶을 보장하는 식단이 사람들의 이목을 집중시킨다. 우리는 무슨 수를 써서라도 늙음과 죽음을 피하려고 한다. 사람들은 죽음을 보거나 생각하고 싶어 하지 않으며, 자신이 죽을 것이라는 사실도 직시하길 거부한다. (미국인의 절반 이상이 유언장을 써두지 않았다.[2]) 우리는 앞으로 살날이 정해져 있다는 사실을 받아들이려고 하지 않는다. 하지만 슬픈 진실은 우리 중 그 누구도 살아서 이곳을 벗어날 수 없다는 것이다.

우리가 먹는 음식과 가축의 경우, 예전에는 가정에서 가축을 기르고 직접 도살하고 처리해서 먹었다. 식량 생산 방식에 커다란 변화가 찾아오기 전에는 고기소는 당연히 목초만 먹고 자랐고, 돼지와 닭은 뒷마당에서 키웠다. 고기를 얻으려고 동물을 죽일 필요가 있었고, 그 과정은 동물에 대한 존중심을 바탕으로 이루어졌다. 죽은 동물은 고기뿐만 아니라 모든 부위가 남김없이 사용되었다.

오늘날에는 고기를 얻으려고 동물을 죽이는 행위가 더는 집이나 도시 근처에서 일어나지 않는다. 도축은 더럽고 저급한 일로 여겨지는 경우가 많으며, 이제는 도축장이 맡아서 처리한다. 그러다 보니 사람들은 식량이 생산되는 방식과 완전히 동떨어져서 지낸다. 사냥이나 낚시 등을 통해 동물을 처리해본 경험이 없는 사람이 대부분이다. 예전에는 정육점 진열대에 돼지머리나 오리가 통째로 자랑스럽게 전시되어 있었다. 하지만 지금은 (적어도 미국에서는) 뼈나 피부 없이 비닐로 싼 부위만 진열할 수 있다. 사람들은 자신이 먹는 스테이크가 실제 동물에게서 왔다는 사실을 인정하고 싶어 하지 않는다. 그 동물이 어떻게 죽음을 맞았는지도 알고 싶어 하지 않는다. 자연을 다룬 TV 프로그램에서 사자나 뱀이 먹이를 제압하는 장면은 보는 사람이 많다. 하지만 TV에서 사람이 도축장에서 가축을 처리하는 장면은 절대로 보여주지 않을 것이다. (고기를 반대하는 사람들이 선전용으로 보여주는 무시무시한 영상이 아니라면 말이다.) 우리는 목장 주인이 소 떼를 모는 전원적인 장면을 즐겨 보지만, 이런 동물들이 어떻게 죽는지 알고 싶어 하지 않는다.

하지만 살아 숨 쉬는 동물을 존재의 다음 단계(사람들을 먹이는 식량)로 이행시키는 것이 반드시 끔찍한 일은 아니며 놀랍도록 영적인 경험일 수 있다. 이 과정의 중요성을 충분히 이해하려면 새 생명이 시작되기 위해서는 모든 생명이 끝나야 한다는 사실을 인식해야 한다. 동물은 야생에서 죽을 수도 있고(이 방법이 '인도적'인 경우는 드물다) 농장에서 스트레스를 적게 받으면서 지내다가 도축될 수도 있다. 코요테와 달리 사람은 동물이 고통을 최소한으로 받도록 신경 쓰면서 동물을 다룰 수 있다.

여러 비건의 편견과 달리 책임감 있는 축산업자들은 자신이 키우는 가축이 어떻게 살고 있고 어떻게 죽을 것인지에 신경 쓴다. 돌보는 가축이 도살되기 몇 시간 전에 정중한 대우를 받는 것이 그들에게 중요하다. 그것이 바로 로저스가 동물복지인증협회Animal Welfare Approved의 이 사회에서 활동하는 이유다. 이 조직은 가축의 생활 환경을 개선하고 도축장에서 인도적인 방식으로 가축을 처리하도록 감시한다.

앞에서 언급한 말이지만 중요하니까 다시 한번 강조하려고 한다. 이 이야기를 이분법적으로 단순화해버리면, 그러니까 유일하게 도덕적인 길은 고기를 안 먹는 것이라고 주장하면 동물의 가장 끔찍한 고통과 나쁜 관행은 계속될 것이다. 고기를 안 먹는 것이 우리가 할 수 있는 유일한 윤리적인 선택이라고 생각하기가 쉽다. 하지만 우리는 모두 먹이사슬의 일부이자 필연적인 삶의 순환 사이클의 일부이며, 여기에는 죽음도 포함된다.

재생 농업이 무엇인지 충분히 이해하고 나면 동물을 먹지 않더라도 우리의 시스템이 크게 달라지지 않으리라는 사실을 깨닫게 될 것이다. 케일을 키우려면 양분이 필요하다. 양분은 석탄과 석유를 통해서 얻거나 동물을 통해서 얻을 수 있다. 사람들이 식량이 생산되는 방식을 이해한다면 동물이 중요한지 아닌지를 둘러싼 논쟁이 훨씬 드물게 일어날 것이다. 아이러니하게도, 풀을 뜯는 동물을 안 먹고 공장에서 키운 닭이나 고기가 안 들어간 햄버거 패티를 선택하는 일은 표토를 망가뜨리고 결과적으로 더 많은 생명을 앗아가는 시스템을 지원하는 것이나 마찬가지다. (이런 아이러니가 너무나 비극적이지만 않았어도 웃겠을 정도다.)

가장 자연적인 죽음은
어떤 모습일까?

동물이 영양소의 순환에 중요한 요소라는 사실을 이해하고 나면 다음의 질문이 뒤따르는 경우가 많다. 만일 토양의 건강을 위해서 동물이 필요하다면 동물이 탄소를 격리하도록 풀을 뜯게 하고 나서 자연사하게 내버려 두면 되지 않을까? 우리가 동물을 꼭 먹어야 하는 것일까?

생물이 죽음에 이르는 과정에 친숙한 사람이 적다 보니 우리는 자연적인 죽음을 이상화하기가 쉽다. 하지만 문제는 동물 대부분이 (사람 대부분과 마찬가지로) 자다가 평화롭게 죽음을 맞이하지 못한다는 것이다. 동물이 '자연적으로' 죽는 데는 여러 가지 방법이 있다. 코요테나 사자에게 잡아먹히거나 다리가 부러져서 산 채로 하이에나와 독수리에 의해 천천히 살이 뜯기는 것이다. 이처럼 자연적인 죽음이 보기 좋은 경우는 드물다. 우리는 로저스의 딸에 관한 이야기를 통해서 이런 점을 더 분명하게 보여주려고 한다.

비건이 되는 것은 불가능하다:
10살짜리 소녀에게서 얻은 교훈

우리 부부는 농장에 예쁘고 아담한 연못이 있다. 아이들은 그 연못에서 개구리도 잡고 낚시도 한다. 거기서 몇 시간씩 시간을 보내는데, 별의별 생물을 다 찾아내고, 게임도 하고, 애들다운 다른 여러 가지 활동을 한다.

그러던 어느 날 아침, 봄방학 중이던 딸 피비는 친구와 무엇인가를 잡으려고 양동이를 들고 연못으로 향했다. 그런데 끔찍하게도 양 한 마리가 죽어 있었다. 나는 농장 사람들을 위해서 점심 식사를 준비하고 있었는데, 아이들이 부엌으로 달려와서는 양을 꼭 봐야 한다고 말했다. 함께 연못까지 걸어가는 동안 아이들은 참상을 생생하게 묘사했다. '소의 창자가 풀밭에 흩어져 있었고, 심장이 바위 근처에 있었으며, 피가 폭발한 것처럼 여기저기 있었다는' 것이다. 마침내 현장에 도착했을 때 나는 아이들의 묘사에 동의해야 했다. 양의 사체는 속이 완전히 비어 있었고 장기는 사라진 상태였다. 풀밭은 피투성이였고 양털이 곳곳에 널려 있었다. 파리 떼도 정신없이 날아다녔고, 그야말로 참혹한 광경이었다.

나는 아이들에게 이렇게 말했다.

"코요테가 잡아먹었나 봐. 농장에서는 가끔 이런 일도 일어난단다. 울타리도 치고 개도 풀어서 양을 보호하려고 최선을 다하지만, 그래도 코요테가 양을 공격할 때가 있거든."

점심을 먹으러 집으로 돌아가는 동안 두 아이는 아무 말도 없었다. 나는 내가 이 사건을 어떻게든 처리하지 않으면 이 충격적인 기억이 아이들의 뇌리에 오래 남을 것 같다는 생각이 들었다. 그래서 이렇게 물었다.

"이 일에 대해서 얘기하고 싶은 사람 있니? 아까 양 보고 나서 괜찮은 거니?"

그러자 피비의 친구가 이렇게 대답했다.

"제가 살면서 본 가장 끔찍한 장면이었어요!"

피비는 고개를 숙인 채 별다른 말이 없었다.

점심을 먹고 나서 나는 컴퓨터 앞에 앉아서 일했다. 아이들은 놀고 있었는데, 피비가 갑자기 친구에게 이렇게 말하는 것이 들렸다.

"잠깐만 기다려 봐. 엄마한테 할 말이 있어."

피비는 뛰어오더니 나를 끌어안고는 펑펑 울었다. 튼실한 개구리 몇 마리를 잡을 생각에 기대에 부풀어 있다가 그런 참혹한 현장을 봤으니 10살짜리 아이가 얼마나 놀랐을지 짐작할 수 있었다.

"그거 보고 놀란 건 너무 당연한 거야. 자연은 정말 잔인할 때가 있어. 안타깝게도 동물이 자연에서 그렇게 죽는 일이 많단다. 여기 농장에서는 동물을 키울 때 동물이 스트레스를 최대한 적게 받으면서 죽게 도와주거든. 우리는 시간을 질질 끌지 않고 빨리 죽는데, 밖에서는 동물이 아파하면서 천천히 죽을 때도 있어. 하지만 코요테도 뭔가 먹고 살아야 하겠지."

이제 나에게 닥친 문제는 피비의 친구를 집에 데려다주고 그녀의 엄마에게 아이들이 본 장면을 설명하는 것이었다. 그 집 엄마가 나를 고소하지 않기를 바라면서 말이다. 다행히도 그 엄마는 공동체 지원 농업CSA, Community-Supported Agriculture 네트워크에 속해 있었고 내가 쓴 책도 몇 권 갖고 있었다. 그녀가 나에게 화를 내지 않아서 안심하기는 했지만, 그 딸이 그런 끔찍한 광경을 봤다는 사실에 마음이 편하지 않았다. 교외에서 친구네 집에 놀러 갔다가 동물의 사체와 맞닥뜨리는 경우는 적기 때문이다!

그날 저녁에 남편과 함께 피비를 재울 때 피비는 다시 눈물을 터뜨렸다. 낮에 본 장면에 관해서 더 생각해봐야 했던 것이다. 나는 남편 앤드루가 함께 있어서 다행이라고 생각했다. 앤드루는 훌륭한 아빠이며 복잡한 것을 아이들에게 쉽게 설명해주는 재주가 있다. (아이들은 앤드루가 슈퍼히어로인 줄 안다.) 남편은 피비에게 양이 즐거운 삶을 살다가 코요테에게 먹을 것을 주고 떠났다고 설명했다. 그리고 자신이 남은 양의 사체를 퇴비에 묻었고, 그것이 토양에 들어가면 채소에 양분을 줄 것이라는 말도 곁들였다.

"토양은 살아 있는 거란다. 그 안에는 양이 준 양분이 필요한 작은 생물들이 살고 있어. 양의 뼈가 칼슘으로 바뀌어서 케일이 더 잘 자랄 거란다. 모든 것은 죽고 다시 돌아오는 거야."

앤드루는 이렇게 말했다.

그랬더니 피비가 바로 일어나 앉았다.

"잠깐만요. 양의 뼈가 채소가 된다는 거예요? 뼈 맛이 나는 거예요? 그럼 채소를 먹을 때 뼈를 먹는 거예요?"

"아니, 뼈 맛이 나지는 않아. 하지만 채소를 먹을 때는 뼈와 피, 그리고 다른 여러 가지를 먹는 거란다."

앤드루는 이렇게 설명했다. 그랬더니 피비는 깜짝 놀라며 이렇게 말했다.

"그러면 비건이 되는 건 불가능하네요! 토양이 살아 있고, 죽은 것이 전부 다시 돌아오면 죽은 무엇인가를 먹지 않고는 아무것도 먹을 수 없잖아요."

나는 어린 딸아이의 머리가 얼마나 빨리 돌아가는지를 보고 가슴이 벅차올랐다. 아이가 똑똑해서 자신이 본 장면을 이해하는 데 도움이 되도록 남편이 해준 이야기를 재빨리 확장한 것이다. 피비는 그날 양의 피가 나오는 악몽을 꾸지 않고 잠을 푹 잤다. 아이는 그날 본 양의 사체 이야기를 다시 꺼내지 않았고, 지금으로서는 그 이야기가 일단락되었다. 피비는 상황이 어떻게 돌아가는지 이해했고, 내 도움 없이도 혼자서 큰 그림을 파악했다. 모든 아이(와 어른)가 자연에서 자유롭게 거닐면서 삶과 죽음에 대해서 배울 기회가 있었으면 좋겠다.

만일 불필요한 고통을 끝내는 것이 우리의 목표라면 동물을 '자연'의 손에 맡기는 대신 우리가 인간으로서 더 '인도적인' 방식으로 동물을 죽일 방법을 생각해보자. 자연에서는 동물들이 대체로 다른 동물에게 잡아먹힌다. 이 말은 힘이 더 세고 이빨이 큰 동물을 만나서 천천히 고통스럽게 죽게 된다는 뜻이다. 자연에서 가장 많이 죽는 동물이 늙었거나 병든 동물이라는 말은 맞다. 하지만 그것은 그런 동물이 잡기가 가장 쉽기 때문이다. 만일 사자가 먹이를 마음대로 고를 수 있다면 당연히 가장 큰 얼룩말을 선택할 것이다. 그렇다면 인간이 튼튼하고 건강한 동물을 죽이는 것이 잘못된 일일까? 우리가 병들고 늙은 동물만 먹어야 할까? 다른 한편으로는, 사람들이 동물을 한창때 죽이면 동물의 고통을 제한하는 효과가 있다고 주장할 수도 있을 것이다. 동물이 다리가 부러져서 고생하거나 늙어서 쇠약해지게 하는 병에 걸릴 기회가 없어질 것이기 때문이다.

야생에 있는 동물과 달리 인간은 지구상에서 동정심이 가장 많은 킬러가 될 능력이 있다. 자연에서 천천히 고통스럽게 죽는 것과 금방 의식을 잃고 목이 가느다랗게 베이는 것을 비교해보자. 인도적인 처리 기술을 적용하는 도축장에서는 가축이 빨리 죽이고 가축이 스트레스와 고통을 최대한 적게 느끼도록 최선을 다한다. 이런 시설에서 일하는 직원들은 대체로 이 과정에 신경을 많이 쓰고 동물을 존재의 다음 단계(사람들을 먹이는 식량)로 이행시키는 것을 자랑스럽게 생각한다. 반면에, 하이에나는 영양을 그다지 인도적으로 대하지 않는다. 영양이 아직 숨이 붙어 있는데도 잡아먹는 경우가 많다.

로저스가 들려준 딸의 이야기에도 나왔듯이 양은 코요테의 공격을 받기도 한다. 농부들이 최선을 다해서 양을 보호하려고 노력하지만, 불상사가 일어날 때도 있다. 많은 동물 보호 운동가가 농부들이 단순히 금전적인 투자 대상을 보호하는 것이라고 말할 것이다. 하지만 농부들도 자신이 책임지던 동물이 다친 것을 보면 당연히 가슴이 아프다. 이런 문제에 대해서 한번 생각해보자. 양을 먹은 코요테의 행동이 잘못된 것일까? 이 양에게 특정한 권리가 있는 것일까? 만일 그렇다면 코요테가 양을 먹음으로써 양의 권리를 침해한 것일까? 코요테는 자연에서 중요한 역할을 하며 다른 동물들처럼 먹고 살아야 한다. 그렇다면 농장에서 키우는 닭을 잡아먹는 독수리나 매는 어떨까? 이런 동물들은 들쥐나 토끼, 그리고 사람들이 키우는 고양이를 먹기도 한다. 만일 우리가 키우는 고양이를 매가 잡아먹었는데, 고양이가 몇 분 전에 쥐를 잡아먹었다면 둘 중 어떤 동물이 '더 나쁜' 행동을 한 것일까? 고양이 주인이 우리니까 쥐가 죽은 것이 부분적으로는 우리 탓일까? 누가 누구의 권리를 침해한 것일까? 누가 먹고 누가 못 먹는지는 누가 결정할까? 어떤 동물이 다른 동물보다 더 중요한지는 또 누가 결정할까?

이런 질문은 대단히 어려우며 대답이 깔끔하고 확실한 경우는 드물다. 어쩌면 이런 점이 '어떤 경우에든 고기는 안 된다'라고 외치는 사람들의 가장 큰 문제인지도 모른다. 그토록 복잡한 주제에 관해서 어떻게 그 정도의 확신이 있을 수 있을까?

동물은 잔인한 죽음을 맞지 않더라도 질병에 걸려서 죽을 수도 있다. 이 과정도 고통이 따르지 않는 것은 아니다. 동물이 포식자로부터 완벽하게 보호받는다고 가정해보자. 질병이나 감염으로 죽지도 않고 대단히 오래 산다고 생각해보자. 그때쯤에는 동물의 장기가 기능을 잃기 시작하고 동물이 더는 먹거나 마시지 못한다. 어쩌면 눈이 멀거나 다리가 부러질 수도 있다. 이 과정이 고통스럽지 않고 빨리 진행될까? 과연 이 과정이 '인도적'이라고 할 수 있을까?

동물이 다른 동물의 손아귀에서 고통받도록 내버려 두는 것이 사람의 손으로 인도적인 죽음을 선사하는 것보다 나은 것일까? 젊고 건강할 때는 인생이 멋져 보인다. 하지만 영원히 젊고 건강하게 사는 사람은 아무도 없다. 책임감 있는 농부들은 가축을 돌보는 사람으로서 동물이 잘 먹고 깨끗한 물을 마실 수 있게 신경 쓴다. 동물이 병균에 감염되면 치료해주고 상대적으로 스트레스가 적은 삶을 누리도록 최선을 다한다. 이런 삶이 야생에서의 삶보다 훨씬 더 편안하다. 야생에서는 먹이를 구하기 어려울 수도 있고, 다친 부위에 염증이 생겨서 목숨을 잃을 수도 있다. 게다가 농장처럼 포식자로부터 동물을 보호해줄 울타리도 없다.

우리는 누구나 자연을 다룬 TV 프로그램에서 건강해 보이는 얼룩말이나 사슴 떼가 뛰노는 장면을 본 적이 있다. 하지만 사실상 그 동물들이 건강한 것은 늙고 병든 동물들이 도태되었기 때문이다. 약한 동물들이 잡아먹히고 무리에서 제외되면서 포식자에 의해서 개체수가 일정하게 유지되는 것이다. 동물의 개체수는 어떤 식으로든 통제되어야 한다. 우리가 인간으로서 포식자들을 제거해야 할까? 그러는 편이 더 인도적일까?

영국 철학자 데이비드 피어스David Pearce는 자연 세계를 인간이 바로잡아야 하는 끔찍한 곳이라고 여긴다. 그는 포식자가 먹이를 부당하게 희생시킨다고 생각하고, '모든' 포식자가 제거되거나 다른 동물을 먹지 않도록 유전적으로 또는 신경학적으로 재프로그램되어야만 정의가 실현될 것이라고 주장한다. 피어스의 주장은 폭넓은 지지를 끌어내지는 못했지만 우리의 현실을 잘 보여준다. 똑똑한 사람들조차도 자연 세계에서 너무 멀어졌고 '고통'을 매우 두려워한다. 고통을 피하려고 지구에서 생명을 아예 없애버리자고 진지하게 제안하고 싶어 할 정도다.[3] 이것은 마치 마블 코믹스Marvel Comics의 세계관에 나오는 악당 중의 악당 타노스Thanos의 이야기 같다. 타노스는 생명을 '구할' 유일한 방법은 모든 생물의 절반을 없애버리는 것이라고 생각한다.

이런 관점은 조금 더 자세히 살펴볼 필요가 있다. 고기를 반대하는 사람들은 '지구를 구하고 고통을 끝내려고' 하지만, 그런 노력은 사실 종의 다양성을 파괴하고 머지않아 무너질 시스템에 의존하는 꼴이다. 이런 사람들은 의도는 좋을지언정 질병에 걸리는 것보다 약을 쓰는 것이 더 나쁜 상황을 만들어버린다.

하지만 동물이 농업에서 중요한 역할을 한다고 인정하더라도 우리가 동물을 꼭 먹어야 할까? 더 나은 토양을 위해서 동물을 이용하고 나서 동물이 한평생 살다가 자연적으로 죽게 내버려 둘 수는 없을까? 앞에서 살펴봤듯이 '자연적인 죽음'이 무엇인지 분명하게 정의하기는 어렵다. 이런 식으로 동물을 키워본 사람들은 알겠지만, 동물이 자연사할 때까지 기다리는 것은 차마 눈뜨고 지켜보기 어려운 광경일 때도 있다. 어떤 사람들은 '그런' 과정도 비윤리적이거나 잔인하다고 말할 수 있을 것이다. 케일을 심고 싶으면 동물이 식량 시스템에서 제 역할을 해야 하고 우리가 동물을 덜 먹을 것이 아니라 더 먹어야 한다는 사실을 받아들여야 한다. 이 말은 우리가 식물의 형태로 태양열을 최대한 포집하고 동물이 그 에너지를 질 좋은 토양, 다른 식물을 위한 비료, 인간의 건강에 이로운 영양소, 즉 생명으로 전환할 수 있게 해야 한다는 뜻이다.

이 책이 벌써 많이 길어졌고 기술적인 내용도 많다는 것을 알고 있다. 하지만 물리학자 제러미 잉글랜드Jeremy England의 주장도 소개하고 싶다. 잉글랜드는 최근에 발표한 논문에서 중요한 주장을 펼쳤다. 그는 생명의 목적은 엔트로피entropy(열역학 시스템의 무질서한 정도를 나타내는 척도 - 옮긴이), 즉 세상이나 우주의 상대적인 무질서함을 끌어올리는 것이라고 주장했다.[4] 더 영적인 것을 추구하는 사람들에게는 이런 이야기가 만족스럽지 않을지도 모른다. 하지만 개인의 종교적인 관점과 무관하게 잉글랜드의 주장은 엄청난 결과를 불러올 수 있다. 단기적으로 봤을 때, 생명은 엔트로피에 대항해서 작용한다. 주변의 에너지를 활용하고 생명을 '더 많이' 만들어내는 것이다. (이때 말하는 주변의 에너지는 주로 태양을 뜻하지만, 대양저에는 이 시스템과 거의 독립적으로 존재하는 다른 시스템들도 있다.) 이것은 비평형 과정(또는 더 기술적인 용어를 사용하자면 '비평형

열역학')이라고 부른다. 이 개념에 따르면 우리는 이런 비평형 과정을 최대한 많이 촉진해야 한다. 그러면 구체적으로 무엇을 어떻게 해야 한다는 뜻일까? 최대한 많은 식물이 햇빛을 최대한 많이 흡수하도록, 그리고 최대한 많은 동물이 식물과 동물을 둘 다 먹도록 도와야 한다는 뜻이다. 이 시스템에 최대한 다양한 생물이 살고 시스템의 회복력이 최대한으로 높아지도록 신경 써야 한다. 간단히 말해서, 이런 시스템은 목초지와 풀을 뜯는 동물이 있는 시스템과 유사한 점이 많으며, 지속 가능성 없이 합성 화학 물질에 의존하는 줄뿌림 작물이 있는 시스템과는 전혀 다르다. 잠시 숨을 돌리면서 인간이 없는 지구를 한번 상상해보자. 아니면 인간이 출현하기 전 지구의 모습을 상상해봐도 좋다. 둘 중 어느 시나리오에서든 지구에는 생명이 가득하고 죽음도 가득할 것이다.

어쩌면 인간이 자신도 언젠가 죽게 될 존재라는 점을 더 의식하면, 그리고 지속 가능한 식량 생산이 어떤 방식으로 이루어지는지 이해하면 상황이 달라질지도 모른다. 그러면 우리가 죽음에 이르는 과정을 덜 두려워하고 인간과 가축 모두에게 인도적인 죽음을 선사할 수 있도록 더 노력할지도 모른다.

인간의 기준에서 본 감응력

예전에 인터넷에 떠돌던 재미있는 이야기가 있었다. 동물원에 사는 문어가 튜브를 타고 내려와서 바닥을 건너 파이프를 타고 내려가서 바다로 돌아간 것 같다는 이야기였다.[5] 애니메이션 〈니모를 찾아서〉가 떠오르는 이야기다. 인터넷에는 문어가 자신을 구경하는 사람들의 사진을 찍는 영상도 있다.[6] 이런 이야기와 영상이 인기를 끄는 것은 동물이 똑똑하게 행동하는 모습이 놀랍기 때문이다. 그렇다면 다른 동물들은 어떨까? 다른 동물들도 문어만큼 똑똑할까? 문어만큼 잡아먹기 아까울까? 문어가 닭이나 들소보다 나은지 아닌지는 누가 결정할까? 이런 영상에 사람들이 열광하는 것은 문어와 공감할 수 있기 때문이다. 문어가 똑똑하게 행동한 것은 맞지만, 그것은 어디까지나 인간의 기준으로 본 것이다. 그렇다면 다른 방식으로 매우 똑똑하게 행동하는 다른 동물들은 어떨까?

이것은 흥미로운 난제다. 고기를 반대하는 사람들은 인간이 지구에 해가 되는 존재라고 말하면서도 특정 생물이 '인간'과 비슷할수록(감응력이 높을수록) 그 생물을 먹는 것이 더 비윤리적이라고 주장한다. 그 사람들 말에 따르면, 식물은 '고통' 앞에서 인간이나 동물과 다르게 반응한다고 한다. 따라서 식물을 먹는 것은 윤리적으로 수용할 수 있는 일이라는 것이다. 하지만 이 논리에는 오류가 있다. 식물도 잡아먹히지 않으려고 적에 대항한다. 화학 물질을 분비하거나 이웃에게 경고를 보낸다. 나무는 곰팡이 네트워크를 통해서 땅 밑에서 '소통할' 수 있다.[7] 다른 나무로 양분을 보내고, 어떤 나무가 같은 종인지 아닌지 구분하고, 죽어가는 나무를 살리려고 양분을 제공할 수도 있다.[8] 특정한 해충이 나무를 먹으면 그 나무는 잎에서 쓴맛이 나도록 화학 물질을 분비한다. 다른 나무들에도 이 해충이 근처에 있다고 경고해주면 그 나무들의 잎에서도 쓴맛이 나기 시작한다. 나무는 해충을 먹는 익충에게 도움을 청하기도 한다.[9] 소리를 향해서 '뻗어 나가는' 식물도 있고, 식물이 빛을 향해 움직인다는 것은 잘 알려진 사실이다. 콩과 식물은 타고 올라가기 좋은 격자 구조물이 바로 위에 있지 않더라도 그 방향을 향해서 자라난다. 알고 보면, 식물에는 '느끼고 소통하는' 능력이 있는 것이다.[10] 앞을 볼 수 있는 눈이 없다고 해서 나무가 토끼보다 덜 중요한 생명체일까? 지렁이는 어떨까? 지렁이가 케일보다 덜 중요할까 더 중요할까? 작은 물고기나 초파리의 생명을 살리는 것이 300년짜리 단풍나무를 살리는 것보다 더 중요한 일일까?

　다른 동물들에 대해서도 생각해보자. 벌은 어떨까? 우리는 벌이나 다른 꽃가루 매개자 없이는 살아갈 수 없다. 그런데도 살충제를 없애버리자고 주장하는 사람은 많지 않다. 한 가지 점을 분명하게 짚고 넘어가자. 단일 작물 재배 위주의 식량 생산 시스템은 합성 비료, 농약, 제초제, 곰팡이 제거제를 구할 수 있고 이런 화학 물질이 효과가 좋을 때만 '돌아간다'. 이런 시스템은 꽃가루 매개자의 개체수를 감소시키고 표토를 파괴한다.

　그리고 인간과 비슷하지 않더라도 특별하고, 중요하고, 가치 있는 동물들도 있지 않을까? 다른 종을 '똑똑하거나 중요하게' 만드는 여러 가지 특성에 관해서 우리가 잘 모를 수도 있지 않을까? 우리가 어떤 음식을 먹어도 되는지 안 되는지 정하는 기준은 무엇일까? 다른 사람들이 우리와 비슷할 때만 우리에게 가치 있는 존재일까? 이런 질문에 자동으로 튀어나오는 대답은 "당연히 모든 사람이 중요합니다!"일 것이다. 하지만 이 이야기는 《동물 농장》을 떠올리게 한다. 그 세상에는 분명히 다른 동물들보다 '더 평등한' 동물들이 있었다.

최소한의 해를 끼친다는
원칙

우리는 지금까지 최소한의 해를 끼치는 것에 관해서 여러 번 이야기했다. 많은 사람이 우리 모두의 목표가 우리의 생활방식을 통해서 자연 세계에 최소한의 해를 끼치는 것이어야 한다는 데 기꺼이 동의할 것이다. 인간의 활동은 놀랍도록 파괴적일 수 있으며, 선택하는 음식을 통해서 그런 파괴력을 줄이려고 노력하는 사람들은 박수받아 마땅하다. 하지만 사람들의 좋은 의도와는 별개로 고기를 먹지 않는 행위가 결과적으로 '최소한의 해'를 끼치는 식량 시스템과 맞아떨어지지는 않는다.

환경이나 동물 복지의 측면에서 봤을 때 목초 사육 소고기는 공장에서 산업적으로 기른 닭의 고기보다 훨씬 나은 선택이다. 심지어 일반 소고기도 공장에서 만든 닭고기보다 낫다고 주장할 수도 있을 것이다. 환경 파트에서 분명하게 밝혔듯이 거세한 소 한 마리에게서 얻을 수 있는 고기의 양은 무려 220킬로그램이나 된다. 그만큼의 고기를 얻으려면 닭은 몇 마리가 필요할까? 공장에서 기른 닭은 (인간의 식량을 위해 이용할 수 있는 땅에 재배한) 곡물만 100퍼센트 먹고 100퍼센트 실내에서 생활한다. 심지어 '닭장 없이' 기르는 닭들도 실내에서만 지낸다. 여러분의 닭이 목초 사육 닭이지 않은 이상 여러분이 키우는 닭도 삶의 대부분이나 전부를 실내에서 보낼 것이다. 닭을 도살할 때 인도적으로 처리해야 한다는 법이 없다는 사실을 알고 있는가? 해산물을 먹는 채식주의자들이 알면 놀라겠지만 물고기를 죽일 때도 인도적으로 처리해야 한다는 법이 없다. 하지만 소는 다르다. 사육장에서 말년을 보내는 소들도 야외에서 지내며 자유롭게 움직일 수 있다. 도살할 때도 도축장에서는 이런 소를 인도적으로 처리할 법적 의무가 있다. 안타깝게도 집중 사육 시설에서 키우는 닭이나 물고기(야생에서 잡았든 농장이나 양식장에서 키우든)는 법적으로 보호받지 못한다. '모든 종류의 고기를 그만 먹자'라는 메시지는 설득력이 없으며 동물에게 행해지는 악습을 바꾸는 데 아무런 도움도 되지 않는다. 그런 메시지를 받아들이면 집중 사육 시설에서 기르는 닭, 양식 물고기, 실험실 배양육과 같이 근본적으로 지속 가능성이 없는 분야에 아까운 에너지와 자원을 낭비하는 꼴이다.

환경 파트에서 살펴봤듯이 작물을 심을 공간을 마련하는 것은 동물의 서식지를 파괴하는 것이나 마찬가지다. (그 과정에서 여러 생명이 죽기도 한다.) 만일 콩밭을 더 만들려고 간접적으로 동물의 식량 공급원을 없애버리면 토종 동물들을 죽이는 셈이다. 목초지에서 동물을 몰아내면 그 땅도 결국 파괴될 것이다. 되새김 동물의 수를 관리하지 않고 동물이 '살 만큼 살다가 자연사하게' 내버려 둔다고 가정해보자. 그러면 그 동물은 식량을 다 먹어버리고 죽거나 늑대가 되새김 동물을 먹어버리고 인간에게는 옥수수와 콩만 남을 것이다.

채소와 곡물을 재배하는 실제 과정을 한번 들여다보자. 우선, 농부가 땅을 간다. 그 과정에서 지렁이, 쥐, 그리고 겨우내 그곳에서 살게 된 다른 동물들이 죽고 만다. 작물이 자라는 동안에는 농약 때문에 곤충이 죽고, 곤충을 먹는 동물들이 그 독으로 죽는다. 토양이 노출되고 화학 물질이 지역의 강과 개울에 흘러 들어가서 물고기와 다른 수중 생물을 죽이는 것도 문제다. 추수할 때가 되면 경운기가 지나가는 경로에 있던 토끼 같은 작은 포유동물을 죽이기도 한다. 유기농업을 추구하는 농부들도 농장에서 해충을 죽인다. 일반 농부들과 다른 방식으로 죽일 뿐이다. 익충, 유기농 농약, 총, 덫 등을 이용하는 것이다. 우리는 작물과 같은 자연적인 방어물 뒤에 숨어 있다가 추수가 끝나고 밭이 노출되는 바람에 포식자의 눈을 피하지 못한 동물들의 죽음도 생각해봐야 한다. 작물을 먹는 사람들이 매에게서 더는 숨지 못하게 된 토끼의 죽음에 책임이 있을까? 동물 수십억 마리가 곡물 저장고와 다른 식량 저장 시설, 음식점, 도시 주변에서 죽는다. 하지만 이런 일이 벌어지지 않으면 인간은 굶어 죽을 것이다.

동물은 식물성 식품 생산의 피할 수 없는 부산물이다.

추수철에 생물이 얼마나 많이 죽는지 전문가들이 계산해본 적이 있다.[11] 우리가 음식을 먹을 때마다 칼로리당 생물이 몇 마리나 죽는 것일까? 땅 4,000제곱미터당 설치류가 40마리 죽고, 밀밭 4,000제곱미터에서 600만 칼로리에 해당하는 밀을 생산할 수 있다. 그러면 우리가 밀 15만 칼로리를 섭취할 때마다 설치류 한 마리가 죽는 꼴이다. 땅 면적을 넉넉하게 잡아서 땅 4,000제곱미터당 소 한 마리로 소고기 약 230킬로그램을 생산한다고 가정해보자. 소고기가 450그램당 1,100칼로리라고 계산했을 때 우리가 소고기 55만 칼로리를 섭취할 때마다 소 한 마리가 죽는 꼴이다! 따라서 동물을 더 많이 살리고 싶다면 밀이 아니라 소고기를 먹어야 한다.

소고기가 밀보다 영양도 훨씬 더 풍부하다. 만일 영양소당 생물이 얼마나 많이 죽는지 비교해보면 소고기와 밀의 차이는 더 분명해질 것이다.

고기를 안 먹는 것이 최소한의 해를 끼친다는 원칙과 어울리는 행동인지 의문을 제기하는 사람이 또 있다. 바로 오리건주립대학교 축산학과의 스티븐 데이비스Stephen Davis다. 데이비스는 우리가 밭을 갈거나 (원반 쟁기를 이용하든 써레를 이용하든) 벌레와 잡초를 죽이려고 화학 물질을 이용할 때 죽는 주머니쥐, 참새, 찌르레기, 쥐, 생쥐, 자고새, 칠면조, 토끼, 들쥐, 여러 종류의 양서류의 사망률을 살펴보라고 조언한다. 그러면 소와 같은 커다란 되새김 동물 한 마리가 풀을 뜯어 먹는 것이 작물로 가득한 식단을 먹는 것보다 해를 훨씬 덜 끼친다는 사실을 분명하게 알 수 있다고 한다.

환경 파트에서 살펴봤듯이, 잘 관리된 소는 야생 동물의 개체수를 늘려주고 생태계가 더 건강해지게 돕는다. 토양의 수분 보유 능력이 나아지게 해주고(빗물이 흘러넘칠 확률이 낮아진다) 탄소를 격리하기도 한다. 자연에는 관개 시설이 필요하고 화학 물질을 뿌려대는 콩밭 같은 것은 없다. 인간은 야초지와 숲을 파괴했으며, 그 과정에서 그곳에 한때 살았던 모든 생물이 자연 서식지를 빼앗기고 말았다.

우리가 초원을 '야생화'하고 작물 생산을 위해서 경작에 적합한 땅만 이용해야 한다고 주장하는 사람들도 있다. 얼핏 생각하면 훌륭한 해결책 같지만, 야생 동물은 포식자 없이는 개체수가 통제되지 않는다. 인간은 들소, 사슴, 엘크와 같은 야생 되새김 동물의 개체수만 줄인 것이 아니라 그런 동물들의 자연적인 포식자들도 많이 죽였다. 그래서 되새김 동물들의 개체수가 너무 많이 늘어났고 과방목이 문제가 되고 있다. 특히 미국 북동부 지역에서 이런 문제가 대두되고 있다. 사슴이 사람들이 텃밭에 심은 채소와 농부들의 작물을 먹는데도(무료 샐러드바처럼!) 사냥꾼들이 사슴을 처치하는 데 도움을 주길 원하지 않는 공동체가 많다. 사슴은 새의 주요 서식지인 숲에 있는 덤불도 너무 많이 먹어치운다. 사슴이 자동차 사고를 유발하기도 하고, 그런 사고가 인간의 비극적인 죽음으로 이어지기도 한다. 해결책은 늑대와 같은 포식자를 대규모로 들여와서 교외에 사는 야생 동물의 개체수를 관리하거나(그곳에 사는 많은 사람을 쫓아내고) 사슴을 사냥하는 것이다.

다른 예를 한번 살펴보자. 아몬드 우유가 일반 우유보다 해를 덜 끼칠까? 견과류 우유nut milk는 고기를 사용하지 않는 주방에서 흔히 볼 수 있는 제품이다. 전 세계적으로 아몬드의 80퍼센트는 캘리포니아주에서 생산되지만 대부분은 중국으로 수출된다. 미국이 귀중한 물과 영양소를 다른 나라로 수출하는 것이다. 사람들은 댐을 건설하고 강물의 흐름을 바꿔서 물이 많이 필요한 작물에 물을 댄다. (굳이 사막에서 생산하면서 말이다!) 그러면 물고기가 목숨을 잃고, 그런 물고기가 필요한 동식물도 죽게 된다. 그렇다. 놀랍게도 물고기에서 얻은 양분으로 살아가는 나무가 많다. 캘리포니아주의 일부 지역에서는 대기업이 아몬드와 다른 작물에 물을 계속 대느라 지역 주민들이 마실 물이 없을 정도다.

그렇다면 야자유는 어떨까? 야자유는 가공식품에 흔히 쓰이고 건강식품 판매점에서도 쉽게 볼 수 있다. 과연 야자유는 비건 식품일까? 세계자연기금World Wildlife Fund은 야자유 생산을 위한 공간을 마련하느라 매시간 축구장 300개 넓이에 달하는 열대우림이 사라지고 있는 것으로 추정한다. 이런 이유로, 오랑우탄과 수마트라 호랑이들의 보금자리가 위태로워졌다. 인터넷에 있는 영상들을 보면 야자유 생산이 오랑우탄에게 미치는 영향이 잘 나타난다. 그렇다면 이 산업이 인간에게는 어떤 영향을 미칠까? 야자유 농장에서 일하는 아이들은 무거운 야자 열매를 운반하다가 다치기도 하고 열사병에 걸리기도 한다. 임금은 아주 적게 받거나 아예 못 받는다. 어쩐 일인지 야자유 산업이 오랑우탄에 미치는 영향은 언론의 주목을 받는데 사람에게 미치는 영향은 그러지 못한다.

채소밭에서 온종일 일해본 적이 있는가? 농사는 덥고, 등골 빠지고,

매우 위험한 일이다. 여러분이 먹는 토마토를 누가 땄는지 알고 있는가? 노동을 착취당하는 이민자나 아이가 땄을지도 모른다. 일꾼들이 적정한 보수를 받는지 못 받는지는 알고 있는가? 농장 노동자 기회 제공 프로그램 협회Association of Farmworker Opportunity Programs는 전 세계적으로 2억 명이 넘는 어린이 노동자 중에서 70퍼센트가 농업에 종사하는 것으로 추정한다. 미국에는 미성년 농장 노동자가 40~50만 명있다. 미성년 노동자를 보호하는 법 중에는 농업에 적용되지 않는 것이 많다.[12] 최소한의 해를 끼치는 식단에 대해 고민할 때 농산물을 생산하느라 고통받는 사람들도 생각해야 할까?

그렇다면 초콜릿은 어떨까? 여러분이 공정 무역 초콜릿을 사는 것이 아니라면 간접적으로 인신매매, 납치, 미성년 노동에 개입하는 것일지도 모른다. 미국과 유럽에서 판매되는 주요 초콜릿 브랜드 대부분은이런 악습이 자행되는 곳에서 초콜릿을 들여온다.[13] 아프리카 서부에서는 200만 명이 넘는 어린이가 불법적으로 카카오 농장에서 일한다. 코트디부아르는 한때는 아프리카에서 생물 다양성이 가장 뛰어난 곳으로유명했지만 이제는 보호 구역의 90퍼센트를 초콜릿 생산에 이용한다.이런 결정은 야생 동물의 개체수에 파괴적인 영향을 미쳤다. 뉴스에는안 나오는 이야기지만, 삼림을 파괴해가면서 생산된 초코바를 한 개 먹을 때마다 자동차로 7.9킬로미터를 이동하는 것과 똑같은 양의 탄소가배출된다.[14] 그렇다면 미국에서 생산량 1위에 빛나는 과일인(계절에 따라서 2위일 때도 있다) 바나나는 어떨까? 바나나를 키울 때 암을 유발하는화학 물질을 공중에서 뿌리는데, 이런 물질이 지역 주민들의 집과 학교위에 떨어질 때도 있다. 식품이 저렴한 것은 좋지만 질병, 선천적 기아,죽음을 동반한다면 여전히 비건 식품이라고 부를 수 있을까? 우리가 동물의 목숨만 신경 써야 할까, 사람의 목숨도 신경 써야 할까?

고기 대체품을 생산하고, 포장하고, 운반하고, 저장하는 데 에너지와 물이 얼마나 많이 필요할까? 이 에너지를 얻으려고 우리가 지불한 대가는 무엇일까? 공장이 태양열로 돌아갈까? 아니면 환경에 악영향을 끼치는 수압파쇄법fracking으로 추출한 천연가스로 돌아갈까? 상품은 석유를 이용해서 운반될까? 석유를 둘러싸고 여러 전쟁이 일어났으며 많은 사람이 목숨을 잃었다. 어쩌면 최소한의 해를 끼친다는 원칙에 가공을 덜 하고, 에너지를 덜 쓰고, 더 지역적이고, 더 자연적인 식품이라는 기준도 포함해야 하는 것은 아닐까?

역사적으로, 북부 지역에 사는 사람들은 지방과 비료를 얻으려고 동물에 의존했다. 하지만 북부 지역이나 덥고 건조한 기후에서 식물성 식품으로만 구성된 식단을 먹는다고 생각해보자. 그러면 별의별 의문이 다 생길 것이다. 지방을 어떻게 생산해야 할까? 북아메리카에 사는 비건들은 대체로 코코넛, 야자수, 아보카도에서 지방을 얻는다. 카놀라(평지 식물이라고도 불린다)는 북부 지역에서 키울 수는 있지만 땅도 많이 필요하고 수확할 때 에너지도 많이 필요하다. 토양의 질을 높이려고 '녹비'를 키울 수도 있지만, 녹비 역시 사람을 먹일 작물을 재배할 때 사용할 수 있는 경작에 적합한 땅이 필요하다. 편평하고 경작에 적합한 땅은 쉽게 구할 수 있는 것이 아니다. 어쩌면 카리브해 지역처럼 따뜻하고 습한 기후에서는 동물성 지방이 없는 식단을 먹는 것이 현실성이 있을지도 모르겠다. 하지만 채소를 재배하고 싶더라도 열대우림을 개간하거나 섬의 토양의 질을 크게 개선해야 하는 부담이 있다.

그렇다면 매우 건조한 지역은 어떻게 해야 할까? 아몬드에 물을 댈 여유가 없는 사람들에게 식물성 식품만 먹는 것이 좋다고 제안하는 것이 정말로 윤리적일까? 우유, 날고기, 동물 피, 꿀은 케냐와 탄자니아 북부 지역에 사는 마사이족의 전통 식품이다. 마사이족은 채소는 거의 안먹는다. 식단의 3분의 2가 동물성 지방으로 구성되어 있는데도 심장 질환에 잘 걸리지 않는다. 그런 사람들에게 이제 와서 통알곡과 케일을 먹으라고 말해야 할까? 이미 건강하게 사는 사람들에게 채소가 잘 자라지 않는 땅에 식물을 심으라고 서양식 도덕을 강요하는 것이 윤리적일까? 이런 사람들에게 손가락을 까딱이면서 전통적인 식단을 포기하도록 강요하는 것이 도덕적이지 않다면 왜 그런 행동이 서구화된 사회에서는 윤리적이라고 생각하는가?

농산물을 생산할 때도 생명이 죽고 자연에 해를 많이 끼치게 된다. 최소한의 해를 끼친다는 개념을 식탁에 살이 올라가느냐 안 올라가느냐로 판단할 수는 없다. 우리의 행동이 생명의 죽음을 동반한다는 사실을 알면서도 그런 행동을 한다면 그것은 죽음을 유발한 것이다. 그런 행동을 할 때 생명이 죽는다는 사실이 널리 알려졌다고 생각해보자. 하지만 생명을 죽일 의도가 없었다고 주장하면 아무 문제도 없는 것일까? 가상의 상황을 한번 생각해보자. 두부를 사러 가게에 가는 길에 실수로 다람쥐를 치었다. 이때 우리가 다람쥐를 죽인 것일까? 그렇다. 하지만 그렇다고 해서 죄책감을 느끼거나 잘못에 책임을 지게 될까? 아마도 안 그럴 것이다. 자동차를 운전한다고 해서 다람쥐가 죽으리라는 사실을 미리 알지 못했고 우리에게 다람쥐를 죽일 의도가 없었다는 것이 분명하기 때문이다. 하지만 두부를 사러 그 가게에 갈 때마다 가는 길에 다람쥐 가족 전체를 치게 되리라는 것을 알면 이야기가 어떻게 달라질까? 두부를 사러 그 가게에 가는 길에 다람쥐를 죽이게 될 것을 알면서도 가게에 가는 행동이 도덕적으로 용인할 수 있는 것일까? 다람쥐를 죽이려는 의도가 없으면 괜찮은 것일까? 우리의 행동이 잘 알려진 결과를 낳는다는 사실을 알고 있다면, 그 자체로 '의도'가 존재하는 것이다.

만일 토끼나 다람쥐의 목숨을 소의 목숨만큼이나 가치 있게 생각한다면, 그리고 가족에게 음식을 먹이면서 생명을 최소한으로 죽이고 싶다면 목초를 먹이면서 잘 키운 소 한 마리를 죽이는 것이 현대적인 줄뿌림 작물 농법을 이용하는 것보다 생명을 덜 죽이는 길이라고 알려주고 싶다. 정말로 최소한의 해를 끼치고 싶다면 커다란 초식 동물(적색육)을 먹어야 한다.[15]

14 채식은 순수하고
육식은
탐욕스럽다?

사람은 누구나 소속감과 삶의 의미가 필요하다. '부족'이 있으면 공동체에 속해 있다는 기분이 들어서 좋다. 우리는 누구나 비슷한 것을 믿는 사람들이 모인 집단에 소속되길 원한다. 종교 집단에 속하고 싶은 사람들도 있고, 공동체 중심으로 운영되는 헬스클럽에 다니고 싶은 사람들도 있다. 이것이 바로 크로스핏CrossFit(Cross training(교차 운동)과 Fitness(체력 훈련)의 합성어 – 옮긴이) 운동이 그토록 인기를 얻은 이유다. 고기가 잘못된 선택이라고 믿는 사람들이 모인 집단 역시 '부족'의 일종이다.

역사를 살펴보면, 식품 섭취에 관한 규칙을 마련한 종교가 많다. 이 책이 다루는 내용의 범위에서는 벗어나지만, 채식주의의 종교적인 역사를 다룬 흥미롭고 대단히 긴 책들도 있다. 특정한 고기를 금지하거나 모든 고기류를 먹길 거부하는 종교들도 있지만, 아마도 위생적인 이유로 이런 관습이 생겼을 것이다. 우리가 세균설을 이해하기 전에는 냉장 시스템이 없었기 때문에 오래된 고기는 정말 문제가 많았다. 그런 고기를 먹지 않는 것은 이치에 맞는 행동이었다. 한편 인간의 환생을 믿는 여러 종교에서는 동물이 우리의 할머니일 수도 있는 만큼 동물을 먹길 꺼린다.

성서를 살펴보면 인간은 동물을 지배할 권리를 얻었다(창세기 1장 26절). 홍수가 난 다음에는 "움직이는 모든 동물이 너희의 먹을 것이 될지라(창세기 9장 3절)"라는 구절이 나온다. "어떤 자는 모든 것을 먹어도 된다는 믿음이 있고, 연약한 자는 채소만 먹느니라(로마서 14장 2절)"라는 구절도 있다. 아담과 이브가 에덴동산에서 추방당한 이후에 고기를 먹어도 된다는 허락이 떨어진 만큼 채식주의가 우리가 다시 돌아가야 하는 '순수한' 상태라고 생각하는 사람들도 있었다. 하지만 중세 유럽에서는 고기를 먹길 거부하는 행동은 신뿐만 아니라 악마도 함께 숭배하는 징후로 여겨졌다. 그런 이유로, 1215년에는 진정한 신도와 채식주의적인 이단자를 구별해내기 위해서 성찬식에서 쓰는 제병祭餠이 실제로 예수의 살이라는 교리가 선포되었다.[1]

고기를 먹는 사람이 좋은 사람일 수 있을까?

오늘날 고기는 살생, 힘, 지배, 식탐, 서양의 부의 상징이 되고 말았다. 많은 사람이 채식주의자가 더 건강할 뿐만 아니라 더 깨우쳤고, 교양 있고, 순수하고, 바르다고 이상화한다. 어떤 면에서는 채식주의가 독자적인 종교가 되었다고 볼 수 있다. 오늘날의 사회에서는 우리가 어디에서 식량을 사고 카트에 어떤 식품을 담는지가 우리의 윤리관에 관해서 많은 것을 알려준다. 고기를 먹지 않겠다는 선택은 건강이나 환경을 걱정하는 마음보다는 개인의 정치적이고 윤리적인 교양을 증명하려는 마음에 바탕을 둔 경우가 많다. 고기를 먹으면 시대에 역행하는 것으로

자연에는 위계질서는 없고 배고픔만 있다

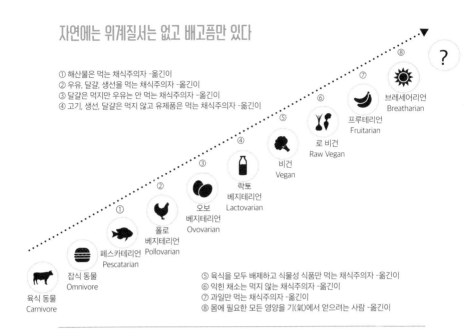

① 해산물은 먹는 채식주의자 -옮긴이
② 우유, 달걀, 생선을 먹는 채식주의자 -옮긴이
③ 달걀은 먹지만 우유는 안 먹는 채식주의자 -옮긴이
④ 고기, 생선, 달걀은 먹지 않고 유제품은 먹는 채식주의자 -옮긴이

⑧ 브레세어리언
Breatharian

⑦ 프루테리언
Fruitarian

⑥ 로 비건
Raw Vegan

⑤ 비건
Vegan

④ 락토
베지테리언
Lactovarian

③ 오보
베지테리언
Ovovarian

② 폴로
베지테리언
Pollovarian

① 페스카테리언
Pescatarian

잡식 동물
Omnivore

육식 동물
Carnivore

⑤ 육식을 모두 배제하고 식물성 식품만 먹는 채식주의자 -옮긴이
⑥ 익힌 채소는 먹지 않는 채식주의자 -옮긴이
⑦ 과일만 먹는 채식주의자 -옮긴이
⑧ 몸에 필요한 모든 영양을 기(氣)에서 얻으려는 사람 -옮긴이

여겨지는 일이 많다. 동물을 먹으면서 어떻게 동물을 위할 수 있을까? 고기를 먹는 사람이 핵전쟁을 반대하거나 여성의 인권에 신경 쓸 수 있을까? 고기를 먹는 사람이 과연 '좋은 사람'일 수 있을까?

식단의 '도덕성'을 따질 때 위의 도표와 같은 위계질서를 상상하는 사람들이 있다. 많은 사람이 특정한 식단이 얼마나 '깨우친' 것인지 판가름하는 기준을 섭취하는 동물과 식물의 종류와 양으로 삼는다. 소고기가 닭고기보다 나쁘다는 인식이 있지만, 그 이유가 무엇일까? 생선을 먹는 것이 엘크를 먹는 것보다 어떻게 더 나은 행동일까? 달걀(닭의 태어나지 않은 태아)이 닭의 살보다 먹기 '더 깨끗한' 이유는 무엇일까? 달걀을 생산할 때도 죽음이 분명히 일어난다는 점을 잊지 말자. 사람들은 그 어린 수컷 병아리들에게 무슨 일이 일어난다고 생각하는 것일까? 치즈는 또 어떤가? 소를 죽이는 것보다 치즈를 먹는 편이 더 나을까? 낙농업계에서 그 수소들에게 어떤 일이 일어나는 것일까? 치즈를 먹으면 송아지 산업을 지지하는 것이고, 이 말은 죽음을 지지한다는 뜻이다. 고기를 먹는 사람들이 채식 식단의 부산물을 먹어야만 채식주의자가 존재할 수 있다. 빵을 먹는다는 것은 그토록 많은 쥐가 곡물 저장고에서 독을 먹고 죽더라도 마음이 불편하지 않다는 뜻이다.

소고기는 비난하고 닭고기는 지나치게 옹호하는 추세는 특히 문제가 된다. 사람들은 왜 소가 그토록 많은 사람에게 닭보다 훨씬 나쁜 식량 공급원으로 여겨지는지 의문을 제기해야 한다. 소고기가 건강에 나쁘다고 사람들이 거짓말을 많이 했기 때문일까? 아니면 소고기가 환경에 나쁘다는 잘못된 이야기가 많이 퍼진 것일까? 소가 '감정'이 더 많은 동물처럼 보여서 그런 것일까? 소의 큰 갈색 눈을 보면 반려동물이라고 생각하기가 더 쉬워서 그런 것일까? 닭고기와 해산물이 '더 깨끗한' 것은 살이 흰색이고 핏빛이 잘 안 보이기 때문일까? 닭고기와 해산물은 손에 쥘 수 있을 만큼 1회 제공량의 크기가 작고, 뼈와 함께 파는 경우는 드물어서 원래 어떤 동물에게서 왔는지 본모습이 바로 떠오르지 않는다.

닭고기가 적색육보다 '더 깨끗하다'는 생각은 크게 잘못됐다. 소고기를 먹을 때보다 닭고기를 먹을 때 병원균에 감염될 확률이 훨씬 높기 때문이다. 닭고기에서 가장 많이 발견되는 세균은 살모넬라균이다. 매년 살모넬라균으로 120만 명이 질병에 걸리고, 2만 3,000명이 병원에 입원하며, 450명이 사망한다.[2] 반면에, 소고기에서 가장 많이 발견되는 세균은 대장균이다. 미국에서는 매년 대장균으로 9만 6,000명이 질병에 걸리고, 3,200명이 병원에 입원하며, 31명이 사망한다.[3] 자연적인 시스템에 대한 이해가 부족하면 상황이 왜 이런지 알기 어려울 수도 있다. 간단히 설명하면, 풀을 뜯는 동물은 대규모 집단생활을 하기에 적합하지만 닭은 그렇지 않기 때문이다. 우리는 둘 다 닭을 키워본 경험이 있는데 닭이 절대로 깨끗한 동물이 아니라고 알려주고 싶다. 어쩌면 사람들이 뼈나 피부가 붙어 있지 않은 닭 가슴살을 두부처럼 생각하는 것은 아닐까? 닭고기를 연한 색이 나는 단백질 덩어리 정도로 인식하는 것은 아닐까?

식량이 어떻게 생산되는지가 중요하다

앞에서 소개한 도표에 나오는 사다리 맨 꼭대기에는 동물 단백질을 전혀 안 먹기로 선택한 사람들이 있다. 과연 모든 동물이 식물보다 더 중요한 존재일까? 생명을 죽일 '의도'가 없었다면 모든 식량 생산 과정에서 필연적으로 죽는 생명체에 대한 도덕적인 책임을 안 져도 되는 것일까? 식물도 감응력이 있다.[4] 설령 식물을 동물과 '똑같이' 여기지 않더라도 식물 역시 살아남으려면 지렁이, 딱정벌레, 벌, 박테리아와 같은 다른 생물을 먹어야 한다. 그렇다면 단일 작물 재배 시스템에서 자라는 식물은 어떨까? 화학 물질 때문에 새와 나비가 독을 먹고 죽고 토끼와 쥐가 트랙터에 치여서 죽는다. 단일 재배한 거대한 채소밭 때문에 한때 그 땅에 살았던 토착 동물들이 쫓겨나기도 한다. 케일을 심는 것만으로도 죽음을 초래한다. 합성 비료를 사용했든 유기농 비료를 사용했든 마찬가지다. 화학 농업에서는 토양이 주요 희생자이며 '다른 모든 것'

농업이 생물 다양성에 미치는 영향

은 부수적인 피해자다. 채소를 재배하는 것이 토끼에게는 인도적인 처사가 아니다. 유기농 시스템에서도 동물은 죽는다. 생명이 죽기를 의도하지 않았으면 죽음이 그 동물에게 덜 해로워지기라도 하는 것일까? 우리가 최소한의 해를 끼치려고 노력할 때 최소한의 '의도된' 해를 말하는 것일까, 최소한의 '실질적인' 해를 말하는 것일까? '식물은 좋고, 고기는 나쁘다'라는 단순화된 명제는 여기서 무너진다. 식량이 무엇인지보다 식량이 어떻게 생산되는지가 훨씬 더 중요하다.

식물에 바탕을 둔 위계질서(도표에서 소개한 사다리)에서 어쩌면 가장 흥미롭고 잠재적으로 위험한 것은 위로 올라갈수록 생물 다양성이 줄어들고 인간 자신도 자연으로부터 멀어진다는 점일지도 모른다. 브레세어리언들은 정말 열반의 경지에 오른 것일까? 그들은 충분히 순수하면 동식물을 먹을 필요가 없다고 주장한다. 그저 햇빛으로부터 에너지를 흡수하면 된다는 것이다.

여러 서양 사회가 지탄받는 주요 원인 중 하나는 위계질서가 너무 뚜렷하다는 것이다. 그런데 우리가 식량을 개인의 순수함을 시험하는 기준으로 삼으면 또 다른 위계질서를 만들어내는 것은 아닐까? 이런 사다리가 세계적으로 사람들의 여러 가지 차이에 대한 깊은 이해를 보여주기라도 하는 것일까? 자연에는 위계질서는 없고 배고픔만 있다. 우리는 피라미드 안에 사는 것이 아니라 네트워크 속에 산다. 인간은 네트워크의 한 부분에 불과하며, 살아남으려면 네트워크에 있는 다른 모든 부분에 의존해야 한다. 따라서 우리에게는 벌, 새, 뱀, 물고기, 초원, 강이 모두 필요하다. 인간은 생물이 최대한 다양하게 있어야 번성할 수 있다. 우리의 산업적인 식량 시스템은 생물 다양성을 말살해버린다. 동물을 없애버린 식단은 산업적인 농법에 완전히 의존하는 식량 시스템과 맞물려 있다.

개인의 식단이 도덕성과 잘못 결부되기도 했지만, 오늘날의 현대적인 채식주의는 여러분이 아마도 몰랐을 방식으로 종교 집단과도 연결되어 있다. 서양에서 고기를 비난하는 영향력이 가장 큰 종교 집단 중하나는 제7일 안식일 예수 재림교다. 우리가 제4장에서 유명한 영양학 연구를 분석하면서 이 집단을 언급한 것을 기억할지도 모르겠다. 제7일 안식일 예수 재림교는 공식적으로는 1863년에 창립됐지만 거의 20년 전에 독자적인 집단으로 시작했었다. 1844년 10월 22일에 예수가 재림하지 않으면서 밀러Miller 운동의 소위 '대실망Great Disappoint- ment' 사건이 일어난 후였다. 엘렌 하몬Ellen G. Harmon. 결혼 후의 성은 화 이트(White)은 17살에 그 사건을 설명할 수 있는 비전이 떠올랐다. 그녀 는 제7일 안식일 예수 재림 교회의 공동 창립자로서 평생에 걸쳐 2,000 개가 넘는 꿈과 환영을 경험했다. 그러고는 하나님의 심부름꾼으로서 신의 계시를 여러 사람과 공유했다. 엘렌 화이트가 1863년에 건강 개혁 에 관한 비전을 내세우면서 고기를 반대하는 그녀의 메시지가 시작되 었다. 화이트는 에덴동산식 식단이 신이 인간에게 내린 식단이며, 고기 는 술이나 담배만큼, 아니 어쩌면 그것보다 더 중독성 있는 흥분제일 수 도 있다고 주장했다.

> 고기는 건강이나 힘을 위해서 꼭 필요한 음식은 아니다. 그렇지 않다면
> 하나님이 아담과 이브를 추방하시기 전에 두 사람을 먹여 살리실 때 실
> 수하신 것이기 때문이다. 육미(肉味)는 자연을 동물화하는 경향이 있다.
> 남자와 여자가 모두에게 느껴야 할 사랑과 동정심을 앗아가기도 한다.
> 육미는 더 저급한 욕정이 더 고귀한 존재의 힘을 능가하게 만든다. 설령
> 고기를 먹는 것이 건강에 이로운 적이 있었더라도 이제는 육식이 안전하
> 지 않다. 암, 종양, 폐질환은 주로 고기를 먹었을 때 생기는 질환이다.[5]

우리에게 시리얼 브랜드로 친숙한 존 하비 켈로그John Harvey Kel- logg는 12살 때부터 엘렌 화이트를 위해서 일했다. 켈로그 역시 고기를 먹으면 자위를 하게 된다고 생각했다. 그 당시에는 자위가 가장 심각한 죄 중 한 가지였다. '켈로그 콘플레이크'는 1894년에 배틀 크릭 요양원 Battle Creek Sanitarium에서 개발되었다. 그 당시에 첫 식물성 고기인 너

토스Nuttose와 프로토스Protose도 함께 개발되었다.

실베스터 그레이엄Sylvester Graham은 존 하비 켈로그보다 앞서서 1830년대에 순회 설교자이자 건강 개혁가로 활동했다. 그는 육식을 불순한 생각과 동일시했으며, 그의 추종자들은 통밀 밀가루와 크래커를 개발했다. 실베스터 그레이엄과 그 당시에 활동했던 다른 건강 개혁가들은 채식 식단이 가정과 사회를 '순수하게' 유지하기 가장 좋은 방법이라고 생각하면서 사람들을 이끌었다. 채식을 해야 어린이들이 자위하지 않고, 죄, 시력 상실, 조기 사망으로부터 보호받을 수 있다고 생각한 것이다.

> 진실은 간단하다. 순수하고 잘 규제된 채식 식단은 병적이거나 기이한 성욕을 전부 없애거나 예방할 수 있도록 돕는다. 채식은 본능을 더 자연적인 상태로 돌려놓고 인간이 지닌 성 체제의 궁극적인 목적에 따라 엄격하게 관리하게 해준다. 그러면 인간은 몸과 영혼 모두 순수한 상태를 유지할 수 있을 것이다.[6]

우리가 세균설을 이해하기 전에, 그리고 사람들로 붐비는 도시에 고기를 안전하게 운반하는 방법(냉장 기술, 살균 통조림 기술)을 개발하기 전에는 고기를 먹고 나서 심하게 아픈 사람들이 분명히 있었을 것이다. 따

---

* 켈로그는 성적인 생각이 들지 않도록 사람들이 채식 식단을 먹기를 권장했다. 그뿐만 아니라 어린이들이 자위하지 못하게 막으려고 생식기에 채우는 케이지를 만들어서 특허를 내기도 했다. 그는 마취도 하지 않고 소년들에게 포경 수술을 시켰고, 자위하다가 들킨 소녀들의 클리토리스에 석탄산(소독제나 살균제로 쓰이는 화학 물질 - 옮긴이)을 부었다고 알려져 있다. 켈로그는 극단적인 예방책으로 '색정증'에 시달리는 것으로 밝혀진 소녀들의 클리토리스와 소음순을 제거하기도 했다.

라서 비위생적인 고기를 식단에서 빼버리고 더 건강해진 사람들도 있었을 것이다. 하지만 고기 자체가 문제였을까? 아니면 고기를 저장하고 운반하는 방법이나 고기와 함께 곁들인 다른 식품이 문제였을까? 안타깝게도 고기는 오늘날에도 속세에서 식탐, 더러움, 죄스러움과 연관되어 있다. 고기가 너무 '남성적'이고, 사람에게서 '짐승 같은' 행동을 유도하며, 질병을 일으킨다는 인식도 여전히 남아 있다.

동양에서는 여러 종교에서 고기를 얻으려고 동물을 죽이는 행위를 오랫동안 비도덕적으로 여겼다. 하지만 달라이 라마를 비롯한 여러 불교 신자가 고기를 먹는다. 고기를 안 먹더라도 '모든' 동물성 식품을 금지한 동양 종교는 없다. 심지어 자이나교조차도 교도들이 건강을 생각해서 비건이 아닌 일반 채식을 하도록 권한다. 서양에서는 1900년대까지는 고기를 안 먹는 것을 윤리적인 문제가 아니라 건강 문제로 여기는 사람이 많았다.

미국의 경우 고기를 혐오하는 영양 지침에 제7일 안식일 예수 재림교가 여전히 영향을 미친다. 1988년에 미국 영양 및 식이요법학 학회 AND가 발표한 채식 식단에 관한 공식적인 정책 방침은 주요 필자 중 다수가 제7일 안식일 예수 재림교 소속이었다. 그런데도 해당 집단은 이해관계가 충돌한다는 사실을 인정하지 않았다.

이념과 건강 정책의
불편한 공존

로저스는 영양학을 공부하는 학생이었을 때 팔레오식 식단을 먹으면 건강에 해롭다는 이야기를 꾸준히 들었다. 하지만 채식이나 비건 식단은 아무 문제 없이 받아들여졌고 크게 권장되기도 했다. 문제는 이런 생각이 아무런 근거도 없다는 것이다. 그저 고기를 먹는 것이 '나쁘다'라는 인식이 있어서 사람들의 편견이 심해진 것뿐이다. 우리의 책 제목인 '신성한 소'도 바로 여기에서 유래했다. 아무런 의심 없이 적색육이 나쁘다고 생각하는 사람이 너무나 많다. 하지만 영양 파트에서 살펴봤듯이, 적색육은 영양가를 따져보면 가장 훌륭한 단백질 공급원 중 하나다. 적색육에는 다른 식품에서 찾기 어려운 비타민과 미네랄도 많이 들어 있다.

미국에는 고기를 반대하는 이념적인 편견이 있고 그런 편견으로 대중이 영양에 관한 정보를 얻는 데 큰 영향을 미치는 집단이 또 있다. 바로 '미국 생활습관 의학회ACLM, American College of Lifestyle Medicine'다. 이 학회는 2004년에 제7일 안식일 예수 재림교의 존 켈리John Kelly 박사가 창립했다. 2016년 말부터 2018년 10월까지 조지 거스리George Guthrie 박사가 학회장으로 활동했다. 거스리 박사 역시 제7일 안식일 예수 재림교 소속이었다. 미국 생활습관 의학회가 2018년에 발표한 보도 자료에는 이런 내용이 담겨 있었다.

"생활방식과 관련된 만성 질환을 치료하고, 되돌리고, 예방하기 위해서 미국 생활습관 의학회는 최소한으로 가공된 다양한 채소, 과일, 통알곡, 콩과 식물, 견과류, 씨앗류가 주를 이루는 식이요법 계획을 추천한다."[7]

거스리는 동물 단백질이 심장 질환을 일으키는 주요 원인이라고 생각한다.[8]

미국 생활습관 의학회는 현재 여러 학교와 제휴를 맺고 있다. 그중에는 플로리다주립대학교 의과대학, 로마린다대학교Loma Linda University, 텍사스대학교도 있으며, 학생들에게 '생활습관 의학 레지던트 커리큘럼'을 제공하고 있다. ACLM은 의학 전문가들을 위해서 온라인 의학 교육 강좌를 열고, 생활습관 의학을 가르치는 의과대학교에 무료로 강의 계획서를 보내주기도 한다. 이 학회는 모든 영양 지침에서 동물 단백질을 먹지 말라고 권한다. '지속적인 건강, 지속적인 건강 관리'를 홍보하는 강연자들이 "생활습관 의학으로 모든 만성 질환을 최대 80퍼센트나 예방할 수 있다"라고 주장하는 모습을 볼 수 있다. 생활습관 의학 콘퍼런스에 참석하는 의학 전문가들은 식물 기반 저지방 식단을 통해 질병의 영향을 되돌리는 방법을 배울 수 있다고 한다. 그런 콘퍼런스는 주요 비건 작가들이 강연자로 나서고 비건 가공식품 업체와 로마린다대학교가 후원한다.

이념과 건강 정책 사이에 이해관계가 충돌하는 예는 또 있다. 바로 '책임 있는 의료를 위한 의사회PCRM, Physicians Committee for Responsible Medicine'가 그렇다. 학회 이름만 보면 의사들만 있는 집단 같지만, 실제로 의학 학위를 소지한 회원은 7퍼센트 미만이다. PCRM은 정신과 의사이자 비건 활동가인 닐 바너드Neal Barnard 박사가 이끈다. 이 집단은 이름만 무해한 잡지 〈굿 메디신Good Medicine〉에 고기를 반대하는 선전 내용을 담아서 배포하며, 간호사와 의사들에게 의학 교육 강좌를 제공한다. 모든 동물성 식품이 건강에 얼마나 나쁜지 환자들에게 알려주라는 뜻이다. PCRM은 아기, 어린이, 청소년에게도 동물성 식품을 전혀 권하지 않는다.

간호사와 의사들은 '병원용 툴키트'를 다운받을 수도 있다. 이 자료의 표지에는 이렇게 쓰여 있다.

"미국의학협회AMA, American Medical Association의 새로운 정책 '병원에서의 건강한 식품 선택'과 함께 앞서가는 병원으로 거듭나세요."

표지 문구를 보면 마치 미국의학협회가 PRCM의 정책을 지지하는 것 같은 인상을 준다. 하지만 이것은 사실이 아니다. 미국의학협회는 1991년에 발표한 보도 자료에서 PCRM의 식이 조언은 "미국인의 건강과 웰빙에 위험할 수 있다"라고 밝혔다.[9] PCRM은《Nutrition Guide for Clinicians 임상의를 위한 영양 가이드》라는 제목의 책을 의과대학교 학생들에게 무료로 제공하고, 미국 학교에 책을 박스째 보내기도 한다. 이 책을 훑어봤더니 거의 모든 질병의 원인으로 고기가 지목되었고, 비건 식단으로 치료하지 못하는 질병이 거의 없을 지경이었다. 전 AMA 회장 로이 슈와르츠Roy Schwartz 박사는 PCRM 회원들을 두고 "(협회 이름과 달리) 의사들도 아니고 책임감도 없다"라고 말했다.

PCRM의 가장 큰 기부자는 'PETAPeople for the Ethical Treatment of Animals(동물을 윤리적으로 대우하는 사람들)'다. 두 조직 모두 '동물 해방 전선Animal Liberation Front'을 지지하는데, FBI 부국장보 존 루이스John E. Lewis가 "오늘날 미국 내에서 가장 심각한 테러를 일으킬 위험이 있는 집단" 중 하나라고 밝힌 조직이다. 비영리 조직인 '소비자 자유 센터 Center for Consumer Freedom'는 대중의 인식과 달리 "PETA 직원들이 1998년부터 3만 3,000마리가 넘는 개와 고양이를 죽였다"는 내용이 담긴 자료를 발표했다.[10]

공식적인 영양 지침 '미국 영양 및 식이요법학 학회AND의 입장: 채식 식단'을 쓴 전문가들은 바산토 멜리나Vasanto Melina, 윈스턴 크레이그Winston Craig, 수전 레빈Susan Levin이다. 지침에서는 "이해관계의 잠정적인 충돌은 저자들에 의해 보고되지 않았다"라고 밝혔지만, 이 세

명은 이념적인 채식주의자거나 비건이며 이런 식단을 공식적으로 수용하는 데 대한 기득권을 갖고 있다.[11]

바산토 멜리나는 "식물 기반 식단을 손보려는 사람들을 위한 컨설턴트"로 묘사된다. 그녀는 비건과 채식 식단에 관한 책도 12권이나 썼다. (그중에는 채식 식단으로 아이를 키우는 방법에 관한 책도 있고, 생채식 식단을 먹는 방법에 관한 책도 있다.) 멜리나는 국제채식연맹International Vegetarian Union의 회원이며, 식물성 식품을 이용하는 요리 강좌를 가르치기도 한다.

윈스턴 크레이그는 제7일 안식일 예수 재림교가 설립한 앤드루스대학교Andrews University의 영양학과 교수다. 그의 사명은 "교회, 사회, 세계를 위해 일할 식이요법 및 영양 관련 전문가를 준비시키고, 채식 식단을 비롯한 제7일 안식일 예수 재림교식 생활방식을 공동체에 전반적으로 정착시키는" 것이다. 크레이그는 채식주의에 관한 책과 논문을 많이 출판하기도 했다.

수전 레빈은 '책임 있는 의료를 위한 의사회PCRM'의 영양 교육 책임자다. 이 단체는 조금 전에 자세히 살펴봤던 비건 운동 단체다. 레빈은 아이들에게 채식 식단을 먹는 것의 중요성과 달걀을 먹는 것의 위험성에 관해서 글을 썼다. 그녀는 평생 교육 학점CEU, Continuing Education Unit을 이수해야 하는 공인 영양사들을 위한 강좌를 통해 수익을 올리기도 한다. 강좌 제목은 '인생의 여러 단계에서 비건 식단 먹기(어린이에게 비건 식단을 먹이는 방법도 다룬다)', '운동선수에게 유리한 비건 식단', '제2형 당뇨병의 위험 인자로서의 고기'와 같은 식이다.

'순수하지 않은 사람들'
고기를 통한 박해

정부가 특정 식량을 강요하거나 금지하면 나쁜 일이 벌어질 수 있다. 인도에서는 지난 몇 년 동안 소고기를 운반하거나 유통하는 사람을 더 엄하게 처벌하는 법이 제정되었다. 그 결과, 소고기를 판매한 의혹을 받은 사람들이 린치를 당하거나 폭행당했다. 힌두교에서는 신성한 소를 절대로 죽여서는 안 된다는 믿음이 있다. 우익 성향의 현 인도 정부는 전반적으로 채식은 좋고 소를 먹는 것은 나쁘다고 생각하는 것 같다.

하지만 많은 사람의 생각과 달리 인도인의 약 75퍼센트가 고기를 먹으며, 일부 지역에서는 육식하는 사람이 95퍼센트에 달하기도 한다. 인도의 국교는 공식적으로 힌두교가 아니지만, 힌두교가 공식 국교가 되기를 희망하는 사람이 많다. 소고기를 금하는 것은 사실상 이슬람교를 금하는 것이나 마찬가지다. 소를 희생양으로 삼는 행동은 이슬람교 교도들을 교묘하게 공격하는 수단일 뿐이다.

오늘날 인도에서 벌어지는 일을 보면 나치가 고기를 이용해서 유대인들을 악마로 몰아간 일이 떠오른다.[12] 제1차 세계대전이 끝나고 나서 유대인들이 독일에서 경제적으로 번성하자 유대인들의 성공에 대한 질투에 나치 선전의 초점이 맞춰지기 시작했다. 나치는 코셔 식품kosher (전통적인 유대교의 율법에 따라 도축한 고기 – 옮긴이)을 공격하고 그것이 야만적인 풍습이라고 왜곡했다. 히틀러를 포함한 여러 나치 당원이 채식주의자였고(아니면 적어도 채식주의자처럼 보이게 행동했다) 식단에서 고기를 빼버리는 행위를 순수한 행동으로 여겼다. 반면에, 유대인들은 고기를 먹었고, 그런 행동은 '순수하지 않은' 것으로 묘사되었다. 이런 전략이 나치당을 정치 집단에서 영적인 집단(이자 더 강력하고 반박할 수 없는 집단)으로 끌어올렸다고 생각하는 학자들도 있다.[13]

설마 우리가 고기를 안 먹는 사람들을 나치와 동일시하는 것일까? 물론 아니다. 하지만 인도에서 일어나는 일과 독일에서 일어난 일은 둘 다 이 책의 윤리 파트에 포함되어야 한다. 안타깝게도 이 두 가지 사건이 오늘날 비건 운동이 진보적인 독립체로서 나아가는 모습과 비슷하기 때문이다. 비건 운동은 우리가 더는 '원시적으로' 살게 내버려 두지 않으며 공장에서 생산되는 채식 단백질 버거를 이용해서 우리가 잔학한 행위가 없는 세상에서 살도록 준비시킨다. 고기를 반대하는 선전은 고기를 먹는 사람들을 야만적으로 묘사한다. 육식하는 사람은 동물, 다른 사람들, 환경에 신경을 쓰지 않는다는 것이다. 반면에, 고기를 안 먹는 것은 '깨끗하고 순수한' 행동으로 여겨진다. 문제는 고기를 반대하는 이런 이념적인 편견이 구체적인 과학적 근거도 없고 논리적이지도 않은데도 공공 정책에 큰 영향을 미친다는 것이다. 부정확한 통계가 영향력이 큰 클릭 유도형 미끼 기사를 통해 계속 반복되고 있으며, 페이스북도 식물 기반 기업에 투자하고 있다. 이런 메시지에 대항하는 사람은 많지 않으며, 이들은 고기를 반대하는 사람들의 괴롭힘에 자주 시달린다. 우리는 둘 다 고기가 건강과 환경에 좋고, 윤리적으로 봤을 때 동물이 빠진 식단이 득보다는 실이 더 많으리라고 생각한다. 그러다 보니 고기를 먹거나 생산하는 행위가 도덕적으로 문제가 있고, 건강에 해롭고, 지구를 파괴한다고 생각하는 사람들의 공격을 받는다.

우리는 왜 타협점을
찾지 못하는 것일까?

우리는 2016년에 미국 정치판을 보면서 배운 것이 있다면 미국인들의 세계관이 점점 더 양극화되고 있다는 것이었다. 사람들은 정치적 견해의 차이로 소셜미디어에서 친구들과 헤어지기도 하고 물리적인 폭력이나 살해 협박도 일삼기도 했다. 이런 행동은 비건 공동체에서도 볼 수 있다. 예전에 비건이었던 사람들과 인도적인 축산업과 도축을 지지하는 사람들이 폭력과 협박에 시달리는 것이다.

비거니즘veganism의 목표가 폭력을 줄이는 것이어야 하는데도 우리는 안타깝게도 비건들의 끔찍한 행태를 보게 될 때가 있다. 사람들이 광신적인 종교 집단을 떠날 때 곱게 떠나기 어려운 것과 마찬가지다. 비거니즘을 그만둔 사람 중 다수가 친구를 잃고 고기가 포함된 식단으로 돌아갔다는 이유로 괴롭힘을 당한다.

육식하던 습관으로 돌아오는 비건 블로거들은 주로 건강이 나빠져서 고기를 다시 찾는다. 하지만 그러고 나면 온라인에서 활동하는 비건 운동가들에게서 맹비난을 받는 일이 많다. 블로그 '금발의 비건The Blonde Vegan'을 운영하는 조던 영거Jordan Younger는 자신이 비건의 길로 들어서게 된 것이 부분적으로는 식이 장애 때문이었다고 고백했다. 그래서 유제품을 다시 먹기로 했다고 발표했다가 살해 협박을 받았다.[14] 요반나 멘도자Yovanna Mendoza 역시 완전한 채식을 그만둔 소셜미디어 인플루엔서다. 그녀는 철분 비축량이 적었고, 생리도 더는 안 했으며, 심각한 소화 문제에 시달렸다. 하지만 건강을 회복하려고 생선과 달걀을 다시 먹기 시작하자 비건 공동체가 응원해주기는커녕 그녀에게 혐오감만 드러냈다. 한때 비건이었던 블로거들이 눈물을 흘리면서 '커밍아웃'하는 영상을 심심치 않게 볼 수 있다. 그들은 그저 건강을 망가뜨리는 식단으로부터 자신을 구하려고 노력하는 것인데도 말이다.[15] 안타깝게도 비건 공동체에 속한 많은 사람이 다른 사람들을 측은하게 여기는 대신 그들을 무시한다. 이들은 모두가 동물성 식품 없이 건강하게 지내지는 못한다는 사실을 이해하지 못하고, 사람들이 자기 몸을 돌보게 내버려 두지도 않는다. 그 대신 사람들이 완전한 채식을 '충분히 열심히' 하지 않는다고 비난하고, 고기를 먹는 사람은 누구나 살생자라는 소리를 들어 마땅하다고 생각한다. 우리는 둘 다 팔레오 공동체에 속해 있는데, 거기서는 이런 식의 행동은 한 번도 본 적이 없다. 팔레오 블로거가 키토 식단을 선택하거나 달걀을 안 먹거나 아이스크림을 먹기로 하더라도 그 사람을 공격하지 않는다.

어쩌면 더 충격적인 것은 비건 활동가들이 농부와 정육점 주인들의 집과 가게를 공격하는 일일지도 모른다. 미국, 영국, 호주에서는 이 문제로 살해 협박이나 재산 파괴 또는 그 이상의 범죄가 발생했다는 보도가 있었다.[16] 젊은 엄마이자 전문 도축업자인 메러디스 레이Meredith Leigh는 원시 기술을 가르치는 학원에서 인도적인 도축에 관해 가르치기로 예정되어 있었다. 하지만 강의 홍보물을 본 사람들이 레이의 갓난아기를 죽이겠다고 협박하는 바람에[17] 그녀는 강의를 포기하고 말았다. 강의는 결국 다른 강사가 진행했는데, 레이의 아기가 살해 협박을 받은 소식이 입소문을 타면서 기록적인 출석률을 보였다. 캘리포니아주 버클리에 있는 '더 로컬 부처The Local Butcher' 역시 의도치 않게 매출이 오른 일이 있었다. 이 정육점 주인들은 동물 복지가 제대로 이루어지고 있는지 확인하려고 직접 방문한 농장에서만 고기를 들여온다. 그리고 그런 농장의 이름을 정육점 홈페이지에 올려놓는다. 그런데 '다이렉트 액션 에브리웨어Direct Action Everywhere'에 소속된 비건들이 정육점 앞에서 피켓을 들고 시위를 벌였다. 그들은 고기처럼 보이려고 가짜 피를 바르고 커다란 비닐을 몸에 둘렀다. 시위가 몇 주씩 계속되자 정육점은 항복을 선언하고 시위자들의 요구에 응했다. 그들의 선택사항은 세 가지였다. '비건 정육점'이 되거나(그 도시에 이미 한 군데가 있었다) 도축 강좌를 중단하거나(정육점 주인들은 교육이 자신들의 사명에 중요하다고 생각해서 이 선택사항은 거부했다) 가게 앞에 주의사항이 적힌 표지판을 영구적으로 붙여놓는 것이었다. 정육점에서는 마지막 방법을 선택했다. 가게 앞에는 이제 이런 표지판이 붙어 있다. '주의: 동물의 목숨은 그들의 권리다. 어떤 방법으로 도축하든 동물을 죽이는 것은 잔인하고 부당한 일이다.' 그런데 이 소식이 세계적으로 언론의 관심을 받게 되면서 정육점은 그달에 역사상 최고의 매출을 올렸다.[18] 한편, 프랑스에서는 정육점 주인들이 정육점의 기물을 파손하는 비건 극단주의자들로부터 가게를 보호해달라고 요청하고 있다. 디디에 타스Didier Tass는 NPR 인터뷰에서 이렇게 말했다.

"고기를 먹고 싶지 않다면 그것은 그들의 자유입니다. 하지만 자신의 믿음을 남에게 강요하는 것은 독재나 마찬가지예요. 20년 동안 사업을 꾸려왔는데 누가 와서 가게를 망가뜨린다고 생각해보세요."[19]

갈수록 분리되고 양극화되는 사회에서 '우리'와 적인 '그들'의 치열한 전투가 펼쳐지면서 이웃에 대한 사랑은 사라져버렸다. 이런 비건 극단주의자들은 산업화된 식량 시스템에 함께 맞서 싸울 동지를 찾지 못하는 것처럼 보인다. 고기를 반대하는 사람들의 관념은 강하며, 고기를 먹지 않는 것이 단순히 식단의 기호 문제가 아니라 그 사람의 전체적인 세계관이 되는 경우도 많다.

안타깝게도 이 말은 여러 비건이 건강이 나빠지는 것을 느끼면서도 그 원인이 식단에 있다는 사실을 믿기를 거부한다는 뜻이다. 앞의 영양 파트에서 살펴봤듯이, 고기를 먹지 않으면 건강에 심각한 타격을 입을 우려가 있다. 고기를 먹지 않고서도 다른 사람들보다 더 잘 지낼 수 있는 사람들도 있기는 하지만 말이다. 다시 한번 언급하지만, 우리는 이것이 개인의 선택이라는 점은 존중한다. 하지만 고기를 먹지 않는 일부 사람이 도덕적으로 우월한 것처럼 행동하는 것은 식량이 생산되는 방식과 자연의 작동 원리를 순진한 시각으로 보는 꼴이다. 우리가 원하든 원하지 않든 죽음 없이는 생명이 이어지지 않는다.

의식이 조금이라도 있는 사람이라면 공장식 농업이 얼마나 끔찍한지 이해할 것이다. 더 질 좋은 고기를 지향하는 것은 우리 모두의 목표가 되어야 한다. 특히 동물을 잘 관리했을 때 얻을 수 있는 생태학적인 이점과 건강상의 이점을 생각하면 말이다. 지속 가능성이 정말 큰 식량 시스템을 만들고 싶다면 반드시 동물이 있어야 한다. 따라서 더 질 좋은 고기를 위해 투쟁하는 사람들을 공격하는 것은 도움이 되지 않는다. 우리의 적은 가축을 풀을 먹여서 키우려는 동네 농부들이 아니다. 산업적인 농업과 유통기한이 거의 무기한인 초기호성 정크 푸드가 우리의 적이다. 이제는 진짜 식량 공동체를 통합할 때다.

15 먹어도 되는 것과
안 되는 것은
뭘까?

자연 식품점에 가보면 '기분 좋게 먹을 수 있는' 단백질 파우더, 식물성 버거, 다른 채식 식품이 다양하게 진열되어 있다. 이런 식품은 고기보다 더 건강하고, 지속 가능성이 더 크고, 도덕적으로 우월한 대안이라고 마케팅된다.

동물을 먹기 위해 죽이는 행동이 잘못됐다고 느낄 수도 있다. 하지만 우리의 식량 시스템에서 동물을 없애버리는 것의 영향을 환경과 영양의 측면에서 생각해보면 그런 감정적인 주장이 비논리적이라는 점을 우리가 충분히 증명했기를 바란다. 앞의 여러 장에서 살펴봤듯이 어떤 식품이 먹기 좋고 어떤 식품이 나쁜지 계층을 정하는 것은 대단히 자기중심적인 행동이다.

우리는 영양이 풍부한 전통적인 식품을 섭취하는 사람들을 부도덕하다고 비난하는 것은 매우 비윤리적이라고 생각한다. 그런 음식을 먹는 것을 자신이 안 좋아한다는 이유로 남에게 그렇게 말할 권리는 없다. 이런 발언은 의도는 좋을지 몰라도 다른 사람들의 눈에는 미묘한 계급 차별주의로 비칠 우려가 있다.

일반적으로 식물성 식품으로 구성된 식단이 인간에게 필요한 모든 영양소를 제공할 수 있는 것은 맞다. 하지만 영양 보충이 따로 필요한 식단은 특히 어린이와 가난한 사람들에게 여러 가지 문제를 일으킨다. 과연 개발도상국에 사는 소외되고 가난한 사람들이 비타민 B12, 아연, 철분 보충제를 공수받을 수 있을까? 시골에 살거나 상대적으로 소득이 적은 사람들은 어떨까?

'고기를 덜 먹는 것'이 모두에게 현실적인 선택일까?

사람들이 고기를 안 먹겠다고 결정하면 동물성 식품이 생산되는 방식이 정말 달라질까? '고기를 덜 먹자' 또는 '고기 없는 월요일'과 같은 캠페인이 우리의 건강과 환경에 도움이 되는 것일까? 이런 캠페인은 모든 고기가 지속 가능성이 없고 건강에 나쁘다는 오해를 전달하는 데는 분명히 효과적인 것 같다. 하지만 이런 캠페인 덕택에 고기의 생산 방식에 변화가 생겼을까? 어쩌면 이런 캠페인이 논의를 가로막는 장애물일지도 모른다.

앞에서 살펴봤듯이 고기가 없는 식단과 관련된 주요 비타민 결핍증이 있다. 전 세계적으로 16억 2,000만 명이 빈혈로 고생하는 만큼 사람들의 건강을 생각해서라도 고기를 비난하는 현실을 점검할 필요가 있다. 적색육은 생체 이용 가능성이 큰 최고의 철분 공급원이다.

최근에 뉴욕시에 있는 여러 공립 학교를 점령한 '고기 없는 월요일' 캠페인은 심각한 걱정거리다. 우선, 캠페인 관계자들이 고기를 영양의 측면에서 애꿎은 희생양으로 삼고 있는 것이 문제다. 월요일에 모든 종류의 고기를 식단에서 제외하면서 이 캠페인은 미국에서 규모가 가장 큰 학구學區에 있는 110만 명이 넘는 학생들에게 영양이 풍부한 동물성 식품이 건강과 환경에 나쁘다고 말하고 있다. 이런 학생의 대부분은 식량 부족에 시달리고 있다. 학생의 10퍼센트는 노숙하는 신세이며, 약 75퍼센트는 학교에서 무료 급식 또는 할인 급식을 먹을 자격이 주어질 만큼 저소득층 가정에서 살고 있다. 사람이 어렸을 때든 크고 나서든 무엇인가를 성취하려면 어린 시절에 영양을 충분히 공급받는 것이 중요하다. (하지만 이런 측면은 자주 간과되는 경향이 있다.) 이때 고기와 동물성 식품이 거의 중심적인 역할을 한다. 우리는 제6장에서 위험한 환경에 있는 아이들에게 고기를 더 보충해주는 실험을 진행한 유일한 연구를 살펴봤다. 그 결과, 고기를 더 먹게 된 아이들이 성적, 행동, 신체 발달 면에서 더 높은 점수를 받았다. 역시 제6장에서 살펴봤듯이 미국의 식량 시스템에서 고기를 전부 없애더라도 온실가스 배출량은 2.6퍼센트밖에 안 줄어들지 않고, 그 대가로 영양 부족에 시달리는 사람은 늘어날 것이다. 이런 상황에서 영양이 필요한 아이들에게 고기를 덜 먹으라고 권하는 것이 옳은 일일까?

공립 학교에서 문제가 되는 것이 과연 고기로 만든 버거일까? 아니면 (아이러니하게도 식물성 식품인) 감자튀김, 피자, 테이터 톳츠tater tots(감자튀김의 일종 – 옮긴이), 감자칩, 쿠키일까? 고기를 반대하는 사람들이 학교에서 이렇게 잘못된 정보를 제공해도 되는 것일까? 식량이 부족한 여러 학생에게 고기를 안 먹는 것이 옳은 일이라고 함부로 말해도 되는 것일까?

뒤로 한발 물러나서 영양이 풍부한 식품을 먹지 않기로 선택하는 사람들은 영양이 충분한 상태에서만 그럴 수 있다는 사실을 이해하는 것이 중요하다. 고기를 먹지 않는 것은 많은 사람이 선택할 수 없는 특권이다. 세계 인구 대부분은 영양가가 높은 식품을 밀어낼 여유가 없다. 환경상 동물만 번성할 수 있어서 식물만으로 영양을 충분히 얻지 못하는 지역이 많다. 앞에서 살펴본 환경 파트를 떠올려보면, 채소를 생산할 수 있을 만큼 물이 충분하고 질 좋은 농경지가 어디에나 있는 것이 아니다.

가축은 개발도상국에 사는 많은 사람에게 대단히 중요하다

니콜렛 한 니먼Nicolette Hahn Niman은 자신의 저서 《Defending Beef고기 변호하기》에서 개발도상국에서는 가축이 영양과 식량 안보 측면에서 매우 중요하다고 언급한다. 가난하게 살아가는 많은 사람이 가축에 의존한다. 따라서 식량 시스템에서 고기를 없애버리면 기아와 빈곤에 허덕이는 사람만 늘어날 뿐이다. 정부의 식량 원조에 의존해야 하는 사람이 많아진다는 것이다.

"작물은 산발적으로 특정한 계절에만 수확할 수 있고 잘 상한다. 하지만 가축은 짧은 기간이나 긴 기간 동안 관리하다가 필요할 때 식량이나 현금으로 빨리 전환할 수 있는 자산이다."

작물을 재배하려면 좋은 땅도 있어야 하지만 특정한 시기에 수확할 수도 있어야 한다. 따라서 가축과 비교했을 때 의존하기가 더 어렵고 불안정한 식량원이다. 동물은 이동도 할 수 있어서 좋다. 땅을 소유할 돈이 없는 사람에게 그런 점이 얼마나 중요할지 생각해보자. 동물은 작물보다 신경도 덜 써도 되고 자원도 덜 들어간다. 따로 씨를 구매해야 하는 식물과 달리 알아서 번식하기도 한다. 영양의 측면에서 봤을 때도 동물성 식품을 식단에 포함하는 것이 건강에 훨씬 더 이롭다.

전 세계적으로 8억 2,000만 명이 넘는 사람이 기아에 허덕이고 있으며, 영양 결핍도 매우 심각한 문제다. 극빈층에 속하는 7억 6,700만 명 중 절반 정도는 가축을 길러서 식량을 얻거나 돈을 번다. 그렇다면 가축을 기르는 배고픈 사람이나 가난한 사람에게 잘 먹고 사는 서양인이 안 좋게 생각하니까 고기를 먹지 말아야 한다고 말하는 것이 윤리적일까? 자신이 고기를 먹는 사람보다 도덕적으로 우월하다고 주장하는 사람은 그런 행동 자체로 극단적인 특권을 과시하고 전통적으로 동물성 식품을 먹은 사람들을 모욕하는 것 아닐까?

고기를 그만 먹는다고 해서 다른 영양가 풍부한 식품이 그 자리를 대신 채우게 되는 것도 아니다. 사람들이 가장 저렴하게 살 수 있는 식품이 무엇일까? 앞에서 살펴봤듯이 정답은 가공된 탄수화물 식품이다. 따라서 우리는 고기를 얼마나 먹을지 걱정하기보다는 정크푸드를 얼마나 먹고 있는지 진지하게 생각해봐야 한다. 정제 곡물(예를 들면, 가공식품)이 많이 들어 있는 식단은 중국에서 당뇨병 환자가 증가하는 가장 큰 원인으로 지목되고 있다.[1] 중국에서 패스트푸드 체인점은 매년 11.1퍼센트 늘어나며, 2018년에는 1,750억 달러짜리 시장을 형성하기도 했다.[2] KFC, 피자헛, 타코 벨을 소유한 염 차이나 홀딩스Yum China Holdings는 15년 이내에 중국에 패스트푸드 음식점 1만 5,000개를 추가로 낼 계획이다. UN 식량농업기구FAO에 따르면, 쌀, 콩, 밀이 우리가 먹는 식량의 50퍼센트 이상을 차지하며, 우리가 먹는 식단의 75퍼센트는 단 12가지 곡물에서 온다고 한다.[3]

러시아 북극 지역인 야말로네네츠Yamlo-Nenets(러시아 서시베리아 지역에 있는 자치구 – 옮긴이)에 사는 원주민들을 대상으로 흥미로운 사례 연구가 진행된 일이 있었다. 야말로네네츠에 사는 사람들이 고기와 지방 대신 가공식품을 먹으면 어떤 일이 일어나는지 알 수 있었다. 환경과 생활방식이 달라지면서 그들의 식단에 포장된 국수처럼 저렴하고 고도로 가공된 탄수화물이 포함되었다. 그 전에는 탄수화물을 적게 먹으면서 지방과 고기를 주요 칼로리 공급원으로 삼았던 사람들이다. 식단에 이런 변화가 생기고 나서 야말로네네츠 사람들에게서 비만과 만성 질환이 눈에 띄게 증가했다. 전통적으로 사슴고기와 생선을 먹던 시절에는 전혀 나타나지 않았던 질병들이다.[4]

쿼벡 북부에서는 정부 관계자들이 누나빅Nunavik(이누이트 거주 지역 - 옮긴이)에 사는 사람들과 긴밀하게 협력해서 해당 문화에 적합한 식품 가이드를 만들었다. 그런데 (캐나다 영양학자들이 만든) 누나빅 식품 가이드에 나오는 '식품 이글루'를 얼핏 봐도 가이드를 얼마나 잘못 만들었는지 한눈에 알 수 있다. 영양을 둘러싼 우리의 난감한 현실을 더 완벽하게 보여주는 예가 없을 정도다. 가이드에서는 '채소, 베리류, 과일' 카테고리에서 매일 7~10그릇을 먹길 권하는데, 여기에는 오렌지 주스, 바나나, 수박, 포도가 포함되어 있다. 가이드에는 추천 곡물 제품으로 레이즌 브랜Raisin Bran(콜드 시리얼의 일종 - 옮긴이)도 목록에 있으며, 이 제품은 하루에 6~8회 먹길 권장한다. 식품 이글루의 맨 꼭대기에는 누나빅 사람들에게 가장 전통적인 식품들이 가장 작은 카테고리에 들어 있다. 이런 음식은 하루에 2~3회만 먹으라고 나와 있다.[5]

'2004년 누나빅 이누이트 건강 조사'를 살펴보면 성인 인구의 약 60퍼센트가 과체중이거나 비만이었다. 1992년에 조사했을 때와 비교하면 수치가 급증했다. 낚시와 사냥으로 얻은 전통적인 식품의 섭취량은 2004년에 누나빅 사람들의 에너지 섭취량의 16퍼센트밖에 차지하지 않았다. 1992년에 21퍼센트였던 수치가 감소한 것이다. 누나빅에 사는 여성 중 임산부를 제외한 사람의 절반 이상이 철분 결핍성 빈혈에 시달리고 있다. 가임기 여성과 임산부의 철분 수치도 위험한 수준으로 여겨지고 있으며, 철분 결핍이 아기의 심각한 발달 장애로 이어질 우려가 있다. 흥미롭게도 가이드에는 일관성도 없다. 닭고기나 칠면조 고기처럼 지방이 없는 살코기를 선택하라는 데도 있고, (지방이 전혀 적지 않은) 물개 고기가 최고의 철분 공급원 중 하나라고 소개한 데도 있다.

한 연구에서는 누나빅 공동체 열 곳의 어린이 245명을 관찰했다. 그러고는 전통적인 식품이 그들의 총 식품 섭취량에서 차지하는 비율(고작 2.6%)은 매우 낮지만 이런 식품(주로 카리부와 북극 곤들매기)을 먹은 어린이들이 영양 상태가 훨씬 더 좋다는 사실을 알아냈다. 그들의 총 칼로리 섭취량과 탄수화물 섭취량이 더 적다는 사실도 밝혀졌다.[6] 전통 식품에는 단백질, 오메가3 지방산, 철분, 인, 아연, 구리, 셀레늄, 니아신, 판토텐산, 리보플래빈, 비타민 B12 등의 영양소가 들어 있다. 그렇다면 가이드에서 왜 설탕이 많이 들어가고 영양소가 상대적으로 적은 오렌지 주스와 다른 열대 식품을 추천하는 것일까? 왜 영양이 가장 풍부하고 칼로리가 가장 적은 전통 식품은 적게 먹으라고 하는 것일까? 과연 이런 행동이 윤리적일까? 이런 결정이 지속 가능한 것일까?

우리를 포함해
모든 생명은 순환한다

공장식 농업을 끝내고 싶다는 생각은 우리도 지지하는 멋진 목표다. '최소한의 해'를 끼치려는 마음가짐 역시 중요하다. 문제는 자연이 어떤 원리로 돌아가는지 받아들이지 않은 채 식량 시스템에서 동물을 없애버리려고 한다면 식량 시스템이 무너진다는 것이다. 회복력이 뛰어난 식량 시스템을 원한다면 최대한 생명이 많이 포함되어야 한다. 이 말은 식물뿐만 아니라 동물도 있어야 한다는 뜻이다. 생명은 죽음을 통해 살아간다. 죽음으로부터 우리를 떼어놓으면 삶의 순환 사이클에서 우리를 떼어놓는 것이나 마찬가지다. 인간이 자연의 법칙을 우회할 수는 없다. 우리는 모든 생명에 의존하면서 살아가는데도 주변에 생명이 줄어들어도 어떻게든 살아남을 수 있으리라고 생각한다.

고기를 먹지 않는 데는 개인적인 이유가 있는 사람이 많다. 하지만 환경, 영양, 감응력, '최소한의 해'와 관련된 주장은 설득력이 부족하다. 실험실 배양육, 가짜 고기, 다른 '깨끗한' 단백질은 진짜 고기보다 더 나은 선택사항이 아니다. 그 대신 광합성, 자연적인 순환 사이클에 대한 존중, 생물 다양성의 증가가 답이다.

지구상에 인간이 없다면 생명은 오히려 더 많아질 것이다. 인간이 자멸하더라도 지구상의 생명은 이어질 것이다. 동물은 계속 식물과 다른 동물을 먹으면서 살고, 자연의 리듬이 이어질 것이다. 우리가 지구에 어떤 영향을 미치고 싶은지 지금 내리는 결정은 그저 인간이 지구의 미래에 속할지 속하지 않을지를 결정할 뿐이다.

제4부

우리가
할 수 있는
일

16 지구를 어떻게
먹여 살려야
할까?

우리는 인간이 식물만 먹어서는 최적의 건강 상태를 유지하기 어렵다는 사실을 증명했다고 생각한다. 나이가 아주 적거나 아주 많은 사람, 위험한 환경에 있는 가난한 사람이나 소외된 소수집단은 먹는 문제에 특히 더 신경 써야 한다. 적색육처럼 영양이 풍부한 식품을 밀어낼 특권이 있는 부유한 20~30대는 인생이 한창일 나이에 식물만 먹어도 괜찮을 수도 있다. 공장에서 생산하는 초기호성 식품과 비교하면 식물성 식품으로만 구성된 식단이 건강에 더 이로울지도 모른다. 하지만 식물만 섭취하는 것이 유일하거나 가장 바람직한 선택사항은 아니다.

우리는 동물성 식품이 없는 식량 시스템이 지속 가능성이 없다는 점도 입증했다고 생각한다. 그런 시스템은 표토를 망가뜨리는 합성 비료(와 여러 가지 관련 농약)에 의존하기 때문이다. 윤리적인 측면에서는 최소한의 해를 끼치는 개념과 모든 생명이 다른 생명을 먹고사는 사실에 대해 알아봤다. 비건 식단이라고 해서 동물이 피를 안 쏟는 것도 아니며, 재생적인 목초지 중심의 모델보다 오히려 더 많은 생명을 파괴할지도 모른다. 이런 주제는 우선 하나씩 살펴보고 나서 결국에는 하나로 엮어서 통째로 살펴봐야 한다.

어쩌면 지구를 먹여 살리는 문제가 그런 총체적인 시각을 적용하기에 적합한 주제일지도 모른다.

만일 우리의 식량 시스템이 (1) 사람들을 너무 아프게 해서 그들을 치료하는 데 드는 의료비가 세계 경제에 큰 타격을 입히고, (2) 식량을 더는 효과적으로 생산하지 못할 만큼 표토를 망가뜨린다면 이 시스템은 지속 가능하다고 볼 수 없다. 우리는 지속 가능한 식량 시스템은 사람들을 잘 먹여 살리면서도 오랫동안 유지될 수 있어야 한다고 생각한다.

독자 여러분이 어떤 질문을 하고 싶은지 알고 있다.

"다 좋은 이야기 같은데요, 이렇게 해서 지구에 사는 모든 사람을 먹여 살릴 수 있을까요?"

이 문제는 복잡하고 까다로운 만큼 몇 페이지만 더 참고 기다려주길 바란다. 지구를 먹여 살리는 문제를 다루기 전에 질문을 몇 가지만 더 짚고 넘어가자.

무엇이 효율적인 식량 생산 방식일까?

여러 식량 생산 방식이 '효율성'을 기준으로 평가받는다. 마치 다른 여러 가지 요소는 안중에도 없는 것처럼 말이다. 진정한 효율성을 따질 때 중요한 것은 옥수수의 절대적인 수확량이 아니라 그 식품이 얼마나 건강에 이롭고 영양가가 있는지, 생산할 때 척박한 땅에서 열이 얼마나 적게 발생하는지, 토양의 수분과 탄소 보유 능력이 얼마나 많이 향상되는지 등인지도 모른다. 우리는 화학 물질로 재배한 단일 작물에 의존하는 실험실 배양육이나 초가공된 식물성 고기 대체품(가격도 목초 사육 소고기보다 두 배나 비싸다)이 어떻게 생태계의 기능을 향상하거나 탄소를 격리할 수 있는지 모르겠다.

특정한 식량 생산 방식의 생산 잠재력뿐만 아니라 에너지 사용이나 그로 인한 외부 효과도 생각해봐야 한다. 전문가들이 제시하는 해결책은 설득력 있어 보일지 몰라도 연쇄적으로 나타나는 다양한 효과와 외부 효과가 반영되지 않은 경우가 많다.

지구가 사람을 몇 명이나 수용할 수 있을까?

지구가 사람을 300만 명밖에 수용하지 못한다는 예측도 있다. 수용력이란 지구가 무기한으로 감당할 수 있는 인구의 이론적인 수치다. 하지만 300만 명이라는 숫자는 너무 적어 보인다. 기원전 1만 년에도 세계 인구는 100만~150만 명이었을 것으로 추정된다. 최근에는 전문가들이 지구가 70억 명(세계 인구는 이미 70억 명을 넘겼다)까지 수용할 수 있다고 예측한다. 문제는 지구의 수용력을 정확하게 아는 사람이 없다는 것이다. 낙관론자와 비관론자 모두 조금 더 신중하게 예측하기를 바랄 뿐이다.

아이러니하게도, 기후 변화와 관련해서 가장 걱정스러운 요인인 화석 연료는 시간이 지나면서 값이 곤두박질치는 바람에 골칫덩어리가 되었다. 석윳값이 치솟을 것이라는 예측이 여러 번 있었지만 매번 빗나

가면서 역사의 뒤안길로 사라져버렸다. 이것은 사소한 문제가 아니다. 1960년대 이후 석유가 곧 바닥날 수밖에 없고 그러면 세계 경제가 무너질 것이라고 경고한 사람들이 있었다. 그런데 석유가 바닥나는 날이 아직도 닥치지 않은 것이다. 석유가 엄연히 유한한 자원인데도 과학적인 예측이 여태까지 모두 빗나가고 말았다. 그러다 보니 이제는 석유가 너무 많다고 생각하는 사람들이 생긴 것이다.[1]

지구에 곧 종말이 닥칠 것이라고 믿는 사람들의 주장이 설득력을 잃고 있다. 우리는 둘 다 낙관론자들이다. 자유, 혁신, 무역이 의도와 달리 좋은 성과를 내지 못한 그 어떤 과두寡頭 정치나 독재자보다 인류를 위해 많은 일을 했다고 생각한다. 하지만 인류의 미래를 낙관하기 어려운 부분도 있다. 전통적인 식량 시스템 위에 인간을 병들게 하고 표토를 파괴하는 식량 시스템을 덮어씌우는 것은 인류의 미래에 먹구름을 드리우는 격이다.

고기를 반대하는 사람들은 가축을 먹이는 '비효율적인' 과정 때문에 인간이 먹을 수 있는 식량을 많이 빼앗긴다고 걱정한다. (앞의 여러 장에서 살펴봤듯이 이것은 사실이 아니다. 고기를 반대하는 사람들이 정말로 이 문제를 걱정한다면 농장이 아니라 에탄올과 알코올 공장 앞에서 시위를 벌일 것이다.) 지구를 먹여 살리는 문제 자체는 대단히 중요하다. 하지만 고기를 반대하는 사람 중에는 매우 엄격한 인구 억제책을 열렬하게 지지하는 사람도 어렵지 않게 찾을 수 있다. 그들은 세상에 사람이 너무 많고 "이 문제를 둘러싼 과학계의 의견이 일치한다"라고 주장한다. 하지만 진짜 문제는 무엇일까? 사람이 너무 많은 것일까? 식량이 너무 적은 것일까? 게다가 이런 사람 중에서 출생률을 '실제로' 떨어뜨리는 여러 가지 요인에 관해서 말하는 사람은 없는 것 같다. 재산권의 보장, (어느 정도는) 투명한 법률 제도, 교육받은 대중(특히 여자들)이 출생률 감소에 영향을 미친다.[2] 이 과정은 연구가 많이 이루어졌으며 충분히 검증된 내용이지만, 고기를 반대하는 사람들이 전혀 나누지 않는 이야기다. 그 이유는 무엇일까?

결국, 우리가 하고 싶은 말은 지구의 수용력이 어느 정도인지 정확히 아는 사람이 없다는 것이다. 이것이 생각해볼 문제인 것은 분명하지만, 그렇다고 해서 이 복잡한 과정을 탐구하는 사회정치 프로젝트를 추진하는 것은 현명하지 않을지도 모른다.

인간용 '사료'를 생산해야 할까, 영양이 풍부한 식량을 생산해야 할까?

2018년 12월에 〈네이처Nature〉에 실린 한 논문에서는 국가별 영양 결핍 현황을 살펴봤다. 그 결과, 연구진은 우리가 탄수화물은 충분히 생산하지만 단백질이나 다른 미량 영양소는 그만큼 생산하지 못한다는 사실을 밝혀냈다.[3] 이제는 칼로리를 충분히 생산하는 것에 관해서 그만 생각하고 영양소를 충분히 생산하는 것에 관해서 생각해야 한다. 우리는 인류가 2050년까지 인간용 '사료'를 충분히 생산할 수 있으리라고 예상한다. 하지만 〈워싱턴 포스트Washington Post〉에 실린 한 의견서에서 일리노이 대학교 어바나 샴페인의 명예교수 제럴드 넬슨Gerald C. Nelson과 국제식량정책연구소IFPRI, International Food Policy Research Institute의 전 선임 연구원은 다음과 같이 적었다.

하지만 탄수화물의 성공적인 생산은 심각한 부작용을 낳았다. 전 세계가 비만이나 당뇨병과 같이 식단과 관련된 여러 가지 질병에 시달리게 된 것이다. 세계보건기구(WHO)는 2014년에 전 세계적으로 성인 4억 6,200만 명이 저체중이었으며 6억 명 이상이 과체중이었다고 보고했다. 과체중인 사람의 거의 3분의 2는 개발도상국에 살고 있었다. 소아 비만도 부유한 국가보다 빈곤한 국가에서 더 빠른 속도로 증가하고 있다. 한편, 비타민 A 결핍증과 같은 미량 영양소 부족 증상 때문에 이미 25만~50만 명의 아이가 매년 시력을 잃는다. 그중 절반은 시력을 잃고 나서 12개월 안에 사망하기도 한다. 철분, 아연, 요오드, 엽산 등의 영양소가 부족하면 건강에 치명적인 문제가 생긴다. 이런 통계는 우리가 식단에서 탄수화물 말고 다른 영양소에 초점을 더 맞출 필요가 있다는 점을 보여준다.[4]

식량 안보의 초점을 '칼로리'에서 '영양소'로 바꾸려면 가장 중요한 영양소를 어떻게 제공할 수 있을지 진지하게 고민해봐야 한다. 쌀, 옥수수, 밀을 더 먹는다고 해서 당뇨병과 비만 문제를 해결할 수 있는 것이 아니다. 우리는 풀을 뜯는 동물을 잘 관리해서 영양이 더 풍부하고 환경에도 더 이로운 식량을 제공하는 시스템을 만들어야 한다고 생각한다.

인간용 '사료'로 구성된 식단의 환경 발자국은 어떨까?
최근의 한 연구는 생애 주기 분석법을 이용해서 일본의 6,000가구를 조사했다. 그 결과, 고기 소비량이 식품과 관련된 높은 탄소 발자국을 나타내는 주요 지표가 아니라는 사실이 드러났다.[5] 탄소 발자국이 가장 높은 가구는 생선, 채소, 알코올, 설탕이 들어 있는 식품을 더 많이 먹고,

음식점에서 외식을 가장 자주 하는 집이었다. 고기 소비량은 탄소 발자국의 주범인 외식과 비교했을 때 환경에 해를 훨씬 덜 끼치는 것으로 나타났다.

영양이 풍부한 진짜 음식인 적색육은 비난받는 상황에서 막상 영양도 부족하고 질병도 유발하는 초가공식품은 왜 면죄부를 받을까? 부실한 식단은 또 어떤 결과를 낳을까? 예를 들면, 당뇨병 때문에 사람들이 지급해야 하는 의료비는 얼마나 될까?

미국만 하더라도 당뇨병 환자를 치료하는 데 매일 필요한 인슐린 주사 1~4개를 마련하려면 주사기와 주삿바늘 1,300만 개가 필요하다. 거기에다가 랜싯(끝이 뾰족한 의료용 칼−옮긴이), 인슐린 펌프의 튜브, 지속적인 글루코스 모니터링 튜브, 주입 장치도 있어야 한다. 이런 장치 대부분은 아무렇게나 버려진다. 환자가 개인적인 의료 폐기물을 폐기물 재활용 시설에 보내서 주삿바늘을 안전하게 버릴 수 있는 전국 단위의 프로그램은 없다. 재활용할 수 없는 쓰레기는 쓰레기 매립지로 이동한다. 쓰레기를 분류하는 과정은 비용이 많이 드는데, 그 과정에서 환경미화원들이 주삿바늘에 찔릴 위험에 노출된다. (현재로서는 몇 명이나 이런 식으로 다쳤는지, 그리고 그들이 주삿바늘에 찔려서 어떤 병균에 감염되었는지 추적하는 시스템이 없다.[6])

당뇨병의 합병증 중 하나는 신장 질환이다. 혈액 투석은 신장이 더는 혈액을 여과하지 못할 때 이런 기능을 인공적으로 대신 하는 치료법이다. 혈액 투석을 하려면 물, 의료 기구, 에너지가 상당히 많이 필요하다. 미국에서는 당뇨병 환자 45만 명이 혈액 투석을 받아야 한다. 혈액 투석을 받는 일반 환자 한 명은 매년 물 1만 8,000리터와 에너지 800~925킬로와트시(kWh)가 필요하며 의료 폐기물을 3,180킬로톤(kt)

이나 생산한다.[7]

　부실한 식단이 사람의 전체적인 환경에 주는 영향을 탐구한 논문들도 있다. 하지만 그런 연구를 굳이 살펴보지 않아도 제2형 당뇨병과 같은 질병에 자원이 얼마나 많이 필요할지 짐작할 수 있을 것이다. 당뇨병 때문에 절단 수술을 받거나 당뇨로 인한 상처가 벌어졌을 때 거즈나 다른 의료 장비가 많이 필요하며, 병원에 자주 가려면 운송 수단도 있어야 한다. 이런 서비스를 제공하려면 직원, 에너지, 항생제, 많은 양의 플라스틱이 필요하고, 가족이 시간을 내서 환자를 돌봐야 한다. 하지만 사람들이 건강하게 먹고 건강해지면 이런 자원 대부분을 아낄 수 있다. 오늘날 병원들은 환자에게 제공하는 고기를 줄여서 환경에 도움이 되고 있다고 홍보한다. 하지만 병원에 있는 환자 대부분은 건강을 회복하려면 영양이 더 풍부하고 단백질이 많이 들어 있는 식단을 먹어야 한다. 따라서 병원에서는 사람들이 부실한 식단을 개선하고 더 건강한 생활방식을 추구해서 애초에 병원에 올 일이 없도록 돕는 것이 좋다. 하지만 환자가 있어야 병원이 운영되는 만큼 이것은 병원에 득이 되는 일이 아니다. 현실은 고기를 줄이면 병원이 비용을 굉장히 많이 아낄 수 있다는 것이며, 우리는 병원이 대중의 건강보다는 자신의 잇속을 더 중시한다고 생각한다.

　고기를 혐오하는 사람들은 이 모든 비용과 고생이 동물성 식품 때문이라고 비난한다. 하지만 사람들은 갈수록 고기를 덜 먹는 것이지 더 먹는 것이 아니다. 게다가 대조군 실험DIETFITS, A TO Z 등에서 참가자들이 정제 식품을 덜 먹기만 하면 저지방이든 저탄수화물이든 고기가 들어간 식단을 먹었을 때 인슐린 저항력과 제2형 당뇨병의 증상이 호전되었다는 점을 잊지 말자.

실험실 배양육과 고기 대체품이
현실적인 해결책일까?

실험실 배양육은 건강, 윤리, 환경보다는 지적 재산권과 수익에 관한 것이다. 많은 식물성 식품 예찬론자가 실험실 배양육을 지지하는 상황은 그런 지적 재산권과 수익을 노리는 사람들에게는 잘된 일이다. 사람들에게 이런 식품이 '깨끗하다는' 환상을 심어줄 수 있기 때문이다. (무엇이 어찌 됐든 실험실 배양육은 '가짜' 고기다.) 고기 대체품의 생산은 원재료를 더 가공해서 환경에 대단히 파괴적인 농사법을 이용해 수익을 더 많이 올리는 방법이다. 화학 물질이 이렇게 많이 필요하고, 토양의 건강을 망가뜨리고, 소비자와 식량 생산자의 거리를 더 멀어지게 하는 시스템을 지지하는 사람들의 도덕성도 따져봐야 한다.

결국, 우리는 생물 반응기에서 만들어진 고기가 실험실 배양육을 생산하는 사람들을 제외한 이들에게는 도움이 안 된다고 생각한다. 콩과 옥수수를 고기로 전환하려면 자연에서는 동물만 있으면 되지만 실험실에서는 에너지가 훨씬 많이 필요하다. 그런데도 이 모든 행동이 환경에 '최소한의 해'를 끼치는 일이라고 할 수 있을까? 제7장에서 살펴본 '초원' 실험을 기억하는가? 실험실 배양육은 우리가 나아가야 할 방향과 정반대 방향에 놓여 있는 식량이다.

다행히도 우리는 자가 복제하는 자연적인 생물 반응기를 알고 있다. 소는 우리가 어차피 경작하지 못하는 땅에서 지내면서 우리가 먹지 못하는 식량을 영양이 풍부한 단백질로 업그레이드해준다. 그러면서도 생물 다양성을 증가시키고, 토양의 수분 보유 능력을 향상하며, 탄소 저장에도 도움을 준다.

100퍼센트 목초 사육 소고기를
생산할 땅이 충분히 있을까?

우리는 지금까지 현재의 식량 시스템과 그 대안으로 나온 여러 가지 식량 생산 방식이 인간의 건강이나 지구에 특별히 더 이롭지 않다는 점을 살펴봤다. 그렇다면 중요한 문제는 바로 이것이다. 우리에게 목초 사육 소고기를 많이 생산할 수 있는 땅이 충분히 있을까? 로저스는 전문가 몇 명을 만나서 계산을 해봤다. 그녀가 찾아간 전문가 중에는 앨런 윌리엄스Allen Williams 박사도 있었다. 윌리엄스는 생태계와 토양의 건강에 관한 컨설턴트이자 농부이며 재생 농업을 지지하는 전직 농학 교수다. 로저스는 미시간주립대학교의 제이슨 로운트리Jason Rowntree 박사, 그래스랜드 유한회사Grassland, LLC의 짐 하월Jim Howell, 존 이커드 박사도 찾아갔다. 이커드는 다작하는 작가이자 농업경제학자이며 미주리대학교의 전 명예교수다.

우리가 기억해야 할 중요한 정보 한 가지는 산업적인 단일 작물 재배 방식을 재생 농업과 비교하고 있다는 것이다. 이 두 농사법은 땅에 완전히 다른 영향을 미친다. 잘 관리된 목초 사육 고기소를 키우려면 땅이 더 필요한 것은 사실이다. 그 대신 미래를 생각하면 화학적인 농사법보다 재생 농법이 더 현명한 선택이다. 최근에 목초 사육 소고기에 관한 한 학회에서 로운트리는 프레젠테이션을 하면서 이렇게 말했다.

"저라면 추출적 농법으로 땅 1에이커(약 4,000㎡)에 농사를 짓느니 재생 농법으로 땅 2.5에이커(약 1만㎡)에 농사를 짓겠습니다."

이 말에 대해서 한번 생각해보자.

만일 미국에서 모든 고기소에게 목초를 먹이려면 땅이 얼마나 필요한지 알아보자. 우리가 지금부터 진행하는 사고思考 실험에 나오는 수치는 어림수이며 당연히 반박의 여지가 있겠지만 논의를 시작하기에 좋은 출발점이 될 것이다. 앞에서 고기소의 생애 주기를 살펴봤듯이 소는 전부 풀을 뜯으면서 지내다가 나중에 사육장으로 이동하거나 계속 풀을 먹게 된다. 현재 놀고 있는 초원, 충분히 활용되지 않는 목초지, 사료용 곡물을 그만 생산하게 되면 생길 농경지 등을 합치면 우리의 질문에 대한 대답은 '예'다. 미국의 경우 모든 고기소에게 목초를 먹일 수 있을 만큼 땅이 충분하다. 지금부터 그 이유를 자세히 살펴보자.

체격이 보통인 소를 100퍼센트 목초만 먹여서 360킬로그램에서 540킬로그램으로 살찌우려면 평균적으로 소 한 마리당 비옥한 목초지가 약 4,000제곱미터 필요하다. 소가 6~7개월 동안 체중이 매일 900그램씩 늘어난다고 가정했을 때 말이다. 가축 관리자들은 소 한 마리당 1일 목표 목초 섭취량을 11킬로그램으로 잡는다. 미국에서는 현재 소 2,900만 마리가 매년 사육장에서 말년을 보낸다. (국내 시장과 수출 시장을 전부 포함한 수치다.[8])

만일 미국에 있는 고기소를 전부 목초만 먹여서 키운다면 매년 옥수수를 심는 땅을 36만 4,000~38만 제곱킬로미터 아낄 수 있을 것이다. 오늘날 옥수수의 약 36~40퍼센트는 가축의 사료(소, 돼지, 닭)로 쓰인다. 나머지는 주로 액상과당과 에탄올에 쓰인다. 소는 알코올 생산의 부산물인 건조한 주모酒母(술의 원료 - 옮긴이)를 먹는데도 이 부산물이 마치 소를 위해서 따로 생산된 것처럼 '가축 사료'에 해당하는 퍼센티지에 포함된다. 우리가 강조하고 싶은 점은 작물에 쓰이는 땅을 목초지로 다시 전환하더라도 식량 안보가 전혀 위협받지 않는다는 것이다. 제10장에서 언급했듯이 곡물은 일반적인 고기소가 먹는 식단의 10~13퍼센트밖에 차지하지 않는다.

다시 숫자로 돌아가서, 옥수수밭 6만 700제곱킬로미터 정도만 목초 지로 전환한다고 생각해보자. (한때 비옥한 목초지였던 만큼 지금도 땅이 비옥 할 것이라고 가정해보자.) 그러면 옥수수밭 4,000제곱미터당 소 1.25마리 를 먹일 수 있으며, 6만 700제곱킬로미터를 다 합치면 소 1,875만 마리 를 먹일 수 있다.

게다가 옥수수밭 일부를 목초지로 전환하는 방법 말고도 미국에는 개인이 소유한 목초지도 200만 제곱킬로미터 넘게 있다.[9] 우리가 자문 을 구한 여러 전문가에 따르면, 그중 30퍼센트만 실제로 활용되고 있다 고 한다. 이 땅을 더 활용할 수 있으면 방목 관리의 잠재력이 어마어마 해진다. 이 땅의 10퍼센트(20만㎢)만 이용하더라도 소를 1,000만 마리 이상 먹일 수 있다. 위에서 살펴본 1,875만 마리까지 합치면 소 2,875만 마리에게 목초를 먹일 수 있는 것이다.

흥미롭게도 목초지를 마련할 방법은 또 있다. 만일 현재 농지 보존 프로그램Conservation Reserve Program(휴경 기간을 갖도록 농부들에게 보조 금을 지급하는 제도 – 옮긴이)에 묶여 있는 땅(이 땅은 현재 비상시를 제외하고 는 방목이 허용되지 않는다) 8만 900제곱킬로미터 중에서 30퍼센트만 전 환하더라도 목초지가 2만 4,000제곱킬로미터 더 생긴다. 농경지만큼 토양이 비옥하지는 않겠지만 고기소 약 400만 마리를 먹일 수 있을 것 이다. 그러면 목초를 먹고 자라는 소가 전부 3,275만 마리로 늘어나게 된다. 현재 사육장에서 키우는 소의 수보다도 많은 숫자다.

하지만 목초 사육 소가 (사육장에서 키우는 소와 비교하면) 고에너지 식 단을 먹지 않기 때문에 소고기의 양이 일반적으로 20~30퍼센트 덜 나 온다. 지방을 너무 많이 제거해서 그런 면도 있지만, 생산성의 차이도 분명히 있다. 따라서 이론적으로 모든 소에게 목초를 먹이면서도 예전과 같은 양의 소고기를 얻으려면 소가 30퍼센트 더 있어야 한다.

하지만 짐 하월과 같은 재생 방목 전문가는 단위 면적당 방목률(땅이 감당할 수 있는 동물의 수)이 50~100퍼센트 증가한다고 보고했다. 일반 방목법에서 더 나은 관리법으로 전환할 때 수치를 낮게 잡아서 생산성이 30퍼센트 증가한다고 가정해보면 위에서 살펴본 것과 달리 소가 30퍼센트 더 없어도 된다. 미시간주립대학교에서도 재생 방목으로 전환하면 전반적인 생산성이 30퍼센트 증가한다고 비슷한 통계를 발표했다.

미국에서는 모든 고기소를 100퍼센트 목초로 키울 수 있을 뿐만 아니라 목초 사육 소고기로 수익을 올리기도 더 좋다. 옥수수를 키우는 농부들은 현재 4,000제곱미터당 약 680달러 정도를 벌어들인다. 하지만 도매 시장에서 목초 사육 소 한 마리는 1,600달러에 팔린다. 목초 사육 소를 키우면 투입해야 할 자원도 줄어든다(화학 비료, 제초제, 씨앗, 중장비가 필요 없다). 상품을 운반할 때 인력이 더 필요한 것은 사실이다(그 과정에서 일자리가 더 생긴다). 하지만 전반적으로 봤을 때 잘 관리된 소를 키우면 농부들에게 돌아가는 순이익이 증가한다(화학 농업을 추구하는 거대 기업에 가는 돈은 줄어든다). 재생 방목지는 생태계를 파괴하는 대신 생태계에 이롭게 작용하는 만큼 전체적으로 봤을 때 이득이 더 많다. 현재 산업적인 동물 사양animal feeding(인간이 원하는 생산물을 얻으려고 동물에게

---

* 　이 땅을 재생 방목지로 쓸 수 있게 허용하면 야생 동물의 서식지가 늘어나고, 토양의 건강이 개선되고, 전반적인 생태계의 기능이 향상되는 부수적인 이득도 생긴다. 농지 보존 프로그램에 들어가는 모든 땅에 '영구적인 지역권(다른 사람의 토지를 특정한 목적으로 이용할 수 있는 권리 – 옮긴이)'을 부여하는 것은 어떨까? 그런 땅에서 재생 방목은 허용하고 밭을 경작하거나 작물을 생산하는 것은 금지하는 방법은 어떨까?

사료를 먹이는 일 - 옮긴이) 활동에 대한 정부의 규제는 자연환경이나 대중의 건강을 보호하지 못한다. 게다가 정부 보증 대출과 세금 우대 조치는 새로 생기거나 확장 중인 집중 사육 시설CAFO에 인센티브를 제공한다. 정부 프로그램이 근본적으로 달라지면 목초 사육 소고기를 생산하는 목장 주인과 방목자의 수익 잠재력도 쉽게 달라질 것이다. 그러면 독립적인 소고기 생산자들에게 기회가 더 많이 생길 것이다.

목초 사육 소가 더 많아진다는 것은 땅이 더 건강해지고 지역 경제도 더 활성화된다는 뜻이다. 현재 집중 사육 시설에서 생산하는 고기를 통해 얻는 수익은 소를 키우는 목장 주인이 아니라 거대 기업에 돌아가는 경우가 대부분이다. 이런 수익은 주로 사료용 곡물의 안정적인 공급을 책임지는 정부 프로그램의 결과물이다. 사료용 곡물은 농부들이 직접 생산하는 데 드는 비용보다 더 저렴하게 공급되는 경우가 많다. 미국에서는 한때 농장을 지원하던 작은 마을들이 번성했는데, 농사를 짓고 목장을 운영한 덕택이었다. 하지만 오늘날에는 가족이 운영하는 농장이 줄었고, 옛날의 명성을 잃은 마을이 점점 늘어나고 있다. 지역에 대학교나 관광 명소가 없으면 지역 경제가 허덕이는 양상이다. 만일 산업적인 농업이 지금보다도 더 활성화된다면 사태는 더 악화될 것이다. 농부들은 수익을 올려야 한다. 하지만 지금의 시스템에서는 옥수수를 심는 농부들이 추수할 때가 되면 손해를 보리라는 것을 알면서도 문제를 해결할 방법이 없다. 일이 꼭 이렇게 돌아가야 하는 것은 아니다. 재생 농업이 활성화되면 사람, 지역사회, 경제, 토양, 물의 순환 사이클, 미네랄의 순환 사이클이 더 건강해지고 야생 동물도 늘어날 것이다.

그렇다고 해서 전 세계가 목초 사육 소고기를 주요 단백질 공급원으로 삼아야 할까? 우리가 하려는 말은 그런 뜻은 아니다. 지역마다 그 지역에 고유한 생태계가 있으며 생산할 수 있는 식량이 다르다. 어떤 지역에서는 지형에 따라서 낙타나 염소를 키우는 것이 더 합리적인 경우도 있다. 특정 지역이 외부 식량에 의존하는 대신 자체적으로 식량을 생산할 수 있으면 식량 시스템의 회복력이 높아진다. 동물은 모든 재생 식량 시스템과 인간의 건강에 이로운 식단에서 중요한 역할을 한다. 우리는 지역 농부와 목장 주인들이 땅을 잘 관리해서 건강한 식량을 생산하고 최고의 농사법을 이용하는 방법을 배우도록 도와야 한다. 그러면 영양이 풍부한 식량을 더 많이 생산할 수 있다. '세계를 먹여 살리려고' 지금처럼 화학 물질을 이용해서 산업적으로 생산되는 곡물에 의존하는 것은 정반대의 길로 향하는 셈이다. 여러 개발도상국이 영양 부족에 시달린다는 것은 생태학적인 면에서 봤을 때 농업 시스템의 질이 떨어지고 정부가 제대로 기능하지 않는다는 점을 보여준다. 기아는 식량 생산에 관한 문제가 아니라 정치적인 문제다. 사람들이 땅, 대출, 시장에 접근하기가 더 쉬워지면 모두가 이득을 누릴 수 있다. '헤퍼 인터내셔널 Heifer International'은 우리가 전 세계적으로 기아를 퇴치하는 데 어떤 노력을 기울일 수 있는지 잘 보여준다.

재생 식량 시스템을 만들려면 어떤 변화가 일어나야 할까?

어떻게 해야 이런 변화가 일어날 수 있을까? 여러 단계에서 정책에 큰 변화가 생겨야 할 것이다. 하지만 우리는 둘 다 낙관론자라서 충분히 가능한 일이라고 생각한다. 우선, 우리 모두 좁은 시각에서 벗어나서 더 총체적인 접근법을 고려해야 한다. 앞에서 살펴봤듯이 소고기를 안 먹어서 메탄 배출량을 줄이겠다는 목표만 보더라도 사람들의 시각이 얼마나 좁은지 알 수 있다. 이런 목표는 잘 관리된 되새김 동물이 우리가 어차피 경작하지 못하는 땅에서 풀을 뜯으면 인간의 영양 섭취와 전체적인 생태계에 도움이 된다는 점을 간과하는 것이다. 큰 그림을 보지 못하고 '메탄 배출량 줄이기'에만 열을 올리다 보면 바다에 사는 갑각류가 줄어들어야 한다는 바보 같은 아이디어가 나올 수 있다.

정책적인 면에서는 생태계의 건강을 증진하는 농부들에게 인센티브를 지급하면 어떨까? 온실가스 배출량에만 신경 쓰다 보면 더 큰 목표가 무엇인지 잊어버릴 우려가 있다. 우리의 목표는 생물 다양성을 늘리고, 더 건강한 환경을 조성하고, 토양의 수분 보유 능력을 높이고, 지형에 적합한 농업을 정착시키는 것이다. (예를 들면, 물이 부족한 지역에서는 물이 많이 필요한 아몬드를 재배하지 말아야 한다.)

정부는 영양가 낮은 식량의 과잉 생산에 인센티브를 지급하는 일을 중단해야 한다. 이런 식량은 생산해봤자 환경만 파괴된다. 농부들이 환경에 더 이로운 농법을 이용할 때 혜택을 받을 방법에 관한 아이디어가 많이 등장했다. 그중 한 가지가 소를 재생 농법으로 키우는 목장 주인들에게 탄소 배출권carbon credit(일정 기간에 일정한 양의 온실가스를 배출할 수 있는 권리 - 옮긴이)을 지급하는 것이다. 더 질 좋은 고기를 생산하는 것의 큰 장점 한 가지는 농부들이 돈도 더 많이 벌 수 있다는 것이다. 소비자가 재생 농법을 이용하는 생산자에게서 고기를 사면 목초 사육 소고기에 대한 수요를 끌어올리는 데 도움이 된다.

앞에서 살펴본 것처럼 미국에는 고기소를 전부 100퍼센트 목초로 키울 수 있을 만큼 땅이 충분한 것으로 보인다. 농부들은 소만 키우지 않고 여러 가지 사업을 동시에 추진할 수도 있다. 그러면 소를 키우는 데 쓰이는 땅을 다양한 목적으로 이용할 수 있다. 예를 들면, 소도 키우고, 닭도 방목으로 키울 수 있다. 수확이 끝난 옥수수밭에서 소가 작물 잔류물을 먹게 하는 방법도 있다. 같은 땅에서 작물도 재배하고, 되새김 동물도 기르고, 달걀도 생산하면 땅을 더 효율적으로 이용할 수 있을 뿐만 아니라 수익도 늘고 토양의 건강에도 더 이로울 것이다.

우리는 인간용 '사료'를 그만 생산하고 사람들에게 영양가 높은 식량을 공급하는 데 초점을 맞춰야 한다. 우리는 세계 인구 모두에게 적합한 식단이 무엇인지는 몰라도 영양가 낮은 초가공식품이 문제가 된다는 것은 알고 있다. 따라서 영양 지침에 초가공식품을 덜 먹자는 내용을 담으면 어떨까? 브라질의 영양 지침이 좋은 예다. 사람들이 진짜 음식을 더 많이 먹게 하려면 학교와 지역 문화센터에 요리 강좌를 다시 개설하고 가족끼리 집에서 요리하도록 장려하는 캠페인은 어떨까 싶다.

'모든 음식을 적당히 먹는' 방법은 바람직하지 않다. 서양에 비만 문제가 생긴 것은 사람들이 '빠르고, 편하고, 저렴한' 음식만 찾은 데 따른 결과라는 사실을 인정해야 한다. 이런 음식이 우리의 식량 시스템에서 원동력으로 작용한 것이다. 농식품 업계의 경제적인 이해관계에 따라서 식량 정책이 정해지는 것도 문제다. 더 저렴한 식량을 더 빨리 생산하려는 욕심 때문에 동물을 공장식으로 사육하는 풍토가 조성된 것이다. 이런 사육법은 현재 유축 농업(작물 재배와 가축 사육을 같이 하는 농업 형태 – 옮긴이)에 반발하는 사람들이 생긴 근본적인 원인이기도 하다. 식량 시스템의 생태학적인 측면을 생각하면 우리는 결국 더 자연적인 농사법으로 돌아가야 할 것이다. 이런 농사법을 이용하면 영양이 더 풍부한 식량을 얻을 수 있고 결과적으로 사람들도 더 건강해질 것이다.

회복력이 있는
지역 식량 시스템

회복력 있는 식량 시스템은 어떤 것이든 지역 의존성을 목표로 삼아야 한다. 여러 외국 식량 원조 정책이 사람들의 의도와 달리 해당 국가의 지역 경제에 타격을 주고 있다. 우리의 말을 오해해서는 안 된다. 비상시에 다른 사람들이 굶지 않도록 돕는 것은 당연하다. 하지만 영양가가 낮은 식량을 계속해서 무상으로 제공하면 도우려는 국가에 큰 피해를 주게 된다. 원조 프로그램을 통해서 돈을 많이 버는 사람들이 있다는 사실을 잊지 말자.

마이클 매시슨 밀러Michael Matheson Miller의 영화 〈가난 주식회사 Poverty, Inc.〉는 외국 식량 원조 프로그램의 부작용 사례를 다양하게 보여준다. 이 영화에서 호프 인터내셔널Hope International의 CEO 피터 그리어Peter Greer는 자신이 르완다에서 본 일을 들려준다. 미국 애틀랜타에 있는 한 교회에서 르완다 대학살 사건 이후에 르완다에 있는 작은 마을에 달걀을 보내기로 했다. 이렇게만 들으면 남을 돕기 정말 좋은 방법 같지 않은가? 하지만 아무도 의도하지 않았던 엄청난 일이 벌어졌다.

르완다의 한 지역 주민이 달걀 사업을 작게 시작했다. 그에게는 큰 투자였는데, 사업이 잘 나가려던 차에 애틀랜타의 교회에서 무료 달걀을 잔뜩 보내준 것이다. 달걀이 안 팔리자 그는 사업을 접을 수밖에 없었다. 그 결과, 이듬해에 교회에서 달걀을 보내는 대신 다른 방법으로 르완다를 돕기로 했을 때 그 지역에서 더는 달걀을 구할 수 없게 되었다. 애틀랜타 교회의 달걀 기부 행사가 이 지역사회에 장기적으로 부정적인 영향을 끼친 것이다. '선행'을 베풀려는 계획은 의도하지 않은 결과에 대한 이해를 동반해야 하는 경우가 많다.

아이티에서도 이와 비슷한 상황이 일어났다. 아이티는 이 문제를 바로잡으려고 지금도 애쓰고 있다. 2010년에 아이티가 대지진을 겪고 나서 미국은 남는 쌀을 아이티에 보내주기 시작했다. 그 결과, 아이티 사람들의 식단만 바뀐 것이 아니라 아이티가 자체적으로 식량을 생산하는 능력도 떨어지고 말았다. 쌀이 무상으로 계속 들어오자 아이티가 식량 생산을 거의 포기한 것이다. 빌 클린턴 전 대통령은 이제는 그것이 큰 실수였음을 이해한다며 임기 중에 추진했던 보조금 프로그램에 대해 공식적으로 사과했다.

국가가 자체적으로 식량을 생산하지 못하고 수입 식량에 의존해야 하면 식량 시스템이 대단히 취약해진다. 베네수엘라가 이런 국가의 좋은 예다. 베네수엘라는 유가가 오르자 농부들이 밭을 떠났고 식량 대부분을 수입하기 시작했다. 그러다가 유가가 떨어지자 모든 것이 무너졌다. 2018년 2월 9일에 UN 인권 전문가들은 성명을 발표하면서 이렇게 경고했다.

"많은 베네수엘라 국민이 굶주리고 있다. 베네수엘라에는 필수 약품도 부족하며, 국민이 끝이 보이지 않는 수렁 속으로 떨어지는 상황에서도 살아남으려고 노력하고 있다."[10]

국가가 안정되려면 지역마다 회복력 있는 식량 시스템이 꼭 필요하다. 이런 시스템은 화석 연료, 화학 물질, 다른 수입품에 대한 의존도가 낮아야 한다. 지금이야말로 그 어느 때보다도 재생 농업이 전 세계적으로 필요한 시점이다. 지역별 식량 시스템은 지역마다 보유하고 있는 구체적인 자원에 따라서 다른 형태를 띨 수 있다. 문화 도용을 우려하고 문화적 정체성을 어렵게 지켜내야 하는 오늘날의 상황에서 보면 아이러니한 일이다. 필수 영양소를 얻으려고 동물성 식품에 의존하는 사람들에게 고기를 먹지 말고 비건 식단을 선택하라고 말하는 것이 우리가 해야 할 일일까? 우리가 죽음이라는 개념을 불편하게 여긴다는 이유로 그런 말을 할 자격이 있을까? 그런 행동보다 다른 사람들을 훨씬 더 존중하는 행동은 식량 주권food sovereignty이라는 개념을 장려하는 것이다. '식량 주권'은 1996년에 국제 농민 운동 조직인 비아 캄페시나Via Campesina가 만든 용어다. 사람들이 건강에 이롭고, 문화적으로 적절하고, 생태학적으로 안전하고 지속 가능한 방식으로 생산된 식량을 섭취할 권리가 있다는 뜻이다. 사람들은 자신의 식량 시스템과 농업 시스템을 스스로 정의할 자유도 있다. 식량 주권 운동은 식량 생산이 어떤 방식이어야 하는지 당국에서 규제하는 대신 '밑에서 위로' 올라가는 접근법을 장려한다. 어떤 식량이 특정한 지역과 문화에 가장 잘 어울릴지 결정할 수 있는 권한을 해당 지역에 더 많이 부여하는 것이다.[11]

미국 서부에서는 해결책이 초원에서 풀을 뜯는 소일 수 있다. 하지만 더 건조한 지역에서는 염소, 양, 낙타가 포함될 가능성이 크다. 로저스의 농장은 세계 각지에서 오는 인턴들에게 숙식을 제공하는데, 페루의 '성스러운 계곡Sacred Valley'에서 오는 사람이 많다. 페루는 채소가별로 자라지 않으며, 하루에 24시간 영업하는 식료품 가게도 없고, 전기도 그렇게 풍족하지 않다. 따라서 냉장 시설이 필요한 커다란 동물을 먹는 것은 그다지 이치에 맞지 않는다. 기니피그cuyes는 지난 5,000년 동안 페루인이 가장 좋아하는 단백질 공급원이었다. 크기가 작아서 한 끼에 다 먹을 수 있다는 장점도 있다. 소와 마찬가지로 기니피그도 (위가 한 개인데도) 영양소를 업그레이드하는 데 능하다. 건초와 볏과 식물을 영양 밀도가 높은 고기로 전환하는 것이다. 기니피그를 먹는다는 개념이 여러 독자에게 불쾌하게 느껴질지도 모른다. 하지만 우리는 다른 사람들에게 우리의 음식 취향을 강요할 생각은 없다. 지속 가능하고, 건강에 좋고, 맛있는 음식은 여러 지역에서 여러 형태로 나타난다. 중요한 것은 상황의 맥락이다.

이 모든 것이 내일 당장 달라질까? 현실적으로는 그렇지 않을 것이다. 특히 현재 농장들이 보조금을 받는 상황에서는 말이다. 미국 정부는 사실상 저렴하고, 환경을 파괴하고, 우리를 병들게 하는 시스템을 지원하고 있다. 옥수수 시럽 산업에 보조금을 지급하면서 설탕세 도입을 논하는 것은 정말이지 웃긴 일이다. 전체적인 상황을 살펴보면 실리콘밸리가 실험실 배양육에 집착하는 것도 어처구니없다. 하지만 사람들은 간단한 이야기를 좋아한다. 게다가 지역별 식량 시스템에서 생산된 목초 사육 소고기는 팔고 나면 수익이 대기업이 아니라 농부들에게 대부분 돌아간다. 오늘날의 이분법적인 세상에서 복잡성과 뉘앙스는 사라지고 말았다.

지속 가능성을 논할 때 생태학적 보전뿐만 아니라 사회적인 행복의 측면도 따져봐야 한다. 이 말은 사람들에게 필요한 영양을 생태학적으로 안전하게 제공할 방법을 찾아야 한다는 뜻이다. 인간은 엄연히 자연의 일부다. 따라서 자연과 조화롭게 살아가도록 노력해야 한다. 자연과 조화를 이루면서 살 수 있으면 인간은 번성할 것이고, 지구도 그럴 것이다. 지구를 더는 '인간만을 위한' 자원으로 생각하지 말고 모든 생명을 위한 서식지로 여겨야 할 때다.

지속 가능한 삶을 위해
우리가 무엇을 할 수 있을까?

개인이 더 건강하고 지속 가능성이 더 큰 삶을 살기 위해서 할 수 있는 일은 많다. 그중 여러 가지가 음식과 아무런 관련이 없다. 하지만 영양이 우리의 전문 분야이고 건강에서 큰 부분을 차지하는 만큼 우리는 여러분이 식단을 어떻게 개선할 수 있는지에 시간 대부분을 할애하려고 한다.

요즈음의 '쉽게 버리는' 문화는 환경에 당연히 도움이 되지 않는다. 스테이크 대신 샐러드를 먹는 것보다 환경에 더 유익한 습관은 일회용품을 덜 사는 것이다. 딱히 필요하지 않은 각종 기기도 구매를 자제하는 편이 좋다. 저렴한 옷을 사서 한 철 정도 입고 버리거나 기부하는 '패스트 패션fast fashion'도 여러 가지 다른 문제를 유발할 수 있다.

미국은 2017년에 멕시코에서 채소(주로 토마토, 양파, 피망의 형태로)를 50억 달러 이상, 아보카도를 15억 달러, 맥주를 29억 달러어치 수입했다. 그렇다면 멕시코 맥주를 과카몰레guacamole(으깬 아보카도에 토마토, 양파, 피망을 섞은 멕시코 요리 – 옮긴이)와 함께 먹는 것이 미국에서 생산되는 목초 사육 소고기를 먹는 것보다 '더 깨끗한' 행동일까? 이상하게도 아보카도의 탄소 발자국에 대해서는 들어본 적이 별로 없다. 이 단일 작물을 생산하는 데 필요한 파괴적인 농법에 관해서도 이야기하는 사람이 없다. 멕시코에서 수입한 토마토는 누가 땄을까? 그 일꾼들이 정당한 대우를 받았을까? 겨울에 우리가 먹는 샐러드의 총 환경 비용environmental cost(환경을 보호하는 데 필요한 지출 – 옮긴이)은 얼마나 될까? 그 샐러드가 목초 사육 소고기보다 정말로 더 윤리적이거나 영양가가 풍부할까?

이제부터 독자 여러분이 건강과 환경을 생각해서 쉽게 실천할 수 있는 습관 몇 가지를 소개하려고 한다.

지역 농산물 구매하기

자신이 거주하는 지역에서 생산한 식량을 사고, 식량을 제대로 된 방식으로 생산하는 농부들을 지지하는 것이 건강과 환경에도 더 좋고 지역 경제에도 도움이 된다. 다국적 기업이 생산하는 상품을 사면 우리가 낸 돈 중에서 극히 일부만 그 상품을 만든 사람에게 돌아간다. 작은 마을과 공동체들이 계속 활기를 띠려면 돈이 그 지역에서 도는 것이 중요하다. 지역 농산물을 구매하면 지역 주민들이 일자리를 잃지 않을 것이고, 우리도 더 신선하고 더 건강한 식량을 구할 수 있을 것이다.

빚지지 않기

이 내용은 우리의 책이 다루는 범위에서 벗어나지만, 우리는 사람들이 형편에 맞춰서 살아야 한다고 생각한다. 개인이 사회에 금전적으로 짐이 되지 않는 것이 지속 가능한 세상을 유지하는 데 매우 중요하다. 꼭 필요하지 않거나 살 형편이 안 되는 물건을 무리해서 사면 탄소 발자국만 크게 남으며, 빚은 스트레스를 유발하고 낭비적이다. 서양 사회에서는 사람들이 대체로 쓸모없는 물건을 잔뜩 가지고 있다. 이런 물건들은 꼭 필요한 것도 아니고 자국에서 생산되지도 않은 경우가 많다. 물건을 최소한으로 구매하고 더 질 좋은 국산품에 투자하는 것이 환경과 가계부에 도움이 된다. 옷을 살 때 이런 점이 특히 중요하다. 가격이 20달러도 하지 않는 청바지 한 벌이나 면 티셔츠 한 장은 환경에 큰 타격을 입힌다. 따라서 중고 옷을 구매하고 모직처럼 재생 섬유로 만든 더 질 좋은 옷을 사는 데 힘써야 한다.

식량 생산에 참여하기

자신이 먹을 식량을 직접 재배하거나 지역 농장에서 봉사하는 것은 매우 건강한 취미다. 제2차 세계대전 중에 미국에 식량이 부족했을 때 뒷마당에 텃밭을 가꾸는 것이 인기였다. 로저스의 농장은 헬스 트레이너들을 초빙해서 '농장식' 운동을 가르치고, 사람들이 농장 일을 돕는 대신 채소를 가져갈 수 있는 프로그램도 운영한다. 여러분이 먹을 건강한 식량을 직접 재배하고 요리하는 것에 관한 완전한 가이드가 필요하다면 로저스의 책《The Homegrown Paleo Cookbook 집에서 키운 재료를 이용한 팔레오 요리책》을 참고하길 바란다. 로저스는 그녀의 책에서 사냥꾼이 생태계의 건강에 얼마나 중요한지도 언급한다. 우리는 독자 여러분이 관련 강좌를 듣고 사냥에 관해서 더 많이 알게 되길 바란다.

여러분이 설령 사냥이나 농장 일을 하기 어렵더라도 그래픽 디자인이나 회계처럼 농장에 도움이 되는 기술을 보유하고 있을지도 모른다. 만일 지역 정치에 관여하고 있다면 영향력을 이용해서 해당 지역에서 사람들이 농사짓기가 더 쉽도록 애써주기를 바란다. 토지 이용 제한법을 비롯한 여러 가지 법이 엄격한 지역이 많아서 소규모 농장이 농사를 짓기에 어려움이 큰 경우가 많다. 농사 친화적인 지역 정부의 권한이 더 강해지면 큰 도움이 된다. 중앙 정부가 정한 여러 가지 규칙은 대규모 상업적 농장을 위한 것이다. 소규모 재생 농장에는 적용되지 않으며, 농장의 앞길에 방해만 된다. 땅의 무분별한 개발을 막고 농사를 지을 공간을 보존하는 일도 지역적 식량 시스템이 계속 번성할 수 있도록 돕는

데 중요하다.

재생 농업 조직에 기부하기

혹시 세상을 바꿀 형편이 되는 독자 분들도 계실까? 그렇다면 더 질 좋은 고기를 생산하고 관련된 교육을 제공하는 데 힘쓰는 여러 비영리 조직에 기부해주시기를 바란다. 우리는 Sacredcow.info에서 사람들이 기부할 만한 조직의 최신 목록을 소개하고 있다.

아이들에게 진짜 식량이 재배되는 모습 보여주기

아이들에게 농사와 식량 생산에 관해서 가르쳐주자. 자연에서 시간을 더 많이 보내는 아이들은 어른이 돼서 환경 보호에 큰 관심을 보일 확률이 높다. 로저스의 농장에서는 아이들이 자라서 농장을 방문했던 경험이 얼마나 즐거웠는지를 기억하길 바라는 마음으로 학생들을 정기적으로 초대한다. 농장으로 견학 온 아이들이 커서 농경지가 쇼핑몰이나 주택 부지로 개발되는 일을 막는 데 도움이 되길 바라는 것이다. 한 가지 점을 짚고 넘어가자면, 도시 농장도 훌륭하지만 토지 비옥도 개선 프로그램에 동물이 포함되지 않은 경우가 많다. 가능하다면 동물과 채소를 둘 다 키우는 농장을 알아보자. 그러면 동물이 재생 농장의 중요한 부분임을 아이들이 눈으로 직접 확인할 수 있을 것이다. 채소가 동물의 도움 없이 땅에서 저절로 자라지 않는다는 사실을 배우게 될 것이다.

건강한 생활방식 추구하기

건강하게 지내면 우리가 사회에 지우는 부담이 줄어들고 인생을 훨씬 더 쾌적하게 즐길 수 있다. 더 건강해지고 싶다면 식단을 개선하는 것

말고도 할 수 있는 일이 여러 가지 있다. 아마도 가장 중요한 것은 잠을 충분히 자는 일일 것이다. 식단이 아무리 완벽해도 잠이 부족하면 머리가 잘 안 돌아가고 과체중이 될 수 있다. 이미 알겠지만 활발한 활동도 전반적인 건강을 유지하는 데 매우 중요하다. 자연에서 시간을 보내고, 다른 사람들과 의미 있는 관계를 형성하고, 인생의 목표가 있어야 더 건강해진다. 장수하고 싶다면 우리보다 더 중요한 것을 위해 아침에 일어날 이유가 있어야 있다. 그 이유는 자녀일 수도 있고, 취미나 일, 아니면 열정을 느끼는 다른 활동일 수도 있다.

여러분이 건강을 생각해서 할 수 있는 가장 큰 일은 식단을 바꾸는 것이다. 집에서 진짜 음식을 직접 만들어서 먹어보자. 다음 장에서는 영양도 풍부하고 지속 가능성도 있는 최적의 식단을 골고루 소개하려고 한다.

17 최적의 식단은
어떤
모습일까?

독자 여러분이 우리가 어떤 식단을 이상적으로 생각하는지 궁금해하고 있다는 것을 안다. 이 장에서는 우리가 이상적이라고 생각하는 식단을 소개하려고 한다. 여러분이 당장 이런 식단을 시작할 수 있도록 30일짜리 도전을 위한 지침도 알아볼 것이다.

눈치챘을지도 모르겠지만 이 주제에는 미묘한 뉘앙스가 담겨 있다고 생각한다. 앞서 언급했듯이 모든 사람에게 적합한 단 하나의 대량 영양소 비율 또는 이상적인 식품이나 식단이 있는 것은 아니다. 하지만 우리는 사람들이 전체적인 칼로리와 가공식품 섭취량을 줄이고 고기, 달걀, 유제품과 같은 건강한 동물성 식품을 식단에 포함하면 대체로 더 건강해지리라고 생각한다. 어디서부터 시작해야 할지 모르겠다면, 단백질 섭취에 초점을 맞추면서 미량 영양소는 많이 먹고 전체적인 칼로리는 너무 많이 먹지 않게 조심하기를 권한다. 만일 체중 감량을 원한다면 전체적인 칼로리는 줄이고 단백질과 미량 영양소는 계속 많이 먹는 것이 좋다. 이런 식단은 '단백질 절약 변형 단식PSMF, Protein-Sparing Modified Fast'과 비슷하다.

이런 유형의 식단을 성공적으로 활용한 사람은 많다. 하지만 그들은 식량에 들어 있는 미량 영양소의 중요성과 지속 가능성이라는 큰 그림은 보지 못했다. 이런 여러 가지 측면을 모두 고려할 수 있다면 그것이 바로 최적의 식단이 될 것이다. 우리는 건강에 이로운 식량과 현지에서 생산되는 식량을 조합해서 먹는 행동을 '영양식 동물처럼 먹는다'라고 표현하려고 한다.*

이런 식이요법은 팔레오 식단과 비슷하며 현대 사회에서 구할 수 있는 가장 영양가 높은 식품에 초점을 맞추는 데 의미가 있다. 하지만 '고대식 식단'이라고도 불리기 때문인지 원시인이 먹는 식단 또는 '고기만 먹는' 식단이라는 잘못된 이미지 때문에 이런 식이요법을 꺼리는 사람들도 있는 것 같다.

우리는 여러분이 30일 동안 감미료 없이 100퍼센트 영양가 높은 식품만 먹어보길 권한다. 그러다가 팔레오 식품 80퍼센트, 건강에 좋지만 팔레오 식품은 아닌 것을 20퍼센트 먹어보자. 구할 수 있는 식량 중에서 생산 방식이 가장 뛰어난 것을 선택하길 바란다.

우리는 둘 다 고객에게 비슷한 30일짜리 챌린지와 '팔레오 챌린지'를 추천한다. 우리 고객 중에는 일반 대중뿐만 아니라 〈포천Fortune〉 50에 선정된 기업도 있고 정부 기관도 있다. 우리는 'Whole30' 프로그램(알코올, 설탕, 곡물, 유제품 같은 식품을 먹지 않고, 식단 개선을 통해 건강과 삶을 개선하려는 목적의 프로그램 - 옮긴이)도 지지한다. 이 프로그램은 팔레오 식이요법과 비슷하며 사람들의 인생을 바꿔주는 힘이 있다. 어떤 사람들은 키토 식단keto(저탄수화물과 고지방 식단을 먹으면서 간헐적으로 단식하는 식이요법 - 옮긴이)을 선택하기도 한다. '영양식 동물' 챌린지를 비롯

---

* 우리가 알기로는 이 표현을 처음 사용한 사람은 세라 밸런타인(Sarah Ballantyne)이다.

해서 이런 다양한 식이요법 계획의 공통점은 단백질의 양을 최우선으로 고려하고 초가공식품의 섭취량을 줄인다는 것이다. 단백질을 많이 먹으면 배가 훨씬 덜 고프고, 초가공식품은 과식할 위험이 있기 때문이다. 어떤 사람들은 새로운 식단에 곧바로 전력투구하고, 어떤 사람들은 설탕이 많이 들어 있는 탄산음료'만' 안 마시면서 천천히 시작한다. (사람에 따라서 탄산음료 안 마시기가 대단히 어려울 수 있다.) 중요한 점은 우리가 저마다 다른 상황에 있는 고객을 만나고, 그들에게 출발점을 제공하고, 각자의 목표에 따라서 나아갈 방향을 제시한다는 것이다. 사람들은 대체로 비슷한 식단을 먹으면서 식이요법을 시작하지만, 결과는 다른 경우가 대부분이다. 탄수화물을 많이 먹는 사람, 적게 먹는 사람, 적당히 먹는 사람이 골고루 생겨난다. 유일한 공통점은 자연식품과 거의 가공되지 않은 식품을 주로 먹는다는 것뿐이다. (서양화되지 않은 식단 중에 이런 식단이 많다.) 그러면 영양 밀도는 높아지고 전체적인 칼로리 섭취량은 줄어들어서 좋은 효과를 볼 수 있다.

이런 식이요법을 하는 목표는 무엇일까? 오늘날 우리는 사냥과 채집을 즐기던 선조들의 생활과는 거리가 먼 세상에 살고 있다. 현대의 환경이 비정상적이고 동물원과 비슷하다고 생각하는 사람들도 있다. 현대인은 주로 형광등 밑에 앉아서 오랫동안 일한다. 그러고 나면 연료를 많이 소비하는 자동차를 타고 기나긴 퇴근길을 견디고 독성 물질이 가득한 집에 도착한다. 집은 외장재가 플라스틱이고, 바닥은 완전히 합판으로 덮여 있다. TV에서는 우리가 왜 새로 나온 멋진 기기를 사야 하는지, 그리고 어떤 간이식품convenient food(복잡하게 요리할 필요 없이 간편하게 먹을 수 있는 식품 – 옮긴이)이 '아이들이 정말 좋아하는 맛'이고 우리가 부엌에서 보내는 시간을 아껴주는지 알려준다. 우리는 인간의 몸이 어떤 모습이어야 하는지 보여주는 영상을 시청하면서 실내에서 다람쥐 쳇바퀴 같은 기구로 운동한다. 우리가 들여 마시는 오염된 공기, 집, 사무실, 정원에서 우리를 둘러싸는 화학 물질, 약물과 알코올은 전부 우리 몸에 큰 부담을 준다. 우리는 잠도 충분히 자지 않으며, 오래 깨어 있으려다 보니 카페인에 중독되어 있다. 주택 담보 대출, 자동차 구매비 대출, 학자금 대출에 등골이 휘기도 한다. 이 챌린지의 목적은 여러분이 평소에 먹던 식단을 손보고, 여러분에게 적합한 영양가 있고 지속 가능한 식이 요법을 찾도록 돕는 것이다.

만일 새로운 식단에 적극적으로 뛰어들 준비가 되어 있다면 지금부터 소개하는 챌린지에 도전해보자. 이 챌린지는 여러분이 건강과 지구를 위해서 더 나은 선택을 하는 데 큰 도움이 될 수 있다.

한 걸음씩 천천히

우리가 설명한 이런 개념들이 생소한 사람들에게는 식단을 바꾸는 것이 커다란 변화처럼 느껴질 수 있다. 만일 이 모든 것이 부담스럽다면 한 걸음씩 천천히 나아가보자. 우선, 한 달 동안 글루텐이나 정제 설탕이 들어간 식품을 식단에서 제외하면 된다. (무글루텐 통알곡, 콩과 식물, 지방을 제거하지 않은 유제품은 여전히 먹을 수 있다.) 이렇게만 하더라도 건강이 많이 좋아질 수 있다. 한 달이 지나면 2주 동안 팔레오식으로 아침 식사를 해보자. 셋째 주와 넷째 주에는 아침과 점심 식사를 둘 다 팔레오식으로 바꿔보길 권한다. 마지막으로, 100퍼센트 팔레오 식단만 먹는 30일 챌린지에 도전해보자. (곡물, 콩과 식물, 유제품, 감미료는 전혀 먹으면 안 된다.) 굳이 천천히 시작할 필요가 없는 사람들은 처음부터 팔레오식에 맞지 않는 식품을 전부 없애버리는 것이 가장 좋다. 여러분에게 가장 적합한 방식이 무엇일지 결정해서 실천에 옮겨보자.

30일짜리
'지속 가능한 영양식 동물' 챌린지

이제부터 독자 여러분이 30일 동안 시도해볼 만한 기본적인 식단을 소개하려고 한다. 이 식단은 거의 모든 사람에게 도움이 될 것이며, Whole30, 팔레오, 진짜 식품을 이리저리 조합해서 먹는 식이요법과도 잘 어울린다. 이 챌린지는 식이 장애가 있는 사람에게는 추천하지 않는다. 그런 분들에게는 '모든 것을 적당히' 먹으라는 일부 전문가의 조언이 더 적합할지도 모른다. 하지만 보통 사람의 경우 '모든 것을 적당히' 먹는 행동은 초기호성 식품과 초가공식품의 과식으로 이어질 수 있다.

무엇을 먹을 수 있을까?

여러분이 30일 동안 피해야 하는 식품보다는 먹을 수 있는 식품에 초점을 맞추려고 한다. 단백질의 양을 최우선으로 고려해야 포만감을 느끼는 데 도움이 된다는 점을 잊지 말자!

■ 지속 가능한 단백질

고품질의 동물 단백질을 충분히 먹고 있는지 확인해보자. 영양 파트에서 살펴봤듯이 일반적으로 단백질 1일 섭취 권장량의 2배를 먹으면 효과를 많이 볼 수 있다. 1일 섭취 권장량은 체중 1킬로그램당 단백질 1.6그램이다.

체중에 1.6을 곱하면 자신에게 적당한 단백질 1일 섭취 권장량을 계

음식별 단백질 함유량

음식	총량	단백질 함유량
구운 닭고기	99g	31g
양갈비	99g	22g
구운 소고기	99g	26g
돼지고기 안심	99g	26g
대구	99g	23g
전란(통계란)	2알	14g
체더치즈	28g	6.5g
전유(全乳)	1컵	8g

산할 수 있다. 하지만 앞에서 살펴본 것처럼 이 수치는 질병에 걸리지 않으려면 꼭 먹어야 하는 단백질의 최소량이다. 따라서 여기에 2를 더 곱해서 단백질 목표를 높이 잡아보자.

우리가 좋아하는 음식에 단백질이 얼마나 들어 있는지 확인해봐도 좋다. 위 도표에 흔히 볼 수 있는 동물성 식품의 단백질 함유량을 소개한다. 하지만 우리는 둘 다 '표준량'으로 잡은 99그램보다 더 많이 먹는 경우가 많다.

목초를 먹고 자란 닭이 낳은 달걀은 돈을 더 주고서도 선택할 만하다. 산업적으로 생산된 달걀보다 지방의 질이 훨씬 좋기 때문이다. 하지만 달걀은 사람들이 생각하는 것만큼 단백질이 많이 들어 있지 않다. 달걀 한 알당 단백질이 6그램밖에 안 들어 있다. 만일 바다 근처에 산다면 지속 가능한 지역산 생선과 갑각류를 먹어보자. 다른 지역에 사는 사람들은 이런 음식을 냉동식품과 통조림으로 먹어도 좋다. 지역에서 목초를 먹여서 키운 소, 양, 염소, 돼지의 고기도 식단에 넣어보자. 닭고기와 다른 가금류의 고기는 체격이 더 큰 초식 동물이나 야생 물고기만큼 영양가도 없고 지속 가능성도 떨어진다. 공급하기가 상대적으로 더 어렵기 때문이다. 사슴이나 엘크의 고기와 같은 수렵육은 좋은 선택이다. 간과 같은 내장육에는 비타민이 풍부하게 들어 있으며, 이런 고기는 매주 먹기에도 손색이 없다. 만일 강한 맛을 감당하기 어렵다면 간을 얼려서 얼린 채로 삼켜도 된다. 우리는 웹사이트에서 목초를 먹고 자란 동물의 간을 캡슐 형태로 만들어 파는 곳을 소개하고 있다.* 소시지와 베이컨도 훌륭한 선택이지만, 소시지에 첨가된 재료에 주의해야 한다. 아일랜드 소시지에는 빵가루가 들어갈 때도 있다. 소시지와 다른 가공식품에는 '식물 단백질 가수분해물', 즉 글루텐이 들어가는 경우도 많다.

우리는 잘 관리된 목초 사육 소고기를 선택하는 것이 환경과 동물 복지의 측면에서 이득이 많다고 생각한다. 하지만 모두가 목초 사육 소고기를, 적어도 매번 사 먹기는 어렵다는 것을 알고 있다. (모두가 100퍼센트 유기농 농산물을 먹는 것이 현실적이지 않은 것처럼 말이다.) 영양 파트와 책의 다른 부분에서도 우리는 동물 단백질이 영양 면에서 식물 단백질보다 훨씬 더 좋다는 점을 입증했다. 단백질의 양을 늘리면 거의 모든 사람이 효과를 본다는 사실도 잊지 말자. 사육장에서 키운 소의 고기도 베이글이나 트윙키를 먹는 것보다 나은 선택일 수 있다. 감당할 수 있는 선에서 질이 가장 좋은 식품을 선택해보자. 설령 100퍼센트 목초 사육 소고기나 유기농 식품이 아니더라도 동물 단백질과 농산물을 많이 먹기를 권한다.

* 단백질에 관해서 더 많이 알고 싶고 동물성 식품이 구성 면에서 인간에게 필요한 아미노산을 더 완전하게 제공할 수 있는 이유를 자세히 살펴보고 싶다면 www.sacredcow.info/blog/are-all-proteins-created-equal을 방문하길 바란다.

■ **지방 공급원**: 훌륭한 지방 공급원에는 아보카도, 달걀노른자(목초를 먹고 자란 닭이 낳은 달걀), 목초를 먹고 자란 동물의 지방이 많은 부위 등이 있다. 요리할 때는 클래리파이드 버터clarified butter(버터를 약한 불로 녹여서 수분을 증발시키고 유지방을 분리해서 걸러 쓰는 식재료 - 옮긴이), 기ghee (인도식 버터 - 옮긴이), 목초를 먹고 자란 소에게서 얻은 수지, 베이컨 지방, 목초를 먹고 자란 돼지에게서 얻은 라드lard(돼지비계를 정제한 기름 - 옮긴이)를 이용해보자. 올리브유는 샐러드와 저온 조리에 적당하고, 포화 지방은 고온 요리에 적당하다. 코코넛유는 포화 지방이 많이 들어 있으며 팔레오 요리사들이 즐겨 쓰는 기름이다. 하지만 코코넛유가 생산되는 지역에 사는 사람은 많지 않을 것인 만큼 지속 가능성을 생각해서 사용을 제한하는 것이 좋다.

■ **채소**: 지역에서 재배한 유기농 채소를 찾아보자. 일반적으로 채소의 색이 어두울수록 영양 밀도가 높다. 하지만 콜리플라워와 버섯은 색이 어둡지 않아도 훌륭한 선택이다. 영양가가 가장 풍부한 채소로는 아스파라거스, 브로콜리, 시금치, 케일, 물냉이, 사우어크라우트sauerkraut (독일식 김치 - 옮긴이), 빨간 피망 등이 있다.

■ **과일**: 지역산 유기농 제철 과일과 베리류는 영양과 지속 가능성의 측면에서 특식으로 손색이 없다. 만일 체중을 감량하고 싶다면 당도가 높은 과일의 섭취량을 조절해보자. (바나나 같은 과일은 당도가 높고 여러분이 사는 지역에서 생산되지 않을 가능성이 크다!)

■ **허브와 향신료**: 바질, 고수의 잎, 사철쑥과 같은 신선한 허브는 음식

에 풍미를 더해주며, 허브는 대체로 영양 밀도가 매우 높다. 가능하다면 유기농 제품으로 구매해보자.

■ **소금**: 자연산 바닷소금은 구성 면에서 가장 훌륭한 미네랄 공급원이다. 하지만 놀랍게도 바닷소금에는 요오드가 매우 적게 들어 있다. 해조류를 일주일에 한 번 정도 먹으면서 요오드를 얻으면 된다. 유기농 김을 사서 김밥을 만들고, 덜스dulse(식용 홍조류 – 옮긴이)나 켈프 플레이크를 수프나 스튜 위에 뿌려보자.

■ **영양식 동물을 위한 조미료**: 첨가당(천연당인 과일의 과당과 달리 인공적으로 추가한 설탕, 액상과당, 올리고당 등의 다당류. 케첩이 첨가당이 들어간 대표적인 소스다. – 옮긴이)이나 카놀라유처럼 산업적으로 가공된 기름이 들어 있지 않은 조미료를 찾아보자. 우리는 둘 다 마요네즈와 샐러드드레싱을 직접 만들어 먹었는데, 다행히도 요즘에는 '프라이멀 키친Primal Kitchen'과 같은 기업에서 깨끗한 마요네즈(매운맛도 있다!), 케첩, 샐러드드레싱, 다른 조미료가 다양하게 출시된다.

탄수화물에 관한 일반적인 주의사항

팔레오 식단을 따르는 동안 뿌리채소나 덩이줄기 채소를 안 먹는 사람이 많다. 탄수화물 섭취량을 줄여보려는 것이다. 하지만 탄수화물은 코르티솔(스트레스 호르몬) 수치를 낮추고, 고강도의 격렬한 운동(크로스핏과 같은 운동)을 할 때 에너지를 제공하고, 장 안에서 프리바이오틱스(유익균의 먹이)처럼 작용하는 기능도 있다. 당뇨병이나 다른 혈당 조절 문제가 있는 사람들은 처음에 탄수화물을 상대적으로 적게 섭취하는 것이 좋다. 하지만 덩이줄기 채소의 전분과 제철 과일의 섭취량을 늘리고 나서 더 건강하게 지내는 사람들도 있다. 이런 이유로, 우리는 여러분이 '영양식 동물 챌린지'를 진행하는 30일 동안 탄수화물 식품을 금지하지 않는다. 식단을 이리저리 손보면서 여러분에게 어떤 변화가 나타나는지 살펴보면 된다. 누군가에게 효과가 좋았던 식단이 여러분에게도 효과가 있으리라는 보장은 없다는 점을 명심하자. 단 한 가지 '규칙'이 있다면 가공식품을 먹지 않는 것이다.

견과류와 씨앗류 제한하기

견과류와 씨앗류는 훌륭한 영양 공급원이지만 칼로리 함유량이 많고 너무 많이 먹기가 쉽다. 소금을 친 경우에는 특히 더 그렇다. 가공되지 않은 견과류를 준비하는 올바른 방법은 먹기 전에 물에 담가 뒀다가 말리는 것이다. 하지만 그럴 만한 시간이 있는 사람은 별로 없다.

먹지 말아야 할 식품은
무엇일까?

앞으로 30일 동안 다음의 식품은 먹지 않거나 엄격하게 제한하기를 바란다.

■ **감미료**: 앞으로 30일 동안 감미료는 먹지 말자. 30일 챌린지가 '끝나고 나서' 꿀이나 메이플시럽 같은 천연 감미료를 조금씩만 즐기길 권한다. '팔레오'라고 홍보되고 있더라도 감미료가 들어간 식품을 많이 먹지

않도록 조심해야 한다. 팔레오 쿠키, 머핀, 케이크는 '팔레오'라는 말이 붙어 있더라도 여전히 쿠키, 머핀, 케이크다. 따라서 매일 먹을 수는 없으며, 가끔 특식처럼 먹는 것이 좋다.

■ **설탕과 첨가물이 들어간 조미료**: 조미료는 첨가당이나 이름을 발음하기 어려운 화학 첨가물이 들어 있지 않은 것으로 골라야 한다. 이런 물질은 음식에 맛을 더해줄지는 몰라도 질이 낮은 재료로 만들어진 것이다. 숨어 있는 재료도 조심해야 한다. 간장에는 엄연히 밀이 숨어 있다. (여러 자연 식품점이나 온라인에서 간장 맛이 나는 코코넛 아미노를 구매할 수 있다.)

■ **밀가루**: 요즈음에는 곡물이 들어가지 않은 대체 밀가루가 많다. 하지만 아몬드 밀가루나 코코넛 밀가루를 이용해서 초기호성 식품 같은 브라우니를 만들지 않도록 주의하자. 첫 30일 동안은 밀가루를 먹지 말고 집에서 화려한 디저트도 만들지 말아야 한다. 그 대신 음식을 뭉근하게 끓이고 오븐이나 석쇠로 굽는 것과 같은 대표적인 요리법에 익숙해지자.

■ **곡물과 콩과 식물**: 챌린지를 진행하는 30일 동안 곡물과 콩과 식물(퀴노아, 밀, 보리, 렌틸콩, 검은콩)을 아예 먹지 말자. 곡물을 멀리하는 것이 좋은 이유 중 한 가지는 곡물이 유기 농법으로 키운 뿌리채소나 덩이줄기 채소와 비교했을 때 영양가가 낮기 때문이다. 게다가 사람들은 곡물을 대체로 가공된 빵, 파스타, 시리얼, 단 음식 등의 형태로 섭취한다. 따뜻한 통밀 시리얼 한 컵과 구운 고구마 한 컵의 영양을 비교해보면 고

구마가 영양이 훨씬 풍부하다. 고구마 한 컵에는 비타민 A가 베타카로 틴의 형태로 38,433IU(1일 섭취 권장량의 769%) 들어 있으며, 비타민 C는 39.2밀리그램(1일 섭취 권장량의 65%) 들어 있다. 고구마는 우수한 망간 공급원이기도 하다. 그렇다면 섬유질은 어떨까? 고구마와 채소는 전반 적으로 훌륭한 섬유질 공급원이다.

제대로 준비한 콩과 식물과 무글루텐 곡물을 가끔 먹는 것은 팔레오 식단을 선택한 사람들의 건강에 도움이 될 수 있다. 하지만 환경을 생각 하면 곡물은 이상적인 작물이 아니다. 대체로 대규모 단일 작물 재배 방 식으로 생산되기 때문이다. 지속 가능성과 영양을 따져보면 인간이 곡 물이 많이 들어 있는 식단을 먹을 이유가 없다. 콩과 식물은 적어도 질 소를 고정하고 토양의 질을 개선한다. 로저스의 농장에서도 토양의 침 식을 줄이고 휴경 기간에 토양 속 질소 함유량을 늘리려고 콩과 식물을 피복 작물로 심는다.

곡물과 콩과 식물은 먹은 후의 반응이 사람마다 다르다. 글루텐을 먹 으면 위장에서 자가면역 반응이 분명하게 나타나는 사람들도 있고, 피 부 발진, 두통, 소화 장애, '브레인 포그'에 시달리는 사람들도 있다. 곡 물과 콩과 식물은 뿌리채소나 덩이줄기 채소와 같은 다른 전분 공급원 만큼 영양이 풍부하지 않다. 비타민과 미네랄의 흡수를 막을 수 있는 항 영양소가 들어 있기도 하다. 우리는 관찰 결과 사람들이 글루텐과 다른 곡물을 식단에서 빼버리면 몸 상태가 훨씬 나아진다는 것을 알게 되었 다. 30일 동안 '영양식 동물 챌린지'를 마치고 나서 가끔 글루텐이 먹고 싶다면 건강에 좋은 식품과 그렇지 않은 식품의 비율을 80:20으로 두 고, 글루텐이 들어 있는 식품을 20퍼센트에 넣으면 된다. 글루텐을 다 시 섭취하고 나서 소화 문제나 몸의 기능적인 문제가 나타나지 않는지 관찰해보자.

글루텐은 밀, 호밀, 보리에 들어 있는 단백질이다. 하지만 글루텐은 로저스처럼 셀리악병celiac disease(유전성 소장 알레르기 질환-옮긴이) 진단을 받은 사람뿐만 아니라 다른 사람들에게도 문제를 일으킬 수 있다. 셀리악병의 증상은 겉으로 쉽게 드러나지 않는다. 그러다 보니 셀리악병이라고 새로 진단받은 사람들의 거의 절반은 혈당GI, Glycemic Index 지수가 높아지는 데 따른 증상을 경험하지 않는다. 병원에서는 환자에게 셀리악병이 있는지 알아볼 때 일반적으로 알파 글리아딘과 트랜스 글루타미나제-2에 대한 항체 검사만 진행한다. 하지만 검사해야 할 요소는 그 두 가지보다 많으며 그중 무엇인가가 반응을 유발할 수도 있다. 이것이 바로 셀리악병 검사 결과가 음성으로 나온 사람들도 글루텐을 끊으면 건강해지는 이유다. 따라서 빵을 먹을 때 소화 기관에 별다른 이상을 못 느꼈더라도 글루텐이 몸에 여러 가지 문제를 일으키고 영양소의 흡수율을 떨어뜨리고 있을지도 모른다.

■ **유제품**: 이상적으로는 30일 동안 '영양식 동물 챌린지'를 진행하면서 유제품도 아예 안 먹는 것이 좋다. 30일이 지나고 나서 유제품을 다시 먹고 싶다면 몸 상태가 어떤지 적어두자. 유제품을 먹으면 여드름이 나거나 가슴이 답답한 사람도 있고, 유제품이 소화가 잘 안 되는 사람도 있다. 목초를 먹고 자란 소로 만든 플레인 전유 요구르트, 생크림, 생우유 치즈는 훌륭한 지용성 비타민 공급원이다. 이런 식품에는 공액리놀레산CLA처럼 자연스럽게 생성되는 트랜스 지방산도 들어 있다. 공액리놀레산은 글루코스 수치를 조절하는 데 도움이 된다. 유제품은 단백질 공급원이기도 하다. 하지만 카세인casein(포유류의 젖에 들어 있는 인단

백질의 한 종류 - 옮긴이)을 먹으면 몸에 문제가 생기는 사람들도 있다. 따라서 유제품을 먹고 나서 어딘가 불편해진다면 안 먹는 것이 좋다. 참고로, 미국산 치즈와 저지방 과일맛 요구르트는 영양 밀도가 낮은 가공식품이다. 가능할 때는 언제든지 목초를 먹고 자란 소로 만든, 지방을 제거하지 않은 유기농 유제품을 선택하길 바란다.

고기를 먹고 싶지 않다면 어떻게 해야 할까?

믿기 힘들지도 모르겠지만 우리는 고기를 안 먹기로 선택한 사람들의 의견에 반대하지 않는다. 우리는 동물성 식품이 건강에 좋고 환경친화적인 방식으로 생산될 수 있으며, 고기를 안 먹는다고 해서 동물과 환경에 해를 덜 끼치는 것도 아니라는 점을 보여줬다. 하지만 고기의 맛이 싫든 어떻든 동물성 식품을 먹고 싶지 않은 사람들도 있다는 사실을 이해한다. 식물 단백질은 고기보다 칼로리와 탄수화물은 훨씬 많이 들어 있고 영양소는 더 적게 들어 있다. 그래서 독자 여러분에게 고기를 한 번이라도 먹어보라고 권하고 싶다. '고기가 궁금한' 분들과 식단에 어떤 식으로든 동물 단백질을 넣어보려는 분들을 위해서 Sacredcow.info에 여러 가지 도구가 준비되어 있다. 만일 먹을 수 있는 것이 생선뿐이라면 해산물을 통해서 고품질 단백질과 다양한 영양소를 섭취하면 된다. 특히 연어나 정어리처럼 지방이 많은 생선이나 굴을 비롯한 갑각류를 먹으면 좋다. 만일 생선도 아예 못 먹는다면 목초 사육 닭이 낳은 달걀과 목초 사육 소로 만든 발효 유제품(치즈나 요구르트)을 먹어보자.

무엇을 얼마나 먹어야 할까?

이것이 항상 우리가 그다음에 받는 질문이다. 단식하거나 하루에 한 끼만 먹고서도, 아니면 식사 시간을 지정하는 다른 식이요법으로도 잘 지내는 사람들도 있다. 하지만 이 모든 것이 새롭다면 아래에 참고할 만한 사항을 소개한다. 하루 세 끼를 기준으로 정리한 것이다.

- 단백질: 체중이나 필요에 따라 달라지겠지만 대체로 손바닥 크기만큼, 즉 110~230그램 정도 먹으면 된다.
- 비전분 채소: 접시에 높이 쌓아 올리자.
- 전분 채소: 운동선수라면 크기가 작거나 중간 정도 되는 고구마를 하루에 두 개 먹으면 된다. 운동선수가 아니라면 고구마 한 개로 가볍게 시작해보자.
- 건강한 지방 한 테이블스푼(샐러드드레싱, 버터, 아보카도)
- 간식: 필요하다면 견과류 한 줌(2킬로그램씩 먹지 말자)과 과일 한 조각을 먹는 것이 좋다.

구체적으로 무엇을 먹으라는 말일까?

아침으로 스크램블드에그와 과일을, 점심으로 큰 샐러드와 생선구이를, 저녁으로 스테이크와 브로콜리를 먹어본 적이 있는가? 그렇다면 우리가 처방한 대로 이미 잘 먹고 있다!

울프가《팔레오 솔루션》에서 처음 제시한 것처럼 음식을 조합해보

영양식 동물을 위한 음식 조합표

고기와 단백질	채소	지방	허브와 향신료	기타
(목초 사육, 자연적)	(제철, 유기농)	(목초 사육, 유기농)	(유기농)	(유기농)
스테이크*	브로콜리*	버터	바질*	노리*
연어*	당근	올리브유	로즈메리*	호박씨*
닭고기	시금치*	야자유	고춧가루	브라질너트*
양갈비*	아스파라거스*	아보카도	강황*	블루베리*
간 돼지고기*	청경채*	아보카도유	고수의 잎*	라즈베리*
달걀*	줄기콩	수지	샐비어	캔털루프*
간/내장육*	케일*	기	파슬리*	김치*
정어리*	콜리플라워*	코코넛 우유	잘게 썬 고추 사우어크라우트*	
간 소고기*	완두콩*	베이컨	커민	버섯*
굴*	양파/마늘/리크*	라드	백리향*	체리*

* 미량 영양소가 특별히 많이 들어 있는 식품
• 커민(cumin): 미나릿과의 식물이나 그 씨앗
• 리크(leek): 한국식 대파보다 조금 큰 미국식 대파

면 식단을 짤 때 도움이 된다고 생각하는 사람들도 있다. 우선, 위의 도표와 같이 고기, 채소, 지방, 허브와 향신료, 그리고 과일과 견과류 같은 기타 음식을 10가지씩 적어서 목록을 만들어보자. 각각의 카테고리에서 식품을 한 가지씩 고르고 합쳐서 한 끼를 먹으면 음식의 조합이 1만 가지나 나온다. 하루에 한 끼를 그렇게 먹으면 무려 27년 동안이나 같은 조합을 접할 일이 없다. 먹지 못하는 음식이 아니라 먹을 수 있는 음식에 초점을 맞추면 한 끼를 구성하는 조합이 사실상 무한해진다. 도표에 예시를 소개한다.

이런 식단은 어떤 모습일까?

이런 식으로 먹으면 하루 중에 어떤 음식을 얼마나 먹게 되는지 궁금할지도 모른다.

로저스는 주로 이렇게 먹는다고 한다.

"저는 아침에는 주로 달걀을 먹고 농장에서 키우는 채소를 곁들입니다. 점심에는 참치나 연어와 함께 샐러드를 자주 먹어요. 저녁은 해동돼서 냉장고에 들어가 있는 고기 아무거나 먹고, 채소도 그때 집에 있는 것으로 먹습니다."

- **아침**: 목초 사육 달걀 3알과 유기농 시금치가 들어간 오믈렛, 신선·냉동 유기농 베리류
- **점심**: 피망, 당근, 토마토, 오이처럼 색깔 있는 채소가 들어간 큼지막한 샐러드. 아작아작 씹히는 식감을 생각해서 호박씨 추가. 야생 연어도 113~170그램 추가
- **저녁**: 목초 사육 소고기로 만든 스테이크 113~170그램, 고구마, 구운 브로콜리

울프는 주로 이렇게 먹는다고 한다.

"저는 저탄수화물 식단을 선호하는 편인데, 계절에 따라서 달라지기는 합니다. 여름에는 과일을 제법 많이 먹고, 겨울에는 뿌리채소가 식탁에 자주 오르는 것 같습니다. 제가 일이 바쁘고 어린 딸이 둘 있다 보니 요리하는 시간도 줄이고 식사도 최대한 간소하게 차리려고 노력합니다. 그래서 아침이나 점심은 항상 그 전날 먹고 남은 저녁거리예요. 오

늘 먹은 식단이 평소에 자주 먹는 식단 같습니다."

- **아침**: 데운 삼각살tri-tip, 다양한 베리와 코코넛 플레이크, 집에서 만든 사우어크라우트
- **점심**: 야생 연어 통조림, 상추, 토마토, 아보카도, 당근, 골파가 들어간 커다란 샐러드
- **저녁**: 안창살 스테이크, 커다란 아티초크, 구운 고구마에 시나몬과 목초 사육 버터를 곁들임

(솔직히 고백하자면, 아이들과 함께 후식으로 카카오가 85퍼센트 들어 있는 다크 초콜릿을 먹기도 했다.)

그렇다면 다른 유형의 '건강한' 식이요법은 어떨까?

〈미국 뉴스&월드 리포트US News & World Report〉에서 최고의 식이요법으로 꾸준히 손꼽히는 여러 가지 아침 식단을 살펴보자. 아래에 소개하는 8가지 아침 식사를 한 번씩 먹어보는 것도 좋은 방법이다. 아침을 먹고 나서 포만감이 얼마나 드는지 따져보자. 각각의 시나리오에서 언제쯤 점심을 먹을 준비가 될 것 같은가? 어떤 식단이 영양가가 가장 높다고 생각하는가? 어떤 식단이 단일 작물 재배 농업에 바탕을 두고 있는가?

영양식 동물의 아침 식사와 비교하면 이런 다른 식이요법들은 저

지방, 저단백, 고탄수화물이 특징이다. 아침에 일어나자마자 공복 상태에서 이렇게 먹으면 혈당이 크게 오르내릴 위험이 있다. 대쉬DASH (Dietary Approaches to stop Hypertension의 줄임말. 고혈압을 막기 위한 식이요법 – 옮긴이) 식단은 주류 영양학자들과 언론이 대대적으로 홍보하는 식이요법이지만 끔찍하기 이를 데 없다. 시리얼, 마가린을 바른 토스트, 오렌지 주스를 아침으로 먹으라니! 요즈음 세상에 누가 아직도 마가린을 먹는다는 말인가? 마가린은 1980년대에 건강에 안 좋다는 아쿠아넷Aqua Net 헤어스프레이와 함께 사라지지 않았던가? 게다가 오렌지 주스가 순 설탕물이라는 사실을 이제는 많은 사람이 알고 있다. 오렌지 주스보다 훨씬 나은 비타민 C 공급원은 얼마든지 있다.

이번에는 매크로바이오틱macrobiotic(자연을 온전히 먹는 것을 추구하는 식이요법. 유기농 곡물, 제철 과일, 채소를 위주로 먹으며, 버리는 부분 없이 뿌리, 껍질, 씨도 먹음 – 옮긴이) 식단을 살펴보자. 이 식이요법에서는 아침에 지방을 전혀 먹지 않는다. (우리는 지금 소개하고 있는 다른 식단들도 대체로 지방의 함량이 낮은 편이라고 생각한다.) 오트밀에는 단백질이 12그램 들어 있기는 하지만 탄수화물도 64그램이나 들어 있다. 통밀빵 두 조각에는 단백질이 8그램, 탄수화물이 26그램 들어 있다. 거기에 애플 버터까지 더하면 탄수화물이 14그램 더 추가된다. (비타민이나 미네랄은 전혀 얻지 못하는 것도 문제다.) 그러면 아침 식사만으로 탄수화물을 104그램이나 먹는 꼴이다. (우리는 둘 다 세 끼를 다 먹어도 탄수화물을 104그램씩 먹지 않는다.) 아침을 이렇게 먹으면 단백질을 20그램 섭취하기는 하지만 그마저도 불완전한 단백질이며, 소화 과정을 늦춰줄 지방도 없다. 이런 아침 식사로 점심때까지 어떻게 쓰러지지 않고 버틸 수 있는지 모르겠다! 탈지유와 (마가린을 바른) 토스트는 진짜 식품으로 구성된 영양식 동물의 아침 식

어떤 아침 식사가 가장 건강할까?

DASH 식단
브랜 플레이크 시리얼 4분의 3컵
(또는 잘게 썬 밀 시리얼 4분의 3컵)에
중간 크기의 바나나 1개와 저지방
우유 1컵 추가
소금을 치지 않은 마가린 1티스푼을
바른 통밀빵 한 조각
오렌지 주스 1컵

TLC(Therapeutic Lifestyle Changes: 치료를 위한 생활방식의 변화-옮긴이) 식단
무지방 우유 1컵과 건포도 4분의 1컵이
들어간 오트밀 1컵
감로멜론 1컵
칼슘이 강화된 오렌지 주스 1컵
(무지방 우유 2테이블스푼을 곁들인)
커피 1잔

웨이트 워처스(Weight Watchers) 식단
통밀빵 1조각
땅콩버터 1테이블스푼
작은 크기의 바나나 1개
딸기 1컵

반(半)채식주의 식단
통알곡빵 1조각
아몬드 버터나 땅콩버터 1과 2분의 1테
이블스푼
사과 1개

메이요 클리닉(Mayo Clinic) 식단
통알곡 아침용 시리얼 1컵
탈지유 1컵
중간 크기의 오렌지 1개
무칼로리 음료

매크로바이오틱 식단
오트밀 2컵
통밀빵 2조각
애플 버터 2테이블스푼을 바른
사워도우(sourdough) 빵
녹차

산성 알칼리성 식단
달걀 흰자위 1개 반
두유 반 테이블스푼
검은 후추 조금
마늘가루 조금
바닷소금 8분의 1티스푼
아스파라거스 줄기 2개
클래리파이드 버터 반 테이블스푼

지속 가능한 영양식 동물 식단
달걀 3알
양파 4분의 1컵
토마토 반 컵
여린 시금치 잎 130그램
블루베리 1컵
아보카도 반 개
(목초 사육 달걀을 먹는 것이 이상적.
같은 양의 제철 채소와 과일로 대체 가능)

사보다 영양이나 지속 가능성의 측면에서 훨씬 질이 낮은 식단이다.[*]

기타 주의사항

특정 식품이 영양식 동물을 위한 식단에 넣기 적합하다는 판정을 받았더라도 끼니마다 베이컨을 5킬로그램씩 먹거나 간식을 먹을 때마다 코코넛 우유를 4리터씩 마실 수는 없다. 운동선수는 당연히 뿌리채소(당근과 파스닙)와 덩이줄기 채소(감자와 고구마)처럼 전분이 들어 있는 채소를 많이 먹어야 한다. 25세 운동선수에게 적합한 대량 영양소의 조합과 칼로리 섭취량은 고관절 수술을 받고 나서 회복 중인 50세 환자에게는 적합하지 않을지도 모른다. 따라서 자신의 체중 감량 목표, 스트레스 수치, 활동량을 고려해서 식단을 조절하는 것이 좋다. 체중을 감량하고 싶다면 하루에 섭취할 전분의 양 대부분을 운동하고 나서 먹어보길 바란다. 활동량이 많은 타입이라면 전분을 더 추가하면 된다. 버터너트 butternut와 같은 겨울 호박은 감자나 고구마보다 칼로리가 적다.

겨울에 대비하듯이 먹지 마라!

우리는 둘 다 영양 밀도(관련 정보는 Sacredcow.info를 참고하기 바란다)를 연구한 마티 켄들Marty Kendall의 열렬한 팬이다. 켄들 덕택에 우리는 '겨울에 대비하듯이 먹지 마라Don't Eat for Winter' 식이요법을 옹호하는

[*] 고기가 많이 들어 있고 영양가가 높은 잡식 동물의 식단과 채식 식단이 미량 영양소의 구성 면에서 어떤 차이가 있는지 궁금하다면 www.sacredcow.info/blog/what-if-we-all-went-plant-based를 방문하길 바란다.

시안 폴리Cian Foley의 연구도 알게 되었다. 탄수화물만 먹거나 지방만 먹을 때는 특별히 과식하게 되지 않는다. 하지만 탄수화물과 지방을 함께 먹으면 보상을 담당하는 뇌의 회로가 활성화된다. 예를 들면, 삶은 감자를 지나치게 많이 먹기는 쉽지 않다. 하지만 삶은 감자를 기름에 튀기면 앉은 자리에서 감자칩 한 봉지를 쉽게 해치울 수 있는 사람이 많다.

한 번 먹기 시작하면 과식하기 쉬운 초기호성 식품 중에는 (버터를 곁들인) 으깬 감자 요리, 초콜릿칩 쿠키, 감자칩, 커스터드 과자, 프렌치토스트, 와플, 블루베리 머핀, 해시 브라운, 마늘빵, 모유 등이 있다.

오메가3 지방산과 오메가6 지방산의 비율에 신경 쓰기

전형적인 미국 식단에는 오메가3 지방산보다 오메가6 지방산이 14~25배나 많이 들어 있다. 통밀 가루 한 컵에는 오메가6 지방산과 오메가3 지방산의 비율이 20:1로 들어 있다. 장립종 백미밥 한 컵은 비율이 4:1이라 훨씬 낫다. 콩기름은 오메가6:오메가3의 비율이 7:1이다. 한편, 케일은 비율이 1:1이고, 은연어는 1:7이다. (오메가6 지방산보다 오메가3 지방산이 7배나 더 들어 있는 것이다!) 이렇게 오메가 지방산의 비율을 살펴보면 어떤 식품이 건강에 더 좋은지 쉽게 알 수 있다. 영양 파트에서 언급했듯이, 목초 사육 소고기가 일반적으로 오메가3 지방산을 더 많이 함유하기는 하지만 오메가3 지방산의 훌륭한 공급원은 아니다. 오메가3:오메가6의 비율을 개선하고 싶다면 식단에서 오메가6 지방산이 많이 들어 있는 식품을 빼버리는 것이 최선이다. (초가공식품 위주로 빼면 된다.) 그자리에는 대신 해산물과 채소를 많이 채워 넣으면 된다.

미량 영양소에 초점 맞추기

배가 고파서는 안 되겠지만 몸이 감당할 수 있는 것 이상으로 많이 먹는 것도 좋지 않다. 체중이 늘었다고 생각한다면 섭취한 총 칼로리를 추적해보는 방법이 큰 도움이 될 수 있다. 영양이 풍부한 식단을 먹다 보면 칼로리를 지나치게 많이 먹게 될 때도 있다. 몸에 필요한 미량 영양소를 전부 음식으로 얻는 것은 재미있는 도전이며 동물 단백질을 최우선으로 고려하는 것의 중요성을 이해하게 해준다. 밝은색이 나는 채소의 섭취량을 늘리면 이런 목표를 달성하는 데 도움이 된다. 식품을 고를 때는 칼로리당 영양 밀도뿐만 아니라 1회 제공량도 잘 따져봐야 한다.

식사 시간

저녁 7시쯤이나 그 이전에 저녁을 먹어보자. 여러 연구를 살펴보면, 밤에 늦게 먹으면 살이 찔 확률이 높아지고 칼로리는 이른 시간에 몰아서 섭취하는 것이 좋다. "아침은 왕처럼, 점심은 왕자처럼, 저녁은 거지처럼" 먹는 습관이 좋지만, 정반대로 먹는 미국인이 많다. 많은 블로거가 단식까지 하면서 식단을 전투적으로 바꾸는 모습을 볼 수 있다. 하지만 우리는 초심자가 30일 동안 한 끼라도 굶을 필요는 없다고 생각한다. 매일 세 끼를 다 챙겨 먹되 단백질을 아침과 점심에 몰아서 먹기를 추천한다. 사람마다 다 다른 만큼 자신만의 식단을 정해서 상황을 봐가며 손보는 것이 좋다. 여러분에게 적당한 세 끼의 비율을 찾아보자.

식료품 찬장 비우기

30일짜리 챌린지를 시작하기 전에 부엌에 있는 초가공식품을 전부 버리자. 식료품 찬장에 들어 있는 파르팔레 파스타 면을 버리기가 아까울 수도 있지만, 그것은 여러분의 생각과 달리 꼭 필요한 식품은 아니다. 냉장고 안에 있는 조미료 중에도 카놀라유나 첨가당이 들어 있는 것이 대부분일 것이다. 초가공식품을 전부 꺼내 상자에 넣고서 유통기한이 지나지 않았거나 개봉 전인 식품은 기부하면 된다. 이 챌린지를 하지 않는 사람과 함께 살고 있다면 식료품을 넣을 전용 서랍을 마련하자. 그러면 여러분이 서랍을 열 때마다 같이 사는 사람들이 초가공식품을 버리지 말라고 여러분을 불러대지 않을 것이다.

음식 섭취량 추적하기

며칠만이라도 식사 추적 소프트웨어를 이용해보자. 그러면 여러분이 칼로리, 단백질, 지방, 탄수화물을 얼마나 섭취하는지, 그리고 미량 영양소 섭취 목표에 가까워지고 있는지 알 수 있다. 이런 이유로, 크로노미터Cronometer를 추천한다. 무료로 계정을 만들고 나서 Sacredcow. info를 방문하면 여러분의 상황에 맞게 환경 설정하는 방법을 알아볼 수 있다. 우리 웹사이트에는 식단을 최적화하는 방법, 영양 훈련 캠프를 운영하는 기관 소개, 영양 밀도 챌린지 등 여러분에게 도움이 될 만한 자료가 골고루 준비되어 있다.

몸 상태 점검하기

잠은 잘 자는지, 그리고 여기저기 불편했던 몸은 좀 나아지는지 살펴보자. 머리가 더 맑고, 피부가 깨끗해지고, 기분이 나아지는지도 관찰해보자. 건강하게 먹으면 살이 빠지는 것 말고도 여러 가지 이득이 많다. Whole30 식이요법은 사람들이 '체중과 상관없는 효과'에 집중할 수 있도록 도와서 좋은 평가를 받고 있다. Whole30 웹사이트에는 유용한 자료도 많이 올라와 있다. 챌린지를 진행하는 30일 동안 몸 상태가 어떤지, 잠은 잘 자는지, 무엇을 먹는지, 어떤 증상이 나타나는지 적어두기를 권한다. 그러면 패턴이 슬슬 눈에 띄기 시작할 것이다. 샛길로 빠지지 않고 챌린지를 계속 진행하는 데도 도움이 될 것이다!

30일이 지나면

'영양식 동물 챌린지'를 진행하면서 적은 일지를 보고 무엇이 달라졌는지 살펴보자. 생활하면서 힘이 더 났는가? 식재료를 구매하고 식사를 준비하는 패턴이 어떻게 달라졌는가? 지역에서 농장을 운영하는 농부를 찾아가서 더 질 좋은 고기를 냉동고에 채워 넣었는가? 피부가 더 깨끗해졌는가? 아니면 아침에 일어날 때 느껴지던 관절 통증이 사라졌는가?

새로운 식습관을 생활의 나머지 측면에 어떻게 편입할지는 개인적인 선택이다. 하지만 식단이 좀 더 자유롭길 바란다면 일주일에 두 끼라도 신경 써서 먹길 바란다. (일주일에 7일 동안 매일 세 끼를 꼬박꼬박 먹을 때를 기준으로 삼는다.) 그 정도만 하더라도 영양을 챙기는 데 도움이 되고, 다른 사람들과 어울리느라 식단을 조절하기 어려울 때도 마음이 편할 수 있다. 다른 사람들은 80:20의 비율을 목표로 삼거나 휴일을 제외하고는 식이요법을 엄격하게 따르는 것이 좋다. 이것은 순전히 여러분 마음이고, 자신의 생활방식과 예산을 따져보고 여러분에게 가장 적합한 식습관을 선택하면 된다. 우리는 둘 다 식단 관리를 계속 열심히 하는 편이지만 출장을 많이 다니다 보니 매번 목표대로 먹기 어렵다는 점을 이해한다. 그래도 괜찮다. 영양 밀도와 지속 가능성의 측면에서 봤을 때 이탈리아 레스토랑에 가서 파스타나 닭요리를 먹기보다는 일반 스테이크를 먹는 것이 더 현명한 선택이다. 식물성 식품이라고 해서 더 건강하거나 지속 가능성이 더 크다는 뜻은 아니다. 주어진 상황에서 최선을 다하고, 집을 최대한 건강하고 지속 가능한 환경으로 만들어보자. 가능하다면 요리도 거의 다 직접 하는 것이 좋다. 술을 너무 많이 마시거나 디저트를 너무 많이 먹지 말고 단백질을 최우선으로 고려하길 바란다.

장엄하고 복잡한
자연 그 자체와
인간

우리가 소개한 내용이 이해하고 받아들이기 쉽지 않다는 것을 알고 있다. 그런데도 중간에 포기하지 않고 여기까지 함께 와준 독자 여러분에게 감사 인사를 드리고 싶다. 우리가 지금껏 고기가 부당하게 비난받는 이유, 인간의 식량 공급원으로서 동물의 중요성, 고기를 재생적인 방식으로 생산하는 방법, 동물이 없는 식량 시스템이 득보다 실이 더 많은 이유를 분명하게 설명했기를 바란다. 우리에게도 편견이 있다는 사실은 인정하지만(편견이 없는 사람이 어디 있을까?), 우리의 목표는 이 주제를 최대한 철저하게 분석하는 것이다. 이 이야기가 맞는지 틀리는지가 수십억 명의 인생에 영향을 미칠 것이기 때문이다. 이오시프 스탈린 Joseph Stalin은 이렇게 말했다.

"한 명의 죽음은 비극이지만, 백만 명의 죽음은 통계다."

냉소적이지만 맞는 말이다. 우리는 이 책이 광범위하게 응용되고 말 그대로 '세상에 도움이 되기를' 바라지만, 이 책은 우리의 아이들을 위한 선물이기도 하다. 우리에게는 인류사에서 어쩌면 가장 어려운 시기를 살아내야 할 어린 자녀들이 있다. 우리 둘 중 그 누구도 재앙 같은 세상을 남겨놓은 채 무덤으로 들어가고 싶지는 않다.

우리가 제시한 식이요법 계획은 수년 동안 임상 클리닉을 운영하면서 얻은 지식과 식단을 바꿔서 건강해진 수십만 명의 피드백을 종합한 산물이다. 우리는 대화를 이어갈 수 있는 공간을 만들려고 Sacredcow. info를 만들었다. 여기에서 추가 도구를 제공하고, 지속 가능하고 재생적인 식량 시스템에 관한 새로운 연구를 소개할 예정이다. 건강 전문가들의 영상과 식량 시스템을 몸소 바꾸는 농부들의 영상도 있으니 궁금하신 분들은 방문해주시길 바란다.

시스템이 달라져야 한다

우리에게는 식량을 생산하는 방식과 그 식량을 먹는 방식을 바꾸지 '않을' 여유가 없다. 그것이 우리의 현실이다. 사람들은 과체중과 신진대사 장애에 시달리고 있고, 소도시는 쇠퇴의 길을 걷고 있으며, 토양은 망가지고 있다. 우리가 옹호하는 시스템을 뒷받침하는 상호 심사 연구 건수가 너무 적다고 불평하는 사람들도 있다. 하지만 우리는 재생 농업을 도입해서 실제로 농장을 살리고 건강도 얻은 농부들을 많이 알고 있다. 이런 재생 농업의 선구자 여러 명이 영화 〈신성한 소〉에 등장한다.

농부들이 소비자에게 직접 마케팅하는 더 창의적인 방법도 많이 보인다. 중간 상인을 없애고 소비자에게 상품을 직접 판매하면서 농부들은 돈을 훨씬 많이 벌 수 있다. 고도로 가공된 고기 대체품과 실험실 배양육에 관해서 사람들이 잘 모르는 점은 이런 제품을 통해서 이득을 얻는 사람이 대형 식품 제조업자들이라는 것이다. 고통스러워하는 동물을 구하고, 인간의 건강을 개선하고, 환경에 더 도움이 된다는 마케팅

스토리는 그들에게 잘된 일이다. 하지만 속아서는 안 된다. 이런 제품 뒤에 숨은 주요 원동력은 다름 아닌 수익이다.

소가 우리가 어차피 경작할 수 없는 땅에서 인간이 소화하지 못하는 작물 잔류물과 다른 식물을 먹으면서 생태계의 건강도 증진한다는 점을 잊지 말자.

식량의 미래는 어떤 모습일까?

우리는 중대한 갈림길에 서 있다. 우리가 지금 내리는 결정에 따라 인류가 살아남을지 실패할지가 정해진다. 이런 상황에서 화학 물질을 많이 사용하는 단일 작물 재배는 접어두고, 토양의 건강, 용수의 사용, 인간용 '사료'가 아닌 영양이 풍부한 식품에 초점을 맞추자고 제안하는 것이 어리석은 짓일까? 전 세계적으로 여러 식량 시스템을 살펴봤을 때 사람들이 각자의 지역에서 생산된 식량에 의존하는 것이 이치에 더 맞지 않을까? 그러면서도 가능할 때 중앙 유통 시스템을 활용하면 더 효율적이지 않을까?

'우리 대 그들'이라는 시나리오를 만들어서 진짜 문제가 아닌 다른 것에 우리의 두려움을 투영하는 행동은 인간의 기본적인 본성이다. 이제는 사람들이 정부, 다국적 기업, 언론 모두 현재의 식량 시스템과 특정한 식품을 지지하는 사람들끼리의 싸움으로부터 이득을 얻는다는 사실을 깨달을 때다. 문제는 우리가 이런 사실을 깨닫지 못하고 있다는 것이다. 우리가 이상적인 식단이 무엇인지에 관한 여러 가지 측면을 두고 논쟁을 벌일 때마다 승리하는 것은 대기업들이다.

인간과 지구의 건강에 실질적인 위협이 되는 것은 산업적으로 생산된 식품이다. 이 사실에 우리 '모두' 동의하고 앞으로 나아가야 할 길을 함께 모색해야 한다. 사람들이 진짜 식품으로 구성된 여러 가지 식단 중에서 자기 몸에 가장 잘 맞는 것을 선택할 수 있어야 한다.

이 책에서 다룬 여러 가지 주제는 매우 복잡하고 중요하다. 따라서 독자 여러분이 책을 덮기 전에 영감이나 설렘을 안겨드릴 수 있으면 좋을 것 같다. 세상이 너무 암울해 보일 때도 있으니까 말이다. 지금부터 소개할 내용이 '설렘'을 안겨줄 정도는 아닐지 몰라도 최소한 여러분의 호기심은 자극할 수 있기를 바란다.

우리는 전 세계적으로 여러 가지 어려움에 맞닥뜨린 상태다. 사람들의 건강이 점점 나빠지고 있으며, 지구상의 다양성(생물뿐만 아니라 사람들의 생각도)과 안정성이 위협받고 있다. 이런 상황은 해결할 수 있는 '문제'가 아니라 벗어날 수 없는 '곤경'으로 묘사되는 경우가 많다. '문제'라는 단어는 해결책을 찾을 수 있다는 점에서 더 긍정적인 뉘앙스가 담겨 있다. 해결책을 실행에 옮기기는 어려울 수 있지만, 터널 끝에는 반드시 빛이 있을 것이다. 반면에, '곤경'에 처했다는 말은 최상의 시나리오에서도 여러 부실한 선택사항 중에서 한 가지를 고를 수밖에 없다는 뜻이다. 현재의 줄뿌림 작물 위주의 식량 시스템은 '곤경'이라고 보는 것이 맞다. 생태학적인 관점에서 봤을 때 지속 가능성도 없을뿐더러 가공식품을 바탕으로 만든 망가진 시스템 때문에 의료비가 치솟아서 선진국의 경제를 파산으로 이끌 위험이 있기 때문이다. 이런 사안들은 대단히 중요하다. 우리에게 이런 어려움에 제대로 대처할 능력이나 의지가 없으면 경제와 건강이 큰 타격을 입을 것이다. 최악의 경우에는 인류뿐만 아니라 우리와 가까이 지내는 여러 종의 존재 자체도 위협받을 수 있다.

이것은 당연히 엄청난 문제지만, 어쩐지 피부로 크게 와 닿지는 않는다. 어쩌면 지금으로서는 인류의 멸종보다 우리의 자유와 영혼이 더 중요하게 느껴지는 것인지도 모른다.

오늘날 줄뿌림 작물 위주의 식량 시스템은 학계, 언론, 정부가 제안하고 옹호하지만, 이런 시스템은 이제 몇 개의 거대한 다국적 기업의 손아귀에 있다. 엄청난 영향력이 있는 이런 기업들이 삶의 바탕을 이루는 '음식'을 통제함으로써 사람들의 삶의 모든 측면을 통제하게 될 것이다. 유럽과 미국에 사는 부유한 정부 관료들이 '모두에게 최고인 음식'이 무엇인지 제멋대로 결정하는 바람에 에콰도르에 사는 사람들마저도 그들의 결정에 압박을 느낄 것이다. 우리는 다시 한번 '식량 주권'이라는 개념을 포용하자고 제안하고 싶다. 지역의 식량 시스템이 번창할 수 있도록 돕는 것이다. 이런 생각이 디스토피아적인 망상에 불과하다고 생각하는 사람들도 있을지 모른다. 하지만 《멋진 신세계》에 나오는 세상으로 향하는 길이 이미 제법 많이 만들어졌다는 점을 깨닫는 사람들도 있을 것이다.

여러분에게 힘이 되고 설렘을 안겨줄 수 있는 내용으로 책을 끝내고 싶다고 말한 것을 기억하고 있다. 어두운 이야기는 그만두고 희소식을 전하자면, 우리가 곤경에 처한 것이 아니라 해결할 수 있는 문제에 직면했다는 것이다. 이 문제는 기술적이거나 도덕적인 것이 아니다. 심지어 유전적인 문제도 아니다. (인간의 타고난 여러 가지 본성상 어려움이 있기는 하지만 말이다.) 우리의 문제는 시각에 관한 것이다. 인간의 결점 중 가장 위험한 것은 대단히 복잡한 과정을 피상적으로 보고, 흑백으로 구분하고, 좋은 것과 나쁜 것으로 단순화하는 성향일지도 모른다. 우리는 환경을 통제할 수 있다고 착각하지만, 자연이 알아서 잘 돌아가도록 돕는 것이 우리가 할 수 있는 최선의 노력이자 우리에게 남은 유일한 희망이다. 따라서 인간이 자연과 동떨어져 있거나 자연보다 우위에 있다는 시각에서 벗어나서 환경을 보호하는 데 참여하고 지구를 아끼는 마음을 가져야 한다. 자연이 우리에게 제공하는 것 때문이 아니라 자연 그 자체가 장엄하고 복잡하기 때문이다. 인간이 자연의 법칙을 거스를 수는 없다. 하지만 다른 생물과 달리 시각을 바꿀 수는 있다. 인식의 변화가 반복되는 바람에 우리가 지금의 어려운 상황이자 기회를 잡을 수 있는 위치에 놓인 것이다. 인류가 나아갈 방향은 우리가 선택하는 시각에 따라 결정될 것이다.

감사의 글

우리의 메시지를 믿어주시고 우리의 일과 영화를 지지해주신 분들에게 감사드린다. 정말 많은 분이 도와주셨는데 이 글을 쓰면서 빼먹는 분이 많을까 봐 걱정된다. 그분들에게 미리 양해의 말씀을 드리고 싶다.

우선, 모르몬교도들의 장수와 미량 영양소에 관한 조사 대부분을 맡아준 크리스 크레서에게 감사드린다. 알렉스 레이프Alex Leif는 목초 사육 소고기 대 일반 소고기에 관한 조사를 도와주셨다. 조이 하콤Zoe Harcombe, 벨린다 펫케Belinda Fettke, 프레데릭 르로이, 마티 켄들, 타일러 카트라이트Tyler Cartwright, 루이스 비야세뇨르Luis Villaseñor, 멀리사 어번Melissa Urban, 빌 라가코스Bill Lagakos, 드루 램지Drew Ramsey 박사, 마크 하이먼 박사, 마크 시슨, 조지아 이디Georgia Ede, 아델 하이트Adele Hite는 영양 파트에 도움을 주거나 영감을 주셨다.

환경 파트에서는 앤드루 로저스Andrew Rodgers, 제이슨 로운트리, 러스 콘서Russ Conser, 니콜렛 한 니먼, 피터 발러스테드Peter Ballerstedt, 주디스 슈와르츠Judith Schwartz, 세라 플레이스Sara Place, 찰스 매시Charles Massey, 바비 길Bobby Gil, 앨런 세이버리, 프랭크 미틀로너, 짐 하월, 조엘 샐러틴에게서 도움과 영감을 받았다.

윤리 파트는 프레데릭 르로이, 벨린다 펫케, 리어 키스, 앤드루 스미스Andrew Smith의 훌륭한 업적의 영향을 받았다.

표지 디자인과 도표를 멋지게 만들어주신 제임스 쿠퍼James Cooper에게 감사드린다. 재능이 많은 분이고, 함께 작업하기 너무나 즐거웠던 분이다. 로저스의 자문단이자 지원팀인 제임스 코놀리James Connolly, 애비 풀러Abby Fuller, 메그 채텀Meg Chatham, 로런 스타인Lauren Stine, 레이철 제임스Rachel James, 매그너스 에릭슨Magnus Eriksson에게도 감사드린다.

• 로저스의 특별 감사 메시지: 남편 앤드루, 우리 아버지, 아들 앤슨Anson과 딸 피비Phoebe, 재닛과 길 로저스Janet, Gil Rodgers에게 감사드린다. 친구들 커스티 얼로어Kirsty Allore, 탤리 캣윙클Tallie Katwinkle, 미쉘 탬Michelle Tam, 크리스틴 캔티Kristin Canty, 에밀리 딘스Emily Deans, 특히 제임스 코놀리에게도 응원해줘서 감사하다는 말을 전한다. 농장 팀의 메리리즈MaryLiz와 메러디스Meredith, 그리고 클라크 농장Clark Farm의 마지 핀레이Marjie Findlay와 제프 프리먼Geoff Freeman에게도 감사의 말씀을 드리고 싶다. 이 책이 출판될 수 있게 힘써주신 롭 울프에게도 감사드린다.

• 울프의 특별 감사 메시지: 이 책뿐만 아니라 관련 영화 프로젝트를 진행하는 데도 거의 초인적인 끈기를 보여준 공저자 다이애나 로저스에게 감사드린다. 우리가 전달하려는 메시지는 뉘앙스가 있고, 극단적이고 이분법적인 것을 좋아하는 인간의 성향과 잘 맞지 않는다. 이 책이 출판되기까지 로저스가 얼마나 열심히 투쟁했는지, 그리고 얼마나 많

이 희생했는지 아무도 모를 것이다.

아내 니키Nicki와 두 딸 조이Zoe와 세이건Saga에게 감사의 말을 전하지 않으면 나는 끔찍한 남편이자 아빠일 것이다. 이 책을 작업하는 동안 저녁 식사를 직접 준비하지 못한 적도 많았고, 아이들과 레슬링을 하면서 자주 놀아주지도 못했다.

마지막으로, 내 생각을 책으로 옮길 기회를 준 분들에게 감사드린다. 내 목표는 항상 세상을 더 나은 곳으로 만드는 것이고, 그러려면 내 주변 사람들에게 긍정적인 영향을 끼쳐야 한다.

1장 고기 없는 월요일?

1 Francisco Sánchez-Bayo and Kris A.G. Wyckhuys, "Worldwide Decline of the Entomofauna: A Review of Its Drivers," *Biological Conservation* 232 (April 2019): 8–27, www.sciencedirect.com/science/article/abs/pii/S0006320718313636.

2 Gerardo Ceballos et al., "Accelerated Modern Human-Induced Species Losses: Entering the Sixth Mass Extinction," *Science Advances* 1, no. 5 (June 19, 2015), advances.sciencemag.org/content/1/5/e1400253.full.

3 Sánchez-Bayo and Wyckhuys, "Worldwide Decline," 8–27.

4 "The Cost of Diabetes," American Diabetes Association, accessed December 30, 2019, www.diabetes.org/resources/statistics/cost-diabetes.

5 "Adult Obesity Causes & Consequences," Overweight & Obesity, Centers for Disease Control and Prevention, accessed December 30, 2019, https://www.cdc.gov/obesity/adult/causes.html.

6 Bjørn Lomborg, "Ban the Beef?" Project Syndicate, November 21, 2018, www.project-syndicate.org/commentary/meat-production-overstated-effect-on-climate-change-by-bjorn-lomborg-2018-11.

7 Frédéric Leroy, "Chapter Eight – Meat as a *Pharmakon*: An Exploration of the Biosocial Complexities of Meat Consumption," *Advances in Food and Nutrition Research* 87 (2019): 409–446, doi.org/10.1016/bs.afnr.2018.07.002.

8 Jeffrey Kluger, "Sorry Vegans: Here's How Meat-Eating Made Us Human," *Time*, March 9, 2016, time.com/4252373/meat-eating-veganism-evolution.

9 Katherine D. Zink and Daniel E. Lieberman, "Impact of Meat and Lower Paleo-

lithic Food Processing Techniques on Chewing in Humans," *Nature* 531 (2016): 500 – 3, www.nature.com/articles/nature16990.

10   Jacques Peretti, "Why Our Food Is Making Us Fat," *The Guardian*, June 11, 2012, www.theguardian.com/business/2012/jun/11/why-our-food-is-making-us-fat.

11   Table 1 in "Summary Report of the EAT-Lancet Commission," EAT, January 16, 2019, eatforum.org/content/uploads/2019/07/EAT-Lancet_Commission_Summary_Report.pdf.

2장   인간은 동물을 먹을 운명이 아니다?

1   Leslie C. Aiello and Peter Wheeler, "The Expensive-Tissue Hypothesis: The Brain and the Digestive System in Human and Primate Evolution," *Current Anthropology* 36, no. 2 (April 1995): 199 – 221, doi.org/10.1086/204350.

2   George J. Armelagos, "Brain Evolution, the Determinates of Food Choice, and the Omnivore's Dilemma," *Critical Reviews in Food Science and Nutrition* 54, no. 10 (2014) : 1330 – 41, doi.org/10.1080/10408398.2011.635817.

3   Francesca Luca, George H. Perry, and Anna Di Rienzo, "Evolutionary Adaptations to Dietary Changes," *Annual Review of Nutrition* 30 (August 21, 2010): 291 – 314, www.ncbi.nlm.nih.gov/pmc/articles/PMC4163920.

4   Loren Cordain et al., "Plant-Animal Subsistence Ratios and Macronutrient Energy Estimations in Worldwide Hunter-Gatherer Diets," *American Journal of Clinical Nutrition* 71, no. 3 (March 2000): 682 – 92, academic.oup.com/ajcn/article/71/3/682/4729121.

5   Michael Gurven and Hillard Kaplan, "Longevity Among Hunter-Gatherers: A Cross-Cultural Examination," *Population and Development Review* 33, no. 2 (June 2007): 321 – 65; Vybarr Cregan-Reid, "Hunter-Gatherers Live Nearly as Long as We Do but with Limited Access to Healthcare," The Conversation, October 31, 2018, theconversation.com/hunter-gatherers-live-nearly-as-long-as-we-do-but-with-limitedaccess-to-healthcare-104157.

6   Hillard Kaplan et al., "Coronary Atherosclerosis in Indigenous South American Tsimane: A Cross-Sectional Cohort Study," *The Lancet* 398, no. 10080 (April 29, 2017): 1730 – 39, https://www.thelancet.com/journals/lancet/article/PIIS0140-6736(17)30752-3/fulltext; Herman Pontzer, Brian M. Wood, and David A. Reichlen, "Hunter-Gatherers as Models in Public Health," *Obesity Reviews* (De-

cember 3, 2018), www.ncbi.nlm.nih.gov/pubmed/30511505; James H. O'Keefe Jr. and Loren Cordain, "Cardiovascular Disease Resulting from a Diet and Life-style at Odds with Our Paleolithic Genome: How to Become a 21st-Century Hunter-Gatherer," *Mayo Clinic Proceedings* 79, no. 1 (January 2004): 101-8, www.mayoclinicproceedings.org/article/S0025-6196(11)63262-X/fulltext.

3장 우리가 고기를 너무 많이 먹는 것일까?

1   Gregory S. Okin, "Environmental Impacts of Food Consumption by Dogs and Cats," *PLOS One* (August 2, 2017), journals.plos.org/plosone/article?id=10.1371/journal.pone.0181301.

2   "The Changing American Diet: A Report Card," Center for Science in the Public Interest, September 23, 2013, cspinet.org/resource/changing-american-diet.

3   Robert R. Wolfe, "The Role of Dietary Protein in Optimizing Muscle Mass, Function and Health Outcomes in Older Individuals," *British Journal of Nutrition* 108, no. S2 (August 2012): S88-S93, doi.org/10.1017/S0007114512002590.

4   "Body Measurements," Centers for Disease Control and Prevention, July 15, 2016, www.cdc.gov/nchs/fastats/body-measurements.htm.

5   "Dietary Reference Intakes Tables and Application," National Academies of Sciences, Engineering, and Medicine, accessed December 30, 2019. nation-alacademies.org/hmd/Activities/Nutrition/SummaryDRIs/DRI-Tables.aspx.

6   Institute of Medicine, *Dietary Reference Intakes: For Energy Carbohydrate, Fiber, Fat, Fatty Acids, Cholesterol, Protein, and Amino Acids* (Washington, DC: National Academies Press, 2005).

7   David McCay, *Protein Element in Nutrition* (London: Longmans, Green, 1912).

8   "Dietary Reference Intakes: Macronutrients."

9   J. L. Krok-Schoen et al., "Low Dietary Protein Intakes and Associated Dietary Patterns and Functional Limitations in an Aging Population: A NHANES Analysis," *Journal of Nutrition, Health & Aging* 23 (2019), link.springer.com/article/10.1007/s12603-019-1174-1.

10   Jean-Philippe Bonjour, "Nutritional Disturbance in Acid-ase Balance and Osteoporosis: A Hypothesis That Disregards the Essential Homeostatic Role of the Kidney," *British Journal of Nutrition* 110, no. 7 (October 14, 2013): 1168-77, doi.org/10.1017/S000711451300096291-3-31.

11   Jose Antonio et al., "A High Protein Diet Has No Harmful Effects: A One-Year

Crossover Study in Resistance‑Trained Males," *Journal of Nutrition and Metabolism* 2016 (2016): 1 – 5, www.ncbi.nlm.nih.gov/pubmed/27807480.

12 William F. Martin, Lawrence E. Armstrong, and Nancy R. Rodriguez, "Dietary Protein Intake and Renal Function," *Nutrition & Metabolism* 2, no. 25 (September 20, 2005), nutritionandmetabolism.biomedcentral.com/articles/10.1186/1743‑7075‑2‑25.

13 Margriet S. Westerterp‑Plantenga, Sofie G. Lemmens, and Klaas R. Westerterp, "Dietary Protein—ts Role in Satiety, Energetics, Weight Loss and Health," *British Journal of Nutrition* 108, no. S2 (2012), www.ncbi.nlm.nih.gov/pubmed/23107521.

14 Sigal Sviri et al., "Vitamin B12 and Mortality in Critically Ill," *Diet and Nutrition in Critical Care* (2016): 973 – 82, link.springer.com/referenceworkentry/10.1007%2F978‑1‑4614‑7836‑2_45; Christel Chalouhi et al., "Neurological Consequences of Vitamin B12 Deficiency and Its Treatment," *Pediatric Emergency Care* 24, no. 8 (2008): 538 – 41, insights.ovid.com/crossref?an=00006565‑200808000‑00007.

15 S. H. A. Holt, Jennie C. Brand‑Miller, Peter Petocz, and E. Farmakalidis, "A Satiety Index of Common Foods," *European Journal of Clinical Nutrition* 49, no. 9 (1995): 627 – 90, www.researchgate.net/publication/15701207_A_Satiety_Index_of_common_foods.

16 David S. Weigle et al., "A High‑Protein Diet Induces Sustained Reductions in Appetite, Ad Libitum Caloric Intake, and Body Weight Despite Compensatory Changes in Diurnal Plasma Leptin and Ghrelin Concentrations," *American Journal of Clinical Nutrition* 82, no.1 (July 2005): 41 – 48, academic.oup.com/ajcn/article/82/1/41/4863422.

17 Jia‑Yi Dong et al., "Effects of High‑Protein Diets on Body Weight, Glycaemic Control, Blood Lipids and Blood Pressure in Type 2 Diabetes: Meta‑analysis of Randomised Controlled Trials," *British Journal of Nutrition* 110, no. 5 (2013): 781 – 89, www.cambridge.org/core/journals/british‑journal‑of‑nutrition/article/effects‑of‑highproteindiets‑on‑body‑weight‑glycaemic‑control‑blood‑lipids‑and‑blood‑pressure‑in‑type‑2‑diabetes‑metaanalysis‑of‑randomised‑controlled‑trials/4D4F7A3943BE752FB061CE60671204B1.

18 Kelly A. Meckling, Caitriona O'Sullivan, and Dayna Saari, "Comparison of a Low‑Fat Diet to a Low‑Carbohydrate Diet on Weight Loss, Body Composition, and Risk Factors for Diabetes and Cardiovascular Disease in Free‑Living, Overweight Men and Women," *Journal of Clinical Endocrinology &*

Metabolism 89, no. 6 (June 1, 2004): 2717 – 23, academic.oup.com/jcem/article/89/6/2717/2870310.

19   Andreas Wittke et al., "Protein Supplementation to Augment the Effects of High Intensity Resistance Training in Untrained Middle-Aged Males: The Randomized Contolled PUSH Trial," *BioMed Research International* 2017, www.hindawi.com/journals/bmri/2017/3619398.

20   Sophie Miquel-Kergoat et al., "Effects of Chewing on Appetite, Food Intake and Gut Hormones: A Systematic Review and Meta-analysis," *Physiology & Behavior* 151 (November 1, 2015): 88 – 96, www.sciencedirect.com/science/article/pii/S0031938415300317.

21   "Global Meat-Eating Is on the Rise, Bringing Surprising Benefits," *Economist*, May 4, 2019, www.economist.com/international/2019/05/04/global-meat-eating-is-on-therise-bringing-surprising-benefits; Charlotte G. Neumann et al., "Meat Supplementation Improves Growth, Cognitive, and Behavioral Outcomes in Kenyan Children," *Journal of Nutrition* 137 no. 4 (April 2007): 1119 – 23, ncbi.nlm.nih.gov/pubmed/17374691.

4장   고기는 어떻게 만성 질환의 원인이 되었을까?

1   Bradley C. Johnston et al., "Unprocessed Red Meat and Processed Meat Consumption: Dietary Guideline Recommendations from the Nutritional Recommendations (NutriRECS) Consortium," *Annals of Internal Medicine* (November 19, 2019), https://annals.org/aim/fullarticle/2752328/unprocessed-red-meat-processed-meatconsumption-dietary-guideline-recommendations-from.

2   Rita Rubin, "Backlash over Meat Dietary Recommendations Raises Questions About Corporate Ties to Nutrition Scientists," *JAMA* 323, no. 2 (January 15, 2020): 401 – 404, doi.org/10.1001/jama.2019.21441.

3   John P.A. Ioannidis, "Why Most Published Research Findings Are False," *PLoS Medicine* 2 no. 8 (August 30, 2005): e124, doi.org/10.1371/journal.pmed.0020124.

4   Jonathan D. Schoenfeld and John P.A. Ioannidis, "Is Everything We Eat Associated with Cancer? A Systematic Cookbook Review," *American Journal of Clinical Nutrition* 97 no. 1 (January 2013): 127 – 134, doi.org/10.3945/ajcn.112.047142.

5   Geoffrey C. Marks, Maria Celia Hughes, Jolieke C. van der Pols, "Relative Validity of Food Intake Estimates Using a Food Frequency Questionnaire Is Associated with Sex, Age, and Other Personal Characteristics," *Journal of Nutrition* 136, no. 2 (February 2006): 459–65, academic.oup.com/jn/article/136/2/459/4743763.

6   M. Fogelholm, N. Kanerva, and S. Mannisto, "Association Between Red and Processed Meat Consumption and Chronic Diseases: The Confounding Role of Other Dietary Factors," *European Journal of Clinical Nutrition* 69 (2015): 1060–65, www.ncbi.nlm.nih.gov/pubmed/25969395.

7   Nicola Davis, "Is Sugar Really as Addictive as Cocaine? Scientists Row over Effect on Body and Brain," *Guardian*, August 26, 2017, www.theguardian.com/society/2017/aug/25/is-sugar-really-as-addictive-as-cocaine-scientists-row-over-effect-on-body-and-brain.

8   Cheryl D. Fryar, Margaret D. Carroll, and Cynthia L. Ogden, "Prevalence of Overweight, Obesity, and Severe Obesity Among Adults Aged 20 and Over: United States, 1960–1962 Through 2015–2016," Centers for Disease Control and Prevention, updated October 16, 2018, www.cdc.gov/nchs/data/hestat/obesity_adult_15_16/obesity_adult_15_16.htm; Eric A. Finkelstein et al., "Obesity and Severe Obesity Forecasts Through 2030," *American Journal of Preventive Medicine* 42, no. 6 (June 2012): 563–70, www.ajpmonline.org/article/S0749-3797%2812%2900146-8/fulltext.

9   Michelle R. van Dellen, J. C. Isherwood, and J. E. Delose, "How Do People Define Moderation?" *Appetite* 101 (June 2016): 156–62, www.ncbi.nlm.nih.gov/pubmed/26964691.

10   Eric W. Manheimer et al., "Paleolithic Nutrition for Metabolic Syndrome: Systematic Review and Meta-analysis," *American Journal of Clinical Nutrition* 102, no. 4 (October 2015): 922–32, www.ncbi.nlm.nih.gov/pmc/articles/PMC4588744; Brittanie Chester et al., "The Effects of Popular Diets on Type 2 Diabetes Management," *Diabetes Metabolism Research and Reviews* (May 23, 2019), www.ncbi.nlm.nih.gov/pubmed/31121637; Hana Kahleova et al., "A Plant-Based Diet in Overweight Individuals in a 16-Week Randomized Clinical Trial: Metabolic Benefits of Plant Protein," *Nutrition & Diabetes* 8, no. 58 (2018), www.ncbi.nlm.nih.gov/pmc/articles/PMC6221888.

11   Paige Winfield Cunningham, "The Health 202: Coca-Cola Emails Reveal How Soda Industry Tries to Influence Health Officials," *Washington Post*, January 1, 2019, www.washingtonpost.com/news/powerpost/paloma/the-

health-202/2019/01/29/the-health-202-coca-cola-emails-reveal-how-soda-industry-tries-to-influencehealth-officials/5c4f65dd1b326b29c3778cf1; Anahad O'Connor, "Coca-Cola Funds Scientists Who Shift Blame for Obesity Away from Bad Diets," *New York Times* (Well blog), August 9, 2015, well.blogs. nytimes.com/2015/08/09/coca-cola-funds-scientists-who-shift-blame-for-obesity-away-from-bad-diets.

12 W. C. Miller, D. M. Koceja, and E. J. Hamilton, "A Meta-Analysis of the Past 25 Years of Weight Loss Research Using Diet, Exercise or Diet Plus Exercise Intervention," *International Journal of Obesity and Related Metabolic Disorders* 21, no. 10 (October 1997): 941–47, ncbi.nlm.nih.gov/pubmed/9347414.

13 "Inactivity in Obese Mice Linked to a Decreased Motivation to Move," *Science Daily*, December 29, 2016, www.sciencedaily.com/releases/2016/12/161229141901.htm.

14 "Chapter 1: Key Elements of Healthy Eating Patterns," Dietary Guidelines for Americans 2015–2020, 8th ed., Office of Disease Prevention and Health Promotion, accessed December 30, 2019, health.gov/dietaryguidelines/2015/guidelines/chapter-1/a-closer-look-inside-healthy-eating-patterns.

15 Christopher E. Ramsden et al., "Re-evaluation of the Traditional Diet-Heart Hypothesis: Analysis of Recovered Data from Minnesota Coronary Experiment(1968–73)," *BMJ* 2016 (April 12, 2016), www.bmj.com/content/353/bmj.i1246.

16 I. D. Frantz Jr. et al., "Test of Effect of Lipid Lowering by Diet on Cardiovascular Risk: The Minnesota Coronary Survey," *Arteriosclerosis* 9, no. 1 (January–February 1989): 129–35, www.ncbi.nlm.nih.gov/pubmed/2643423.

17 Anahad O'Connor, "A Decades-Old Study, Rediscovered, Challenges Advice on Saturated Fat," *New York Times*, April 13, 2016, well.blogs.nytimes.com/2016/04/13/a-decades-old-study-rediscovered-challenges-advice-on-saturated-fat.

18 Marion Nestle, "Perspective: Challenges and Controversial Issues in the Dietary Guidelines for Americans, 1980–2015," *Advances in Nutrition* 9, no. 2 (March 2018): 148–50, www.ncbi.nlm.nih.gov/pmc/articles/PMC5916425; N. Wade, "Food Board's Fat Report Hits Fire," *Science* 209, no. 4453 (July 11, 1980): 248–50, science.sciencemag.org/content/209/4453/248.

19 Gail Johnson, *Research Methods for Public Administrators*, 3rd ed. (London: Routledge, December 17, 2014).

20 Robert Klara, "Throwback Thursday: When Doctors Prescribed 'Healthy'

Cigarette Brands," *Adweek*, June 18, 2015, www.adweek.com/brand-marketing/throwback-thursday-when-doctors-prescribed-healthy-cigarette-brands-165404.

21 Christopher D. Gardner et al., "Effect of Low-Fat vs Low-Carbohydrate Diet on 12-Month Weight Loss in Overweight Adults and the Association with Genotype Pattern or Insulin Secretion: The DIETFITS Randomized Clinical Trial," *JAMA* 318, no. 7 (2018) 667-79, jamanetwork.com/journals/jama/fullarticle/2673150.

22 S. J. Hur et al., "Controversy on the Correlation of Red and Processed Meat Consumption with Colorectal Cancer Risk: An Asian Perspective," *Critical Reviews in Food Science and Nutrition* 59, no. 21 (2019): 3526-37, www.ncbi.nlm.nih.gov/pubmed/29999423.

23 Rajiv Chowdhury et al., "Association of Dietary, Circulating, and Supplement Fatty Acids with Coronary Risk: A Systematic Review and Meta-analysis," *Annals of Internal Medicine* (March 18, 2014), annals.org/aim/article-abstract/1846638/association-dietary-circulating-supplement-fatty-acids-coronary-risk-systematicreview?doi=10.7326%2fM13-1788.

24 Erin E. Masterson, William R. Leonard, and Philippe P. Hujoel, "Diet, Atherosclerosis, and Helmintic Infection in Tsimane," *Lancet* 390, no. 10107 (November 4, 2017): 2034-35, www.thelancet.com/journals/lancet/article/PIIS0140-6736(17)31945-1/fulltext.

25 F. E. Morales, G. M. Tinsley, and P. M. Gordon, "Acute and Long-Term Impact of High-Protein Diets on Endocrine and Metabolic Function, Body Composition, and Exercise-Induced Adaptations," *Journal of the American College of Nutrition* 36, no. 4 (May-June 2017): 295-305, www.ncbi.nlm.nih.gov/pubmed/28443785.

26 M. S. Westerterp-Plantenga, S. G. Lemmens, and K. R. Westerterp, "Dietary Protein-Its Role in Satiety, Energetics, Weight Loss and Health," *British Journal of Nutrition* 108, no. S2 (August 2012): S105-12, www.ncbi.nlm.nih.gov/pubmed/23107521.

27 T. J. Key et al., "Dietary Habits and Mortality in 11,000 Vegetarians and Health Conscious People: Results of a 17 Year Follow Up," *BMJ* 313, no. 7060 (September 28, 1996): 775-79, www.ncbi.nlm.nih.gov/pubmed/8842068.

28 S. Mihrshahi et al., "Vegetarian Diet and All-Cause Mortality: Evidence from a Large Population-Based Australian Cohort—the 45 and Up Study," *Preventive Medicine* 97, nos. 1-7 (April 2017), www.ncbi.nlm.nih.gov/pubmed/28040519.

29   James E. Enstrom, "Health Practices and Cancer Mortality Among Active California Mormons," *Journal of the National Cancer Institute* 81 no. 23 (December 6, 1989): 1807‒14, academic.oup.com/jnci/article-abstract/81/23/1807/895017; James E. Enstrom, "Cancer and Total Mortality Among Active Mormons," *Cancer* 42, no. 4 (October 1978): 1943‒51, www.ncbi.nlm.nih.gov/pubmed/709540; James E. Enstrom and Lester Breslow, "Lifestyle and Reduced Mortality Among Active California Mormons, 1980‒2004," *Preventive Medicine* 46, no. 2 (February 2008): 133‒36, www.sciencedirect.com/science/article/pii/S0091743507003258.

30   W. H. Wilson Tang et al., "Intestinal Microbial Metabolism of Phosphatidylcholine and Cardiovascular Risk," *New England Journal of Medicine* 2013, no. 268 (2013): 1575‒84, www.nejm.org/doi/10.1056/NEJMoa1109400.

31   Manuel H. Janeiro et al., "Implication of Trimethylamine N‒Oxide (TMAO) in Disease: Potential Biomarker or New Therapeutic Target," *Nutrients* 10, no. 10 (October 2018): 1398, www.ncbi.nlm.nih.gov/pmc/articles/PMC6213249; Tomasz Huc et al., "Chronic, Low‒Dose TMAO Treatment Reduces Diastolic Dysfunction and Heart Fibrosis in Hypertensive Rats," *American Journal of Physiology‒Heart and Circulatory Physiology* (2018), doi.org/10.1152/ajpheart.00536.2018.

32   Jaime Uribarri et al., "Advanced Glycation End Products in Foods and a Practical Guide to Their Reduction in the Diet," *Journal of the American Dietary Association* 110, no. 6 (June 2010): 911‒16, www.ncbi.nlm.nih.gov/pmc/articles/PMC3704564.

33   "Global Meat‒Eating Is on the Rise, Bringing Surprising Benefits," *Economist*.

34   "A Century of Trends in Adult Human Height," *eLife* (July 26, 2016), https://elifesciences.org/articles/13410.

5장   고기는 우리 몸속에서 어떤 일을 할까?

1   Fumio Watanabe et al., "Pseudovitamin B(12) Is the Predominant Cobamide of an Algal Health Food, Spirulina Tablets," *Journal of Agricultural and Food Chemistry* 47, no. 11 (November 1999): 4736‒41, www.ncbi.nlm.nih.gov/pubmed/10552882.

2   Laura Tripkovic et al., "Comparison of Vitamin D2 and Vitamin D3 Supplementation in Raising Serum 25‒Hydroxyvitamin D Status: a Systematic Review

and Meta-analysis," *Americal Journal of Clinical Nutrition* 95, no. 6 (June 2012): 1357-64, www.ncbi.nlm.nih.gov/pmc/articles/PMC3349454.

3 "Vitamin D Fact Sheet for Health Professionals," National Institutes of Health Office of Dietary Supplements, updated August 7, 2019, ods.od.nih.gov/fact-sheets/VitaminD-HealthProfessional.

4 G. Gonzalez-Rosendo et al., "Bioavailability of a Heme-Iron Concentrate Product Added to Chocolate Biscuit Filling in Adolescent Girls Living in a Rural Area of Mexico," *Journal of Food Science* 75, no. 3 (April 2010): H73-78, www.ncbi.nlm.nih.gov/pubmed/20492296.

5 "Classic Hereditary Hemochromatosis," Rare Disease Database, National Organization for Rare Disorders, updated 2019, rarediseases.org/rare-diseases/classic-hereditary-hemochromatosis.

6 Vazhiyil Venugopal and Kumarapanicker Gopakumar, "Shellfish: Nutritive Value, Health Benefits, and Consumer Safety," *Comprehensive Reviews in Food Science and Food Safety* (October 25, 2017), onlinelibrary.wiley.com/doi/full/10.1111/1541-4337.12312.

7 Sara M. Bronkema et al., "A Nutritional Survey of Commercially Available Grass-Finished Beef," *Meat and Muscle Biology* 2019, no. 3 (2019): 116-26, doi:10.22175/mmb2018.10.0034.

8 "Beef, Loin, Top Loin Steak, Boneless, Lip Off, Separable Lean Only, Trimmed to 0" Fat, All Grades, Raw," FoodData Central, cited October 11, 2019, fdc.nal.usda.gov/fdc-app.html#/food-details/174002/nutrients.

9 "Beef, Round, Eye of Round Roast, Boneless, Separable Lean Only, Trimmed to 0" Fat, Select, Raw," FoodData Central, cited October 11, 2019, fdc.nal.usda.gov/fdcapp.html#/food-details/334898/nutrients.

10 "Nuts, Walnuts, English," FoodData Central, cited October 11, 2019, fdc.nal.usda.gov/fdc-app.html#/food-details/170187/nutrients.

11 "Nuts, Almonds," FoodData Central, cited October 11, 2019, fdc.nal.usda.gov/fdcapp.html#/food-details/170567/nutrients.

12 "Fish, Salmon, Chinook, Raw," FoodData Central, cited October 11, 2019, fdc.nal.usda.gov/fdc-app.html#/food-details/173688/nutrients.

13 D. Średnicka-Tober et al., "Composition Differences Between Organic and Conventional Meat: A Systematic Literature Review and Meta-analysis," *British Journal of Nutrition* 2016, no. 115 (2016): 994-1011, www.ncbi.nlm.nih.gov/pubmed/26878675; H. Gerster, "Can Adults Adequately Convert Alpha-Linolenic Acid (18:3n-3) to Eicosapentaenoic Acid (20:5n-3) and Docosahexaenoic

Acid 22:6n-3)?" *International Journal for Vitamin and Nutrition Research* 1998, no. 68 (1998): 159-73, www.ncbi.nlm.nih.gov/pubmed/9637947.

14   Allison J. McAfee Yeates et al., "Red Meat from Animals Offered a Grass Diet Increases Plasma and Platelet n-3 PUFA in Healthy Consumers," *British Journal of Nutrition* 105, no. 1 (January 2011): 80-89, www.researchgate.net/publication/46107212_Red_meat_from_animals_offered_a_grass_diet_increases_plasma_and_platelet_n-3_PUFA_in_healthy_consumers.

15   Bronkema et al., "A Nutritional Survey of Commercially Available Grass-Finished Beef."

16   Sarah K. Gebauer et al., "Vaccenic Acid and Trans Fatty Acid Isomers from Partially Hydrogenated Oil Both Adversely Affect LDL Cholesterol: A Double-Blind, Randomized Controlled Trial," *American Journal of Clinical Nutrition* 102, no. 6 (December 2015): 1339-46, www.ncbi.nlm.nih.gov/pubmed/26561632.

17   "Beef, Loin, Top Loin Steak," FoodData Central.

18   Centers for Disease Control and Prevention, *Surveillance for Foodborne Disease Outbreaks, United States, 2017: Annual Report* (Atlanta: US Department of Health and Human Services, 2019), www.cdc.gov/fdoss/pdf/2017_FoodBorne-Outbreaks_508.pdf.

19   Narelle Fegan et al., "The Prevalence and Concentration of *Escherichia coli* O157 in Faeces of Cattle from Different Production Systems At Slaughter," *Journal of Applied Microbiology* 97, no. 2 (2004): 362-70, sfamjournals.onlinelibrary.wiley.com/doi/full/10.1111/j.1365-2672.2004.02300.x.

20   Andrea Rock, "How Safe Is Your Ground Beef?" *Consumer Reports*, updated December 21, 2015, www.consumerreports.org/cro/food/how-safe-is-your-ground-beef.

21   S. Reinstein et al., "Prevalence of *Escherichia coli* O157:H7 in Organically and Naturally Raised Beef Cattle," *Applied and Environmental Microbiology* 75, no. 16 (August 2009): 5421-23, aem.asm.org/content/75/16/5421.

22   US Food & Drug Administration, "FDA Announces Implementation of GFI #213, Outlines Continuing Efforts to Address Antimicrobial Resistance," FDA. gov (since deleted, accessed via archive-it.org), January 3, 2017, wayback.archive-it.org/7993/20190423131636/https://www.fda.gov/AnimalVeterinary/NewsEvents/CVMUpdates/ucm535154.htm; Chris Dall, "FDA Reports Major Drop in Antibiotics for Food Animals," University of Minnesota Center for Infectious Disease Research and Policy, December 19, 2018, www.cidrap.

umn.edu/news-perspective/2018/12/fda-reports-major-drop-antibiotics-food-animals.

23   "The Truth About: Meat and Antibiotics," Minnesota Department of Agriculture, August 19, 2019, www.health.state.mn.us/diseases/antibioticresistance/animal/truthmeat.pdf; Food Safety and Inspection Service, "United States National Residue Program for Meat, Poultry, and Egg Products FY 2018 Residue Sample Results (Red Book)," United States Department of Agriculture, www.fsis.usda.gov/wps/wcm/connect/d6baddf7-0352-4a0e-a86d-32ba2d-4613ba/2018-red-book.pdf?MOD=AJPERES.

24   Tsepo Ramatla et al., "Evaluation of Antibiotic Residues in Raw Meat Using Different Analytical Methods," *Antibiotics (Basel)* 6, no. 4 (December 2017): 34, doi.org/10.3390/antibiotics6040034; H. J. Lee et al., "Prevalence of Antibiotic Residues and Antibiotic Resistance in Isolates of Chicken Meat in Korea," *Korean Journal for Food Science of Animal Resources* 38, no. 5 (October 2018): 1055-1063, doi.org/10.5851/kosfa.2018.e39.

25   Erin Jackson et al., "Adipose Tissue as a Site of Toxin Accumulation," *Comprehensive Physiology* 7, no. 4 (October 2017): 1085-135, onlinelibrary.wiley.com/doi/abs/10.1002/cphy.c160038.

26   Jose L. Domingo and Marti Nadal, "Carcinogenicity of Consumption of Red and Processed Meat: What About Environmental Contaminants?" *Environmental Research* 145 (February 2016): 109-15, www.ncbi.nlm.nih.gov/pubmed/26656511; Jose L Domingo, "Concentrations of Environmental Organic Contaminants in Meat and Meat Products and Human Dietary Exposure: A Review," *Food and Chemical Toxicology* 107, part A (September 2017): 20-26, www.sciencedirect.com/science/article/pii/S027869151730340X.

27   Alison L. Van Eenennaam and A. E. Young, "Detection of Dietary DNA, Protein, and Glyphosate in Meat, Milk, and Eggs," *Journal of Animal Science* 95, no. 7 (July 2017): 3247-69, academic.oup.com/jas/article/95/7/3247/4702986.

28   Karina Schnabel et al., "Effects of Glyphosate Residues and Different Concentrate Feed Proportions on Performance, Energy Metabolism and Health Characteristics in Lactating Dairy Cows," *Archives of Animal Nutrition* 71, no. 6 (2017): 413-427, www.tandfonline.com/doi/abs/10.1080/1745039X.2017.1391487?journalCode=gaan20.

29   Temple Grandin, "The Effect of Stress on Livestock and Meat Quality Prior to and During Slaughter," *International Journal for the Study of Animal Problems* 1, no. 5 (1980): 313-37, animalstudiesrepository.org/acwp_faafp/20/.

30   "U.S. Food-Away-from-Home Spending Continued to Outpace Food-at-Home Spending in 2018," United States Department of Agriculture, updated August 26, 2019, www.ers.usda.gov/data-products/chart-gallery/gallery/chart-detail/?chartId=58364.

31   Eddie Yoon, "The Grocery Industry Confronts a New Problem: Only 10% of Americans Love Cooking," *Harvard Business Review*, September 22, 2017, hbr.org/2017/09/the-grocery-industry-confronts-a-new-problem-only-10-of-americans-love-cooking.

32   Alex Morrell and Skye Gould, "A Close Look at Americans' Food Budget Shows an Obvious Place to Save Money," Business Insider, February 17, 2017, www.businessinsider.com/americans-spending-food-bls-2017-2.

33   Sarah Treuhaft and Allison Karpyn, "The Grocery Gap: Who Has Access to Healthy Food and Why It Matters," The Food Trust, 2010, accessed December 31, 2019, thefoodtrust.org/uploads/media_items/grocerygap.original.pdf.

6장   그래도 식물을 먹는 것이 낫다면?

1   Jay R. Hoffman and Michael J. Falvo, "Protein—hich Is Best?" *Journal of Sports Science & Medicine* 3, no. 3 (September 2004): 118-30, www.ncbi.nlm.nih.gov/pmc/articles/PMC3905294/table/table001/.

2   Ghulam Sarwar, "The Protein Digestibility-Corrected Amino Acid Score Method Overestimates Quality of Proteins Containing Antinutritional Factors and of Poorly Digestible Proteins Supplemented with Limiting Amino Acids in Rats," *Journal of Nutrition* 127, no. 5 (May 1997): 758-64, www.ncbi.nlm.nih.gov/pubmed/9164998.

3   Martial Dangin et al., "The Rate of Protein Digestion Affects Protein Gain Differently During Aging in Humans," *Journal of Physiology* 549, no. 2 (2003): 635-44, www.eatrightnc.org/assets/webinar-january-spano/the%20rate%20of%20protein%20digestion%20affects%20protein%20gain%20differently%20in%20aged%20humans.pdf; David C. Dallas et al., "Personalizing Protein Nourishment," *Critical Reviews in Food Science and Nourishment* 57, no. 15 (2017): 3313-31, www.ncbi.nlm.nih.gov/pmc/articles/PMC4927412/.

4   Hoffman and Falvo, "Protein—hich Is Best?," 118-0.

5   Tanya L. Blasbalg et al., "Changes in Consumption of Omega-3 and Omega-6 Fatty Acids in the United States During the 20th Century," *American Journal of*

Clinical Nutrition 93, no. 5 (May 2011): 950 – 62, academic.oup.com/ajcn/article/93/5/950/4597940/.

6   Hannah E. Theobald, "Dietary Calcium and Health," *Nutrition Bulletin* 30, no. 3 (September 2005): 237 – 77, onlinelibrary.wiley.com/doi/10.1111/j.1467-3010.2005.00514.x/full#b62.

7   Adrian R. West and Phillip S. Oates, "Mechanisms of Heme Iron Absorption: Current Questions and Controversies," *World Journal of Gastroenterology* 14, no. 26 (July 2008): 4101 – 10, www.ncbi.nlm.nih.gov/pmc/articles/PMC2725368/.

8   Handan Akcakaya et al., "β-carotene Treatment Alters the Cellular Death Process in Oxidative Stress-Induced K562 Cells," *Cell Biology International* 41, no. 3 (March 2017): 309 – 19, www.ncbi.nlm.nih.gov/pubmed/28035721; Sharada H. Sharma, Senthilkumar Thulasingam, and Sangeetha Nagarajan, "Terpenoids as Anti-colon Cancer Agents—A Comprehensive Review on Its Mechanistic Perspectives," *European Journal of Pharmacology* 795 (January 25, 2017): 169 – 78, www.ncbi.nlm.nih.gov/pubmed/27940056.

9   Monica H. Carlsen et al., "The Total Antioxidant Content of More Than 3100 Foods, Beverages, Spices, Herbs and Supplements Used Worldwide," *Nutrition Journal* 9, no. 3 (2010), www.ncbi.nlm.nih.gov/pmc/articles/PMC2841576/.

10   Goran Bjelakovic et al., "Antioxidant Supplements for Prevention of Gastrointestinal Cancers: A Systematic Review and Meta-analysis," *Lancet* 364, no. 9441 (October 2004): 1219 – 28, www.ncbi.nlm.nih.gov/pubmed/15464182.

11   Michelle Yu, "Most Vitamins Are from China—It's a Bigger Problem Than You Realize," Epoch Times, February 6, 2014, www.theepochtimes.com/5-facts-you-needto-know-if-your-vitamins-are-from-china_361599.html.

12   Lilian U. Thompson, "Potential Health Benefits and Problems Associated with Antinutrients in Foods," *Food Research International* 26, no. 2 (1993): 131 – 49, www.sciencedirect.com/science/article/pii/096399699390069U.

13   H. Walter Lopez et al., "Minerals and Phytic Acid Interactions: Is It a Real Problem for Human Nutrition?" *International Journal of Food Science and Technology* (September 2002), onlinelibrary.wiley.com/doi/10.1046/j.1365-2621.2002.00618.x/full.

14   Nevin S. Scrimshaw, "Iron Deficiency," *Scientific American* 265, no. 4 (October 1991): 46 – 52, www.ncbi.nlm.nih.gov/pubmed/1745900.

15   Ludmila Křižova et al., "Isoflavones," *Molecules* 24, no. 6 (March 2019): 1076, doi.org/10.3390/molecules24061076; Xiao-xue Yuan et al., "Effects of Soybean

Isoflavones on Reproductive Parameters in Chinese Mini-Pig Boars," *Journal of Animal Science and Biotechnology* 3, no. 1 (2012): 31, doi.org/10.1186/2049-1891-3-31.

16   Christopher R. Cederroth et al., "Soy, Phyto-oestrogens and Male Reproductive Function: A Review," *International Journal of Andrology* 33, no. 2 (April 2010): 304 – 16, onlinelibrary.wiley.com/doi/10.1111/j.1365-2605.2009.01011.x/full.

17   X Gu et al., "Identification of IgE-Binding Proteins in Soy Lecithin," *International Archives of Allergy and Immunology* 126, no. 3 (2001), www.karger.com/Article/Abstract/49517.

18   Joanne M. Bell and Paula K. Lundberg, "Effects of a Commercial Soy Lecithin Preparation on Development of Sensorimotor Behavior and Brain Biochemistry in the Rat," *Developmental Psychobiology* 18, no. 1 (January 1985): 59 – 66, www.ncbi.nlm.nih.gov/pubmed/4038491.

19   G. Padama and Keith H. Steinkraus, "Cyanide Detoxification in Cassava for Food and Feed Uses," *Critical Reviews in Food Science and Nutrition* 35, no. 4 (July 1995): 299 – 339, www.ncbi.nlm.nih.gov/pubmed/7576161.

20   Robin R. White and Mary Beth Hall, "Nutritional and Greenhouse Gas Impacts of Removing Animals from US Agriculture," *PNAS* 114, no. 48 (November 28, 2017), www.pnas.org/content/114/48/E10301.

21   W. C. Leung et al., "Two Common Single Nucleotide Polymorphisms in the Gene Encoding β-Carotene 15,15'-Monoxygenase Alter β-Carotene Metabolism in Female Volunteers," *FASEB Journal* 23, no. 4 (April 2009): 1041 – 53, www.ncbi.nlm.nih.gov/pubmed/19103647; Guangwen Tang, "Bioconversion of Dietary Provitamin A Carotenoids to Vitamin A in Humans," *American Journal of Clinical Nutrition* 91, no. 5 (May 2010): 1468S – 1473S, www.ncbi.nlm.nih.gov/pmc/articles/PMC2854912/.

22   Abir Zakaria, Inas Sabry, and Amal El Shehaby, "Glycemic Control in Insulin Treated Type 2 Diabetes Mellitus Patients: Ramadan-like Fasting Reduces Carbonyl Stress and Improves Glycemic Control in Insulin Treated Type 2 Diabetes Mellitus Patients," *Life Science Journal* 10, no. 384 (January 2013), www.researchgate.net/publication/261879563_Ramadan-Like_Fasting_Reduces_Carbonyl_Stress_and_Improves_Glycemic_Control_in_Insulin_Treated_Type_2_Diabetes_Mellitus_Patients; Michelle N. Harvie et al., "The Effects of Intermittent or Continuous Energy Restriction on Weight Loss and Metabolic Disease Risk Markers: A Randomized Trial in Young Overweight Women," *International Journal of Obesity* 35, no. 5 (May 2011): 714 – 27, www.ncbi.nlm.nih.gov/

pubmed/20921964.

23   A. M. J. Gilsing et al., "Serum Concentrations of Vitamin B12 and Folate in British Male Omnivores, Vegetarians and Vegans: Results from a Cross-Sectional Analysis of the EPIC-Oxford Cohort Study," *European Journal of Clinical Nutrition* 64, no. 9 (September 2010): 933–39, www.ncbi.nlm.nih.gov/pubmed/20648045.

24   Wolfgang Herrmann, "Vitamin B 12 Deficiency in Vegetarians," *Vegetarian and Plant-Based Diets in Health and Disease Prevention* (December 2017), www.researchgate.net/publication/317337523_Vitamin_B_12_Deficiency_in_Vegetarians.

25   Christian Lachner, Nanette I. Steinle, and William T. Regenold, "The Neuropsychiatry of Vitamin B12 Deficiency in Elderly Patients," *Journal of Neuropsychiatry and Clinical Neurosciences* 24, no. 1 (Winter 2012): 5–15, www.ncbi.nlm.nih.gov/pubmed/22450609.

26   Watanabe et al., "Pseudovitamin B12," 4736–1.

27   "Global Anaemia Prevalence and Number of Individuals Affected," World Health Organization, accessed December 30, 2019, www.who.int/vmnis/anaemia/prevalence/summary/anaemia_data_status_t2/en/.

28   Lisa M. Haider et al., "The Effect of Vegetarian Diets on Iron Status in Adults: A Systematic Review and Meta-analysis," *Critical Reviews in Food Science and Nutrition* 58, no. 8 (May 24, 2018): 1359–74, www.ncbi.nlm.nih.gov/pubmed/27880062.

29   Ruby Nyika, "More Spent on Low Iron Hospitalisations as Meat Intake Declines," Stuff, January 1, 2019, www.stuff.co.nz/national/health/108767316/more-spent-on-low-iron-hospitalisations-as-meat-intake-declines.

30   Scrimshaw, "Iron Deficiency," 46–2.

31   ue H. Hansen et al., "Bone Turnover, Calcium Homeostasis, and Vitamin D Status in Danish Vegans," *European Journal of Clinical Nutrition* 72, no. 7 (July 2018): 1046–54, www.ncbi.nlm.nih.gov/pubmed/29362456.

32   Winston John Craig, "Nutrition Concerns and Health Effects of Vegetarian Diets," *Nutrition in Clinical Practice* 25, no. 6 (December 2010): 613–20, www.ncbi.nlm.nih.gov/pubmed/21139125.

33   Connie M. Weaver, William R. Proulx, and Robert Heaney, "Choices for Achieving Adequate Dietary Calcium with a Vegetarian Diet," *American Journal of Clinical Nutrition* 70, no. 3 (September 1999), academic.oup.com/ajcn/article/70/3/543s/4714998.

34   Anna-Liisa Elorinne et al., "Food and Nutrient Intake and Nutritional Status of Finnish Vegans and Non-vegetarians," *PLOS One* 11, no. 3 (February 3, 2016), journals.plos.org/plosone/article?id=10.1371/journal.pone.0148235.

35   Isabel Iguacel et al., "Veganism, Vegetarianism, Bone Mineral Density, and Fracture Risk: A Systematic Review and Meta-analysis," *Nutrition Reviews* 77, no. 1 (January 2019): 1–18, www.ncbi.nlm.nih.gov/pubmed/30376075; Paul N. Appleby et al., "Comparative Fracture Risk in Vegetarians and Nonvegetarians in EPIC-Oxford," *European Journal of Clinical Nutrition* 61 (2007): 1400–6, www.nature.com/articles/1602659.

36   Anne Lise Brantsæter et al., "Inadequate Iodine Intake in Population Groups Defined by Age, Life Stage and Vegetarian Dietary Practice in a Norwegian Convenience Sample," *Nutrients* 10, no. 2 (February 17, 2018): E230, www.ncbi.nlm.nih.gov/pubmed/29462974.

37   Umesh Kapil, "Health Consequences of Iodine Deficiency," *Sultan Qaboos University Medical Journal* 7, no. 3 (December 2007): 267–72, www.ncbi.nlm.nih.gov/pmc/articles/PMC3074887/.

38   Zahra Solati et al., "Zinc Monotherapy Increases Serum Brain-Derived Neurotrophic Factor (BDNF) Levels and Decreases Depressive Symptoms in Overweight or Obese Subjects: A Double-Blind, Randomized, Placebo-Controlled Trial," *Nutritional Neuroscience* 18, no. 4 (May 2015): 162–68, www.ncbi.nlm.nih.gov/pubmed/24621065.

39   Erik Messamore and Robert K. McNamara, "Detection and Treatment of Omega-3 Fatty Acid Deficiency in Psychiatric Practice: Rationale and Implementation," *Lipids in Health and Disease* 15 (2016), lipidworld.biomedcentral.com/articles/10.1186/s12944-016-0196-5.

40   Presentation by Georgia Ede; Zahra Solati et al., "Zinc Monotherapy"; Darryl W. Eyles, Thomas H. J. Burne, and John J. McGrath, "Vitamin D, Effects on Brain Development, Adult Brain Function and the Links Between Low Levels of Vitamin D and Neuropsychiatric Disease," *Frontiers in Neuroendocrinology* 34, no. 1 (2013): 47–64, doi.org/10.1016/j.yfrne.2012.07.001; Lachner et al., "The Neuropsychiatry of Vitamin B12 Deficiency in Elderly Patients," 5–5; Jonghan Kim and Marianne Wessling-Resnick, "Iron and Mechanisms of Emotional Behavior," *Journal of Nutritional Biochemistry* 25, no. 11 (2014): 1101–7, doi.org/10.1016/j.jnutbio.2014.07.003; Shaheen E. Lakhan and Karen F. Vieira, "Nutritional Therapies for Mental Disorders," *Nutrition Journal* 7, no. 2 (2008), doi.org/10.1186/1475-2891-7-2.

41 Caroline Rae et al., "Oral Creatine Monohydrate Supplementation Improves Brain Performance: A Double-Blind, Placebo-Controlled, Cross-Over Trial," *Proceedings of the Royal Society B* 270, no. 1529 (October 22, 2003), royalsocietypublishing.org/doi/abs/10.1098/rspb.2003.2492.

42 T. A. B. Sanders and Sheela Reddy, "The Influence of a Vegetarian Diet on the Fatty Acid Composition of Human Milk and the Essential Fatty Acid Status of the Infant," *Journal of Pediatrics* 120, no. 4, part 2 (April 1992): S71−77, www.jpeds.com/article/S0022-3476(05)81239-9/pdf.

43 Sheela Reddy, T. A. B. Sanders, and O. Obeid, "The Influence of Maternal Vegetarian Diet on Essential Fatty Acid Status of the Newborn," *European Journal of Clinical Nutrition* 48, no. 5 (May 1004): 358−68, www.ncbi.nlm.nih.gov/pubmed/8055852.

44 Robert J. Williams and Susan P. Gloster, "Human Sex Ratio as It Relates to Caloric Availability," *Biodemography and Social Biology* 39, nos. 3−4 (1992): 285−91, www.tandfonline.com/doi/abs/10.1080/19485565.1992.9988823.

45 P. Hudson and R. Buckley, "Vegetarian Diets: Are They Good for Pregnant Women and Their Babies?," *Practising Midwife* 3, no. 7 (June 30, 2000): 22−23, europepmc.org/abstract/med/12026434.

46 Nathan Cofnas, "Is Vegetarianism Healthy for Children?," *Critical Reviews in Food Science and Nutrition* 59, no. 13 (2019): 2052−60, www.tandfonline.com/doi/full/10.1080/10408398.2018.1437024?src=recsys.

47 "Avis de l'ARMB sur le veganisme des enfants," Union professionnelle des dieteticiens de langue francaise, May 16, 2019, updlf-asbl.be/articles/avis-de-larmb-sur-le-veganisme-des-enfants.

48 "Vegan Couple Sentenced to Life over Baby's Death," NBC News, May 9, 2007, www.nbcnews.com/id/18574603/ns/us_news-crime_and_courts/t/vegan-couple-sentenced-life-over-babys-death.

49 "Baby Death: Parents Convicted over Vegetable Milk Diet," BBC News, June 14, 2017, www.bbc.com/news/world-europe-40274493.

50 Mary Hui, "An Italian Baby Raised on a Vegan Diet Is Hospitalized for Malnutrition," *Washington Post*, July 11, 2016, www.washingtonpost.com/news/morning-mix/wp/2016/07/11/italian-baby-fed-vegan-diet-hospitalized-for-malnutrition/.

51 C. Roed, F. Skovby, and A. M. Lund, "Severe Vitamin B12 Deficiency in Infants Breastfed by Vegans" [in Danish], *Ugeskrift for Laeger* 171, no. 43 (October 19, 2009): 3099−101, www.ncbi.nlm.nih.gov/pubmed/19852900.

52   A. Mariani et al., "Conséquences de l'allaitement maternel exclusif chez le nou-veau-né de mère végétalienne—À propos d'un cas" [Consequences of exclusive breast-feeding in vegan mother newborn—Case report], *Archives de Pediatrie* 16, no. 11 (November 2009): 1461 – 63, www.ncbi.nlm.nih.gov/pubmed/19748244.

53   Paulina J. Bravo, Judith C. Ibarra, and Marcela M. Paredes, "Hematological and Neurological Compromise Due to Vitamin B12 Deficit in Infant of a Vegetarian Mother: Case Report" [in Spanish], *Revista Chilena de Pediatria* 85, no. 3 (May 31, 2014): 337 – 43, europepmc.org/abstract/med/25697251.

54   A. M. Lund, "Questions About a Vegan Diet Should Be Included in Differential Diagnostics of Neurologically Abnormal Infants with Failure to Thrive," *Acta Pædiatrica* (April 21, 2019), onlinelibrary.wiley.com/doi/abs/10.1111/apa.14805.

55   Judie L. Hulett et al., "Animal Source Foods Have a Positive Impact on the Primary School Test Scores of Kenyan Schoolchildren in a Cluster-Randomised, Controlled Feeding Intervention Trial," *British Journal of Nutrition* 111, no. 5 (March 14, 2014): 875 – 86, doi.org/10.1017/S0007114513003310.

56   L. M. Petit, A. Nydeggar, and P. Muller, "Vegan Diet in Children : What Potential Deficits to Monitor ?" [in French], *Revue Medicale Suisse* 15, no. 638 (February 13, 2019): 373 – 75, www.ncbi.nlm.nih.gov/pubmed/30762997.

8장   실험실 배양육은 지속 가능한 식량일까?

1   Carolyn S. Mattick et al., "Anticipatory Life Cycle Analysis of *In Vitro* Biomass Cultivation for Cultured Meat Production in the United States," *Environmental Science & Technology* 49, no. 19 (October 6, 2015): 11941 – 49, pubs.acs.org/doi/10.1021/acs.est.5b01614.

9장   소의 방귀가 정말로 지구를 병들게 하는 걸까?

1   "Understanding Global Warming Potentials," Greenhouse Gas Emissions, United States Environmental Protection Agency, accessed December 31, 2019, www.epa.gov/ghgemissions/understanding-global-warming-potentials.

2   Irene Piccini et al., "Greenhouse Gas Emissions from Dung Pats Vary with Dung Beetle Species and with Assemblage Composition," *PLOS One* (July 12, 2017), journals.plos.org/plosone/article?id=10.1371/journal.pone.0178077; El-

eanor M. Slade et al., "The Role of Dung Beetles in Reducing Greenhouse Gas Emissions from Cattle Farming," *Scientific Reports* 6 (2016), www.nature.com/articles/srep18140.

3   "Time Line of the American Bison," United States Fish and Wildlife Service, accessed December 31, 2019, www.fws.gov/bisonrange/timeline.htm; Alexander N. Hristov, "Historic, Pre-European Settlement, and Present-Day Contribution of Wild Ruminants to Enteric Methane Emissions in the United States," *Journal of Animal Science* 90, no. 4 (April 2012): 1371–75, www.ncbi.nlm.nih.gov/pubmed/22178852; "Elk Facts," Rocky Mountain Elk Foundation Elk Network, accessed December 31, 2019, elknetwork.com/elkfacts/; David Petersen, "North American Deer: Mule, Whitetail and Coastal Blacktail Deer," *Mother Earth News*, November/December 1985, www.motherearthnews.com/nature-and-environment/north-american-deer-zmaz85ndzgoe; G. A. Feldhamer, B. C. Thompson, and J. A. Chapman, eds., *Wild Mammals of North America* (Baltimore: Johns Hopkins University Press, 2003); IUCN SSC Antelope Specialist Group 2016, "Pronghorn (Antilocapra americana)," *The IUCN Red List of Threatened Species*, June 14, 2016, dx.doi.org/10.2305/IUCN.UK.2016-3.RLTS.T1677A50181848.en.

4   Hristov, "Historic, Pre-European Settlement," 1371–5.

5   "Belching Ruminants, a Minor Player in Atmospheric Methane," Joint FAO/IAEA Programme, accessed December 31, 2019, www-naweb.iaea.org/nafa/aph/stories/2008-atmospheric-methane.html.

6   Carol Rasmussen, "NASA-Led Study Solves a Methane Puzzle," NASA, January 2, 2018, www.nasa.gov/feature/jpl/nasa-led-study-solves-a-methane-puzzle/.

7   Heinz-Ulrich Neue, "Methane Emission from Rice Fields: Wetland Rice Fields May Make a Major Contribution to Global Warming," *BioScience* 43, no. 7 (1993): 466–73, www.ciesin.org/docs/004-032/004-032.html.

8   Kritee Kritee et al., "High Nitrous Oxide Fluxes from Rice Indicate the Need to Manage Water for Both Long- and Short-Term Climate Impacts," *PNAS* 115, no. 39 (September 25, 2018): 9720–25, www.pnas.org/content/115/39/9720.

9   Cardiff University, "Baltic Clams and Worms Release as Much Greenhouse Gas as 20,000 Dairy Cows," Phys.org, October 13, 2017, phys.org/news/2017-10-balticclams-worms-greenhouse-gas.html; emphasis added.

10   Jenny Stiernstedt, "MP Proposal: Shoot More Moose—or the Sake of Climate" [in Swedish], Svenska Dagbladet, May 22, 2017, www.svd.se/mp-forslag-skjut-

fler-algar-for-klimatets-skull/om/mp-kongressen-2017.

11   C. Alan Rotz et al., "Environmental Footprints of Beef Cattle Production in the United States," *Agricultural Systems* 169 (February 2019): 1–13, www.sciencedirect.com/science/article/pii/S0308521X18305675.

12   R. Goodland and J. Anhang, "Livestock and Climate Change: What If the Key Actors in Climate Change Are . . . Cows, Pigs, and Chickens?," *Worldwatch* 22, no. 6 (2009): 11, www.cabdirect.org/cabdirect/abstract/20093312389.

13   Frank Mitloehner, "Livestock and Climate Change," UC Davis College of Agricultural and Environmental Sciences, April 29, 2016, caes.ucdavis.edu/news/articles/2016/04/livestock-and-climate-change-facts-and-fiction.

14   Xiaochi Zhou et al., "Estimation of Methane Emissions from the U.S. Ammonia Fertilizer Industry Using a Mobile Sensing Approach," *Elementa: Science of the Anthropocene* 7, no. 1 (May 28, 2019), www.elementascience.org/articles/10.1525/elementa.358/.

15   W. R. Teague et al., "The Role of Ruminants in Reducing Agriculture's Carbon Footprint in North America," *Journal of Soil and Water Conservation* 71, no. 2 (March/April 2016): 156–64, www.jswconline.org/content/71/2/156.full.pdf+html.

16   William J. Parton et al., "Measuring and Mitigating Agricultural Greenhouse Gas Production in the US Great Plains, 1870–2000," *PNAS* 112, no. 34 (August 25, 2015), www.pnas.org/content/112/34/E4681.

17   Todd A. Ontl and Lisa A. Schulte, "Soil Carbon Storage," *Nature Education Knowledge* 3, no. 10 (2012): 35, www.nature.com/scitable/knowledge/library/soil-carbon-storage-84223790.

18   Eelco Rohling, "We Need to Get Rid of Carbon in the Atmosphere, Not Just Reduce Emissions," The Conversation, April 19, 2017, theconversation.com/we-need-to-get-rid-of-carbon-in-the-atmosphere-not-just-reduce-emissions-72573.

19   Paige L. Stanley et al., "Impacts of Soil Carbon Sequestration on Life Cycle Greenhouse Gas Emissions in Midwestern USA Beef Finishing Systems," *Agricultural Systems* 162 (May 2018): 249–58, www.sciencedirect.com/science/article/pii/S0308521X17310338

20   J. E. Rowntree et al., "Ecosystem Impacts and Productive Capacity of a Multispecies Pastured Livestock System," *Frontiers in Sustainable Food Systems* (in review, 2020).

21   E. F. Viglizzo et al., "Reassessing the Role of Grazing Lands in Carbon-Balan-

ceEstimations: Meta−analysis and Review," *Science of the Total Environment* 661 (April 15, 2019): 531−42, www.sciencedirect.com/science/article/pii/ S0048969719301470.

22   White and Hall, "Nutritional and Greenhouse Gas Impacts of Removing Animals from US Agriculture."

23   Ryan Reuter, Matt Beck, and Logan Thompson, "What Are Enteric Methane Emissions?," Beefresearch.org, 2017, www.beefresearch.org/CMDocs/BeefResearch/Sustainability_FactSheet_TopicBriefs/ToughQA/FS17Methane.pdf.

10장   소가 사료를 너무 많이 먹는 것은 아닐까?

1   Jeanne Yacoubou, "Factors Involved in Calculating Grain: Meat Conversion Ratios," Vegetarian Resource Group, accessed December 31, 2019, www.vrg.org/environment/grain_meat_conversion_ratios.php.

2   Rotz et al., "Environmental Footprints of Beef Cattle," 1−3.

3   National Academies of Sciences, Engineering, and Medicine, *Nutrient Requirements of Beef Cattle*, 8th rev. ed. (Washington, DC: National Academies Press, 2016), www.nap.edu/catalog/19014/nutrient−requirements−of−beef−cattle−eighth−revised−edition.

4   Anne Mottet et al., "Livestock: On Our Plates or Eating at Our Table? A New Analysis of the Feed/Food Debate," *Global Food Security* 14 (January 2017), www.researchgate.net/publication/312201313_Livestock_On_our_plates_or_eating_at_our_table_A_new_analysis_of_the_feedfood_debate.

5   Daniel L. Marti, Rachel J. Johnson, and Kenneth H. Mathews, Jr., "Where's the (Not) Meat?: Byproducts from Beef and Pork Production," United States Department of Agriculture Economic Research Service, accessed December 31, 2019, www.ers.usda.gov/webdocs/publications/37427/8801_ldpm20901.pdf?v=0.

6   Daniel Gade, "II.G.13—ogs (Pigs)," in *The Cambridge World History of Food*, vol. 1, ed. Kenneth F. Kiple (New York: Cambridge University Press, 2000), 537.

7   Gade, "II.G.13—ogs (Pigs)," 538.

8   "The Pig Idea," Feedback Global, accessed December 31, 2019, feedbackglobal.org/campaigns/pig−idea/.

9   "Key Facts on Food Loss and Waste You Should Know!" SAVE FOOD: Global Initiative on Food Loss and Waste Reduction, Food and Agriculture Organiza-

tion of the United Nations, accessed December 31, 2019, www.fao.org/save-food/resources/keyfindings/en/.

10   "Pig Idea," Feedback Global.

11장   소가 땅을 너무 많이 차지하는 것은 아닐까?

1   "Crop Production and Natural Resource Use," in *World Agriculture: Towards 2015/2030, An FAO Perspective* (FAO, 2003), www.fao.org/3/y4252e/y4252e06.htm.

2   Jeffrey Sayer and Kenneth G. Cassman, "Agricultural Innovation to Protect the Environment," *PNAS* 110, no. 21 (May 21, 2013), www.pnas.org/content/110/21/8345.

3   Dan Charles, "Iowa Farmers Look to Trap Carbon in Soil," NPR, July 15, 2007, www.npr.org/templates/story/story.php?storyId=11951725.

4   Gil Gullickson, "Indigo AG Announces the Terraton Initiative That Pays Farmers for Carbon Sequestration," Successful Farming, June 12, 2019, www.agriculture.com/news/crops/indigo-ag-announces-the-terraton-initiative-that-pays-farmers-for-carbon-sequestration.

5   "Livestock on Grazing Lands" in *Livestock & the Environment: Meeting the Challenge* (FAO), accessed December 31, 2019, www.fao.org/3/x5304e/x5304e03.htm.

6   "Crop Production and Natural Resource Use."

7   H. Eswaran, R. Lal, and P. F. Reich, "Land Degradation: An Overview," in *Responses to Land Degradation*, ed. EM Bridges et al., (New Delhi: Oxford Press, 2001), www.nrcs.usda.gov/wps/portal/nrcs/detail/soils/use/?cid=nrcs142p2_054028.

8   "Crop Production and Natural Resource Use."

9   "DROUGHT: Monitoring Economic, Environmental, and Social Impacts," National Centers for Environmental Information, accessed December 31, 2019, www.ncdc.noaa.gov/news/drought-monitoring-economic-environmental-and-social-impacts; USGCRP, "Precipitation Change in the United States," in *Climate Change Special Report: Fourth National Climate Assessment*, vol. 1, ed. D. J. Wuebbles et al. (Washington, DC: US Global Change Research Program, 2017), science2017.globalchange.gov/chapter/7/.

10   Mottet et al., "Livestock."

11   Mottet et al.

12   Richard Florida, "Why Bigger Cities Are Greener," Citylab.com, April 19, 2012, www.citylab.com/life/2012/04/why-bigger-cities-are-greener/863/.

13   Christopher Bren d'Amour et al., "Future Urban Land Expansion and Implications for Global Croplands," *PNAS* 114, no. 34 (August 22, 2017): 8939–44, www.pnas.org/content/114/34/8939.

14   "U.S. Bioenergy Statistics," United States Department of Agriculture Economic Research Service, December 6, 2019, www.ers.usda.gov/data-products/us-bioenergy-statistics/.

15   Chris Arsenault, "Only 60 Years of Farming Left If Soil Degradation Continues," *Scientific American*, December 5, 2014, www.scientificamerican.com/article/only-60-years-of-farming-left-if-soil-degradation-continues/

16   Eswaran, Lal, and Reich, "Land Degradation."

17   Eswaran, Lal, and Reich.

18   P. J. Gerber et al., *Tackling Climate Change Through Livestock—A Global Assessment of Emissions and Mitigation Opportunities* (Rome: Food and Agriculture Organization of the United Nations, 2003), www.fao.org/3/a-i3437e.pdf.

12장   소가 물을 너무 많이 마시는 것은 아닐까?

1   Arjen Y. Hoekstra et al., "Grey Water Footprint," in *The Water Footprint Assessment Manual: Setting the Global Standard* (London: Earthscan, 2011), waterfootprint.org/en/water-footprint/glossary/#GrWF.

2   Mesfin M. Mekonnen and Arjen Y. Hoekstra, "The Green, Blue, and Grey Water Footprint of Farm Animals and Animal Products," Value of Water Research Report Series 48, UNESCO-IHE (2010), waterfootprint.org/media/downloads/Report-48-WaterFootprint-AnimalProducts-Vol1.pdf.

3   Jude Capper, "Is the Grass Always Greener? Comparing Resource Use and Carbon Footprints of Conventional, Natural and Grass-Fed Beef Production Systems," *Animals* 2 (2012): 127–43, www.researchgate.net/publication/274614830_Is_the_grass_always_greener_Comparing_resource_use_and_carbon_footprints_of_conventional_natural_and_grass-fed_beef_production_systems.

4   Rotz et al., "Environmental Footprints of Beef Cattle," 1–3.

5   "2012 Quivira Coalition Conference, Sandra Postel—ater," posted by Quivira

Coalition, YouTube, December 17, 2012, www.youtube.com/watch?v=agSM-j2KC708.

6   Michel Doreau, Michael S. Corson, and Stephen G. Wiedemann, "Water Use byLivestock: A Global Perspective for a Regional Issue?," *Animal Frontiers* 2, no. 2 (April 2012): 9 – 16, academic.oup.com/af/article/2/2/9/4638620.

7   Ashley Brooks et al., "Does Beef Really Use That Much Water?," Beefresearch. org, 2015, www.beefresearch.org/CMDocs/BeefResearch/Sustainability_Fact-Sheet_TopicBriefs/ToughQA/FS2Water.pdf.

8   Dave Berndtson, "As Global Groundwater Disappears, Rice, Wheat and Other International Crops May Start to Vanish," *PBS News Hour*, April 17, 2017. https://www.pbs.org/newshour/science/global-groundwater-disappears-rice-wheat-international-crops-may-start-vanish.

9   Mesfin M. Mekonnen and Arjen Y. Hoekstra, "A Global Assessment of the Water Foot print of Farm Animal Products," *Ecosystems* 15 (2012): 405 – 15, waterfootprint.org/media/downloads/Mekonnen-Hoekstra-2012-WaterFootprintFarmAnimalProducts.pdf.

10   "Irrigation Water Use," US Geological Survey, USGS.gov, accessed December 31, 2019, www.usgs.gov/special-topic/water-science-school/science/irrigation-water-use.

11   "Irrigation Water Use."

12   James S. Famiglietti, "The Global Groundwater Crisis," *Nature Climate Change* 4 (2014): 945 – 48, www.nature.com/articles/nclimate2425.

13   Food and Drug Administration, "2011 Report on Antimicrobials Sold or Distributed for Use in Food-Producing Animals," September 2014, www.fda. gov/downloads/ForIndustry/UserFees/AnimalDrugUserFeeActADUFA/UCM338170.pdf.

14   Michael J. Martin, Sapna E. Thottathil, and Thomas B. Newman, "Antibiotics Overuse in Animal Agriculture: A Call to Action for Health Care Providers," *American Journal of Public Health* 105, no. 12 (December 2015): 2409 – 10, www.ncbi.nlm.nih.gov/pmc/articles/PMC4638249/.

15   Bonnie M. Marshall and Stuart B. Levy, "Food Animals and Antimicrobials: Impacts on Human Health," *Clinical Microbiology Reviews* 24, no. 4 (October 2011): 718 – 33, www.ncbi.nlm.nih.gov/pmc/articles/PMC3194830/.

1   Chris Ip, "Impossible Foods' Rising Empire of Almost-Meat," *Engadget*, May 19, 2019, www.engadget.com/2019/05/19/impossible-foods-burger-sausage-empire.

2   Maggie Germano, "Despite Their Priorities, Nearly Half of Americans Over 55 Still Don't Have a Will," *Forbes*, February 15, 2019, www.forbes.com/sites/maggiegermano/2019/02/15/despite-their-priorities-nearly-half-of-americans-over-55-still-dont-have-a-will/#3573b5585238.

3   Wesley J. Smith, "Here's a Dumb Idea: To Eliminate All Suffering, Eliminate Predators!," Evolution News, July 31, 2014, evolutionnews.org/2014/07/heres_a_dumb_id/.

4   Natalie Wolchover, Quanta Magazine, "A New Physics Theory of Life," *Scientific American*, January 28, 2014, www.scientificamerican.com/article/a-new-physics-theory-of-life/.

5   Dan Bilefsky, "Inky the Octopus Escapes from a New Zealand Aquarium," *New York Times*, April 13, 2016, www.nytimes.com/2016/04/14/world/asia/inky-octopus-newzealand-aquarium.html.

6   "Octopus Takes Pictures of Visitors at New Zealand Aquarium," YouTube, April 13, 2015. www.youtube.com/watch?v=_Cs5rJidznQ.

7   Paco Calvo, Vaidurya Sahi, and Anthony Trewavas, "Are Plants Sentient?" *Plant, Cell & Environment* 40, no. 11 (November 2017): 2858–2869, doi.org/10.1111/pce.13065.

8   Jennifer Frazer, "Dying Trees Can Send Food to Neighbors of Different Species," *Scientific American*, May 9, 2015, blogs.scientificamerican.com/artful-amoeba/dying-trees-can-send-food-to-neighbors-of-different-species.

9   Kat McGowan, "How Plants Secretly Talk to Each Other," *Wired*, December 20, 2013, www.wired.com/2013/12/secret-language-of-plants.

10   Brian Owens, "Trees Share Vital Goodies Through a Secret Underground Network," *NewScientist*, April 14, 2016, newscientist.com/article/2084488-trees-share-vital-goodies-through-a-secret-underground-network.

11   Bob Fischer and Andy Lamey, "Field Deaths in Plant Agriculture," *Journal of Agricultural and Environmental Ethics* 31, no. 4 (August 2018): 409–28, link.springer.com/article/10.1007/s10806-018-9733-8; Anna Hess and Mark Hamilton, "Calories Per Acre for Various Foods," *The Walden Effect* (blog), June

2010, www.waldeneffect.org/blog/Calories_per_acre_for_various_foods/.

12   "Children in the Fields Campaign," Association of Farmworker Opportunity Programs, accessed January 2, 2020, afop.org/cif/#tab-id-2.

13   Peter Whoriskey and Rachel Siegel, "Cocoa's Child Laborers," *Washington Post*, June 5, 2019, www.washingtonpost.com/graphics/2019/business/hershey-nestle-mars-chocolate-child-labor-west-africa/.

14   Estelle Higonnet, Marisa Bellantonio, and Glenn Hurowitz, "Chocolate's Dark Secret: How the Cocoa Industry Destroys National Parks," MightyEarth.org, September 12, 2017, www.mightyearth.org/wp-content/uploads/2017/09/chocolates_dark_secret_english_web.pdf

15   Steven L. Davis, "The Least Harm Principle May Require That Humans Consume a Diet Containing Large Herbivores, Not a Vegan Diet," *Journal of Agricultural and Environmental Ethics* 16, no. 4 (July 2003): 387–94, link.springer.com/article/10.1023/A:1025638030686.

14장   채식은 순수하고 육식은 탐욕스럽다?

1   Marta Zaraska, *Meathooked: The History and Science of Our 2.5-Million-Year Obsession with Meat* (New York: Basic Books, 2016).

2   "Chicken and Food Poisoning," Centers for Disease Control and Prevention, updated August 20, 2019, www.cdc.gov/foodsafety/chicken.html.

3   James Andrews, "CDC Shares Data on E. Coli and Salmonella in Beef," Food Safety News, October 29, 2014, www.foodsafetynews.com/2014/10/cdc-shares-mass-of-data-on-e-coli-and-salmonella-in-beef/.

4   Calvo, Sahi, and Trewavas, "Are Plants Sentient?"

5   Ellen G. White, "Chapter 23: Flesh Meats (Proteins Continued)," in *Counsels on Diet and Foods* (Washington, DC: Review and Herald, 1938), on the Ellen G. White Writings Website, accessed January 2, 2020, m.egwwritings.org/en/book/384.3093.

6   Stephen Nissenbaum, *Sex, Diet, and Debility in Jacksonian America* (Westport, CT: Prager, 1980).

7   "American College of Lifestyle Medicine Announces Dietary Lifestyle Position Statement for Treatment and Potential Reversal of Disease," PRWeb, September 25, 2018, www.prweb.com/releases/american_college_of_lifestyle_medicine_announces_dietary_lifestyle_position_statement_for_treatment_and_potential_

reversal_of_disease/prweb15786205.htm.

8   Belinda Fettke, "Lifestyle Medicine . . . Where Did the Meat Go?," ISupport-Gary.com, November 28, 2018, isupportgary.com/articles/the-plant-based-diet-is-vegan and isupportgary.com/uploads/articles/ACLM-Presidents-Desk-LC-bashing.pdf.

9   Primetime Live, ABC News, July 30, 1992; Center for Consumer Freedom Team, "'PCRM Week': The AMA's Admonishments of PCRM," Center for Consumer Freedom, April 14, 2005, www.consumerfreedom.com/2005/04/2786-pcrm-week-the-amas-admonishments-of-pcrm/.

10   "Proof PETA Kills," Peta Kills Animals, a project of the Center for Consumer Freedom, accessed January 2, 2020, www.petakillsanimals.com/proof-peta-kills/#why-peta-kills and www.petakillsanimals.com/wp-content/uploads/2014/05/PetaKillsAnimals.pdf.

11   Vesanto Melina, Winston Craig, and Susan Levin, "Position of the Academy of Nutrition and Dietetics: Vegetarian Diets," *Journal of the Academy of Nutrition and Dietetics* 116, no. 12 (December 2016): 1970–80, www.eatrightpro.org/-/media/eatrightpro-files/practice/position-and-practice-papers/position-papers/vegetarian-diet.pdf.

12   Francesco Buscemi, "Edible Lies: How Nazi Propaganda Represented Meat to Demonise the Jews," *Media, War & Conflict* 9, no. 2 (2016), journals.sagepub.com/doi/abs/10.1177/1750635215618619.

13   Buscemi, "Edible Lies."

14   "Alexandra Jamieson: I'm Not Vegan Anymore," CBC Radio, May 15, 2013, www.cbc.ca/radio/thecurrent/may-15-2013-1.2909943/alexandra-jamieson-i-m-notvegan-anymore-1.2909945; Erika Adams, "Vegan Blogger Ditches Veganism, Death Threats Ensue," Racked, July 10, 2014, www.racked.com/2014/7/10/7587289/vegan-blogger-receives-death-threats-after-eating-fish-and-eggs.

15   Cassidy Dawn Graves, "When Vegan Influencers Quit Being Vegan, the Backlash Can Be Brutal," Vice.com, August 29, 2019, www.vice.com/en_us/article/j5ymak/rawvana-vegan-youtube-influencers-quit-veganism.

16   "Farmers 'Sent Death Threats by Vegan Activists,'" BBC News, January 29, 2018, www.bbc.com/news/av/uk-42860384/farmers-sent-death-threats-byvegan-activists; Livia Albeck-Ripka, "Protests in Australia Pit Vegans Against Farmers," *New York Times*, April 10, 2019, www.nytimes.com/2019/04/10/world/australia/vegans-protest-farms.html; Kate Larsen, "'I was feeling my life leave

my body': Animal Rights Activist Says He Was Almost Killed While Protesting at a Petaluma Duck Farm," ABC7News.com, June 6, 2019, abc7news.com/activist-says-he-was-almost-killed-while-protesting-at-petaluma-duck-farm-/5334414/.

17   Nancy Matsumoto, "Sustainable Meat Supporters and Vegan Activists Both Claim Bullying," Civil Eats, January 10, 2017, nancymatsumoto.com/articles/2017/2/3/sustainable-meat-supporters-and-vegan-activists-both-claim-bullying.

18   Natalie Orenstein, "Local Butcher Shop Hangs Animal-Rights Sign Under Duress to Stop Protests," Berkeleyside Nosh, August 2, 2017, www.berkeleyside.com/2017/08/02/berkeleys-local-butcher-shop-hangs-animal-rights-sign-stop-weeklyprotests; Lucy Pasha-Robinson, "Vegan Animal Rights Activists Are 'Sending Farmers Death Threats' Branding Them 'Murderers,'" *Independent*, January 29, 2018, www.independent.co.uk/news/uk/home-news/vegan-animal-rights-activists-farmers-deaththreats-murderers-veganism-a8183091.html.

19   Eleanor Beardsley, "French Butchers Ask for Protection After Threats from Militant Vegans," *The Salt* (blog), NPR, July 18, 2018, www.npr.org/sections/thesalt/2018/07/18/628141545/french-butchers-ask-for-protection-after-threats-from-violent-vegans.

15장 먹어도 되는 것과 안 되는 것은 뭘까?

1   Yanping Li et al., "Time Trends of Dietary and Lifestyle Factors and Their Potential Impact on Diabetes Burden in China," *Diabetes Care* 40, no. 12 (December 2017): 1685–94, care.diabetesjournals.org/content/40/12/1685.

2   "Fast-Food Restaurants and Industry in China–arket Research Report," IBISWorld, June 2019, www.ibisworld.com/industry-trends/international/china-market-researchreports/accommodation-catering/fast-food-restaurants.html.

3   Joseph Hincks, "The World Is Headed for a Food Security Crisis. Here's How We Can Avert It," *Time*, March 28, 2018, time.com/5216532/global-food-security-richard-deverell/.

4   Olga Gertcyk, "First-Ever Cases of Obesity in Arctic Peoples as Noodles Replace Traditional Diet," *Siberian Times*, February 20, 2017, siberiantimes.com/

science/opinion/features/f0289-first-ever-cases-of-obesity-in-arctic-peoples-as-noodles-replace-traditional-diet/.

5   "Nunavik Food Guide Educator's Handbook," Nunavik Regional Board of Health and Social Services, accessed February 11, 2020, nrbhss.ca/sites/default/files/3.4.1.1_Educator%20handbook%20ENG.pdf.

6   Doris Gagne et al., "Traditional Food Consumption Is Associated with Higher Nutrient Intakes in Inuit Children Attending Childcare Centres in Nunavik," *International Journal of Circumpolar Health* 71 (2012), www.ncbi.nlm.nih.gov/pmc/articles/PMC3417681/.

16장   지구를 어떻게 먹여 살려야 할까?

1   Paul Ausick, "When Does 'Too Much Oil' Become the Problem?," 24/7 Wall Street, October 21, 2016, 247wallst.com/energy-economy/2016/10/21/when-does-too-much-oil-become-the-problem/.

2   Sarah Murray, "How Education Can Moderate Population Growth," World Economic Forum, July 27, 2015, www.weforum.org/agenda/2015/07/how-education-can-moderate-population-growth/.

3   Gerald Nelson et al., "Income Growth and Climate Change Effects on Global Nutrition Security to Mid-century," *Nature Sustainability* 1 (2018): 773–81, www.nature.com/articles/s41893-018-0192-z.epdf.

4   Gerald C. Nelson, "The Global Food Problem Isn't What You Think," *Washington Post*, January 2, 2019, www.washingtonpost.com/opinions/2019/01/02/global-food-problem-isnt-what-you-think/.

5   Keiichiro Kanemoto et al., "Meat Consumption Does Not Explain Differences in Household Carbon Footprints in Japan," *One Earth* 1, no. 4 (December 2019): 464–71, www.cell.com/one-earth/fulltext/S2590-3322(19)30226-X.

6   Kathleen Gold, "Analysis: The Impact of Needle, Syringe, and Lancet Disposal on the Community," *Journal of Diabetes Science and Technology* 5, no. 4 (2011): www.ncbi.nlm.nih.gov/pmc/articles/PMC3192588/.

7   Monica Grafals and Ramon Sanchez, "The Environmental Impact of Dialysis vs Transplantation" (abstract), *American Journal of Transplantation* 16, no. S3 (2016), atcmeetingabstracts.com/abstract/the-environmental-impact-of-dialysis-vs-transplantation/.

8   Russell Knight, "Cattle & Beef Sector at a Glance," United States Department of

Agriculture, updated August 28, 2019, www.ers.usda.gov/topics/animal-products/cattle-beef/sector-at-a-glance.

9   "Range & Pasture," United States Department of Agriculture Natural Resources Conservation Service, accessed January 2, 2020, www.nrcs.usda.gov/wps/portal/nrcs/main/national/landuse/rangepasture.

10   Office of the High Commissioner for Human Rights, "Venezuela: Dire Living Conditions Worsening by the Day, UN Human Rights Experts Warn," OHCHR.org, February 9, 2018, www.ohchr.org/en/NewsEvents/Pages/DisplayNews.aspx?NewsID=22646&LangID=E.

11   "Food Sovereignty," US Food Sovereignty Alliance, usfoodsovereigntyalliance.org/what-is-food-sovereignty, accessed February 11, 2020.

찾아보기

신성한 소

초판 1쇄 인쇄 2021년 6월 25일
초판 1쇄 발행 2021년 7월 2일

지은이 다이애나 로저스, 롭 울프
옮긴이 황선영
펴낸이 신경렬

편집장 유승현
책임편집 김정주
기획편집부 최장욱 최혜빈
마케팅 장현기 **홍보** 박수진
디자인 캠프
경영기획 김정숙 김태희
제작 유수경

펴낸곳 (주)더난콘텐츠그룹
출판등록 2011년 6월 2일 제2011-000158호
주소 04043 서울시 마포구 양화로12길 16, 7층(서교동, 더난빌딩)
전화 (02)325-2525 | **팩스** (02)325-9007
이메일 book@thenanbiz.com | **홈페이지** www.thenanbiz.com

ISBN 978-89-8405-413-4 (03330)